COLLECTION

COMPLÈTE

DES MÉMOIRES

RELATIFS

A L'HISTOIRE DE FRANCE.

*Du Guesclin, tome 2. —
Christine de Pisan, 1ʳᵉ et 2ᵐᵉ parties.*

DE L'IMPRIMERIE DE RIGNOUX.

COLLECTION

COMPLÈTE

DES MÉMOIRES

RELATIFS

A L'HISTOIRE DE FRANCE,

DEPUIS LE RÈGNE DE PHILIPPE-AUGUSTE, JUSQU'AU COMMENCEMENT
DU DIX-SEPTIÈME SIÈCLE;

AVEC DES NOTICES SUR CHAQUE AUTEUR,
ET DES OBSERVATIONS SUR CHAQUE OUVRAGE,

Par M. PETITOT.

TOME V.

PARIS,
FOUCAULT, LIBRAIRE, RUE DE SORBONNE, N° 9.
1824.

ANCIENS MEMOIRES

sur

DU GUESCLIN.

CHAPITRE XXVII.

De la rançon que paya Bertrand au prince de Galles; et du voyage qu'il fit en Espagne pour se rendre avec tout son monde au siege de Tolede, qui tenoit encore contre Henry.

Bertrand, poursuivant toûjours sa premiere route dans le dessein d'arriver en Bretagne, pour chercher dans la bourse de ses amis dequoy payer la rançon qu'il devoit au prince de Galles, n'eut pas beaucoup de peine à faire la somme entiere dont il avoit besoin; car le seigneur de Craōn, le vicomte de Rohan, Robert de Beaumanoir, Charles de Dinan, l'évêque de Rennes et ses autres amis se cotiserent tous pour le tirer d'affaire une bonne fois. Il reprit donc le chemin de Bordeaux avec cet argent; mais étant arrivé dans La Rochelle, il y trouva beaucoup de pauvres chevaliers mal vétus, qu'on y retenoit prisonniers. Ce spectacle le toucha si fort, qu'il donna touttes les sommes qu'il avoit pour les racheter, ayant plus de soin de leurs personnes que de la sienne propre, aimant mieux demeurer engagé tout seul que de voir les autres dans la misere et la captivité. Il continua toûjours son chemin pour aller à Bordeaux; mais comme il y arriva les mains vuides, il surprit fort le prince de Galles, quand il luy dit qu'il ne luy restoit pas un denier de tout l'argent qu'il avoit apporté de Bretagne, et qu'il croyoit l'avoir fort utilement employé pour procurer la delivrance de tant de braves gens qu'il avoit veu dans les prisons de La Rochelle. Le prince luy témoigna que c'étoit pecher contre le bon sens et le jugement que d'en user de la sorte, puis qu'un prisonnier doit commencer par rompre ses chaînes avant que de songer à briser celles des autres. Bertrand l'assûra que ses amis ne luy manqueroient pas au besoin; qu'il attendoit dans peu des nouvelles, et esperoit que Dieu beniroit la charité qu'il avoit faite à ceux qu'il avoit tiré de la servitude et de la disgrace dans laquelle il les avoit trouvez.

Son attente ne fut pas vaine là dessus, car peu de temps aprés il arriva des gens à Bordeaux qui compterent toutte la somme dont on étoit convenu pour la rançon de Guesclin. Le prince demanda, par curiosité, d'où l'on avoit tiré sitôt tant d'argent. Le tresorier répondit que la liberté de Bertrand étoit si precieuse et si necessaire, que s'il s'agissoit de dix millions pour le racheter, toutte la France se seroit volontiers épuisée pour sa delivrance. Enfin Bertrand sortit de Bordeaux sans y laisser la moindre debte; et remportant avec soy le regret et l'estime de toutte la cour et de toutte la ville, il se rendit à Brest, où il appella son frere Olivier, les deux Mauny, le chevalier de La Houssaye, Guillaume de Launoy. Ce fut là qu'il assembla bien mille combattans, à la tête desquels il se mit; et passant par Roncevaux, il entra dans l'Espagne, et s'alla raffraichir avec eux quelque temps dans sa comté de Molina.

De là, sans perdre temps, il se rendit à grandes journées devant Tolede, au camp du roy Henry, qui n'avoit pas encore beaucoup avancé le siege de la place, quoy qu'il eût avec luy le Besque de Vilaines et l'archevèque de la ville. La resistance des assiegez avoit été jusques là fort opiniâtre, parce que le gouverneur étoit tout à fait dans les interêts du roy Pierre; et quand il sortoit de la citadelle pour parler aux bourgeois, il prenoit si bien ses précautions auprés d'eux, qu'avant que de descendre dans la ville il luy falloit donner en ôtage cinq ou six des principaux de Tolede, parce qu'il apprehendoit qu'ils ne se saisissent de sa personne, et ne l'obligeassent à se rendre. Pierre étoit cependant à Seville, où il s'étoit retiré depuis son retour du royaume de Belmarin. Ce malheureux prince y étoit allé dans le dessein d'en tirer du secours dans la decadence de ses affaires: et pour l'obtenir, il ne rougit point de faire deux infames demarches. La premiere, ce fut l'alliance qu'il n'eut point de scrupule de contracter avec un roy infidelle; la seconde, ce fut la promesse qu'il fit de renier la foy même de Jesus-Christ, si l'on luy donnoit du secours. On s'obligea, soûs ces deux étranges conditions, de luy mener dix mille sarrazins pour faire lever le siege de Tolede. Les assiegez, sur l'avis qu'ils en eurent, se proposerent de se partager en deux; que la moitié demeureroit pour garder la ville, et que l'autre iroit au devant du secours.

Le Besque de Vilaines ayant eu le vent de cette resolution, se tenoit au guet pour les observer. Il les apperçut, sur la pointe du jour, sortans de la ville pour aller joindre le roy Pierre, et pour soulager d'autant Tolede, où la famine commençoit à faire une étrange ravage. Le Besque s'alla poster dans une embuscade, à dessein de les couper dans leur passage et de les tailler en pieces. Il prit si bien là dessus ses mesures qu'il les chargea lors qu'il y pensoient le moins, dont il en tua la meilleure partie; le reste fut pris ou mis en fuite. Quand ceux qu'on avoit laissé dans la ville virent cette grande defaite, ils firent sonner le tocsin pour courir aux armes. Leur porte étoit encore ouverte et leur chaîne lâchée : ce qui donna cœur aux assiegeans pour se presenter aux barrieres, ayans le roy Henry à leur tête, qui tenant un dard dans sa main, le lançoit contre les bourgeois, leur reprochant leur felonnie de l'avoir trahy de la sorte pour se donner à son ennemy qui venoit d'abjurer le christianisme, et les ménaçant de les faire tous pendre sans pardonner à pas un d'eux tous, s'ils se laissoient prendre d'assaut; et que pour ce qui regardoit les juifs et les sarrazins, il les feroit sans remission brûler tous vifs. Ce prince poussant toûjours son cheval et ses gens contr'eux, les recoigna jusques dans leurs portes.

Le gouverneur, encore plus aigry de touttes les tentatives d'Henry, fit jetter une grêle de cailloux et de pierres sur luy, criant à pleine tête que tous ses efforts étoient vains, puis qu'il étoit resolu de se faire ensevelir sous les ruines de la ville de Tolede plutôt que de la rendre; qu'ils mangeroient leurs chevaux pour vivre, et que quand cet aliment viendroit à leur manquer, ils se mangeroient eux mêmes; et qu'il n'y avoit que la mort du roy Pierre qui pût le rendre maître de la ville. Henry ne se rebuta point de touttes ces rotomontades espagnoles. Il fit recommencer l'assaut avec plus de chaleur, et le continua jusqu'à la nuit avec la derniere opiniâtreté. Mais outre que les murailles de Tolede étoient fort hautes et fort épaisses, et les fossez fort profonds, les assiegez, esperans du secours à tous momens, se defendoient fort vigoureusement. Le Besque de Vilaines s'avisa d'un stratagême pour faire hâter la reddition de la place en intimidant les bourgeois. Il fit planter autant de potences à la veüe des assiegez qu'il avoit de leurs prisonniers dans ses mains; et ne se contentant pas de cet appareil menaçant, il en fit monter à l'échelle plus de deux douzaines, qui passerent par les mains des bourreaux. Ce spectacle horrible les épouvanta si fort qu'un des plus riches bourgeois de la ville demanda de parler à Henry, priant qu'on fît suspendre cette funeste execution, jusqu'à ce qu'il eût entretenu ce prince sur une affaire importante, qu'il avoit à luy communiquer. Il ne se fut pas plûtôt présenté devant luy, qu'Henry luy demanda d'où venoit cet acharnement que ceux de Tolede avoient à luy resister. Ce bourgeois l'assûra que s'il vouloit luy donner la vie, il luy reveleroit un secret qu'il étoit necessaire qu'il sçût. Ce prince lui promit de bonne foy qu'il ne le feroit point mourir, s'il luy disoit sans déguisement tout ce qu'il sçavoit. Cet homme luy dit que le roy Pierre avoit obtenu de celuy de Belmarin dix mille hommes qui venoient par mer à leur secours, et que Pierre lui même étoit en personne à la tête de vingt mille sarrazins qui marchoient de nuit et ne paroissoient point de jour, se cachans dans les bois et dans les forets, où ils vivoient des provisions qu'ils avoient apportées de chez eux; et qu'ils esperoient le surprendre et venir fondre sur luy devant Tolede, lors qu'il y penseroit le moins.

Henry, voulant profiter d'un avis si essenciel, écrivit à Bertrand tout le détail de cette affaire, et le conjura de se rendre incessamment avec tout son monde auprés de luy, pour conferer ensemble sur les mesures qu'ils prendroient pour repousser Pierre. Bertrand monta tout aussitôt à cheval avec ce qu'il avoit de Bretons, tous gens d'élite et fort determinez. Il fit une si grande diligence qu'Henry sçut bientôt sa venuë : dont il eut une grande joye, parce qu'il comptoit fort sur l'experience et la valeur de Guesclin, qui ne fut pas plûtôt arrivé qu'il envoya des espions pour observer le mouvement que l'armée de Pierre pouvoit faire. Il apprit qu'il étoit sorty de Seville avec dix mille Espagnols, et qu'il avoit encore dans son armée plus de vingt mille autres hommes tant juifs que sarrazins, et qu'il approchoit de Tolede. La nouvelle étoit sûre, et de plus l'amiral du roy de Belmarin venoit de débarquer avec dix mille hommes fort aguerris. Celuy-cy, les presentant au roy Pierre, luy declara qu'il avoit ordre de lui dire de la part de son maître qu'il luy envoyoit ce secours, à la charge qu'il garderoit fidellement les deux paroles qu'il luy avoit données fort solemnellement, dont la premiere étoit de renoncer de tout son cœur à la foy de Jesus-Christ, et d'embrasser celle de Mahomet ; et la seconde l'engageoit de prendre sa fille en mariage, et de la faire couronner reine d'Espagne : et qu'en executant ces deux conditions, on luy livreroit entre les mains la personne d'Henry, qu'il pouroit ensuite faire pendre comme un larron. Pierre luy promit qu'il executeroit ponctuellement tout ce que son maître attendoit de luy sans se démentir là dessus, le priant que tout fût prêt, afin que, marchans toute nuit, ils pûssent surprendre ce bâtard devant Tolede à la pointe du jour.

Bertrand étoit aux écoutes, et n'étoit qu'à deux lieües de là dans une embuscade. Il dépêcha des couriers à Henry, pour luy dire qu'il luy conseilloit de laisser la Reine sa femme, et l'archevêque, avec quelques troupes devant Tolede, et d'en décamper tout doucement et sans bruit avec ce qu'il avoit de gens des plus determinez et des plus intrepides, pour venir, sans sonner trompette, couper Pierre dans son chemin, tandis qu'il l'attaqueroit par derriere de son côté. Ce prince goûta fort le conseil de Bertrand, et monta bientôt à cheval pour l'executer. Le mouvement qu'il fit ne fut pas si secret qu'un espion n'en donnât bientôt la nouvelle à Pierre. Cela luy donna quelque chagrin ; mais comme il n'étoit plus temps de faire un arriere-pied, il voulut pousser jusqu'au bout le dessein qu'il avoit entrepris. Il se mit donc en devoir d'encourager ses gens au combat. Pierre étoit monté sur un tygre dont le roi de Belmarin luy avoit fait present, et qu'il avoit eu du roy de Damiette. C'etoit un fort beau cheval de Syrie, si vîte à la course qu'on ne pouvoit jamais atteindre le cavalier qui le montoit, et d'ailleurs si infatigable qu'il ne se ressentoit presque point de la marche de touttè une journée. Les deux armées s'étans rencontrées se choquerent touttes deux avec une égale vigueur. Il falloit voir l'acharnement que les deux freres avoient l'un sur l'autre. La haine et l'ambition dont ils étoient remplis tous deux les animoit encore à combattre avec plus de chaleur. Pierre s'elança tête baissée, la lance à la main, tout au travers de ses ennemis, renversant à droite et à gauche tout ce qui se presentoit devant luy.

Ce cheval fougueux sur lequel il étoit monté faisoit plus de la moitié de l'execution. Le Besque de Vilaines arrêta toutes ses saillies, en se presentant devant luy la hache à la main. Sa contenance fut si fiere, que ce prince n'osant pas se commettre avec luy, prit le party de reculer et de rentrer dans le gros de ses troupes, pour s'y mettre à couvert du bras de ce chevalier, qui faisoit un fort grand fracas dans cette mêlée. Henry payoit aussi fort bien de sa personne. L'amiral de Belmarin, qui tenoit pour Pierre, étoit aussi fort redouté; tout le monde s'ouvroit devant luy pour luy faire place au milieu du combat, tant ses coups étoient formidables; et les troupes d'Henry commençoient à plier, quand Bertrand, secondé de son frere Olivier, des deux Mauny, du brave Carenloüet, et de tous ses Bretons, rétablit le combat, et vint fondre sur Pierre et sur ses Espagnols et ses sarrazins avec tant de furie, qu'il en éclaircit tous les rangs à grands coups de sabres et d'épées. Ce succés releva beaucoup le courage et les esperances d'Henry, qui s'attacha particulierement à l'amiral, qu'il perça d'outre en outre de sa lance. Ce coup mortel le fit tomber à terre; et les sarrazins voyans leur general abbattu perdirent cœur à ce spectacle, et ne combattirent plus qu'avec beaucoup de tiedeur et de découragement. Ce Carenloüet dont nous avons parlé fit une action qui fut d'un grand poids pour les affaires d'Henry : car rencontrant sous sa main Jean de Mayeul, principal conseiller du roy Pierre, et qui avoit tout son secret, il luy donna de sa hache un si grand coup sur l'épaule qu'il le fendit presque par le milieu du corps, et le fit tomber mort à terre. Le Besque de Vilaines, voyant la bravoure de Carenloüet, ne put s'empêcher de luy dire : *Bénoite soit la mere qui te porta!*

Pierre fut si touché de la perte de son favory, qu'il ne se posseda plus du tout. La crainte et l'étonnement le saisirent si fort qu'il s'alla cacher dans un bois fort épais, et se mit à couvert, de peur d'être assommé comme les autres. Il eut le déboire d'appercevoir de là la déroute de tout son monde, et la terre jonchée d'Espagnols, de juifs et de sarrazins, à qui l'on venoit de faire mordre la poussiere. Cette défaite fut si grande, que de dix mille sarrazins que l'amiral avoit amenez, il n'en resta pas seulement cinq cens. Il ne s'agissoit plus pour achever cette victoire que de dénicher Pierre de cette forêt dans laquelle il étoit entré fort avant, pour s'y mieux garantir du danger qui le menaçoit. Mais Bertrand craignant qu'il n'y eut là quelque embuscade, n'osa pas entreprendre de l'y forcer ; il se contenta de détacher quelques coureurs ausquels il donna l'ordre de faire la guerre à l'œil, et de voltiger autour de la forêt pour voir s'ils ne découvriroient rien. Pierre, s'appercevant qu'on le cherchoit, eut recours à la vitesse de son cheval, que jamais on ne put atteindre, tant il gagnoit les devans sur ceux qui le poursuivoient. Il fit dessus une si grande traite qu'il arriva le soir à Montesclaire, dont il sortit bientôt aprés s'y être un peu raffraichy, tant il apprehendoit que Bertrand ne luy vînt tomber sur le corps. Henry, poursuivant toûjours sa victoire, arriva jusqu'à Montesclaire, et se presenta devant cette ville enseignes déployées. Il trouva bon de mettre pied à terre pour se rendre aux barrieres, et tâcher d'engager le gouverneur à luy rendre la place, se persuadant qu'aprés une si grande victoire cet homme se verroit obligé de ceder au torrent. Il ne se trompa pas dans son esperance; car aprés qu'il l'eut un peu cajolé en disant qu'il luy sçauroit bon gré s'il luy ouvroit ses portes, et reconnoîtroit fort honnêtement l'obeïssance qu'il attendoit de luy dans ce rencontre; qu'aprés avoir pris Tolede et gagné la bataille sur Pierre, il se promettoit qu'il ne balanceroit pas à se donner à luy : le gouverneur se fit un merite de la necessité dans laquelle il se voyoit de ne luy pas disputer l'entrée de sa ville; il vint au devant de luy pour luy en presenter les clefs avec beaucoup de soûmission. Ce prince n'y voulant pas faire un fort long sejour, n'y coucha qu'une nuit seulement; et pour recompenser le Besque de Vilaines qui l'avoit si bien servy jusqu'alors, il luy fit present du domaine de cette place.

Le lendemain toutte l'armée d'Henry décampa de là pour continuer sa marche, et s'assûrer de tous les forts qu'elle pouroit rencontrer sur sa route. Ce prince encourageoit tout le monde à bien faire, promettant de grandes recompenses à ceux qui se signaleroient davantage, et que personne n'auroit sujet de se plaindre de luy quand il auroit achevé cette guerre. Tous ses generaux l'assûrerent qu'ils poursuivroient Pierre jusqu'à la mer, et qu'ils ne mettroient point les armes bas qu'ils ne l'eussent livré dans ses mains mort ou vif. Comme Henry se reposoit avec tous ses gens auprés d'une abbaye fort riche, un espion luy vint dire qu'il trouveroit Pierre à Montiardin, qu'il avoit veu tout auprés de la porte de cette ville. Cette nouvelle les fit tous remonter à cheval pour aller aprés. Ce prince fugitif avoit fait les derniers efforts pour s'emparer de cette place : mais le gouverneur luy en avoit fermé les portes en luy donnant mille maledictions, et luy reprochant que ce n'étoit pas sans raison que tout le monde l'abandonnoit à cause de ses cruautez et de son apostasie ; qu'il étoit bien raisonnable qu'ayant renié Jesus-Christ, tout le monde le reniât aussi. Ce commandant, poussant encore plus loin l'indignation qu'il avoit contre luy, jura que tandis qu'il vivroit il ne souffriroit pas qu'il mît jamais le pied dans sa ville, et que s'il ne se retiroit au plûtôt, il le feroit écraser sous une grêle de cailloux et de pierres. Cet infortuné prince voyant qu'il perdoit son temps auprés de cet homme qu'il ne pouvoit fléchir, et plaignant son malheureux sort, poursuivit tristement son chemin, ne sçachant plus où donner de la tête; mais il n'eut pas plûtôt fait six lieües, que rencontrant un Espagnol, il luy demanda qui il étoit, et où il alloit. Ce cavalier luy répondit qu'il avoit ordre de le venir trouver de la part de Ferrand comte de Castres, et du grand maître de Saint Jaques, pour luy dire qu'ils approchoient avec quinze cens hommes d'armes pour le secourir.

Cette agréable avanture le fit respirer un peu dans sa disgrace, voyant qu'il luy venoit une ressource à laquelle il ne s'attendoit pas. Il renvoya l'Espagnol sur ses pas, pour dire à Ferrand, comte de Castres, qu'il n'oublireoit jamais le bon office qu'il luy vouloit rendre, et qu'il le joindroit au plûtôt pour assembler leurs forces contre leurs communs ennemis. Pierre fit tant de diligence qu'il trouva ce comte qui se rafraîchissoit avec toutte sa cavalerie dans un pré proche d'une fontaine, où ils avoient mis pied à terre, et fait leurs logemens de feüillées pour se garantir de la grande chaleur. Le cheval tygre sur lequel il étoit monté le fit aussitôt reconnoître. Il en descendit pour embrasser le comte et le grand maître de Saint Jaques, ausquels il fit un triste recit de touttes les fâcheuses avantures qui luy avoient été suscitées par Henry, Bertrand, le Besque de Vilaines et les autres. Le comte luy témoigna qu'il entroit tout à fait dans ses peines, et qu'ils n'étoient armez, ny luy ny les siens, que pour l'en tirer. Tandis qu'ils s'entretenoient ainsi de leurs affaires, il vint un courier qui leur dit qu'il paroissoit assez prés de là un petit corps de deux cens hommes d'armes, qui s'étoient approchez pour étudier la contenance qu'ils faisoient. Pierre s'imaginant que ce seroit un beau coup de filet que de faire tomber ce petit nombre de gens dans une embuscade, pria le grand maître de Saint Jaques de prendre seulement cinq cens hommes pour les aller surprendre et les charger. Ce general se mit à la tête de pareil nombre de gendarmes; et pour n'être pas découvert, il s'alla poster avec eux derriere une haye, et leur commanda de descendre de leurs chevaux, afin qu'on les apperçût moins.

Carenloüet qui marchoit à la tête de ces deux cens hommes, et qui ne se défioit pas du piege qu'on luy tendoit, donna justement dans l'embuscade; et comme il vit qu'il ne pouvoit pas éviter le combat, il s'y prepara de son mieux, en rangeant ses gens et les mettant en état de se bien defendre, et criant à haute voix *Guesclin!* sçachant que ce nom seul étoit si redoutable aux Espagnols, qu'il ne falloit que le prononcer pour les faire trembler. Il ouvrit le combat le premier, en poussant son cheval contre le grand maître de Saint Jaques, sur la tête duquel il déchargea son sabre avec tant de force et tant de fureur qu'il abbattit par terre et le cheval et le cavalier, aprés l'avoir fort dangereusement blessé. Carenloüet et ses gens n'eurent pas beaucoup de peine à l'achever, et à le laisser mort sur le champ. Les Espagnols voyans leur general par terre s'acharnerent avec plus de rage sur ceux qui l'avoient tué. Le desir de la vengeance les rendit encore plus intrepides, et plus déchaînez sur les François, qu'ils surpassoient si fort en nombre qu'ils étoient pour le moins cinq contre deux. Ces derniers furent accablez par la multitude. Carenloüet, voyant que tout son monde étoit battu sans ressource, se jetta luy neuvième à pied dans les bois; et, se coulant au travers des ronces et des épines, il s'ensanglanta le visage et les mains, pour se cacher et se garantir de la mort. Les Espagnols, étant demeurez les maîtres du champ du combat, enleverent le corps du grand maître de Saint Jaques, et luy firent des funerailles proportionnées à sa qualité. Carenloüet demeura toûjours tapy dans la forêt, jusqu'à ce que les ennemis se fussent retirez et que le peril fût passé. Quand il ne vit plus personne là autour, il marcha toute nuit à pied à travers champs, sans passer par les grands chemins, et se rendit enfin à l'armée de Bertrand, auquel il compta la disgrace qu'il venoit d'essuyer; mais aussi qui n'avoit pas peu coûté aux ennemis, puis qu'ils avoient perdu le grand maître de Saint Jaques, capitaine qui s'étoit aquis beaucoup de reputation dans la guerre. Guesclin le consola beaucoup, en luy disant que la mort de ce general étoit d'un plus grand poids au bien de leurs affaires que la deroute de deux cens hommes, et que les armes étant journalieres, on ne pouvoit pas toûjours reüssir. Il détacha quelques coureurs ensuite, pour observer la marche et la contenance de Pierre.

Aussitôt qu'il eût appris qu'il approchoit, il rangea son monde en bataille pour aller au devant. La mêlée fut rude d'abord; mais Bertrand fit tant d'efforts et paya si bien de sa personne, qu'il fit plier les troupes de Pierre, qui se vit contraint de prendre la fuite, et de se sauver à son tour dans les bois avec Ferrand comte de Castres, et quelques trois cens hommes. C'étoit à qui gagneroit au pied, et feroit plus de diligence pour s'évader. Le comte Ferrand étoit au desespoir de ne pouvoir suivre le roy Pierre; qui le devançoit d'une lieüe tout entiere, à cause de la vitesse de son cheval. Quand il le vit bien loin sur une montagne, il prit à l'instant la resolution de l'abandonner et de le laisser là, se souvenant que touttes ses affaires étoient décousuës, et qu'il ne faisoit pas sûr pour luy d'être davantage dans ses interêts. Cette consideration luy fit aussitôt tourner bride du côté de la Galice, où il prit le parti de se retirer, se contentant d'être à l'avenir le spectateur de la tragedie qui devoit faire perir le roy Pierre, sans y vouloir faire aucun personnage. Ce malheureux prince, aprés avoir couru quelque temps à perte d'haleine, tourna visage pour voir ce qui se passoit; mais il fut bien étonné quand il s'apperçut que personne ne le suivoit, et qu'il restoit tout seul, abandonné de tout le monde. Il vomit mille blasphêmes, et donna mille maledictions à ce pretendu bâtard qui le poursuivoit avec Bertrand et le Besque de Vilaines. Mais son tygre, plus vîte qu'un cerf et qui ne se lassoit jamais, le tira d'affaire, et courut avec tant de force qu'il le mena jusqu'à Monracut, petite ville dans laquelle il n'osa pas coucher ny s'y enfermer, de peur d'être livré par les habitans à ses ennemis.

CHAPITRE XXVIII.

De la grande bataille que Bertrand gagna sur le roy Pierre, qui, cherchant du secours chez les sarrazins, tomba malheureusement entre les mains d'un juif, auquel il fut vendu comme esclave.

Ce prince infortuné n'osant pas entrer dans les villes dans un équipage si triste et sans aucun cortege, et craignant de se donner à connoître de peur d'être trahy, rodoit tout seul tout autour des bois, et côtoyoit la mer, dans le dessein d'y trouver quelque vaisseau pour s'embarquer, et se mettre à couvert par là de la poursuite de ses ennemis. Il se rendit tout exprés à un port que l'on nommoit Orbrie. Ce fut là qu'il rencontra par hasard une fregate qui devoit aller en Syrie. Pierre demanda de parler au pilote, qu'il pria tres humblement de luy vouloir sauver la vie, luy disant que s'il luy faisoit cette grace, il luy donneroit plus d'argent que ne valloient toutes les marchandises dont il avoit chargé son vaisseau. Le pilote voulut sçavoir quel étoit l'homme qui luy parloit. *Le plus malheureux*, luy dit-il, *qui fut jamais au monde, traînant par tout ma mauvaise fortune*. Cette réponse ne fit qu'augmenter la curiosité du personnage, qui ne voulut pas se payer de ces vagues paroles. Il le pressa de ne le pas tenir plus longtemps en suspens, luy témoignant qu'il avoit bien la mine d'être quelqu'un des fuyards qui s'échappoient de la derniere bataille. Pierre luy avoüa de bonne foy que sa conjecture étoit véritable, et qu'il avoit été si malheureux que tous ses gens l'avoient abandonné. Le pilote voulut absolument qu'il luy dît le nom qu'il portoit [1], ajoûtant qu'il luy paroissoit homme à n'avoir pas toûjours eu les pieds dans un boisseau; que le cheval sur lequel il étoit monté le faisoit bien voir.

Tandis que ce pauvre Roy cherchoit à gagner l'esprit du pilote, afin qu'il le reçût dans son vaisseau sans qu'il fût obligé de luy reveler ny son nom ny sa condition, tout l'enigme fut demêlé par un juif natif de Seville, nommé Salomon, qui se presenta là pour s'embarquer avec les autres; et regardant Pierre au visage, il le reconnut tout d'abord. Il commença par le maltraiter de paroles, l'appellant cruel, inhumain,

---

[1] Lors dist à Pietre : « Comment vous appelle-on ? Il semble bien « que vous n'aiez pas esté tousjours oyseux, car vous avez bon cheval, « et bien sentant l'esperon. » (*Ménard*, p. 338.)

sanguinaire, abandonné du ciel et de la terre pour avoir fait mourir sa propre femme, la meilleure princesse du monde. Aprés qu'il se fut longtemps déchaîné contre Pierre en injures, il en vint des paroles aux effets, commandant à ses gens de le saisir au corps, et de le jetter vif dans la mer, disant qu'aprés avoir perdu son royaume, il avoit encore merité de perdre la vie. Quatre valets se mirent aussitôt en devoir d'executer cet ordre severe; deux le prirent par les bras, et les deux autres par les jambes, et le tenoient déjà suspendu en l'air pour le plonger dans l'eau, quand ce malheureux cria qu'il donneroit tant d'or et tant d'argent à tous ceux qui s'étoient embarquez dans cette fregate, qu'il les feroit riches pendant toutte leur vie, s'ils luy vouloient sauver la sienne. Le juif ouvrit l'oreille à ses plaintes; et se promettant de s'enrichir s'il avoit ce prince en son pouvoir, il declara qu'il le vouloit acheter comme son esclave, et qu'il payeroit le prix de sa personne argent comptant : ce qui fut executé sur l'heure (1). Si bien que, par un juste châtiment de la Providence divine, ce malheureux Roy tomba tout d'un coup dans la servitude, et se vit sous l'obeïssance d'un homme qui devint maître de sa vie

---

(1) Adonc l'alerent saisir quatre varlez par bras et par jambes. Mais Pietre se mist à deux genoulx, et commença à plourer en la presence des mariniers, ausquelz il pria et requist qu'ilz voulzissent aviser par quelle rençon il leur eschapperoit; et que tant feroit delivrer à eulx or et argent, que eulx et leurs parens en seroient tous riches. Adonc ledit juif dist qu'il le achepteroit, et donroit l'argent comptant. Ainsi fu Pietre rendu, ne oncques mais ne fu roy ainsi demené. Et à ce doivent tous prendre exemple; car si tost comme fortune veult retourner sa roë, celui qui est monté au plus hault elle fait descendre au plus bas. (*Ménard*, p. 338.)

5.

et de sa mort, le pouvant vendre, battre et même tuer impunément.

Henry cependant étoit toûjours avec la Reine sa femme, et l'archevêque, devant Tolede, dont ils n'avoient point abandonné le siege, tandis que Bertrand et le Besque de Vilaines étoient aux mains avec Pierre. Ces deux generaux, aprés avoir remporté la victoire, les vinrent rejoindre devant cette place sans leur pouvoir donner aucunes nouvelles certaines de ce qu'étoit devenu ce malheureux Roy, ne sçachans s'il étoit encore mort ou vif. Ceux de Tolede étoient aux abois, les vivres leur manquoient, et les maladies emportoient beaucoup de soldats de leur garnison ; les bourgeois mêmes n'en étoient pas exempts. Le secours qu'on leur avoit promis, et qu'ils attendoient avec la derniere impatience, ne paroissoit point. Les uns étoient dans la resolution de se rendre ; les autres, intimidez par le gouverneur, qui les avoit menacé de la mort en cas qu'ils en parlassent, n'osoient pas ouvrir la bouche là dessus, dans l'incertitude où tout le monde étoit quel party il y avoit à prendre, ou de se rendre, ou de se defendre. Un sarrazin trouva le secret d'entrer dans la ville par une poterne, pour leur dire en quelle assiette étoient les affaires. Grand nombre de bourgeois s'assemblerent en foule auprés de luy pour en apprendre des nouvelles. Il leur declara qu'il venoit de Seville, et que les gens des trois lois, c'est à dire les chrétiens, juifs et sarrazins, l'avoient chargé de leur dire que Pierre étoit allé jusqu'au royaume de Belmarin pour en amener un fort gros secours ; et qu'il étoit même arrivé déja dans Seville tant de sarrazins, que touttes les auberges et les hôtelleries regorgeoient de soldats. Le gouverneur, tout à fait devoüé à Pierre, et qui fut present au rapport de cette nouvelle, encouragea les bourgeois à ne point perdre patience, et les menaça de mettre plûtôt le feu dans la ville que de souffrir qu'on songeât seulement à capituler. La plûpart des habitans ne s'accommodoient pas de la perseverance de ce commandant, et craignoient fort d'être pris d'assaut et d'essuyer la cruauté du soldat vainqueur, à qui l'on donne la licence de faire tout impunément; car Henry battoit toûjours la ville avec douze machines de guerre qu'il avoit fait faire.

Cependant le roy Pierre s'étant tiré de la servitude à force d'argent, s'étoit rendu dans Salamanque à grandes journées pour demander du secours au roy de Belmarin ou de Leon (1). Quand ce dernier sçut sa venuë, il luy fit dire de luy venir parler. Pierre le trouva dans son palais, assis au milieu d'une foule de seigneurs qui luy faisoient fort respectueusement leur cour. Ce pauvre Roy luy fit une profonde reverence, et luy fit de son mieux la peinture de ses malheurs. Il luy parla d'Henry comme d'un usurpateur qui l'avoit chassé de ses Etats par les armes d'un nommé Bertrand, chevalier breton qui s'étoit mis à la tête de tous les vagabonds de France, avec lesquels

---

(1) L'auteur des Mémoires se trompe en parlant ici du roi de Léon. Pierre, pour se rendre dans le royaume de Léon, n'auroit pas eu besoin de s'embarquer, puisque ce royaume étoit en Espagne. L'auteur a été trompé sans doute par le nom de la ville de *Sarmaranc*, qu'il a cru être Salamanque. La vérité est que Pierre aborda en Afrique dans le royaume de Bennemarine, et qu'il se transporta à Sarmaranc, où le roi africain tenoit sa cour.

2.

il avoit fait des incursions dans son royaume, dont il luy avoit enlevé les plus belles villes, et pris les forteresses les plus importantes. Il le pria de le secourir dans le besoin pressant où il le voyoit. Ce souverain luy répondit tout haut qu'il le feroit tres volontiers, mais qu'il falloit auparavant qu'il executât les deux promesses qu'il luy avoit faites, dont la premiere étoit d'abjurer la foy de Jesus-Christ et de se faire mahometan; la seconde étoit d'épouser l'une de ses deux filles, dont il luy donnoit le choix, étant touttes deux également belles; et là dessus il commanda qu'on les fît venir, afin qu'il vît laquelle seroit le plus à son gré. Elles entrerent dans la chambre, se tenans touttes deux par la main, fort superbement parées, portans sur leurs têtes des couronnes d'un or arabe le plus pur et le plus fin, dans lesquelles étoient enchâssées des pierres precieuses, et des grosses perles d'un prix inestimable. Le Roy leur pere les fit asseoir touttes deux auprés de luy, qui paroissoient dans cette salle comme deux idoles à qui l'on alloit donner de l'encens. On fit toucher en leur presence les luts, les violes et tous les autres instrumens de musique, afin que l'oreille et les yeux recevans dans le même temps un égal plaisir, le roy Pierre sentît en luy même un plus grand desir de posseder quelqu'une des deux. L'une s'appelloit *Mondaine*, et l'autre se nommoit *Marie*.

Tandis que ce prince les contemploit touttes deux avec une admiration toutte particuliere, le roy de Belmarin, levant son sceptre fort haut, luy dit que puisqu'il étoit vray qu'un bâtard l'avoit dépoüillé de ses Etats, il étoit resolu de l'y retablir, en dépit de tous les chrétiens et du Dieu dont ils étoient les adorateurs; qu'il luy donnoit pour femme sa fille Mondaine, dont la beauté ne se pouvoit regarder sans qu'on se recriât; et que de plus il les feroit tous deux mener en Espagne, escortez d'une armée de trente mille sarrazins, touttes troupes choisies et des meilleures de tout son royaume. Pierre, se croyant au dessus de ses affaires et de ses ennemis, leva la main pour faire l'execrable abjuration de sa premiere foy, protestant qu'il y renonçoit de toute l'étenduë de son cœur et sans aucun déguisement, et qu'il embrassoit la religion de Mahomet, comme celle dans laquelle il vouloit à l'avenir vivre et mourir. Le roy de Belmarin, tout à fait content de la declaration sincere qu'il venoit de luy faire, l'assûra que son fils conduiroit le secours, et que c'étoit le cavalier le mieux tourné de tout son royaume, quoy qu'il n'eût encore que vingt ans. Il fit ensuite équiper une fort belle flote, dans laquelle il fit entrer de fort bonnes troupes avec touttes les munitions necessaires de guerre et de bouche.

Cet appareil se fit avec tant de bruit et de fracas, qu'il sembloit que tout cet armement se faisoit pour la conquête de l'Europe. Il arriva par hasard que deux pelerins chrétiens et gascons, qui revenoient de la Terre Sainte; où ils avoient accomply le vœu qu'ils avoient fait de se transporter auprés du Saint Sepulchre, pour y donner au fils de Dieu des preuves de leur zele et de leur pieté, vinrent coucher dans la ville de Belmarin. L'un des deux s'appelloit *Pierre Floron*, et l'autre *La Reolle*. Ils furent surpris de voir tous les apprêts que l'on faisoit avec tant de tumulte et d'empressement, et demanderent par curiosité ce que tout cela vouloit dire. On leur en apprit le sujet,

Cette nouvelle leur fit de la peine; ils eussent bien souhaité pouvoir en donner avis à Bertrand, afin qu'il se tint sur ses gardes, et se preparât à soûtenir tous les efforts de la guerre qu'on tramoit de faire contre luy. Ces deux pelerins se mirent en tête d'aller eux mêmes annoncer en personne tout ce qui se brassoit contre les chrétiens. Ils se jetterent aussitôt en mer sur un petit bâtiment que le vent poussa si favorablement, qu'ils surgirent en fort peu de temps à un port d'Espagne nommé *Montfusain*. Ces deux hommes avoient interêt de ne se pas trop découvrir, parce qu'ils étoient les vassaux du prince de Galles, qui avoit fait de grands ravages dans ce même païs, quand il y étoit entré pour reprendre sur Henry touttes les villes qui avoient secoüé le joug de Pierre son ennemy. C'est la raison pour laquelle ils s'aviserent, pour mieux cacher leur jeu, de demander l'aumône, afin de devenir par tout moins suspects, et d'y avoir aussi plus d'entrée sous un pretexte si specieux.

Il y avoit une citadelle à Montfusain, dont la gouvernante étoit une fort belle dame, d'une naissance distinguée, fort charitable et fort aumôniere. Quand elle eut attentivement regardé ces deux pretendus gueux, et qu'elle les eut interrogé sur leur voyage, et sur le dessein qu'ils avoient eu de se transporter dans la Terre Sainte pour obtenir la remission de leurs pechez, il luy sembla que ces gens raisonnoient si juste et luy parloient de si bon sens, qu'il luy prit envie de les retenir. Elle voulut se donner le plaisir de les faire manger en sa presence, pour contenter la curiosité qu'elle avoit d'apprendre ce qui se passoit en Jerusalem. Elle leur demanda si les chrétiens étoient toûjours fort maltraitez des Turcs. Ils luy répondirent qu'ils étoient plus acharnez contre eux que jamais, depuis qu'ils avoient entendu dire qu'un Breton nommé Bertrand, homme fort intrepide et fort experimenté dans la guerre, avoit juré leur ruine et résolu de les venir attaquer dans le centre de leurs Etats, aussitôt qu'il auroit mis ordre aux affaires qui troubloient la France et l'Espagne. La dame leur dit qu'elle connoissoit ce Bertrand, et qu'il commandoit les troupes d'Henry devant Tolede, qui ne pouvoit pas encore tenir longtemps, parce que les habitans étoient encore plus aux prises avec la famine qu'avec leurs ennemis, et qu'ils attendoient vainement un secours du roy Pierre, que l'on croyoit avoir été depuis peu noyé dans la mer.

Ces pelerins la détromperent là dessus, en l'assûrant que Pierre étoit encore tout plein de vie; qu'ils l'avoient veu depuis peu dans la ville de Belmarin, faisant sa cour au roi des sarrazins pour en obtenir du secours contre Henry, qu'il pretendoit faire decamper de devant Tolede; qu'il avoit si bien reüssy dans touttes les tentatives qu'il avoit faites auprés de ce prince, que non seulement il luy avoit donné la plus belle de ses deux filles en mariage, mais il luy avoit confié ses plus grands secrets, et promis un gros corps de troupes que son propre fils devoit commander en personne, pour faire dénicher de devant Tolede toutte l'armée d'Henry; que dans quinze jours au plus tard tout ce monde devoit partir pour cette grande expedition. Cette nouvelle étonna beaucoup cette dame, qui prenoit une fort grande part aux interêts d'Henry, dont elle étoit assez proche parente du côté de la mere de ce prince. Elle crut qu'il étoit important de luy en donner avis au plûtôt. Elle congedia les pelerins, ausquels elle donna cinquante doubles d'or pour continuer leur voyage, et resolut d'aller elle même de son pied trouver Henry dans son camp, pour l'avertir du peril qui le menaçoit, se persuadant que quoy que la nouvelle ne fût pas agreable, il luy sçauroit toûjours bon gré de son zele, et de luy avoir appris elle même tout ce qui se tramoit contre luy, pour luy donner le loisir de se précautionner contre une irruption qu'il ne sçavoit pas, et qui l'alloit infailliblement accabler.

Elle s'habilla donc en pellerine pour marcher avec plus de liberté et moins de soupçon, prenant seulement deux personnes avec elle pour l'accompagner et la servir sur les chemins. Elle fit tant de diligence, qu'en peu de temps elle arriva devant Tolede, dont Henry continuoit toûjours le siege. Elle commença par demander à parler à la Reine, à laquelle elle se découvrit, et qui, la voyant ainsi travestie, luy fit aussitôt donner des habits proportionnez à sa qualité. Quand elle se fut un peu raffraichie, la Reine la mena dans la tente d'Henry son epoux, qui tenoit conseil avec les principaux officiers de l'armée, dans le dessein de partager ses forces, d'en laisser toûjours la moitié devant Tolede et d'envoyer l'autre devant Seville, parce qu'on sçavoit de bonne part que les bourgeois étoient fort partagez entr'eux, les uns se declarans pour Henry et les autres pour Pierre; et l'on esperoit qu'on feroit pencher la balance entiere du côté d'Henry, si l'on faisoit approcher de cette ville une armée en sa faveur. Leur conférence fut fort à propos interrompuë par la presence de cette dame, qui par son discours leur fit connoître qu'ils avoient à deliberer sur un sujet plus important. Quand Henry l'apperçut, il la vint embrasser aussitôt; et l'appellant sa belle cousine, il luy demanda par quelle favorable avanture il avoit le bonheur de la voir dans son camp. Elle luy fit bientôt comprendre que ce n'étoit pas en vain qu'elle l'étoit venuë trouver, quand il apprit tout le détail que les pelerins venoient de luy faire, et le dessein qu'on avoit de luy faire incessamment lever le siege de Tolede, par le nombreux secours que Pierre avoit obtenu du roy de Belmarin.

Ce surprenant avis troubla fort Henry tout d'abord, voyant que ces troupes étrangeres alloient rompre touttes ses mesures. Bertrand luy remit l'esprit, en le conjurant d'avoir confiance en Dieu, qui ne l'abandonneroit pas, et luy donneroit toutte sa protection contre un prince apostat qui l'avoit renié. Ce brave general, que rien n'étoit capable d'ébranler, l'assûra que plus ils auroient d'ennemis, plus la victoire qu'il en remporteroit seroit illustre et glorieuse, et que le ciel le feroit triompher de tous ces Infidelles. *Et par Dieu,* continua t'il, *puisque les sarrazins viennent à nous, il ne nous les faudra point aller querir en Syrie, ne saint Pierre à Rome, quand nous le trouvons à nôtre huis.* Il luy conseilla d'envoyer des coureurs par tout, pour battre l'estrade et reconnoître le mouvement et la contenance que pouroient faire les ennemis; et le roy Henry renvoya sa belle parente avec de fort riches presens et un bon cortege. Les espions et les coureurs qu'on avoit détachez rapporterent que vingt mille sarrazins, venans de Grenade, avoient debarqué tout recemment au port de Tolede, à trois lieües au dessous de cette ville, dans le dessein de la secourir. Cet avis obligea Bertrand de tirer les meilleures troupes du siege, et d'y en laisser quelques unes, afin que les assiegez, ne s'appercevans point de ce mouvement, ne songeassent point à faire de sorties. La Reine resta toûjours devant la place avec l'archevêque, faisant toûjours continuer les travaux et les attaques à l'ordinaire; et ce qui pouvoit encore faciliter le succés du siege, c'est qu'on avoit dressé contre la porte de Tolede une fort grosse batterie, dont on empêchoit, à force de traits, les bourgeois et les assiegez de sortir. Bertrand se mit cependant à la tête de ses plus belles troupes, accompagné du Besque de Vilaines et des deux Mauny, marchant en fort belle ordonnance contre les sarrazins, qui ne s'attendoient pas à soûtenir sitôt le choc de ce fameux et redoutable capitaine. Il les chargea d'abord avec tant de furie, qu'il en coucha sept mille par terre, et fit prendre la fuite au reste, qui courut à perte d'haleine jusqu'au port pour remonter sur les vaisseaux qu'ils y avoient laissez, et se mettre à couvert d'un plus grand carnage à la faveur de la mer et des vents.

Le butin qu'ils laisserent fut grand; les François, vainqueurs, le partagerent entr'eux avec joye. La justice distributive y fut fort gardée; les tentes, les pavillons, le bagage, les armes, l'or, l'argent et touttes les autres dépouilles furent dispensées à chacun avec tant d'ordre, de sagesse et d'équité, que tout le monde fut content. Ces troupes victorieuses, et touttes fieres d'un si grand succés, retournerent au siege, se promettans bien que la prise de Tolede seroit la suite infaillible de cette glorieuse bataille. Les sarrazins, qui s'en étoient échappez au nombre de treize mille et qui s'étoient rembarquez, allerent porter à Seville la nouvelle de leur défaite. Ils y trouverent le roy Pierre qui ramassoit beaucoup de troupes du païs de Grenade, qui, jointes à leur debris, pouvoient bien monter à cinquante mille hommes, tant juifs, sarrarins, que chrétiens natifs de Seville. Le jeune prince de Belmarin, se voyant à la tête d'une si belle armée, croyoit que touttes les forces de l'Europe ne seroient point capables de luy resister; et comme elle étoit composée de trois nations differentes, de juifs, de sarrazins et de chrétiens, il dit au roy Pierre qu'il ne vouloit commander que les payens (1) tout seuls, qui ne s'accorderoient jamais avec ceux d'une autre secte que la leur; et qu'il luy conseilloit de conduire les juifs et les chrétiens, dont il connoissoit mieux les inclinations et le genie que luy; quoy qu'il fût persuadé que touttes ces precautions seroient inutiles, parce que leurs ennemis, voyans fondre tant de gens sur eux, abandonneroient aussitôt le terrain qu'ils occupoient devant Tolede, et ne manqueroient pas de prendre la fuite. Pierre, qui connoissoit mieux que luy le caractere d'Henry, de Bertrand et du Besque de Vilaines, l'assûra qu'il n'en iroit pas ainsi; qu'ils avoient à faire à des gens nourris dans les combats, qui ne sçavoient ce que c'étoit que de reculer, et qui vendroient bien cherement leur vie; particulierement ce Bertrand, qui sembloit n'être né que pour les batailles, dont il

(1) Dans les treizième et quatorzième siècles, on désignoit en Europe le mahométisme sous le nom de *payennie*, et les mahométans sous celui de *payens*.

sortoit toûjours avec avantage, et même sçavoit trouver dans sa défaite dequoy s'attirer de la gloire, tant il avoit accoûtumé de bien payer de sa personne dans touttes les occasions heureuses ou malheureuses: qu'il falloit donc songer à bien combattre, et que c'étoit un coup sûr que Bertrand ne se retireroit pas sans rien faire.

Tandis que ces deux princes s'entretenoient ensemble là dessus, un espion se détacha pour venir donner avis à Henry de tout ce qu'il leur avoit entendu dire, et de l'apprehension qu'avoit le jeune prince de Belmarin que les chrétiens ne s'enfuissent aussitôt qu'ils les verroient approcher d'eux. Henry fit part à Bertrand du dessein que les ennemis avoient de leur venir tomber sur le corps, et le pria de luy donner un bon conseil pour sçavoir le party qu'il luy falloit prendre dans la conjoncture presente contre tant de forces qui devoient apparemment les accabler. Guesclin le pria d'avoir bon courage, luy disant que s'il vouloit suivre la pensée qu'il avoit dans l'esprit, il battroit ses ennemis et prendroit Tolede. Ce prince l'assûra qu'il defereroit aveuglément à tous ses sentimens, s'il vouloit luy en faire part. Bertrand luy témoigna qu'il étoit d'avis que l'on prît les trois quarts de l'armée campée devant la ville, pour aller au devant de leurs ennemis, et que ces trois quarts fussent remplacez des milices de la campagne et du plat païs; que les assiegez, voyans toûjours un semblable nombre de gens devant leur place, ne s'appercevroient point de ce changement; qu'il falloit ensuite tirer toutes les garnisons voisines pour renforcer l'armée qui marcheroit au devant de celle des ennemis, qui, toute nombreuse qu'elle fût, n'étoit pas trop à craindre, parce qu'elle étoit composée de gens qui, n'étant pas de même païs ny de même secte, ne s'accorderoient jamais bien ensemble, et seroient plus aisez à défaire. *Ha! ha!* dit Henry, *comme tu es preud'homme!* Le Besque de Vilaines et tous les autres generaux se rangerent tous à l'avis de Bertrand, tombans tous d'accord qu'on n'en pouvoit pas ouvrir un plus judicieux. On se mit donc en devoir non seulement de le suivre, mais de l'executer ponctuellement comme il avoit été projetté. L'on tira tout ce qu'on put de troupes des garnisons voisines; on fit marcher au siege tout ce qu'il y avoit de païsans capables de porter les armes, et l'on mit en campagne les trois quarts de l'armée, qui furent encore grossis par la jonction de tout ce qu'on put amasser de soldats des plus aguerris, qu'on avoit jetté dans les villes et les citadelles pour les defendre.

Bertrand ayant fait tous ces preparatifs, se mit en marche pour venir à la rencontre du roy Pierre, dont ayant découvert de loin les bataillons et les escadrons, et même ayant entendu le hannissement des chevaux, il détacha vingt cinq coureurs pour les observer de plus prés, et luy rapporter ce qu'ils auroient veu. Ces gens s'allerent poster à l'orée d'un bois qu'on appelloit le bois des Oliviers. Ils étudierent de là tout à loisir le nombre, l'ordonnance, la contenance de cette formidable armée, devant laquelle ils ne croyoient pas que Bertrand pût tenir; ils se disoient les uns aux autres qu'ils seroient infailliblement battus si leurs gens en venoient aux mains avec Pierre, dont les forces les accableroient par la multitude. Un de ces vingt cinq, plus brave que les autres et Breton de nation, dit qu'il vouloit éprouver, par un combat singulier qu'il vouloit faire avec quelque cavalier de l'armée de Pierre, chrétien, juif ou sarrazin, si la bataille seroit heureuse pour Henry, pretendant qu'il en seroit de même de la journée que de l'assaut qu'il alloit faire contre un particulier des ennemis; jurant que s'il n'en rencontroit point dans les champs, il iroit faire cette bravade et ce défy jusqu'à l'armée de Pierre. Il trouva bientôt l'occasion de s'en épargner le chemin : car il apperçut au même instant trois sarrazins qui s'étoient détachez de leur gros pour mettre leurs chevaux en haleine, et les faisoient bondir au milieu des champs avec beaucoup de faste et d'orgueil. Cet écuyer breton les alla morguer luy tout seul; et quand il fut auprés d'eux, il passa son épée tout au travers du corps de celuy qui luy paroissoit le plus fier, et le jetta par terre. Il voulut aller aux deux autres, mais il fut bien payé de sa temerité; car l'un d'eux, nommé Margalan, luy déchargea sur le bras un si grand coup de sabre, qu'il le luy coupa tout entier, et le fit tomber à terre avec son épée. Il couroit grand risque d'être tué, si ceux de l'embuscade n'eussent piqué leurs chevaux jusques là pour le secourir. Les deux sarrazins les voyans courir à eux prirent aussitôt la fuitte; dont il y en eut un qui fut atteint et massacré. L'autre ayant échappé s'en alla répandre l'alarme dans l'armée de Pierre, auquel il conta toutte cette triste avanture, luy disant qu'il y avoit des gens d'Henry retranchez dans le bois des Oliviers. Pierre se le tint pour dit, et defendit à son monde de s'écarter, afin que chacun se preparât à bien payer de sa personne dans cette journée.

CHAPITRE XXIX.

De la derniere bataille que gagna Bertrand sur le roy Pierre, qui perdit dans cette journée plus de cinquante mille hommes, et qui fut ensuite assiegé dans le château de Montiel, où il se retira.

Henry, parfaitement instruit par ses espions et coureurs de tout ce qui se passoit dans l'armée de Pierre, disposa touttes choses au combat, allant de rang en rang exhorter ses gens à bien faire, et leur remontrant qu'il falloit employer les derniers efforts pour prendre Pierre mort ou vif, de peur que s'il leur échappoit, il ne leur suscitât encore de nouveaux ennemis; qu'il falloit que cette journée fût la derniere, et le couronnement de touttes les autres; qu'ils avoient à combattre un prince apostat, qui s'étoit rendu l'horreur et l'execration de toute la terre par ses cruautez et ses impietez; que le ciel ne beniroit jamais les armes de ce meurtrier, dont les troupes étoient composées d'Infidelles et de juifs, tous ennemis du nom chrétien, qui marchoient sans discipline, et vivoient entr'eux sans intelligence; qu'ils auroient bon marché de touttes ces canailles qui n'avoient rien de bon que les dépoüilles qu'ils en esperoient, et qu'il y avoit lieu de croire que cette journée les feroit tous riches; que ceux enfin qui viendroient à perdre la vie dans cette bataille ne pouvoient mourir plus glorieusement ny plus saintement, puis que ce seroit pour une cause non seulement fondée sur la justice, mais aussi sur la religion; qu'on ne pouvoit mourir qu'une fois, et que dans ce rencontre le merite et la pieté se trouveroient mêlées dans un même trépas, qui seroit regardé devant Dieu comme un sacrifice.

Un discours si fort et si touchant fut interrompu par la voix publique de toutte l'armée, qui luy témoigna n'avoir point de plus grand desir que d'en venir aux mains incessamment. On alla donc de ce pas aux ennemis. Henry fut un peu surpris de voir la belle ordonnance de l'armée de Pierre, et la fiere contenance de ceux qui la composoient. Il ne put s'empécher de le témoigner à Bertrand, auquel il montra l'étendard du jeune prince de Belmarin, luy disant que s'il pouvoit tomber dans ses mains, jamais homme n'auroit fait une si belle prise : car il en auroit pour sa rançon plus d'argent qu'il n'y en avoit dans tout le royaume d'Espagne. Guesclin luy répondit qu'il ne falloit faire quartier à personne ; qu'il assommeroit tous les juifs et les sarrazins qu'il prendroit avec autant de flegme qu'un boucher tuoit ses beufs et ses moutons, et qu'à moins qu'ils ne demandassent le baptême pour se faire chrétiens, il n'en échapperoit pas un seul ; que c'étoit dans cet esprit qu'il alloit combattre, et qu'il avoit pensé de ranger leur armée dans cet ordre, sçavoir : que le corps de bataille seroit au milieu commandé par le Roy, l'aîle droite par lui même, et l'aîle gauche par le Besque de Vilaines. Il n'y avoit dans toutte cette armée pas plus de vingt mille hommes. Le roy Pierre en comptoit dans la sienne plus de cinquante mille, dont il fit cinq batailles. Quand il les eut rangé en belle ordonnance, il conjura le fils du roy de Belmarin de se surpasser dans cette occasion, le priant d'affronter comme luy tous les perils dans cette journée, parce que s'il pouvoit une fois vaincre Henry, la couronne d'Espagne seroit affermie sur sa tête pour toute sa vie. Le jeune prince l'assûra par avance de la victoire, étant tous deux incomparablement plus forts que leurs ennemis, qui n'étoient pas deux contre cinq.

Tandis qu'ils s'échauffoient l'un l'autre à bien faire, un capitaine sarrazin les interompit en disant qu'ils ne devoient point douter du succés du combat qu'ils alloient donner, et que le corps de troupes qu'il commandoit n'ayant jamais pâly devant les chrétiens et ne sachant ce que c'étoit que de reculer, il leur répondoit de la victoire, et qu'Henry leur feroit bientôt voir ses talons. Pierre ne parut pas bien persuadé de tous ces avantages dont il se flattoit, luy representant qu'il y avoit avec Henry deux intrepides chevaliers, Bertrand et le Besque de Vilaines, dont le premier avoit pour armoiries un aigle de sable en champ d'argent, et le second arboroit dans ses enseignes un quartier d'Espagne, à cause de la comté de Ribedieu, dont Henry luy avoit fait present; que ces deux generaux ne fuiroient jamais, et vendroient cherement leur vie; que s'ils pouvoient tomber prisonniers dans ses mains il ne leur donneroit jamais la liberté, pour quelque rançon qu'ils luy voulussent offrir. Aprés qu'il eut achevé ce discours, le jeune prince de Belmarin fit faire un mouvement à ses troupes, qu'il fit marcher droit à Bertrand, qui, les voyant venir, dit à ses gens : *Orsus, mes amis, vecy ces gars qui viennent; et par Dieu qui peina en croix et le tiers jour suscita, ils seront déconfits et tous nôtres.* Il fit aussitôt sonner ses trompettes avec un tres grand bruit, et le Besque de Vilaines fit aussi de son côté la même contenance. Ils donnerent tous deux contre les sarrazins. Henry se chargea d'attaquer Pierre son ennemy, se promettant bien de le joindre dans la mêlée pour le combattre corps à corps, et vuider tout leur different aux dépens de la vie de l'un ou de l'autre. Comme on étoit sur le point d'en venir aux mains, tous les soldats des deux armées se disoient adieu les uns aux autres, et faisoient leurs prieres en se frappant la poitrine, et se recommandans à Dieu dans un peril si present et si eminent.

La bataille s'ouvrit par les gens de trait des deux côtez. Quand cette grêle qui dura quelque temps eut cessé, l'on s'approcha de plus prés, et l'on combattit pied à pied, le sabre et l'épée à la main. Le Besque de Vilaines (1) ayant descendu de cheval avec tout son monde, qui suivit son exemple, se mêla dans la presse tête baissée, pour aller chercher le neveu du roy de Belmarin, sur lequel il s'acharna particulierement, et luy déchargea sur la tête un si grand coup d'une hache qu'il tenoit à deux mains, qu'il le renversa mort; et poussant toûjours sa pointe, il fit une grande boucherie des sarrazins, dont il coucha par terre la premiere ligne, et écarta le reste bien loin.

---

(1) Moult estoit le Besgue de Villaines bien armé, et tout à pié estoit, et ses gens aussi, l'escu au col et le glaive ou poing : dont il fery un paien, nepveu du roy de Belmarin, si raidement, qu'il le perça tout oultre, et toutes ses armures, et le rua jus tout mort : puis retira son glaive, et en occist aussi le second et le tiers, en escriant : « Nostre Dame, aye au roy Henry! Huy verra l'en qui a querra hon-« neur. » (*Ménard*, p. 357.)

L'un des fuyards vint tout éperdu donner avis au prince de Belmarin que dans cette déroute on avoit assommé son cousin germain. Cette nouvelle le desola fort. La rage qu'il en eut le fit jetter tout au travers de tous les dangers, pour venger, s'il pouvoit, cette mort sur le Besque de Vilaines, qui sans s'épouventer de cette furieuse temerité la luy fit payer cherement; car, se presentant à luy pour luy tenir tête, il luy donna tant de coups et de si pesans sur le casque, que sa tête en devenant tout étourdie, l'homme en tomba pâmé sur la place. Une foule de sarrazins coururent à luy pour le secourir et le relever, et l'envelopperent, de peur que, ne se pouvant plus tenir sur ses pieds, on ne l'achevât. Le dépit qu'ils eurent de voir leur maître abbattu leur fit tourner tête contre le Besque, qui les soûtint avec une valeur extraordinaire. Mais il auroit à la fin succombé sous la multitude, si Bertrand ne fût venu le dégager et se joindre à luy dans le reste du combat: si bien qu'ils ne faisoient eux deux qu'un seul corps de troupes, avec lequel ils chargerent les sarrazins avec un courage invincible. Bertrand crioit à haute voix *Guesclin!* pour donner chaleur à la mêlée. Ses Bretons à ce signal redoubloient leurs coups, et faisoient des efforts incroyables pour seconder leur general. Le Besque de son côté payoit aussi fort bien de sa personne, encourageant ses soldats à bien faire par son exemple. Il avoit à ses côtez un de ses fils qui se signaloit beaucoup dans cette bataille, et qui donna tant de preuves de son courage et de sa valeur, que le roy Henry le fit chevalier tout au milieu de l'action.

Ce prince, qui ne s'endormoit pas tandis que Bertrand et le Besque faisoient des merveilles, tourna touttes ses forces du côté de Pierre, avec lequel il vouloit éprouver ses forces et mesurer son épée seul à seul, s'il le pouvoit démêler au milieu de ses troupes. Ce prince renegat étoit suivy de beaucoup de chrétiens et de juifs, moitié cavalerie, moitié infanterie, monté sur un des meilleurs chevaux de toutte l'Espagne. On voyoit de loin, sur sa cotte d'armes, les lions de Castille arborez avec beaucoup d'éclat. Henry, qui se pretendoit souverain de la même nation, portoit aussi les mêmes armoiries : c'est ce qui fit qu'ils se reconnurent tous deux. La haine qu'ils avoient l'un pour l'autre, causée par la competence du sceptre et par le violent desir de voir cette querelle vuidée par la mort d'un des deux, les obligea de s'attacher l'un à l'autre avec un acharnement égal. Pierre commença par vomir cent injures contre Henry, l'appellant bâtard et faux traître, qui s'étoit revolté contre luy pour luy ravir son sceptre et sa couronne, et le menaçant qu'il ne sortiroit point de ses mains qu'il ne luy eût ôté la vie et ne luy eût mangé le cœur : ajoûtant qu'il étoit le fils de la concubine de son pere Alfonse, et qu'il ne meritoit que la corde. Henry luy répondit *qu'il en avoit menty par sa gorge ; que sa mere avoit été femme légitime d'Alfonse, qui l'avoit fiancée par le ministere de l'archevêque de Burgos, et dans la presence des principaux seigneurs de la cour ; qu'il étoit sorty de ce mariage, et que ce prince avoit reconnu la dame sa mere pour sa propre femme durant toutte sa vie ; si bien que c'étoit à tort qu'il vouloit décrier sa naissance, à laquelle on ne pouvoit pas trouver des taches comme à la sienne.*

Quand il eut achevé ces paroles, il poussa son cheval avec beaucoup de roideur contre Pierre, tenant l'épée haute sur luy. Ces deux Rois se chamaillerent longtemps avec une égale furie, sans remporter aucun avantage l'un sur l'autre : car leurs armûres étoient si épaisses qu'ils ne les pouvoient entamer. Mais à la fin Henry fit de si grands efforts contre son adversaire qu'il luy fit vuider la selle, et l'abbattit à terre. Il alloit achever en luy perçant les flancs de sa lance; mais les sarrazins parerent le coup, et s'assemblerent en foule en si grand nombre autour de luy, qu'ils eurent non seulement le loisir de le remonter, mais encore d'envelopper Henry de tous côtez, qui, se defendant contr'eux tous et ne voulant pas reculer, crioit *à son enseigne et à ses gens*. Le bruit de sa voix les fit courir à luy d'une grande force. Le combat se renouvella donc avec plus de chaleur qu'auparavant. Les deux princes se rapprocherent avec un grand acharnement l'un sur l'autre. Ils étoient tous deux de fort rudes joüeurs. Pierre avoit une épée dans sa main plus trenchante et plus affilée qu'un rasoir, dont il voulut atteindre Henry; mais le coup porta sur la tête de son cheval avec tant de vigueur et de force que non seulement il la trencha, mais il abbattit en même temps et le cheval et l'écuyer. Henry, qui n'avoit aucune blessûre, n'eut pas beaucoup de peine à se relever, et ses gens aussitôt luy presenterent une autre monture. Quand il fut remis à cheval, il rallia touttes ses troupes et les mena contre celles de Pierre, qui, déja touttes fatiguées d'un si long combat, ne purent soûtenir davantage le choc des chrétiens, qui se tenoient si serrez qu'il étoit tout à fait impossible de les ouvrir ny de les rompre, et qui venans à tomber sur les sarrazins recrus, blessez et dispersez, en firent un fort grand carnage. Bertrand Du Guesclin, le Besque de Vilaines, Guillaume Boitel, Alain de La Houssaye, Billard des Hostels, Morelet de Mommor, Carenloüet et les deux Mauny se signalerent beaucoup dans cette memorable journée, qui rendit les affaires de Pierre touttes déplorées, et retablit entierement celles d'Henry.

Ce prince apostat ouvrit trop tard les yeux sur son malheur. Il vit bien que la main de Dieu l'avoit frappé pour le punir de son impieté. Ce fut alors qu'il témoigna le déplaisir extreme dont il étoit touché, d'avoir si lâchement abjuré sa religion pour suivre celle de Mahomet, qui luy avoit attiré la perte de tous ses Etats, et le danger de perdre la vie aprés avoir perdu la foy. Quand le fils du roy de Belmarin s'apperçut que touttes ses troupes étoient défaites et en fuite, il fut contraint de se jetter tout à travers champ, et de s'aller cacher dans une forêt avec le debris de sa déroute. Pierre eut de son côté recours à la vitesse de son cheval, et se retira dans le château de Montiel, avec seulement quatre cens hommes qu'il put ramasser. Les autres sarrazins étoient errans, épars et dispersez par les campagnes; et quand ceux de Seville les virent ainsi fuir, ils sortirent de leurs murailles et coururent sur eux, les blessans à grands coups de dards, et leur disans mille injures. Il n'y eut pas jusqu'aux juifs de la même ville qui se mêlerent avec les autres pour les insulter, et leur reprocher la felonnie qu'ils avoient commise à l'égard d'Henry leur roy legitime, qu'ils avoient lâchement trahy pour suivre le party de Pierre, sur qui la malediction de Dieu venoit de tomber avec tant de justice. Henry cependant n'avoit rien plus à cœur que de terminer cette grande affaire par la mort de son ennemy. C'est la confidence qu'il fit à Bertrand, au Besque de Vilaines et à tous les autres generaux, que toutte cette victoire, quelque glorieuse qu'elle fût, ne luy donneroit pas une entiere satisfaction tandis que Pierre seroit encore en vie. L'incertitude dans laquelle ils étoient tous du lieu de sa retraite les tint en balance assez longtemps, ne sçachans quelle route prendre pour le chercher et le trouver, quand un avanturier les tira de peine en leur apprenant que ce malheureux prince étoit entré dans Montiel (1) à la tête de quatre cens hommes, et qu'il s'étoit enfermé dans cette place dans le dessein de s'y bien defendre.

Cette nouvelle leur donna l'esperance de l'envelopper là dedans comme dans un filet. Ce fut la raison pour laquelle Henry, par le conseil de Bertrand, fit publier par toutte son armée que chacun le suivît, sous peine de la vie, sans partager les dépoüilles et le butin qu'on avoit fait, jusqu'à ce qu'on eût pris le château

---

(1) Le Bégue de Vilaines s'étant apperçu le premier de la fuite de Pierre, le suivit de si prés qu'il le contraignit de se jetter dans le château de Montiel... De Vilaines en courant l'avoit toujours observé de l'œil : de maniere qu'ayant remarqué que le gros de poussiere qu'il faisoit en fuiant tournoit vers ce château, il jugea qu'il y étoit entré. Il pousse jusqu'à la porte ; mais l'ayant trouvée fermée, il mit son fils devant avec quatre cents chevaux ; et lui avec sa cavalerie investit la place de tous côtés.....

Cette fameuse bataille, dite la bataille de Montiel, se donna le 13 août 1368. (*Du Chastelet*, p. 166 et 167.)

de Montiel et l'oiseau qui en avoit fait sa cage. Ceux qui ne respiroient qu'après la part qu'ils pretendoient dans la distribution des bagages, des équipages et de tout l'argent monnoyé que les ennemis avoient laissé sur le champ de bataille, ne s'accommodoient gueres de cet ordre si precipité qui les empêchoit de satisfaire leur convoitise; mais il y fallut obeïr. Henry, pour ne les pas decourager, fit garder tout le butin par cinq cens hommes d'armes, avec defense d'y toucher jusqu'au retour de la prise de ce château. La diligence qu'il fit pour gagner Montiel fut si grande, que Pierre se vit investy par un gros corps de troupes lors qu'il y pensoit le moins. Il fut bien étonné de voir que les chrétiens plantoient le piquet devant cette place, et distribuoient les quartiers entr'eux comme pour faire un siege dans les formes, et n'en point décamper qu'ils ne s'en fussent rendu les maîtres. Cet infortuné prince, se voyant pris comme dans une ratiere, étoit extremement en peine comment il pouroit s'évader. Il demanda conseil au gouverneur, pour sçavoir quelles mesures il luy falloit prendre pour se tirer d'un si mauvais pas; luy disant que s'il pouvoit une fois avoir la clef des champs, il reviendroit dans peu fortifié d'un si puissant secours, que tous ses ennemis ne pouroient pas tenir devant luy. Le commandant luy répondit que la place manquoit de vivres, et qu'il n'y en avoit pas encore pour quinze jours; aprés quoy l'on ne pouroit pas se defendre de se rendre à la discretion d'Henry.

Ce fut pour lors que Pierre, repassant dans son esprit touttes les cruautez qu'il avoit exercées dans son regne, le meurtre detestable qu'il avoit commis sur la

personne de sa propre femme, la credulité supersti-
tieuse qu'il avoit eüe pour les juifs, et le secours qu'il
étoit allé chercher chez les Infidelles, dont il avoit
embrassé la malheureuse secte, il vit bien qu'il avoit
comblé la mesure de ses iniquitez, et que le ciel, pour
le punir de toutes ses impietez et de tous ses crimes,
l'alloit livrer entre les mains de son ennemy, qui,
bien loin de luy pardonner, se feroit un plaisir de le
faire mourir, pour n'avoir plus de competiteur à la
couronne, et regner ensuite dans une securité profonde. Il faisoit reflexion sur l'état pitoyable auquel
l'avoient reduit Bertrand, le Besque de Vilaines et
les autres partisans d'Henry, qui sans eux auroit
succombé necessairement sous les forces qu'il avoit
amenées du royaume de Belmarin. Ce malheureux
Roy tomba dans une grande perplexité d'esprit, voyant
qu'à moins qu'il n'eût des aîles pour voler comme les
oiseaux, il ne pouvoit aucunement échapper des mains
de ses ennemis. Les vivres manquoient dans la place,
et les assiegez n'étoient point en état de faire de sorties, ny de forcer aucun quartier. D'ailleurs, pour
rendre la prise de Pierre immanquable, Henry fit
batir un mur assez haut tout autour du château de
Montiel; et les assiegeans veilloient avec touttes les
precautions imaginables, afin que personne n'entrât
dedans ny n'en sortît. Pierre voyant que la garnison,
pressée par la famine, parloit secretement de se rendre
et de le livrer, il assembla les principaux officiers qui
commandoient sous luy dans ce château, les conjura
de tenir encore durant quinze jours, et les assûra
qu'avant que ce terme fût expiré il leur ameneroit
un secours si considerable, qu'il tailleroit les assie-

geans en pieces, et feroit lever le siege de la place. Ces gens luy remontrerent qu'il étoit absolument necessaire qu'il leur vint bientôt un renfort, parce qu'ils seroient aux abois avant quinze jours, et que dans ce besoin pressant ils seroient forcez de capituler avec Henry, pour faire avec luy leur condition la meilleure qu'il leur seroit possible.

Pierre leur promit qu'il reviendroit si tôt, qu'il les tireroit de cet embarras. Il concerta donc avec eux qu'il partiroit la nuit, luy sixiême. Il fit charger sur des fourgons son or, son argent et ses meubles les plus precieux, dans le dessein de lever de nouvelles troupes, quand même il devroit épuiser pour cela tous ses coffres. Les assiegeans ne sçavoient pas que Pierre avoit la pensée de tenter une évasion ; car ils avoient seulement appris qu'il y avoit dans la place une grande disette. Cependant Bertrand croyant cette place imprenable, à moins que ce ne fût par assaut, voulut abreger chemin, disant à Henry qu'il luy conseilloit d'envoyer un trompette à Pierre pour le sommer de luy rendre la place, et luy proposer un accommodement entr'eux, qui seroit que Pierre luy cederoit la couronne, à condition qu'Henry luy donneroit quelque duché dans l'Espagne pour avoir dequoy subsister honorablement. Ce conseil n'étoit pas fort agreable à Henry, qui avoit tout à craindre de Pierre s'il avoit une fois la vie et la liberté ; car il le connoissoit remuant, ambitieux et perfide. Mais les obligations qu'il avoit à Bertrand luy firent avoir pour luy la complaisance de prêter l'oreille à cet avis, et de le suivre avec beaucoup de docilité, quoy que ce fût avec quelque repugnance. Il donna l'ordre à l'un de ses gens de s'aller presenter aux barrieres pour faire à ce prince une proposition qui luy devoit être fort agreable et fort avantageuse, puis qu'il étoit perdu sans ressource. Cet homme se coula jusques sous les murailles de la place, et fit signe de son chapeau qu'il avoit à parler au roy Pierre.

Ce malheureux prince ne pouvant s'imaginer que dans l'état où étoient les choses Henry voulût avoir pour luy la moindre indulgence, regarda ce message comme un piege qu'on luy tendoit, et se persuada qu'il ne se faisoit que pour apprendre au vray s'il étoit dans la place en personne. C'est ce qui le fit resoudre à se faire celer, commandant que l'on repondît qu'il y avoit longtemps qu'il en étoit sorty : car il se promettoit sur ce pied que les assiegeans, le croyans dehors, leveroient le piquet de devant ce château pour le chercher ailleurs, et qu'il pouroit par là s'évader ensuite à coup sûr. En effet, le commandant vint parler au trompette pour l'assûrer qu'il y avoit plus de douze jours que le roy Pierre étoit party pour aller chercher du secours, pretendant revenir bientôt sur ses pas avec de si grandes forces, que les assiegeans seroient trop foibles pour luy resister. Cette nouvelle étoit assez plausible pour y ajoûter foy. Henry la croyant veritable en tomba dans un grand chagrin, craignant d'avoir manqué le plus beau coup du monde, et dont l'occasion ne se pouroit de longtemps recouvrer. Le comte d'Aine, comptant là dessus, luy conseilla de lever le siege. Mais Bertrand opina bien plus juste et plus judicieusement, quand il luy dit qu'il étoit persuadé que Pierre étoit encore là dedans ; et que comme il apprehendoit de tomber vif entre ses mains, il avoit inventé cette ruse et ce mensonge pour le faire décamper de là; qu'il ne luy conseilloit pas de donner si bonnement dans ce paneau : car quand même la sortie de Pierre seroit veritable, il ne devoit pas abandonner pour cela le siege qu'il avoit entrepris, puisque ce seroit faire un arriere-pied qui seroit capable de decrediter la reputation de ses armes, qu'il falloit entretenir dans le public, de peur qu'on ne vînt à rabattre beaucoup de l'estime qu'on avoit de sa valeur. Ces raisons parurent si fortes à Henry, qu'il prit la resolution de ne jamais partir de là qu'il ne se fût rendu tout à fait maître de Montiel, quand il se devroit morfondre devant avec touttes ses troupes durant tout l'hyver. Voulant enfin trouver dans la mort et le supplice de Pierre le couronnement de tous ses desirs et la fin de tous ses peines, il donna donc tous les ordres necessaires afin qu'on fît de nouveaux efforts contre cette place, et qu'on employât toute la vigilance possible pour empêcher ce prince apostat de sortir de Montiel, qu'il vouloit avoir vif ou mort, afin qu'il ne restât plus personne capable de luy disputer la couronne qui luy appartenoit.

CHAPITRE XXX.

De la prise du roy Pierre par le Besque de Vilaines, comme il sortoit furtivement du château de Montiel pour se sauver.

LE roy Pierre demeurant toûjours enfermé dans le château de Montiel, et ne sachant point comment en sortir sans tomber dans les mains de ses ennemis, choisit le temps de la nuit pour en faire celuy de son evasion, se promettant de se dérober à leur vigilance à la faveur des tenebres. Il ne voulut point s'embarrasser de son équipage, de peur que cela ne le fît découvrir, mais seulement partir luy sixième, afin que, marchans tous ensemble à fort petit bruit, ils pûssent plus facilement surprendre ceux qui les observoient, et se couler furtivement jusqu'au prés des murailles, où ils sçavoient qu'il y avoit une brêche dont l'ouverture leur devoit servir de porte pour gagner les champs. Il se mit donc à pied avec les autres, tenans tous leurs chevaux par la bride; et descendans tout doucement de ce château situé sur un haut rocher, ils arriverent sans aucun danger jusqu'à ce mur, qu'on avoit fait nouvellement bâtir tout exprés pour fermer touttes les issuës qui pouroient faciliter la fuite de Pierre. Ils n'avoient pas mal débuté jusques là; mais par malheur ils rencontrerent quelques gens du Besque de Vilaines qui, se promenans au pied du château, prêterent l'oreille à quelque bruit qu'ils entendirent, et furent aussitôt en donner avis au Besque, qui les renvoya sur leur pas avec ordre, d'observer ce qui se passoit. Il fit en même temps armer tout son monde, dans l'opinion qu'il avoit que les assiegez avoient envie de faire une sortie. Ces gens luy vinrent rapporter qu'ils avoient veu six hommes approcher d'un mur, où il y avoit un grand trou qui leur ouvroit le chemin de la campagne tout à découvert. Le Besque, s'imaginant que ce pouvoit être le roy Pierre, se rendit aussitôt sur le lieu fort clandestinement; et suivant pas à pas un cavalier qu'il ne pouvoit qu'entrevoir, il le saisit au corps comme il alloit passer la brêche, en luy disant : *Je ne sçay qui vous êtes, mais vous ne m'echapperez pas.* Pierre se mit sur la defensive, et tâcha de luy donner d'un poignard dans le ventre. Mais le Besque en ayant apperçû la lueur, le luy arracha des mains, en jurant que s'il ne se rendoit sur l'heure, il ne le marchanderoit pas, et que s'il faisoit encore la moindre resistance, il luy passeroit son épée jusqu'aux gardes au travers du corps.

Pierre se voyant pris tâcha de fléchir le cœur du Besque, en luy declarant sa misere et son infortune; et luy declinant ingenûment son nom, le pria de luy vouloir sauver la vie, luy promettant de luy donner trois villes, douze châteaux, et douze mulets chargés d'or. Un autre, plus interessé que le Besque, se seroit laissé tenter à de si belles offres; mais touttes ces richesses ne furent point capables d'ébranler sa fidelité. Ce brave general (1) luy répondit qu'il n'étoit point capable de faire une lâcheté semblable, et qu'il le meneroit à Henry. Ce fut alors que, pour s'assûrer davantage de sa personne, il le prit par le pan de sa robbe. Le vicomte de Roüergue arriva là dessus, et voulut mettre aussi la main sur luy de peur qu'il n'é-

---

(1) Pierre fut arrêté par Moradaz de Rouville, et par Coppin son écuyer. Ils en donnèrent avis au Besque de Vilaines, sous la bannière duquel ils servoient.

« Haa, gentil Besgue, dist Pietre, je me rens à vous : me convient-
« il morir, et est mon jour venu où j'ay tant evadé? Sire, qui estes-
« vous? dist le Besgue. Helas! dist Pietre, je suis le plus mechant qui
« oncques regnast en ce siecle. Roy Pietre me souloient appeller grans
« et petiz. Or ne regneray plus au mien cuidier : car bien croy qu'il
« me fauldra morir en bref temps. Haa! sire, dist le Besgue....., le
« vaillant Roy vostre frere aura pitié de vous. » (*Ménard*; p. 371.)

chappât, s'offrant de le lier d'une corde s'il en étoit besoin; mais le Besque le pria de le laisser tout seul avec sa capture, et dont il viendroit bien à bout sans le secours de personne. Le vicomte, indigné de ce que le Besque ne vouloit pas partager avec luy l'honneur de l'avoir pris, luy dit qu'il ne l'avoit pas fait prisonnier de bonne guerre, mais par artifice et par surprise. Le Besque le regardant fierement luy répondit que s'il pretendoit luy en faire un crime et l'accuser de quelque supercherie dans cette prise, il se feroit faire raison l'épée à la main quand il voudroit, en vuidant tous deux leur differend dans un duel. Le vicomte le radoucit, en luy témoignant qu'il ne trouveroit pas son compte à se battre avec luy. Le Besque mena donc cet illustre captif dans la tente d'Alain de La Houssaye, qui s'estima fort honoré de ce qu'on l'avoit choisy pour garder un dépôt de cette importance. Il felicita le Besque sur le bonheur qu'il avoit eu de faire une si riche proye, luy disant qu'on alloit souvent à la chasse sans trouver un gibier de cette consequence, *et qu'il avoit bien rencontré coutel pour sa gaine.* Vilaines appella sur l'heure un de ses veneurs nommé Gilles Du Bois, qu'il envoya tout aussitôt avertir Henry qu'il avoit dans ses mains le prince apostat qui luy disputoit sa couronne.

La joye que ce messager luy donna fut si grande que, pour le recompenser d'une si agreable nouvelle, il se dépoüilla d'un fort beau manteau qu'il portoit; et le luy mettant dans les mains, il luy dit que ce present qu'il luy faisoit n'approchoit pas du merite qu'il s'étoit fait auprés de sa personne, en luy annonçant une chose qui l'alloit rendre heureux pendant toutte sa vie. L'impatience qu'il avoit de voir son ennemy sous sa puissance le fit monter precipitamment à cheval, sans se soucier s'il étoit suivy de quelque cortege ; quelques-uns de ses officiers coururent pour le joindre et ne le pas laisser seul. Il alla droit à la tente d'Alain de La Houssaye, dans laquelle il trouva le Besque de Vilaines et beaucoup d'autres seigneurs, qui s'étoient assemblez là pour sçavoir ce qu'ils feroient de Pierre. Quand Henry l'apperçut dans leurs mains, l'impatience qu'il avoit de s'en défaire, et la colere qui luy fit monter le sang au visage, luy firent porter la main sur une dague qu'il avoit sur soy pour en poignarder le malheureux Pierre. Mais le Besque de Vilaines (1) luy retint la main pour l'en empêcher, en luy remontrant que Pierre étoit son prisonnier, et que les loix de la guerre vouloient qu'on luy en payât la rançon devant qu'il sortît de ses mains, et que tandis qu'il seroit en sa puissance, il ne souffriroit pas qu'on luy fît aucun outrage. Henry luy promit de le satisfaire là dessus audelà même de son attente, et qu'il luy feroit compter des sommes proportionnées à la qualité du prisonnier qu'il luy livreroit. Il n'en fallut pas davantage pour obliger le Besque à luy lâcher Pierre. Aussitôt qu'Henry s'en vit le maître, il commença par luy taillader le visage de trois coups de

---

(1) « Se vous voulez (dit le Besgue de Vilaines à Henri), je le vous
« rendray, par telle condition que vous m'en payerez au telle rençon
« en deniers comptans, comme à telle prise appartient.... » Adonc
le roy Henry dist au Besgue : « Gentil Besgue, je crois sans cuidier
« que vous estes un loyal chevalier. Je vous prie que vous rendez
« Pietre, et je vous en payeray rençon à vostre voulenté. » (*Ménard*,
p. 374.)

dague, avec lesquels il le mit tout en sang. La honte et le deplaisir que ce pauvre prince eut de se voir ainsi maltraité luy fit faire un coup de desespoir; et sans plus songer au déplorable état de sa condition, qui le rendoit esclave de son ennemy, il se jetta sur luy, le colleta d'une si grande force et avec tant de rage qu'ils tomberent tous deux à terre, Henry dessous luy.

Ce dernier, qui ne s'étoit pas desaisy de sa dague, faisoit les derniers efforts pour luy donner de la pointe dans le petit ventre; mais Pierre avoit une cotte de mailles qui le mettoit à l'épreuve des coups qu'Henry luy portoit, et tachoit de luy arracher le poignard des mains, afin de l'en pouvoir percer à son tour. Bertrand arriva tandis qu'ils étoient ainsi l'un sur l'autre, et cria (1) qu'on vint vîte dégager le Roy de dessous ce prince apostat, qui devoit mourir avec infamie. Ce fut alors que le *bâtard d'Anisse*, créature d'Henry, courut à son maître; et le prenant par la jambe, il le releva. Pierre resta couché par terre, et tiroit à la fin d'une blessûre qu'il avoit reçuë d'un coup qui n'avoit pas porté à faux comme les premiers. Quand Henry le vit en cet état, il commanda qu'on luy tranchât la tête. Un écuyer espagnol se presenta là, qui luy demanda la permission de l'expedier, pour se venger d'un pareil

---

(1) Et commença Bertran à dire: « Lessiez vous occire le roy Henry « à tel vice par un faulx traictre renoyé, qui oncques ne fist bien en « jour de sa vie? » Lors dist au bastard d'Anysse, qui estoit privé dudit Henry: « Alez aidier au roy Henry, car vous le povez faire. « Prenez-le par la jambe, et le montez dessus. » (*Ménard*, p. 375.)

La mort de Pierre est racontée diversement par les anciens auteurs. Le récit de Ménard est dénué de toute vraisemblance, et ne s'accorde pas avec la loyauté connue de Du Guesclin.

supplice qu'il avoit fait souffrir à son pere, pour joüir dè sa mere à coup sûr. Henry luy fit signe de l'executer au plûtôt. Le cavalier luy separa la tête du corps en un moment, en presence de tout le peuple qui se trouva là; le tronc fut laissé sur la place. L'Espagnol ficha la tête au haut de la hache dont il s'étoit servy pour obeïr à l'ordre d'Henry, qui fit couvrir le corps de son ennemy d'un méchant drap de bougran, et commanda qu'on le pendît à une des tours de ce château de Montiel, qui luy ouvrit ses portes et se rendit à luy dés qu'il sçut que Pierre, pour lequel il tenoit, étoit demeuré prisonnier aprés sa défaite.

Le supplice de ce prince apostat devoit rendre le calme à Henry et le rétablir sur le trône, n'ayant plus de competiteur qui le luy disputât. On luy conseilla de faire porter la tête de Pierre dans Seville, afin qu'en la montrant à tout le peuple de cette grande ville, il ne doutât plus de sa mort. La chose fut executée comme elle avoit été projettée. Les bourgeois voyans cette tête odieuse, qui avoit causé tant de troubles, ne se contenterent pas de se soûmettre à l'obeïssance d'Henry : mais ils s'acharnerent avec tant de rage sur ce pitoyable reste de ce malheureux prince, qu'ils le jetterent dans la riviere, afin qu'ôtant de devant leurs yeux un objet si mal agreable, la memoire en fût abolie pour jamais. Henry ne croyoit pas qu'ils pousseroient si loin la haine qu'ils portoient à son ennemy, dont il vouloit faire voir la tête dans Tolede comme dans Seville, se promettant que les habitans ne balanceroient point à se rendre aprés ce spectacle, qui feroit la decision de tout, et les obligeroit, sur ce pied, à ne plus reconnoître d'autre souverain que luy seul. C'est la raison pour laquelle il eût fort souhaité d'avoir dans ses mains cette preuve infaillible, qui leveroit tous les doutes qui pouroient rester de la mort de son ennemy. Bertrand luy conseilla de retourner incessamment au siege de Tolede, pour finir toutte cette guerre par la prise de cette ville, qui tenoit encore pour Pierre. Touttes les places qu'il rencontra sur sa route luy ouvrirent leurs portes, et toutte la noblesse du plat païs luy vint presenter ses hommages. Touttes les garnisons des forteresses luy en venoient presenter les clefs; il ne restoit plus que Tolede, dont Bertrand meditoit la conquête pour couronner touttes celles qu'il avoit déja faites en faveur d'Henry.

Tandis que ce fameux general y appliquoit touttes ses pensées, il vint un gentilhomme de la part du roy de France, qui luy dit qu'il avoit ordre de son maître de luy marquer qu'il eût à se rendre au plûtôt en personne à sa cour, et qu'il assemblât le plus de troupes qu'il pouroit, parce que la France avoit un extreme besoin de secours contre les Anglois, qui, ne se soucians point de garder la treve faite avec eux, s'étoient répandus dans le Boulonnois, dans la Guienne et dans le Poitou, qu'ils ravageoient avec des hostilitez inoüyes; et que Robert Knole s'étoit vanté de faire bientôt voir les leopards d'Angleterre sous les murailles de Paris. Bertrand luy répondit qu'il étoit étonné comment un si grand roy souffroit ces avanies dans le centre de ses Etats, ayant une si nombreuse et si belle noblesse dans son royaume, qu'il pouvoit faire monter à cheval contre ses ennemis. Le gentilhomme l'assûra que c'étoit bien l'intention de Sa Majesté; mais qu'elle le vouloit mettre à la tête de touttes ses troupes, se

4.

persuadant qu'elles ne pouvoient être commandées par un general plus fameux ny plus experimenté que luy; que même son maître avoit dessein de luy donner l'épée de connétable, parce que le seigneur de Fiennes, qu'il avoit honoré de cette premiere dignité militaire, étoit si vieux et si cassé qu'il n'étoit plus en état d'en exercer les fonctions; enfin que la nouvelle qu'il luy annonçoit étoit si veritable qu'il la verroit confirmée par les patentes et les depêches de Sa Majesté, dont il étoit porteur, et qu'il avoit ordre de luy mettre en main. Bertrand ouvrit aussitôt le paquet; il trouva qu'il quadroit mot pour mot à tout ce que le gentilhomme luy avoit avancé sur la lecture que luy en fit son secretaire; car Bertrand, comme j'ay déja dit, ne sçavoit pas lire. Il regala cet agreable deputé de fort beaux presens, et fit aussitôt rêcrire au Roy qu'il s'alloit disposer à faire tout ce que Sa Majesté luy faisoit l'honneur de luy commander, et chargea le même gentilhomme de luy porter cette réponse.

Henry, qui n'étoit pas encore maître de Tolede, ne s'accommodoit pas de cette nouvelle que luy donna Bertrand. Il le pria, devant que de songer à le quiter, de vouloir couronner en sa faveur ce qu'il avoit si genereusement commencé, luy disant qu'il ne restoit plus rien à prendre que Tolede, afin qu'il luy fût redevable de sa couronne entiere. Guesclin brûloit d'envie d'aller au plûtôt en France; mais il ne pouvoit honnêtement abandonner Henry, qui le conjuroit de rester, parce qu'il sçavoit que la presence et la reputation de Bertrand étoient d'un grand poids pour le succés de ce siege. On tint donc conseil de guerre pour deliberer sur les moyens de se rendre dans peu maître de Tolede. Bertrand fut d'avis qu'il falloit presenter devant cette ville l'étendard de Pierre; afin que les bourgeois, à ce spectacle, ne doutassent plus de sa mort où de sa défaite. On suivit ce conseil : et quand le gouverneur de la place apperçut cette enseigne, il demanda du haut des mûrs ce que tout cela vouloit dire. Henry se presenta pour demêler cet énigme, en luy témoignant qu'on luy vouloit apprendre par là que le roy Pierre avoit été battu, pris et non seulement décapité, mais sa tête jettée dans un bras de mer par les habitans de Seville, qui n'avoient pû souffrir devant leurs yeux cet objet de leur execration. Le gouverneur ne voulut point deferer à cette nouvelle, se persuadant que cette enseigne étoit contrefaite, et que c'étoit un piége qu'on luy avoit tendu pour l'obliger à se rendre sur ce leürre grossier. Il jura qu'il ne rendroit la place qu'à son maître Pierre. Henry se voyant pressé par Bertrand, à qui les pieds brûloient, tant il avoit d'empressement d'aller en France, répondit à ce commandant que si dans quatre jours il ne luy apportoit les clefs de Tolede, il le feroit traîner mort sur la claye tout autour de la ville, comme il alloit ordonner qu'on fit de l'étendard de Pierre. En effet, aprés l'avoir fait promener long-temps sous les murailles de Tolede, couché contre terre, il le fit déchirer aux yeux des assiegez, et jetter dans un fossé.

Ce spectacle, qui devoit intimider ce commandant, ne fit que l'endurcir encore davantage dans sa premiere obstination; car il declara qu'avant que de se rendre, les assiegez mangeroient de cinq hommes l'un, pour se garantir de la famine qui commençoit à les travailler. Ils avoient en effet déja consommé chiens, chats, chevaux, et touttes autres bêtes. Ils en étoient même reduits à sortir la nuit en cachette, pour paître les méchantes herbes qui croissoient auprés des fossez. L'opiniâtreté de ce gouverneur fut si grande qu'il laissa perir plus de trente mille hommes, tant chrétiens et juifs que sarrazins, qu'une faim canine emporta du monde. Les assiegeans avoient tenté tous les artifices imaginables pour obliger la garnison de Tolede à sortir sur eux, faisans par deux fois semblant de se retirer, dans l'esperance que, retournans tout d'un coup sur les assiegez, ils pouroient rentrer avec eux pêle mêle dans la ville, et s'en rendre les maîtres par ce stratageme : mais les habitans de Tolede ne donnoient point dans tous ces piéges. Bertrand se lassant de touttes ces longueurs voulut prendre congé d'Henry, pour aller à Paris auprés du Roy son souverain, qui l'avoit mandé; mais Henry le conjura tant de rester encore jusqu'à ce que Tolede fût pris, qu'il ne put honnêtement s'en défendre; et pour expedier affaire, il opina là dessus d'une maniere si sensée, que tout le monde se rendit à son avis. Il dit qu'il falloit envoyer l'archevêque dans cette ville, pour parler aux bourgeois, dont il étoit le pere et le pasteur, et leur faire serment, la main sur la poitrine, que Pierre étoit mort. Il estima que la parole d'un si grand prelat feroit plus d'effet dans leurs esprits, pour les engager à se rendre, que toutes les machines de guerre qu'ils avoient employées contr'eux; et que si les bourgeois ne vouloient pas deferer à l'autorité d'un homme dont le témoignage ne leur devoit point être suspect, il falloit leur proposer de député quelques-uns d'entr'eux pour aller à Seville s'informer de la verité du fait, si Pierre étoit mort ou non.

Cet expedient étoit tout à fait bien trouvé. L'archevêque eut ordre de s'aller presenter aux portes de la ville, qui luy furent aussitôt ouvertes pour le faire entrer. Il leur fit une remontrance si pathetique, et des sermens si sinceres et si grands, que le gouverneur même, n'osant plus douter de tout ce qu'il disoit, invita tous les bourgeois à reconnoître Henry pour leur maître et leur souverain, puis que Pierre étoit mort. Chacun témoigna l'empressement qu'il avoit à luy rendre hommage. Henry fit son entrée dans Tolede, où il fut reçu de ses nouveaux sujets avec beaucoup de respect et de joye. Le commandant luy présenta les clefs de sa place avec bien de la soûmission, que ce prince luy rendit genereusement, en l'exhortant de luy être fidelle à l'avenir comme il avoit été au roy Pierre. La reddition de Tolede mît Bertrand dans une entiere liberté de se rendre en France et de prendre congé d'Henry, qui luy fit de fort beaux presens pour reconnoître les importans services qu'il luy avoit rendus, et qui n'alloient à rien moins qu'à luy remettre la couronne sur la tête. Il le pria de trouver bon qu'il luy donnât quatre chevaliers qui le suivroient jusqu'à la cour de France, pour presenter à Sa Majesté beaucoup de joyaux et de fort beaux bijoux qu'il avoit dessein de luy envoyer, l'assûrant que quand il auroit conquis le reste de l'Espagne, il mettroit en mer une fort belle flote pour le secourir contre les Anglois ; et comme Bertrand faisoit état de mener avec soy son frere Olivier, les deux Mauny,

La Houssaye, Carenloüet et Guillaume Boitel, pour l'expedition qu'il alloit faire en France, Henry luy témoigna qu'il luy feroit plaisir de luy laisser au moins le Besque de Vilaines et son fils, afin qu'il pût achever avec eux les conquêtes qu'il avoit à faire pour se rendre le maître absolu de toutte l'Espagne. Bertrand y donna les mains volontiers, et se separa de ce prince avec touttes les demonstrations de tendresse et d'amitié, ne pouvans tous deux retenir leurs larmes, comme s'ils avoient un pressentiment de ne se revoir jamais plus.

Guesclin prit d'abord le chemin de sa duché de Molina pour y mettre ordre à ses affaires, avant que de partir pour France. Il dépêcha toûjours en attendant un courier au Roy, pour le prier de luy pardonner s'il avoit jusqu'icy tardé si longtemps à le venir joindre avec touttes les forces qu'il alloit amasser avec toutte la diligence qui luy seroit possible, l'assûrant qu'il entreroit au plûtôt dans son royaume par l'Auvergne et par le Berry, pour donner bataille aux Anglois et les dénicher de la France. Le Roy perdoit patience, et luy envoyoit couriers sur couriers, afin qu'il se hâtât de venir incessamment. Enfin, pour le presser encore davantage, il dépêcha messire Jean de Berguettes son grand chambelan, pour luy venir donner avis qu'il n'y avoit point de temps à perdre; que la France avoit plus besoin que jamais d'un fort prompt secours, depuis qu'il étoit entré dans la Picardie plus de vingt mille Anglois sous la conduite de Robert Knole; et que Thomas de Grançon, Hugues de Caurelay, Cressonval, Gilbert Guisfard et Thomelin Tolisset, avec beaucoup d'autres generaux, avoient déja percé jusques dans le fonds de la Champagne et de la Brie; que d'ailleurs le prince de Galles étoit en campagne à la tête de fort belles troupes pour faire la guerre au duc d'Anjou, qui se trouvoit fort en peine de luy resister; et qu'enfin toutte la France alloit devenir la proye des Anglois, un theâtre de tragedies où l'on alloit porter le fer et le feu, s'il ne se dépêchoit de courir incessamment à son secours; que sa propre gloire et même son interêt particulier l'appelloient à cette expedition, puis qu'il ne seroit pas plûtôt arrivé à la cour, que Sa Majesté luy mettroit entre les mains l'épée de connétable. Bertrand luy répondit qu'un si grand roy luy faisoit plus d'honneur qu'il n'en meritoit; qu'il alloit là dessus faire touttes les diligences imaginables pour le satisfaire; mais qu'il étoit necessaire qu'il s'assurât auparavant de la forteresse de Soria, devant laquelle il alloit mettre le siege; et qu'aussitôt qu'il l'auroit prise il passeroit par le Languedoc, pour prêter la main au duc d'Anjou que le prince de Galles harceloit : et que cela fait, il se rendroit à grandes journées auprés de Sa Majesté, pour luy donner des preuves de son zele et de son obeïssance, et sacrifier sa vie même pour son service.

Ce fut dans cette veüe qu'il s'alla presenter devant cette forteresse, où ses deux cousins Alain et Jean de Beaumont faisoient les derniers efforts pour la prendre, et n'en pouvoient venir à bout, quelques assauts qu'ils eussent donnez, parce que les assiegez se defendoient avec une opiniâtreté invincible. Ils avoient déja passé deux moix en vain devant cette place. Mais Bertrand se persuadant qu'on n'avoit pas bien pris touttes ses mesures, ou qu'il y avoit eu trop de tiedeur du côté des assiegeans, dit en son patois à ses deux cousins : *A Dieu le veut et à saint Yves, nous arons ces gars, ainçois que repairons en France.* Il fit aussitôt sonner la charge, et tirer contre les assiegez si fortement et si longtemps, que ceux des rampars n'osoient se découvrir toutafait, mais se contentoient de laisser tomber sur les assiegeans, qui se trouvoient au pied des murailles, des pierres d'une prodigieuse grosseur, et des pieces de bois fort epaisses, pour les accabler sous leur pesanteur : si bien que beaucoup de soldats en étoient écrasez, ou du moins fort endommagez. Bertrand s'appercevant que cela les rebutoit, leur faisoit reprendre cœur en leur disant que les bons vins étoient dans la place; qu'il leur en abandonnoit le pillage s'ils la pouvoient prendre; qu'il y avoit là beaucoup d'or et d'argent qui seroit entr'eux partagé fort fidellement : si bien qu'il ny auroit pas un soldat qui ne retournât riche en France, avec chacun deux ou trois bons chevaux, comme s'ils étoient chevaliers. Ces amorces les firent retourner à la charge avec une nouvelle vigueur, montans sur des échelles, et se couvrans la tête et le corps de leurs boucliers. Bertrand voulut aussi payer d'exemple, se mêlant avec eux pour les encourager par sa presence. Tous les braves voulurent être aussi de la partie. Le seigneur de La Houssaye, les deux Mauny desirerent partager avec luy la gloire de cette action. Les soldats voyans leurs generaux tenter ce peril, coururent en foule au pied des murailles pour monter à l'assaut avec eux. Il y eut un chevalier nommé Bertrand, qui s'appelloit ainsi parce qu'il avoit été tenu sur les fonds par

Guesclin, qui, ne voulant point degenerer de la valeur de son parain, demanda l'enseigne de ce fameux general, et fut assez heureux pour monter au travers d'une grêle de coups sur le haut d'un mur, où il planta l'étendard de Bertrand. Trois cens soldats le suivirent et le joignirent sur le même rampart, crians *Guesclin!* Les assiegez voyans leurs ennemis sur leurs murailles, et croyans tout perdu pour eux, se mirent à genoux, et crierent *misericorde!* Ils ne balancerent plus à faire l'ouverture de leurs portes à ce grand capitaine, qui se saisit de cette place, dans laquelle il trouva beaucoup d'Espagnols qui avoient deserté le party d'Henry, pour embrasser celuy de Pierre. Il leur fit mettre les fers aux pieds et aux mains, et les envoya dans cet état à ce prince, qui, se souvenant de leur defection, les fit tous pendre aussitôt qu'ils furent arrivez à Burgos, où il tenoit sa cour.

Cette conquête fut la derniere de touttes celles que Bertrand fit en Espagne. Il ne songea plus qu'à se rendre au plûtôt auprés du roy de France, qui l'attendoit avec impatience. Il congédia tout ce qu'il avoit d'Espagnols dans ses troupes, et se reserva seulement les François et les Bretons. Il combla les premiers de largesses et de presens en les renvoyant en leurs païs, et promit aux seconds de grandes recompenses s'ils servoient bien leur souverain contre les Anglois, qui prétendoient se rendre maîtres de la France, et y faisoient d'étranges hostilitez. Comme il se disposoit à partir, le maréchal d'Andreghem arriva de la part du Roy son maître pour luy dire qu'il se hatât, et que tout le royaume luy tendoit les bras pour luy demander du secours contre ses ennemis, qui l'alloient mettre à deux doigts de sa ruïne, s'il ne venoit en diligence rétablir les affaires par sa presence et par son courage. Bertrand avoüa de bonne foy qu'il étoit tout confus de l'honneur que luy faisoit Sa Majesté, d'avoir jetté les yeux sur luy plûtôt que sur un autre pour une expedition de cette importance; qu'il étoit au desespoir de ce qu'il ne s'étoit pas rendu plûtôt auprés de sa personne; que c'étoit pour la sixiême fois que ce sage prince luy avoit envoyé du monde pour le solliciter de venir, et que sans des affaires importantes qu'il avoit fallu consommer auparavant, il auroit obey tout d'abord. Il ajoûta qu'il s'étonnoit comment Sa Majesté n'avoit pas fait un bon corps d'armée pour repousser ces étrangers, qui le venoient inquieter jusques dans le centre de ses Etats. Le maréchal luy répondit que c'étoit l'intention du Roy son maître, qui l'attendoit avec impatience pour le mettre à la tête de touttes ses troupes; et qu'on avoit laissé touttes choses en suspens jusqu'à son arrivée; que toutte la noblesse et les peuples de ce grand royaume soûpiroient aprés sa presence, et que même le seigneur de Fiennes, connêtable de France, ne pouvant plus, à cause de son grand âge, soûtenir le poids de cette dignité, vouloit l'abdiquer entre les mains du Roy, luy declarant qu'il ny avoit personne dans tous ses Etats plus capable de luy succeder dans cette grande charge que Bertrand Du Guesclin; que toutte la France unanimement jettoit les yeux sur luy pour luy voir porter l'épée de connêtable, et la tirer de l'accablement dans laquelle elle étoit.

Guesclin, voyant qu'on rendoit tant de justice à sa

valeur et à son experience, se sçut fort bon gré de touttes les loüanges que le maréchal luy donna, et l'assûra qu'il iroit de ce pas en France avec luy; que pour cet effet il alloit faire charger son bagage et son équipage, afin de ne plus retarder son départ; et qu'il étoit persuadé que si le Roy vouloit être bien servy dans la guerre, il falloit commencer par bien payer les soldats qui s'enrôleroient sous ses enseignes; et que si Sa Majesté luy donnoit la dignité de connétable, il n'en vouloit recevoir l'épée qu'à ce prix. Il fit ensuite un festin fort superbe à ce maréchal, qu'il regala magnifiquement; et montans à cheval ensemble, ils firent une si grande diligence qu'ils arriverent en peu de temps en la comté de Foix. Bertrand n'étoit suivy que de cinq cens hommes, mais tous gens de choix et d'élite. Le comte leur fit touttes les honnêtetez imaginables, jusques là même qu'ayant appris qu'ils venoient chez luy, il voulut aller au devant d'eux pour leur faire honneur. Il ne se contenta pas de les avoir bien regalez, il poussa la civilité jusqu'à les conduire en personne jusqu'à *Motendour*. Il fit mille caresses à Bertrand, luy disant qu'il ne connoissoit point au monde un plus grand capitaine que luy, dont il avoit tous les sujets du monde de se loüer beaucoup, mais non pas de son frere, qui, servant sous le comte d'Armagnac son ennemy, luy avoit causé beaucoup de dommage et de trouble.

Bertrand disculpa son frere (1) auprés de ce prince, en luy témoignant qu'il n'avoit fait que son devoir;

(1) Ce frère étoit Olivier Du Guesclin, que notre héros rappela auprès de lui sitôt qu'il eut rétabli la paix entre les comtes de Foix et d'Armagnac.

et que quand un gentilhomme avoit une fois embrassé le party d'un maître, il le devoit soûtenir jusqu'au bout; et que s'il en usoit autrement, on auroit sujet de le blâmer, et de l'accuser même de lâcheté. Le comte se le tint pour dit; et sçachant qu'un tel capitaine luy seroit d'un fort grand secours dans la guerre qu'il avoit à soûtenir contre le comte d'Armagnac, il essaya de l'engager à son service, en luy promettant un mulet chargé d'autant d'or qu'il en pourroit porter. Guesclin luy fit connoître qu'ayant des engagemens avec le roy de France, il ne pouvoit pas servir deux maîtres; mais que ne pouvant pas luy prêter son bras ny son épée, il luy offroit sa mediation pour l'accommoder avec le comte d'Armagnac; et que si ce prince ny vouloit pas entendre, il retireroit son frere de son service, et le meneroit en France avec luy pour combattre contre les Anglois. Le comte de Foix fut fort satisfait des honnêtetez de Bertrand, qui se rendit à grandes journées dans le Languedoc, où il assembla dans fort peu de temps sept mille cinq cens hommes, avec lesquels il s'empara de la citadelle de Brendonne, de la ville de Saint Yves, et du château de Mansenay, situé sur une eminence fort escarpée. Ces preliminaires rendirent son nom si fameux et si redoutable, que touttes les villes et châteaux qui se rencontroient sur sa route luy venoient apporter leurs clefs, et Bertrand faisoit prêter aux bourgeois le serment de fidelité pour le roy de France. Sa réputation s'étendit si loin, sur la nouvelle de ces premiers progrés, que le duc d'Anjou, sur les terres duquel il passa, luy dit qu'en quinze jours seuls il avoit donné plus d'alarmes aux Anglois qu'il ne pouroit faire luy même en un an tout entier. Il l'avertit qu'il étoit necessaire qu'il fît diligence, parce que Robert Knole marchóit droit à Paris à la tête de vingt mille Anglois, ayant déja passé la riviere de Seine au dessus de Troyes; et que le Roy l'attendoit pour luy donner l'épée de connétable, sçachant qu'elle ne pouvoit tomber en de meilleures mains qu'en les siennes. Bertrand ne s'entêta point de touttes ces louanges, mais tâcha de soutenir de son mieux la reputation qu'il avoit acquise; et prenant congé du duc avec le maréchal d'Andreghem, il alla coucher à Pierre-gort (1), où il trouva Galleran, frere du comte de Jonas, qui luy fît un fort obligeant accueil et le regala fort magnifiquement.

Aussitôt qu'il se fut levé de table, comme il n'avoit dans l'esprit que la guerre qu'il alloit entreprendre contre les Anglois pour purger la France de ces dangereux ennemis, il s'avisa de monter au haut d'un donjon pour découvrir le clocher d'une abbaye que les Anglois avoient fortifiée. Le soleil qu'il faisoit luy fit reconnoître leurs enseignes, où les leopards étoient semez d'or, et qui voltigeoient autour de ce clocher. Il fut fort étonné d'apprendre que les Anglois étoient si voisins du lieu où il avoit couché, et qu'ils étoient si bien retranchez dans cette abbaye que depuis un an tout entier on n'avoit pas pû les en dénicher. Il

---

(1) C'est-à-dire qu'il entra dans le Périgord. Le comte de Périgord, que l'auteur des Mémoires appelle Jonas, vint au devant de Du Guesclin accompagné des sires de Mucidan, d'Aubeterre, et d'autres seigneurs ses vassaux. Il avoit donné les ordres nécessaires à son frere Gallerand pour qu'on reçût dans la ville de Périgueux Du Guesclin et son armée. (*Du Chastelet*, p. 184.)

jura *saint Yves* qu'il ne sortiroit point de là qu'il n'eût emporté ladite abbaye, dans laquelle il vouloit souper le soir même, et y rétablir les religieux avec leur abbé. Cet homme intrepide n'eut pas plûtôt descendu de la tour, qu'il assembla tous ses gens qu'il avoit dispersez dans les villages tout autour, et leur ordonna de se tenir prêts pour marcher au premier son de la trompette. Il leur commanda de faire provision de cent échelles au moins. Galeran voulut faire transporter par charroy quelques machines de guerre, pour tâcher d'entamer les murailles épaisses de cette abbaye; mais Bertrand luy declara qu'il n'en avoit pas de besoin, que cela les tiendroit trop longtemps, et qu'il choisiroit une voye si courte qu'il esperoit le soir même boire de fort bon vin dans la même abbaye.

Sa maxime étoit, avant que d'attaquer une place, de parler toûjours au gouverneur, afin qu'en l'intimidant et le ménaçant il pensât plus de deux fois au party qu'il avoit à prendre. Il s'approcha donc des barrieres, et dit au commandant qu'il eût à luy rendre le fort au plûtôt; et que s'il prétendoit arrêter une armée royale devant sa bicoque, il luy en coûteroit la vie, qu'il luy feroit perdre sur un gibet. Le commandant ne tint pas grand compte de tout ce discours, et luy répondit fierement qu'il ne trouveroit pas à cuëillir des lauriers en France si facilement qu'il avoit fait en Espagne; et que bien qu'il fût ce redoutable Bertrand dont tout le monde parloit avec tant d'estime, il esperoit luy faire une resistance si forte qu'on seroit à l'avenir moins prevenu en sa faveur. Cette repartie choqua fort Guesclin, qui fit aussitôt sonner la trompette, combler les fossez de terre et de feüilles, et cramponner des échelles contre les murs, afin que ceux qui se mettroient en devoir d'y monter s'y tinssent plus ferme. Quand touttes choses furent ainsi disposées, Guesclin dit à ses gens, dans son langage du quatorzième siecle : *Or avant ma noble mesquie à ces ribaux gars, à Dieu le veut ils mourront tous.* Et pour les encourager encore davantage, il leur promit de leur donner tout le butin qu'ils feroient dans cette abbaye, qu'ils pouroient ensuite partager entr'eux. Il ne se contenta pas de les exciter à bien faire : il leur en voulut montrer luy même l'exemple. Il prit une échelle de même que le moindre soldat, et monta dessus avec autant de flegme que s'il mettoit le pied sur les degrez d'un escalier. Galeran, voyant cette action si extraordinaire, fit le signe de la croix en disant au marechal d'Andreghem : *Dieu, quel homme est-ce là!* Le maréchal l'assûra qu'il ne s'en étonnoit aucunement, puis qu'il étoit né pour de semblables entreprises ; et que si ce Bertrand étoit roy de Jerusalem, de Naples ou de Hongrie, tous les payens ne seroient point capables de luy resister, et que la France étoit bienheureuse d'avoir trouvé dans la conjoncture presente un defenseur de cette bravoure.

Les autres generaux eurent honte de voir Bertrand dans le peril, sans le partager avec luy. Jean de Beaumont, les deux Mauny, le maréchal (1) et Galeran s'exposerent aussi comme luy. Les assiegez jettoient

---

(1) Mesmes le gentil mareschal s'y exposa, et Galeren aussi, qui crioit : « Perregort, Dieu aye aujourduy ! » Et ceulx de dehors crioient : « Montjoye Saint Denis ! » Mais ceulx de dedens feroient sur eulx, et jettoient roges barreaux de fer, chaux vive...., tonnel emply de pierres. (*Ménard*, p. 393.)

sur eux des barres de fer touttes rouges, de la chaux vive, et des barrils tout remplis de pierre; mais toutte cette resistance, quelque vigoureuse qu'elle fût, ne les empêcha pas de monter et d'entrer dans la place, où Bertrand, rencontrant le gouverneur, luy fendit la tête en deux d'un grand coup de hache. Cet affreux spectacle épouventa si fort toutte la garnison angloise, qu'elle se rendit aussitôt à discretion. Bertrand se laissa fléchir aux prieres de ces malheureux : il se contenta d'en donner la depoüille à ses soldats, et de la voir partager devant luy. Le soir même il voulut souper, comme il avoit dit, dans la même abbaye, dans laquelle il rétablit les moines dès le lendemain. Aprés qu'il y eut sejourné deux jours pour mettre ordre à tout, et jetté de bonnes troupes dans tous les forts qu'il avoit conquis, il renvoya le maréchal en cour, qui vint à grandes journées à Paris, et s'en alla mettre pied à terre à l'hôtel de Saint Paul, où Charles le Sage logeoit alors. Il luy fit un recit de la valeur extraordinaire de Bertrand, et de touttes les grandes actions qu'il luy avoit veu faire. Ce discours ne fit qu'irriter la démangeaison qu'avoit le Roy de voir un si grand homme, et de l'employer au plûtôt contre Robert Knole, dont touttes les troupes ravageoient tout le Gâtinois, et vinrent brûler des maisons jusques dans Saint Marceau, qui n'étoit pas alors un fauxbourg de Paris, mais un village assez proche de là.

Tout Paris étoit en alarme; il y avoit bien dix mille hommes de garnison dedans, sans le grand peuple capable de porter les armes, outre quantité de seigneurs qui s'étoient enfermez dans la ville, dont étoient le duc d'Orleans, oncle du Roy; les comtes d'Auxerre, de Sancerre, de Tanquarville, de Soigny, de Dampmartin, de Ponthieu, de Harcourt et de Braine, le vicomte de Narbonne et son frere, les seigneurs de Fontaine et de Sempy, Gauthier du Châtillon, Oudart de Renty et Henry d'Estrumel : si bien que tous ces seigneurs pouvoient sortir de Paris à la tête de quarante mille hommes, la ville d'ailleurs suffisamment gardée. Mais le Roy ne vouloit rien hasarder jusqu'à ce que Bertrand fût venu, voulant profiter de l'exemple des rois Philippes de Valois et Jean, ses predecesseurs, qui, pour avoir tout risqué fort mal à propos, avoient mis la couronne de France à deux doigts de sa ruine. Il laissa donc morfondre les Anglois devant Paris, qui, manquans bientôt de fourrages et de vivres, furent contraints de se retirer, et de tout abandonner (1). Ce sage prince les fit côtoyer par ses troupes, qui prenoient bien à propos l'occasion de les charger : si bien qu'il en défit plus de cette maniere que s'il eût pris le party de les combattre en bataille rangée.

(1) Mais moult estoit courroucié Canole que on ne lui avoit livré bataille, et mains en prisoit les barons de France. Et bien disoit que se Bertran fust avecques le Roy, il lui eust livré gent et puissance telle que ainsi ne alissions nous pas non combatuz, mais le fussions passé à un moiz, ou plus... Ainsi s'en aloient les Engloiz... Et estoient-ilz poursuiz et costoiez de plusieurs bonnes gens d'armes, desquelz estoient les capitaines les contes d'Aucerre et de Sancerre, Gaucher de Chastillon, Odart de Renty, Jehan de Vienne, le vicomte de Nerbonne, et les seigneurs de Angest et de Rayneval, qui aux Engloiz portoient grant dommage. (*Ménard*, p. 396.)

CHAPITRE XXXI.

De la ceremonie qui se fit en l'hôtel de Saint Paul, à Paris, par Charles le Sage, roy de France, en donnant l'épée de connetable à Bertrand, qui sous cette qualité donna le rendez-vous à touttes ses troupes dans la ville de Caën, pour combattre les Anglois.

Bertrand sçachant que les Anglois, jaloux de sa gloire et de sa valeur, le faisoient épier sur le chemin pour le surprendre, arriva seulement luy douzième à Paris, vétu d'un gros drap gris, afin d'être moins reconnu sur sa route. Cette nouvelle engagea le roy Charles à luy envoyer son grand chambellan, qui s'appelloit Hureau de La Riviere, pour luy faire honneur et venir au devant de luy. Ce seigneur s'y fit accompagner de beaucoup de chevaliers de marque, pour rendre la ceremonie plus illustre; et comme il avoit un grand talent dans la science du monde, il s'aquita tres-dignement de sa commission, faisant à Bertrand touttes les honnêtetés imaginables, et luy rendant par avance tous les respects qui sont attachez à la dignité de connétable, qu'il alloit posseder. Touttes les avenües de Paris, touttes les ruës et touttes les fenêtres de cette grande ville regorgeoient de monde qui vouloit voir ce fameux Bertrand Du Guesclin, dont la reputation s'étoit répanduë dans toutte l'Europe. Il alla descendre à l'hôtel de Saint Paul, où le Roy l'attendoit, assis sur un fauteüil, au milieu de ses courtisans. Aussitôt qu'il fut entré dans sa chambre, Bertrand fléchit le genou devant son souverain, qui, ne le voulant pas souffrir dans cette posture, luy commanda de se relever, et le prenant par la main luy dit qu'il étoit le bien venu; qu'il y avoit longtemps qu'il l'attendoit avec impatience, ayant un extreme besoin de sa tête et de son épée pour repousser les Anglois, qui faisoient d'étranges ravages par tout son royaume, et même dans son voisinage : dont on pouvoit voir les tristes effets en montant au clocher de Sainte Geneviefve, devant Paris; que sçachant sa bravoure, son bonheur et son experience dans la guerre, il avoit jetté les yeux sur luy pour luy confier le commandement de ses troupes; et que, pour luy donner plus de courage à s'en bien aquiter, il avoit resolu de l'honorer de la plus eminente dignité de son royaume, en luy donnant l'épée de connétable.

Bertrand, qui n'étoit pas homme à se laisser ébloüir d'une vaine esperance, prit la liberté de demander au Roy si le seigneur de Fiennes n'étoit pas encore en possession de cette grande charge. Sa Majesté luy répondit que son cousin de Fiennes l'avoit fort bien servy : mais que sa caducité ne luy permettant plus de soûtenir les fatigues de ce glorieux et penible employ, il luy avoit rendu l'épée de connétable, en luy disant qu'il ne pouroit jamais trouver personne plus capable de luy succeder que Bertrand. Celuy cy fit voir son grand sens et son jugement dans la repartie qu'il fit à son souverain : car quoy qu'il ne doutât pas qu'il n'en pût disposer independamment de tout autre, cependant comme il prévoyoit que cette eminente dignité luy alloit attirer des jaloux, il fut bien aise que le choix que Sa Majesté faisoit de sa personne fût autorisé de son conseil même, composé des premieres têtes de tout son royaume. C'est la grace qu'il prit la liberté de luy demander, en la suppliant d'en faire le lendemain la proposition devant ceux qu'elle avoit accoûtumé d'appeller auprés de sa personne, pour prendre leurs avis dans les affaires les plus importantes. Ce sage prince, bien loin de se choquer d'une condition qui luy devoit sembler inutile, puisque tout dépendoit absolument de luy, voulut bien par condescendance deferer à l'avis de Bertrand, qu'il embrassa d'une maniere fort sincere, et qui marquoit le fonds de bienveillance qu'il avoit pour ce general. Il eut la bonté de le faire souper à sa table et de luy donner un appartement dans son hôtel, où l'on avoit fait tendre une chambre pour luy, fort richement tapissée d'un drap tout semé de fleurs de lys d'or.

Le lendemain ce prince, aprés avoir entendu la messe, assembla son conseil, où se rendirent plusieurs ducs, comtes, barons et chevaliers, le prevôt de Paris et des marchands, et grande partie des plus notables bourgeois de cette capitale. Il leur representa les hostilitez que les Anglois faisoient dans ses Etats, et le besoin pressant dans lequel on étoit d'y apporter un prompt remede; qu'il n'en avoit point imaginé de plus souverain, pour arrêter le cours de tant de malheurs, que de choisir au plûtôt un connétable qui pût, par sa valeur et son experience, rétablir les affaires de son royaume; qu'ils n'étoient tous que trop persuadez qu'il n'avoit pas besoin de leur consentement pour disposer de cette charge, puis qu'il le pouvoit faire de sa pleine puissance et autorité royale; mais qu'il avoit bien voulu faire ce connétable de concert avec eux; que le seigneur de Fiennes n'en pouvant plus faire les fonctions, à cause de son grand âge, luy en avoit fait une abdication fort sincere en presence des premiers seigneurs de sa cour, en luy témoignant que dans le pitoyable état où la France étoit réduite alors, il n'y avoit personne plus capable de la relever de son accablement que Bertrand Du Guesclin. Ce prince n'eut pas plûtôt prononcé son nom, que tout son conseil opina comme luy, mais avec une si grande predilection pour Bertrand, que le choix de sa personne fut fait tout d'une voix. Le Roy le fit donc venir en leur presence, et luy presenta devant cette illustre assemblée l'épée de connétable. Bertrand la reçut avec beaucoup de soûmission; mais il protesta que c'étoit à condition *que si aucun traître en son absence, par trahison ou loberie, rapportoit aucun mal de luy, il ne croiroit point le rapport; ne jà ne luy en feroit pis, jusqu'à ce que les paroles fussent relatées en sa presence.* Le Roy luy promit qu'il luy reserveroit toûjours une oreille pour entendre ses justifications contre les calomnies qu'on voudroit intenter contre luy.

Bertrand, satisfait de touttes les honnêtetez de Sa Majesté, ne songea plus qu'à remplir dignement les devoirs de sa charge. Tous les officiers de l'armée vinrent luy rendre leurs respects, et le saluër sous cette nouvelle qualité de connétable; et comme l'argent est le nerf de la guerre, il commença par demander au Roy dequoy payer la montre de quinze cens hommes d'armes pour deux mois, luy remontrant qu'il étoit necessaire d'ouvrir ses coffres pour lever incessamment beaucoup de troupes capables de tenir tête à plus de trente mille Anglois; et que quand elles étoient mal payées, non seulement elles avoient beaucoup de tiedeur pour le service, mais ne songeoient qu'à piller, et ruïnoient tout le plat-païs, sous le spécieux pretexte de n'avoir point reçu leur solde. Ce brave general ayant ainsi disposé l'esprit de son maître à ne rien épargner pour la conservation de sa couronne et de ses Etats, s'en alla droit à Caën, comme au rendez-vous qu'il avoit marqué pour y assembler un gros corps de troupes. Chacun courut en foule pour le joindre, tant on avoit d'empressement de servir sous un si fameux capitaine. Il tendoit les bras à tous ceux qui vouloient s'engager; et bien que Sa Majesté luy eût donné peu d'argent pour faire des levées, quand il en eut employé les deniers il vendit sa vaisselle, et tous les bijoux et joyaux d'or et d'argent qu'il avoit apportés d'Espagne, pour soûtenir la dépense qu'il falloit faire pour enrôler beaucoup de soldats.

Tous les generaux les plus distinguez se rendirent auprés de luy comme à l'envy les uns des autres. Les comtes de Perche, d'Alençon, le maréchal d'Andreghem, Olivier de Clisson, dont le bras étoit si fort redouté des Anglois qu'ils l'appelloient le *boucher de Clisson*, messire Jean de Vienne, amiral, Jean et Alain de Beaumont, et Olivier Du Guesclin, frere du connétable, vinrent tous à Caën pour recevoir ses ordres, et conférer avec luy sur l'état present des affaires. Il les regala magnifiquement : et ce qui rendit encore le festin plus agreable, ce fut la presence de sa femme, qui se trouva là, dont tout le monde admira la sagesse, la beauté, les reparties judicieuses et spirituelles, étant, comme nous avons dit, universelle en toutte sorte de sciences ; et même elle avoit une connoissance presque infallible de l'avenir, dont elle donna quelques preuves, quand elle avertit son mary que le jour de la bataille d'Aüray, dans laquelle il fut pris, devoit être malheureux pour luy. Bertrand donna le lendemain les ordres à ce que chacun se tînt prêt pour venir dans trois jours à Vire avec luy, pour une prompte expedition qu'il avoit dans l'esprit. Tout le monde se mit en état de le suivre, et se prepara de son mieux, afin que le service se fît au gré de ce nouveau connétable, dont les preliminaires étoient si beaux, et qui promettoit de fort grands progrés dans la suite. Etant sur le point de monter à cheval, il prit congé de la dame sa femme, à laquelle il donna le choix ou de rester à Caën, ou de s'aller retirer en Bretagne à sa seigneurie de la Roche d'Arien, la conjurant de se souvenir de luy dans ses prieres, et de recommander à Dieu sa personne, et la justice de la cause pour laquelle il alloit combattre. La dame le supplia de ne se point commettre dans les jours ausquels elle luy avoit témoigné qu'il y avoit quelque fatalité attachée. Guesclin luy promit d'y faire les reflexions necessaires, plûtôt par la complaisance qu'il avoit pour elle, que pour la foy qu'il eût pour touttes ces sortes de predictions. Il partit de Caën à la tête de beaucoup de troupes fort lestes et dans une fort belle ordonnance ; et le soleil, dardant sur leurs casques et leurs cuirasses, causoit une reverberation qui faisoit un fort bel effet à la veüe.

Toutte cette armée vint camper tout auprés de Vire, où les generaux se logerent. Tandis que Bertrand faisoit alte là, les Anglois étoient à Ponvallain, commandez par Thomas de Granson, lieutenant du connétable d'Angleterre. Il avoit dans son armée beaucoup de chevaliers qui s'étoient acquis une grande reputation dans la guerre. Hugues de Caurelay, Cressonval, Gilbert Guiffard, David Hollegrave, Hennequin, Acquet, Geoffroy Ourselay, Thomelin Folisset, Richard de Rennes, Eme, Nocolon de Bordeaux, Alain de Bouchen, et Mathieu de Rademain, tenoient les premiers rangs sous ce general, qui, n'osant pas rien entreprendre à leur insçu, trouva bon de les consulter sur ce qu'il avoit à faire, leur témoignant que quoy qu'il eût le commandement sur eux, il étoit persuadé qu'ils avoient tous incomparablement plus d'experience que luy dans la guerre, et que c'étoit dans cet esprit qu'il les avoit tous assemblez pour prendre leurs avis sur l'état présent de leurs affaires, ayans à combattre le fameux Bertrand Du Guesclin, qui s'étoit rendu la terreur de toutte l'Europe par les memorables expeditions qu'il y avoit faites, et dont le nom seul étoit si redoutable, qu'il jettoit toûjours la frayeur et la crainte dans l'ame de ses ennemis. Il ajoûta qu'il avoit appris de bonne part qu'Olivier de Clisson marchoit avec luy pour leur donner combat, et que ce dernier étoit un autre Bertrand en valeur, et qu'on n'appelloit pas sans raison *le boucher de Clisson*, parce que c'étoit un capitaine qui faisoit un étrange carnage quand il étoit aux mains dans une mêlée ; qu'il avoit abandonné le party du prince de Galles, dont il s'étoit auparavant reconnu vassal par l'hommage qu'il luy avoit fait, et que cette perfide defection diminuoit beaucoup les forces de leur party, où la presence de Clisson avoit toûjours été d'un grand poids.

Hugues de Caurelay, prenant le premier la parole, avoüa que Bertrand étoit le premier capitaine de son siecle, dont il avoit éprouvé cent fois la valeur et l'experience pour avoir souvent partagé les perils de la guerre avec luy ; qu'ils avoient toûjours eu, durant tout ce temps, de grandes liaisons d'intelligence et d'amitié ; mais que les interests de son prince luy devans être plus chers que ceux de son amy particulier, il falloit songer aux moyens de vaincre un ennemy si redoutable ; et que, pour y parvenir, il croyoit qu'il étoit important de tirer de touttes les garnisons voisines le plus qu'ils pouroient de soldats pour renforcer leurs troupes, afin de se mettre en état de faire un plus grand effort contre les François ; et que Cressonval et luy pouroient fort bien faire cette manœuvre tandis qu'on envoyeroit un trompette à Bertrand pour luy demander bataille, et marquer un jour de concert avec luy dans lequel les deux armées en viendroient aux mains. Cet avis étoit si judicieux et si sensé, qu'il fut universellement reçu de tout le monde. Thomas de Granson fut le premier à le goûter, et tous les seigneurs y donnerent ensuite les mains. Cressonval avec Hugues de Caurelay furent secrettement détachez pour aller dans les places assembler le plus qu'ils pouroient de monde, et l'en tirer pour grossir leur armée qui étoit aux champs. Hugues de Caurelay, pour amuser Bertrand cependant qu'il feroit de son côté touttes les diligences necessaires pour amasser tout ce secours et ce renfort, envoya l'un de ses gardes à Vire, avec ses dépêches pour demander bataille à Bertrand, et convenir avec luy d'un jour pour cet effet. Le garde arriva bientôt devant cette place, qu'il vit environnée d'enseignes, de tentes et de hutes touttes couvertes de feüillées. Tout y retentissoit du bruit des trompettes, et le camp luy paroissoit remply de tant de soldats, qu'il ne croyoit pas que les Anglois fûssent en assez grand nombre pour mesurer leurs forces avec celles des François.

Tandis que ce cavalier avançoit chemin, il apperçut un autre trompette qui portoit les armes de Guesclin sur sa casaque, et qui revenoit du Mans, où son maître l'avoit envoyé. Celuy-cy voyant que l'Anglois avoit aussi sur sa cotte d'armes celles de Thomas Granson, general des ennemis, la curiosité luy fit naître l'envie de l'approcher pour sçavoir quel étoit le motif qui l'amenoit en ces quartiers. L'autre luy répondit qu'il luy donnoit à deviner quel étoit le sujet de son message. « C'est apparemment pour demander bataille, « luy dit le garde de Guesclin : comptez que vous l'au- « rez; » ajoûtant dans son patois : *Car je connois Monseigneur a tel qu'il ne vous en faudra, ne que mars en carême.* Ces deux hommes s'étans ainsi joints continuerent leur route, devisans toûjours ensemble sur la valeur et le courage de leurs maîtres. Ils arriverent enfin jusqu'à Vire, dont on leur ouvrit le château pour les faire parler à Bertrand, qu'ils trouverent se promenant dans la cour de ce lieu, s'entretenant avec tous les chefs et les principaux seigneurs de l'armée, dont étoient le comte de Saint Paul et son fils, le seigneur de Raineval et Roulequin son fils, Oudard de Renty, le maréchal d'Andreghem, Olivier de Clisson, Jean de Vienne et les deux Mauny. Le trompette de Bertrand presenta celuy de Thomas de Granson, disant à son maître qu'en revenant du Mans, où il luy avoit commandé d'aller, il avoit rencontré dans son chemin ce garde, dont il avoit appris que le general anglois l'envoyoit auprés de luy pour quelque affaire d'importance qu'il avoit à luy communiquer de sa part, et qu'il l'avoit prié de le luy presenter.

Bertrand se disposant à l'écouter, le trompette anglois luy fit son compliment avec beaucoup de respect et de soûmission, commençant par le loüer de sa valeur et de la reputation qu'il avoit acquise dans les armes, dont le bruit étoit répandu dans toutte l'Europe. Aprés qu'il eut étably ces beaux préliminaires, il luy témoigna qu'il se presentoit une belle occasion de couronner touttes les grandes actions qu'il avoit faites, en acceptant le défy qu'il venoit luy faire de la part de Thomas Granson, qui luy demandoit qu'il luy marquât un jour auquel les deux armées pouroient en venir aux mains en bataille rangée; que s'il refusoit de prendre ce party, l'intention de son maître étoit de l'attaquer de nuit ou de jour, sans garder aucune mesure avec luy. Le trompette ayant achevé ces paroles, luy mit entre les mains la dépêche (1) de Thomas de Granson, qui ne chantoit que

(1) « Et tenez (dit le héraut), vecy la lettre que Thomas de Gran-
« çon vous envoye. » Laquelle Bertran bailla à lire à un sien secretaire, à l'audience des barons qui là estoient. Et contenoit ladite

la même chose. Quand Bertrand en eut entendu la lecture, il en fut piqué jusqu'au vif, et jura qu'il ne mangeroit qu'une fois jusqu'à ce qu'il eût veu les Anglois. Il s'informa du trompette en quel endroit ils étoient campez. Il luy répondit que c'étoit auprés de Ponvallain ; qu'ils étoient déja bien quatre mille hommes d'armes, sans un grand renfort qu'ils attendoient, et que Cressonval étoit allé tirer des garnisons voisines ; et qu'avec ce secours les Anglois avoient grand desir de le voir en bataille. *Par Dieu,* dit Bertrand, *ils me verront plûtôt que besoin ne leur fut.* Et pour témoigner la joye que luy donnoit cette nouvelle, il fit une largesse de quatorze marcs d'argent au trompette anglois, et commanda qu'on le fît bien boire et bien manger, et qu'on luy donnât ensuite un bon lit pour reposer jusqu'au lendemain qu'il le vouloit renvoyer aux Anglois, pour leur annoncer de sa part qu'il feroit plus de la moitié du chemin pour les aller voir au plûtôt. On regala tant le trompette durant toutte la nuit, qu'au lieu de partir à la pointe du jour il luy fallut dormir pour cuver son vin.

Bertrand se servit de cette favorable occasion pour surprendre les Anglois, qui n'avoient point encore reçu de nouvelles de leur messager, qu'ils attendoient avec impatience. Il commanda secretement que chacun s'armât et montât à cheval, et que qui l'aimeroit le suivît sans perdre de temps, parce qu'il ne vouloit reposer ny jour ny nuit jusqu'à ce qu'il eut com-

---

lettre tout ce que icellui herault avoit devisié. Et quant Bertran l'entendi, si jura à Dieu, à basse voix serie, que jamais ne mangeroit, excepté celle nuytée, jucques à tant qu'il aroit veu les Englois et leurs gens. (*Ménard*, p. 410.)

battu les Anglois. On eut beau luy remontrer qu'il alloit faire un contretemps et qu'il prenoit mal ses mesures, puis qu'il vouloit partir à l'entrée de la nuit au travers des vents et de la pluye qui devoient beaucoup fatiguer ses troupes, et les mettre hors d'œuvre quand il faudroit combattre ; qu'il valoit mieux attendre au lendemain que de s'engager si precipitamment dans l'execution d'un dessein qui, mal entendu et mal entrepris, pouroit traîner aprés soy de fâcheuses suites. Il ne se paya point de touttes ces raisons, dans lesquelles il ne voulut point entrer, jurant qu'il ne descendroit point de cheval jusqu'à ce qu'il eût trouvé les Anglois, ausquels il mouroit d'envie de donner bataille ; et que ceux qui ne le suivroient pas seroient reputez pour traîtres et pour infames auprés de Sa Majesté, qui leur feroit sentir toutte son indignation. Il n'eut pas plûtôt fait ce serment, qu'il se mit en devoir de partir sur l'heure, n'ayant d'abord que cinq cens hommes d'armes à sa suite. Il faisoit si noir et si sombre, qu'on ne pouvoit pas voir cinq pieds devant soy, ny sçavoir quelle route il falloit prendre pour se bien conduire ; et d'ailleurs une grosse pluye, secondée d'un vent froid et piquant, les mettoit tous dans un desordre étrange. Jean de Beaumont prit la liberté de representer à Bertrand qu'il falloit au moins sonner la trompette pour s'assembler, et prendre des flambeaux pour s'éclairer au milieu des tenebres ; mais Guesclin, ne goûtant point cet expedient, insista que c'étoit donner aux Anglois des nouvelles du mouvement qu'ils alloient faire, et que le bruit des trompettes et la clarté des flambeaux alloient tout reveler à leurs ennemis ;

que quelque espion ne manqueroit pas d'informer de tout.

Chacun le suivit donc au travers de l'orage et de la nuit, du mieux qu'il luy fut possible. Les uns tomboient dans des fossez; d'autres, s'imaginans aller leur droit chemin, marchoient à travers champs, et leurs chevaux heurtoient souvent les uns contre les autres en se rencontrant. Le maréchal d'Andreghem vit avec peine partir Bertrand Du Guesclin sans le suivre; et pour exhorter les autres à l'imiter, il témoigna qu'on ne devoit pas abandonner un general que le ciel leur avoit donné pour retablir les fleurs de lys dans leur premier lustre, et qui n'avoit point son semblable dans toutte l'Europe. Ces paroles furent prononcées avec tant de force et de poids, que chacun se mit aussitôt en devoir de partir. Le maréchal commença le premier à faire un mouvement à la tête de cinq cens hommes d'armes. Le comte de Perche, le maréchal de Blainville, Olivier de Clisson, qui fut depuis connétable de France, le vicomte de Rohan, Jean de Vienne, le sire de Rolans, depuis amiral, les seigneurs de La Hunaudaye, de Rochefort et de Tournemines, se mirent aussi tous en marche pour seconder Bertrand dans la dangereuse expedition qu'il alloit entreprendre. Mais comme la grande obscurité ne leur permettoit pas de se reconnoître, ils sortoient de leurs rangs sans s'en appercevoir, et se rencontroient de buissons en buissons, se choquans sans y penser, et faisans mille imprecations et contre la nuit, et contre celuy qui leur faisoit faire ce desagreable manege. Il y eut beaucoup de chevaux crevez dans cet embarras, et Bertrand en

perdit deux des meilleurs de son écurie dans cette
seule nuit. Chacun (1) luy reprochoit le mal qu'il
souffroit et la perte qu'il faisoit de ses gens, qui s'é-
garoient dans toutte cette confusion tumultueuse. Il
tâcha de consoler tout le monde en disant que les
Anglois avoient assez d'or et d'argent pour les dédommager, et qu'aprés qu'on les auroit battus on trouveroit dans leurs dépoüilles dequoy se recompenser
au centuple de tout ce qu'on auroit perdu dans l'effort qu'on faisoit pour les surprendre.

Il avoit dans ses troupes toute la belle jeunesse de
Normandie, de la Bretagne, du Mans et du Poitou,
qui ne demandoient qu'à joüer des mains avec les Anglois, et Bertrand les entretenoit toûjours dans cette
noble chaleur de combattre; et tandis qu'il les animoit tous à bien faire, les tenebres se dissiperent, les
vents se calmerent, les pluyes cesserent et le jour
parut, qui leur fit connoître qu'ils n'étoient pas loin
de Ponvallain. Tous les soldats étoient trempez comme
s'ils fussent sortis du bain. Bertrand, pour se delasser
avec eux et les faire un peu respirer, fit faire alte au
milieu d'un pré, pour reconnoître tout son monde

(1) Mais ceulx especialement qui avec Bertran chevauchoient eurent du mal à foison: car il chevaucha si fort, que il estancha soubz
lui deux bons chevaulx. Dont il fu assez blasmé de ses hommes, qui
lui disoient: « Haa! sire, nous perdons tous nos chevaulx, ne jamaiz
« ne nous en aiderons à nostre besoing, et aussi avons assez perdu de
« noz gens, qui se sont esgarez pour l'orage du temps, qui ne pou-
» voient esploictier. Seigneurs, dist Bertran, je vous en respondray.
« Il sera tantost jour, que nous verrons entour nous. Se nous trou-
« vons les Engloiz, nous nous bouterons dedens, et seront tantost
« desconfiz; car nous les surprendrons. Et se nous n'avons nul che-
« val, nous en conquesterons assez, ou jamais n'en aurons besoing
« à nul jour. » (*Ménard*, p. 414.)

et le rassembler. Il ne trouva pas plus de cinq cens hommes qui l'avoient suivy : mais jettant les yeux plus loin, il apperçut sur une chaussée beaucoup d'autres troupes qui filoient, et le venoient joindre. Cette découverte releva ses esperances, et l'engagea d'exhorter ses gens à reprendre cœur en leur répresentant qu'ils alloient tomber sur les Anglois, qui seroient surpris, et ne s'attendoient pas à cette irruption; qu'il ne s'agissoit seulement que de faire un peu bonne contenance pour vaincre des ennemis que leur seule presence alloit intimider; que Dieu, qui de tout temps avoit été le protecteur des lys, leur inspireroit le courage et les forces dont ils auroient besoin pour triompher de ces étrangers; qu'ils ne seroient pas les seuls à les attaquer, puis qu'il voyoit déja paroître Olivier de Clisson, le vicomte de Rohan, le seigneur de Rochefort, Jean de Vienne et le sire de Trye, qui venoient avec le maréchal de Blainville pour les renforcer. Ils étoient tous si mouillez et si fatiguez, et leurs chevaux si recrus et si las, qu'à peine se pouvoient-t'ils soûtenir.

Aprés avoir pris un peu de repos et s'être sechez au soleil, ils mangerent et bûrent, pour avoir plus de force à combattre ; et montans sur leurs chevaux qu'ils avoient aussi fait repaître, ils se dirent adieu l'un à l'autre, frappans leurs poitrines dans le souvenir de leurs déreglemens passez, et recommandans le soin de leurs ames à leur Createur, qu'ils esperoient devoir benir la justice de leurs armes. A peine eurent-ils fait une lieüe, qu'ils virent tout à plain les Anglois dispersez çà et là par les champs, sans tenir aucun ordre ny discipline, et ne songeans point à la visite qu'on leur alloit rendre. Bertrand fit remarquer ce desordre à ses troupes, et les encouragea de son mieux à leur aller tomber sur le corps, tandis qu'ils étoient ainsi separez et sans se tenir sur leurs gardes, leur promettant tout l'or, tout l'argent, tous les chevaux et touttes les richesses qu'ils trouveroient dans l'armée des Anglois, sans vouloir aucunement partager avec eux le butin qu'ils y pouroient faire. Il remarqua qu'ils étoient bien deux mille sur les champs, qui vivoient avec beaucoup de relachement, et ne se défioient de rien; que leurs generaux et leurs capitaines étoient logez dans des villages, attendans toûjours quelle nouvelle le trompette de Thomas de Granson leur devoit apporter. D'ailleurs Hugues de Caurelay et Cressonval, qui devoient amener un fort grand renfort, n'étoient point encore arrivez; il n'y avoit que Thomas de Granson, leur general, qui, se reposant sur le retour de son trompette, demeuroit dans son camp, se divertissant sous sa tente avec une fort grande securité. Bertrand voyant que le coup étoit sûr de les attaquer, il s'approcha d'eux avec tant de précaution, qu'il ne se contenta pas de faire cacher sa bannière et de ne point déployer ses enseignes; mais il voulut que ses gens cachassent leurs cuirasses sous leurs habits, et que les trompettes se tûssent, afin de surprendre ses ennemis avec plus de succés.

Il leur commanda de mettre pied à terre aussitôt qu'ils se trouveroient à un demy trait d'arbalête prés des Anglois. Cet ordre fut executé avec tant de secret, que ces derniers ne s'en apperçurent que quand il fallut en venir aux mains avec les François, qui crierent tout d'un coup *Montjoye Saint Denis!* en montrans leurs cuirasses et leurs étendards où les lys étoient arborez, et faisans retentir toutte la campagne du bruit de leurs trompettes. Ils chargerent les Anglois avec tant de furie, qu'ils en abattoient autant qu'ils en frappoient ; et les autres prenans la fuite jettoient l'épouvente dans toutte leur armée, se plaignans qu'ils étoient trahis. Thomas de Granson, tout consterné de cette camisade qu'on venoit de donner à ses troupes, s'en prit à son trompette, dont il croyoit avoir été mal servy, se persuadant qu'étant de concert avec Bertrand, il n'étoit pas revenu tout exprés, pour luy donner le loisir de faire cette entreprise pendant qu'on attendroit son retour. Il tâcha dans une si grande déroute de r'allier ses gens et de les assembler autour de son drapeau, faisant sonner ses trompettes pour les avertir de se rendre tous à son étendard. Il s'en attroupa prés de mille qui coururent à son enseigne ; mais Bertrand, poursuivant toûjours sa pointe avec ses plus braves, se fit jour au travers des Anglois, renversa par terre touttes leurs tentes et leurs logemens. L'execution fut si grande qu'il en coucha plus de cinq cens sur le pré, de ce premier coup. La bravoure de ce general étonna si fort les Anglois, que se regardans l'un l'autre, ils se disoient reciproquement que jamais ils n'avoient veu dans la guerre un si redoutable homme, ny qui sçût mieux s'aquiter du devoir de soldat et de capitaine ; et qu'on ne pouvoit pas comprendre comment avec une poignée de gens il faisoit un si grand fracas dans une armée bien plus nombreuse et plus forte que la sienne.

Thomas de Granson voulut avoir recours à un stratageme, en ordonnant à Geoffroy Ourselay d'envelopper Bertrand avec huit cens hommes d'armes, et de l'attaquer par derriere dans la plus grande chaleur du combat et de la mêlée. Ce capitaine se déroba de la bataille avec un pareil nombre de gens, et s'alla poster derriere une montagne, pour venir charger Guesclin à dos quand il en trouveroit l'occasion favorable, se tenant là caché tout exprés pour étudier à loisir le temps et le moment propre pour l'accabler par une irruption subite et impreveüe. Bertrand faisoit toûjours un merveilleux progrés contre les Anglois, qui s'éclaircissoient et fuyoient devant luy comme des moutons; quand, voulant achever la victoire qui se declaroit en sa faveur, il apperçut l'étendard de Thomas de Granson. Ce nouvel objet luy fit à l'instant commander à ses gens de passer sur le ventre à tout ce qu'ils rencontreroient, pour aller arracher cette enseigne des mains de celuy qui la portoit, les assûrant qu'aussitôt qu'elle seroit gagnée, la journée seroit entierement couronnée. Les François partirent à l'instant de la main pour se faire jour au travers des Anglois, qui se defendoient et faisoient les derniers efforts pour les arréter.

Pendant tout ce fracas de part et d'autre, Thomas de Granson s'avisa de détacher un cavalier pour aller à toutte jambe à Ponvallain, donner avis à David Hollegrave de venir incessamment à son secours avec les cinq cens hommes qu'il commandoit. Celuy-cy par son arrivée rétablit un peu le combat, et donna quelque exercice à Bertrand, qui fut obligé de renouveller ses premiers efforts pour se soûtenir contre un renfort si inopiné. Cependant, comme si la presence de ce peril eût redoublé l'ardeur de son courage, il se lançoit au milieu des Anglois, écumant comme un sanglier, frappoit d'estoc et de taille sur eux, les abbatoit et les renversoit, perçant les uns au defaut de la cuirasse, et soûlevant le juste au corps des autres, afin que son épée trouvât moins d'obstacle à les tüer; ne voulant faire quartier à pas un, ny prendre personne à rançon. Le comte de Saint Paul et son fils se signalerent dans cette chaude occasion; le sire de Raineval, Galeran et Roulequin ses fils, Oudard de Renty, Enguerrand d'Eudin, Alain et Jean de Beaumont, les deux Mauny et les autres braves François y payerent tout à fait bien de leurs personnes. Thomas de Granson de son côté faisoit de son mieux pour encourager ses Anglois à ne pas reculer, leur promettant que pour peu qu'ils tinssent encore bon, la victoire leur seroit immanquable, parce que Geoffroy Ourselay s'en alloit sortir de son embuscade avec huit cens hommes, pour envelopper Bertrand et le charger à dos; et que si ce capitaine tomboit dans ses mains, comme il l'esperoit, il se feroit un merite de le presenter au roy Edoüard son maître, qui recevroit avec plaisir un si redoutable prisonnier, qu'il ne rendroit pas pour tout l'or de la France.

Ourselay pensoit faire son coup, et prenoit déja son tour avec ses gens, à la faveur d'un bois qui l'épauloit et le couvroit; mais il fut bien surpris quand il se vit coupé par quatorze cens combattans qui luy tomberent sur le corps, et que menoit contr'eux Olivier de Clisson, secondé des deux maréchaux d'Andreghem et de Blainville, et de Jean de Vienne. Comme la partie n'étoit pas égale, les Anglois voyans qu'ils alloient être accablez par la multitude, commencerent à plier.

Les François profitans de leur crainte en tüerent grand nombre, et le carnage ne cessa que par la prise d'Ourselay. Clisson luy demanda ce qu'étoit devenu Bertrand, et s'il en sçavoit des nouvelles. Il luy répondit qu'il étoit aux prises avec les Anglois, sur lesquels il avoit déja remporté de fort grands avantages; et que comme il l'alloit envelopper avec ses huit cens hommes, il en avoit été par eux empêché, sur le point qu'il l'alloit charger par derriere; qu'il ne sçavoit pas au vray s'il étoit mort ou vif depuis que l'on avoit commencé la mêlée. Clisson témoigna qu'il seroit au desespoir, et n'auroit jamais de joye dans sa vie s'il mesarrivoit de Bertrand; et le maréchal d'Andreghem, qui n'y prenoit pas moins de part que luy, remontra qu'il n'y avoit point de temps à perdre, et qu'il falloit incessamment marcher à son secours. En effet, ils ne pouvoient pas le luy donner plus à propos; car quand ils arriverent à l'endroit où les deux armées étoient encore aux mains, ils trouverent Bertrand fort engagé dans le combat, et fort pressé par Thomas de Granson, qui, tout fier du renfort qu'il venoit de recevoir de David Hollegrave, et se prevalant du plus grand nombre, comptoit déja que Guesclin ne lui pouroit jamais échapper. Mais son attente fut bien vaine, car ces quatorze cens combattans commandez par Clisson vinrent tout à coup se jetter au travers des Anglois, avec autant de furie que des loups affamez qui s'élancent dans un bercail pour en faire leur proye. Clisson fit voir en ce rencontre que ce n'étoit pas sans raison qu'on l'appelloit *le boucher de Clisson*, car il charpentoit à droit et à gauche tout ce qui se rencontroit sous la force et la pesanteur de son bras.

Le carnage fut si grand que David Hollegrave aima mieux se rendre que de se faire tuer. Thomas de Granson voyant touttes ses troupes en desordre et à demy battuës, r'allia tout ce qu'il avoit de meilleur pour faire encore bonne contenance, et disputer à ses ennemis le terrain pied à pied. Il avoit encore bien douze cens Anglois, dont il se promettoit un assez grand effet; mais il y avoit déja si longtemps qu'ils étoient aux mains avec Bertrand et ses François, que tous dégouttans de sueur et du sang qui couloit de leurs blessûres, ils ne pouvoient presque plus rendre de combat. Clisson, Andreghem et Vienne, voulans achever la journée, crioient pour encourager leurs gens *Notre Dame Guesclin!* et l'affaire étoit déja si fort avancée, que de tous les Anglois il n'en seroit pas échappé seulement un seul, quand Thomelin Folisset, Hennequin, Acquet et Gilbert Guiffart survinrent avec quelque renfort pour soûtenir pendant quelque temps le choc des François. Mais il leur fallut enfin ceder à leurs efforts et à leur valeur; d'autant plus que le comte du Perche, le vicomte de Rohan, les seigneurs de Rochefort et de La Hunaudaye arriverent fort à propos avec des gens tous frais, qui firent une si grande execution que Granson voyant toutte la campagne jonchée de ses morts, et les François mener battant le reste de ses Anglois qui n'avoit pas encore perdu la vie, tomba dans un si grand desespoir, qu'aimant mieux mourir que de survivre à sa honte et à sa défaite, il prit une hache à deux mains dont le tranchant étoit d'acier, et la levant bien haut il l'alloit décharger sur la tête de Guesclin, si celuy-cy, se coulant sous le coup, ne l'eût fait porter à faux, en saisissant Granson par le corps, et le colletant avec tant de force que non seulement il le jetta sous luy, mais luy arracha la hache qu'il tenoit, dont il le pouvoit aisément assommer. Il aima mieux genereusement luy donner la vie, pourveu qu'il se rendît à l'instant à luy. Granson ne balança point à le faire, et cela le mit à couvert d'un autre coup que luy alloit décharger Olivier de Clisson, si Bertrand ne l'eût paré en luy retenant le bras, et luy disant que Granson étoit son prisonnier.

Il ne restoit plus qu'à se saisir de Thomelin Folisset, qui se moquoit de tous ceux qui se mettoient en devoir de le prendre, en se defendant avec un bâton à deux bouts, dont il se couvroit tout le corps. Personne n'en approchoit impunément; il y en eut même qui, pour avoir voulu trop risquer, y laisserent la vie. Regnier de Susanville (1) fut un de ceux là. La mort de ce chevalier, que Clisson consideroit beaucoup, alluma si fort sa colere, que se jettant sur ce Thomelin, il luy fendit en deux, avec sa hache, son bâton à deux bouts. Celuy-cy, se voyant desarmé d'un instrument dont il se sçavoit si bien servir, mit aussitôt l'épée à la main pour en percer Olivier de Clisson ; mais le coup qu'il porta ne fit aucun effet, parce qu'il étoit si bien armé dessous ses habits, que l'épée trouvant une forte resistance se cassa en deux. Ce malheur obligea Thomelin de se jetter aux genoux de Clisson pour luy demander la vie, le priant de le vouloir prendre pour son prisonnier. Hennequin, Acquet, Gilbert Guiffart et plusieurs autres, voyans

---

(1) Du Chastelet (p. 195) le nomme Cressonnailles.

que tout étoit perdu sans aucune ressource, prirent le party de se rendre. Le butin fut grand pour les François : il n'y eut pas jusqu'au moindre palfrenier et goujat qui n'eut son prisonnier, et dont il ne tirât une bonne rançon. Le debris de cette déroute des Anglois s'alla jetter dans les places voisines. Les uns allerent se refugier dans la ville de Baux, d'autres chercherent leur asyle dans celle de Bressiere, d'autres dans celle de Saint Maur sur Loire, où Cressonval étoit encore, assemblant le plus de gens qu'il pouvoit pour en renforcer l'armée angloise, dont il ne sçavoit pas la défaite. Guesclin voulut les y suivre et les aller dénicher de ses forts, en les y assiegeant sans perdre temps.

CHAPITRE XXXII.

De la prise du fort de Baux et de la ville de Bressiere; et de la sortie que les Anglois firent de Saint Maur sur Loire, aprés y avoir mis le feu, mais qui furent ensuite battus par Bertrand devant Bressiere.

GUESCLIN s'étant allé délasser et raffraîchir avec les siens dans la ville du Mans, aprés une si memorable victoire, et sçachant que les Anglois s'étoient retirez dans la ville de Baux, il crut que la gloire qu'il avoit aquise dans cette journée ne seroit pas entiere ny complette, s'il ne les alloit encore assieger dans cette forteresse. Bertrand s'en approchant un peu trop prés pour mieux reconnoître la place, le gouverneur luy demanda ce qu'il vouloit, et qu'elle étoit la raison de sa curiosité, qui luy faisoit étudier ainsi l'assiette de son fort. Guesclin luy répondit qu'il ne faisoit cette démarche que pour sçavoir son nom, dans l'esperance de se pouvoir ainsi aboucher avec luy. Ce commandant luy témoigna qu'il étoit bien aise de le contenter là dessus, et qu'il s'appelloit le chevalier Gautier. Bertrand l'exhorta de luy rendre sa place, sans se faire attaquer dans les formes ordinaires par une armée royale et victorieuse qu'il commandoit en personne, en qualité de connétable de France, ayant avec soy tous les braves de ce royaume, dont étoient les deux maréchaux d'Andreghem et de Blainville, Olivier de Clisson, le vicomte de Rohan, les seigneurs de Reths, de Rochefort, de La Hunaudaye Jean et Alain de Beaumont, et toutte l'élite et la fleur de la France. Ce gouverneur l'assûra qu'il le connoissoit peu pour luy faire une semblable proposition; qu'il n'avoit jamais été capable d'une pareille lâcheté; que quand ses murs seroient tout percez comme un crible, ses gens tüez et luy même tout couvert du sang de ses blessûres, il ne songeroit pas encore à se rendre. Et là dessus il luy fit commandement de se retirer au plûtôt, s'il ne vouloit se faire écraser sous un monceau de pierres, qu'il luy feroit jetter sur la tête. *Ha larron*, luy dit Bertrand, *tu es en ton cuidier; mais par la foy que dois à Dieu, jamais ne mangeray ne ne bauray tant que je t'aye pris ou mis en mon dangier.*

Le gouverneur se moqua de luy, bien loin de luy témoigner qu'il fût alarmé de touttes ces menaces; et se prepara de son mieux à se bien defendre, se persuadant que Guesclin ne feroit que blanchir dans l'entreprise qu'il feroit sur sa place. Bertrand s'étant mis à l'écart, vint retrouver ses gens pour les exhorter à tirer raison de l'insolence de ce commandant qui l'avoit bravé jusqu'à luy faire insulte, leur disant qu'il falloit aller dîner dans cette place, où il y avoit de bonnes viandes et de fort bon vin qui les attendoient, et que chacun se tint prêt pour monter à l'assaut. Il fit mettre pied à terre aux gendarmes, et leur ordonna de descendre dans le fossé pour s'attacher ensuite à la muraille, dans laquelle ils fichoient entre deux pierres leurs dagues et leurs poignards, dont ils se faisoient des degrez et des échelons pour monter, tandis que les arbalêtriers favorisoient à grands coups de traits les efforts qu'ils faisoient pour se rendre au haut des murs sans en être repoussez par les assiegez, qui n'osoient paroître sur les rampars, à cause de cette grêle de flêches et de dards que les François leur lançoient du bord du fossé. Roulequin de Raineval fut fait chevalier sur le champ de la main de Bertrand, pour avoir osé le premier monter à l'échelle. La precipitation qui faisoit aller les soldats à l'assaut en faisoit beaucoup tomber les uns sur les autres; mais l'ardeur qu'ils avoient de se rendre maîtres de la place faisoit qu'ils s'entr'aidoient à se relever. Bertrand craignant que les fatigues ne refroidissent leur courage leur promettoit de les recompenser largement, et les excitoit de son mieux à ne se point relâcher. Il y eut un soldat breton qui fit enfin de si grands efforts qu'il monta sur le mur; et se battant en desesperé contre les Anglois, qui le vouloient repousser, il fraya le chemin aux autres, en criant : *Guesclin ! Saint Paul ! le Perche ! Raineval ! Renty !* Ils monterent tous à la file ; et s'étans rendus les plus forts, ils chasserent les ennemis du poste qu'ils occupoient auparavant, et s'étans répandus ensuite dans la ville, ils y jetterent tant de frayeur, et firent une si cruelle boucherie des Anglois, que le commandant s'estima bienheureux de s'évader par une poterne dont il s'étoit reservé la clef. La ville se rendit aussitôt, où les soldats firent un butin fort considerable, et trouverent beaucoup de vivres et de vins pour s'y raffraîchir, et s'y délasser de touttes les fatigues que leur avoit coûté cette conquête.

Bertrand, ne se contentant pas de ce premier succés, dépêcha par tout des coureurs pour sçavoir où les fuyards s'étoient refugiez aprés leur défaite à Ponvallain. Ce general apprit que le debris de cette armée battuë s'étoit retiré dans Saint Maur sur Loire, et que les Anglois ne s'y croyoient pas en sûreté depuis qu'ils avoient sçu que la forteresse de Baux avoit été prise d'assaut. Cette surprenante nouvelle les y fit tenir sur leurs gardes avec plus de précaution que jamais ; car le seul nom de Bertrand les faisoit pâlir, et quand ils entendoient le moindre bruit, ils s'imaginoient le voir aussitôt à leurs portes. Leur terreur ne fut pas vaine ny panique ; car ils furent investis par les François, qui planterent le piquet devant leur place avec beaucoup d'ordre et de discipline, faisans mine d'y vouloir établir un siege dans touttes ses formes. Bertrand, avant que de rien entreprendre contre une place si forte d'assiette, trouva bon de tenir conseil avec les seigneurs qui commandoient dans son armée. Ce fut dans cet esprit qu'il appella Guillaume de Launoy, Carenloüet, capitaine de La Rocheposay, Guillaume le Baveux, Ivain de Galles, et un autre chevalier que l'on nommoit *le Poursuivant d'amours*. Il les consulta tous sur les mesures qu'il avoit à prendre dans une occasion de cette consequence, leur representant que la place devant laquelle ils étoient postez n'étoit pas une affaire d'un jour, et qu'il étoit important de s'en assûrer avant que d'entrer plus avant dans le païs, de peur que Cressonval, qui commandoit dedans, ne les harcelât par derriere, ayant une trés-forte garnison d'Anglois qui pouroient faire des courses sur eux, et les troubler dans les expeditions qu'il leur falloit entreprendre pour dénicher leurs ennemis du royaume de France.

Les avis furent fort partagez dans ce conseil. Les uns estimoient qu'une forteresse de cette consequence, située sur la riviere de Loire et bien fortifiée, meritoit bien qu'on l'assiegeât par degrez et dans touttes les formes; d'autres vouloient qu'on l'insultât sans la marchander davantage. Mais le sentiment de Bertrand prevalut sur celuy des autres et fut universellement suivy, quand il opina qu'il croyoit qu'il étoit necessaire avant touttes choses de pressentir Cressonval, gouverneur de Saint Maur; qu'il connoissoit de longue main pour avoir fait la guerre avec luy pendant plusieurs années en Espagne. Il envoya donc un heraut de sa part à Saint Maur, pour prier Cressonval de luy venir parler, et luy mettre un saufconduit ou passeport entre les mains, pour le guerir de tout le soupçon que ce message luy pouroit donner. Il ne balança point à sortir de sa place sur de si bonnes sûretez, ordonnant à son lieutenant de bien veiller sur tout, de peur d'être surpris en son absence. Quand Guesclin le vit approcher, il luy dit : *Bienveillant sire, par saint Maurice dînerez avec moy, et buvrez de mon vin ainçois que partiez ; car vous avez été mon amy de pieça.* Il le cajola de son mieux de la sorte, le faisant souvenir de tous les travaux qu'ils avoient essuyez ensemble en Espagne quand ils faisoient la guerre en faveur d'Henry contre Pierre, et qu'il ne l'avoit quité que parce que le service du prince de Galles son maître l'appelloit ailleurs, ainsi que doit faire tout bon sujet et fidelle vassal. Il ajoûta qu'il avoit pris la liberté de le faire venir pour renouveller leur ancienne amitié le verre à la main, sans faire préjudice au service commun de leurs maîtres, les roys de France et d'Angleterre.

Cressonval luy témoigna que les liaisons particulieres qu'il avoit avec luy ne seroient jamais capables de lui faire trahir la fidelité qu'il devoit à son prince ; aussi Guesclin luy fit connoître qu'un repas fait entre deux amis sujets de deux souverains ennemis ne leur pouroit attirer aucune affaire auprés de leurs maîtres, puis que chacun d'eux se mettroit en devoir de les bien servir quand l'occasion s'en presenteroit. Enfin Cressonval, se rendant à des raisons si specieuses et si fortes, n'osa pas refuser la priere qu'il luy faisoit avec tant d'honnêtetez de vouloir bien manger avec luy. Bertrand le regala fort splendidement. Ils s'entretinrent durant leur dîner des perils qu'ils avoient essuyez ensemble, et de quelques engagemens de cœur qu'ils avoient eu pour les dames, tandis qu'ils étoient en Espagne. Quand le repas fut achevé, Guesclin tira Cressonval à l'écart, et luy dit qu'il n'avoit souhaité toutte cette entreveüe que pour luy faire voir le danger dans lequel il s'alloit plonger, s'il pretendoit defendre Saint Maur contre une armée si forte que la sienne, composée de tant de gens aguerris et tout fiers des victoires qu'ils avoient remportées jusqu'à lors; qu'il n'avoit pas voulu l'attaquer d'abord, dans le dessein qu'il avoit de le menager comme son amy; mais que s'il s'opiniâtroit à vouloir soûtenir un siege, il couroit risque d'être pris, et de perdre la vie luy et tout son monde. Il le conjura de faire une forte reflexion sur tout ce qu'il luy disoit, l'assûrant que s'il ne deferoit pas à son amy, il auroit tout le loisir de s'en repentir.

Cressonval ne donna point d'abord dans un piége si specieux. Il convint avec luy que jamais place ne seroit attaquée par un plus fameux capitaine que luy, ny par des troupes plus braves ny plus intrepides; mais il le pria de vouloir bien songer qu'il devoit être fort jaloux de son honneur et de la fidelité qu'il devoit au prince de Galles, qui luy avoit confié la garde d'une citadelle tres forte d'assiette, remplie d'une tres bonne garnison, et bien pourveüe de toutes les munitions necessaires de guerre et de bouche; et qu'il étoit de son devoir de la defendre au peril de sa vie, et de se faire ensevelir sous ses ruïnes plûtôt que de commettre la lâcheté qu'il luy proposoit, et qu'il sçavoit être tout a fait indigne d'un gentilhomme qui se doit piquer d'avoir le cœur bien placé. Bertrand, qui ne s'accommodoit pas d'une repartie qui reculoit la reddition de Saint Maur sur Loire, fronça le sourcil, et jura, disant à Cressonval, *que par Dieu qui fut peiné en croix et le tiers jour suscita, et par saint*

Yves, s'il attendoit qu'il mît trefs ne tentes devant son fort, il le feroit pendre aux fourches. Le gouverneur tout tremblant de peur à ce serment, et le connoissant homme à luy tenir parole à ses dépens, le pria de trouver bon qu'il remontât à cheval pour s'en retourner à Saint Maur, et representer tout ce qu'il venoit de luy dire aux bourgeois et à la garnison de sa place. Bertrand le voyant disposé à se rendre, donna d'autant plus volontiers les mains à sa priere. Cressonval ne fut pas plûtôt arrivé, qu'il fit assembler dans l'hôtel de ville les plus notables bourgeois et les principaux officiers de la garnison, pour leur donner avis du serment qu'avoit fait Guesclin de les faire tous pendre, s'ils tomboient dans ses mains après la prise de la place.

Ce discours les alarma si fort, qu'ils vouloient déja prendre le party de s'enfuir sans attendre que Bertrand commençât le siege; mais Cressonval essaya de les rassûrer en leur disans qu'il avoit stipulé par avance qu'ils auroient tous leurs biens et leurs vies sauves, en se rendans dans un certain jour; et qu'il valloit mieux en passer par là que de s'exposer à une mort certaine qu'ils ne pouroient jamais éviter, si la place étoit une fois prise ou par siege, ou par famine, ou par assaut. La crainte de la mort les faisoit presque tous donner dans ce sentiment, quand un chevalier anglois, fort brave de sa personne, prit la parole pour representer à la compagnie qu'une reddition si precipitée ne les garantiroit jamais du soupçon que le prince de Galles pouroit avoir de leur perfidie, s'ils venoient à faire une démarche si honteuse sur de simples menaces qu'un general leur auroit fait pour les intimider. Cette genereuse remontrance ne leur inspira point le courage et la resolution de se bien defendre, mais les rendit encore plus timides. Cressonval faisant reflexion sur ce qu'avoit dit le chevalier anglois, et craignant que tout le reproche de cette defection ne tombât sur luy seul, ouvrit les yeux sur le pas qu'il avoit médité de faire, et jura qu'il feroit bien voir, par la conduite qu'il alloit tenir, qu'il n'étoit point capable de la trahison dont on avoit pretendu l'accuser. Il commanda donc à chacun de se preparer à sortir, et d'emporter ses meubles, son argent et tout ce qu'il avoit de plus precieux, parce qu'aussitôt qu'ils auroient gagné la porte, il avoit envie de mettre le feu dans la place et de la reduire en cendres, afin que Bertrand n'en eût que les ruines, et que par là tout le monde fût éloigné de croire qu'il eût été là dessus corrompu par argent. Il leur marqua que quand ils seroient hors des portes, ils eussent à se retirer dans Bressiere ou dans Moncontour.

Cet ordre fut ponctuellement executé de la même maniere qu'il l'avoit projetté. Les bourgeois et les soldats chargerent leurs épaules de tout ce qu'ils pûrent emporter; et quand ils eurent gagné la prairie, Cressonval fit aussitôt mettre le feu par tout par ses gens, sans pardonner même aux églises, dont la flamme et la fumée se voyoient de fort loin; le vent même qui souffloit alors en porta les étincelles à plus de deux lieües de là. Ce spectacle étoit fort pitoyable. La nouvelle en vint bientôt à Bertrand, qui fut averty, par un courier qu'on appelloit *Hasequin*, que les Anglois venoient de sortir de Saint Maur, aprés y avoir mis le feu ; qu'ils prenoient la route de Bressiere et de Moncontour, chargez de touttes les dépoüilles de la ville; et qu'il étoit aisé de courir aprés et de les atteindre, parce que le fardeau qu'ils portoient les contraignoit de marcher lentement. Bertrand, fort déconcerté de cette nouvelle, à laquelle il ne s'attendoit pas, fit mille imprecations contre l'infidelité pretenduë de Cressonval, qui avoit violé la parole qu'il luy avoit donnée de luy remettre la place entre les mains. Le maréchal d'Andreghem luy dit qu'il n'avoit pas tout le tort du monde, puis qu'il luy avoit laissé les portes ouvertes; mais comme il n'en voyoit plus que les cendres et les ruïnes, il resolut de se venger de cette tromperie, commandant sur l'heure à tous ses gens de monter à cheval pour courir aprés les Anglois tandis qu'ils étoient encore errans et vagabonds dans les champs, ou les investir dans Bressiere, et les y prendre avec tout leur bagage et les meubles qu'ils avoient emportez. Comme les François étoient en marche à la suitte de Bertrand, les uns se plaignoient que ce general étoit trop remuant et ne les laissoit jamais en repos, ne leur donnant pas le loisir de manger ny de dormir; d'autres le disculpoient en avoüant que les siecles precedens n'avoient jamais fait naître un tel homme, ny qui eût de si grands talens pour la guerre, et qu'il falloit un capitaine de cette trempe et de ce caractere pour relever la France de l'accablement où les Anglois l'avoient reduite.

Quand ces derniers se presenterent devant Bressiere, ils trouverent les portes fermées et les ponts levez sur eux; car ceux de la ville apprehendoient si fort Bertrand, qu'ils n'osoient pas se declarer pour ce fuyards, de peur de s'attirer un siege qui degenereroit bientôt dans le carnage de leurs habitans et le sac entier de Bressiere. Tandis que les Anglois, tout attenüez de fatigues et pouvans à peine respirer sous le faix dont ils étoient chargez, demeuroient arrêtez aux portes de cette ville sans y pouvoir entrer, et craignoient que Bertrand qui les poursuivoit ne les atteignît bientôt, le commandant de la place, homme de bon sens et d'experience, les appella du haut des murailles, leur demandant ce qu'ils faisoient là, s'ils étoient Anglois ou François, et quel étoit le lieu dont ils étoient sortis. Un de ces Anglois prit la parole pour les autres, et le pria de leur ouvrir ses portes, parce qu'ils venoient de Saint Maur sur Loire, qu'ils avoient mieux aimé mettre en cendres que de souffrir qu'elle fût prise par Guesclin, qui tout écumant de rage et de fureur les poursuivoit avec tout son monde, pour assouvir sur eux son ressentiment. Il ajoûta, pour le toucher encore davantage, qu'ils étoient tous Anglois naturels, et sujets du même prince que les habitans de Bressiere; que les François leurs ennemis, commandez par Bertrand, leur marchoient déja sur les talons; et qu'ils alloient être tous assommez sans qu'il en pût échapper un seul, s'il ne leur faisoit la charité de les mettre à couvert du danger qui les ménaçoit, en leur donnant retraite dans sa place. Ce gouverneur apprehendant que le prince de Galles ne luy fît un jour quelque reproche de son inhumanité s'il laissoit ainsi ce peu d'Anglois à la discretion de leurs ennemis, leur promit qu'il leur ouvriroit ses portes à condition qu'ils passeroient cinquante à cinquante, et ne coucheroient point dans Bressiere. Les Anglois furent trop heureux d'accepter ces offres;

mais il n'en fut pas plûtôt entré quarante, que le tocsin sonna de la tour, et le guetteur crioit à pleine tête : *Trahy, trahy! fermez la porte! voicy Bertrand qui vient! ces Anglois fugitifs nous ont vendus.*

En effet il y avoit quelque vraysemblance de trahison : car on appercevoit du beffroy, où coururent les bourgeois en foule, tous les étendards de Guesclin, d'Olivier de Clisson, des maréchaux d'Andreghem et de Blainville, d'Alain de Beaumont, du vicomte de Rohan, du sire de Rochefort, de Carenloüet, et de toutte l'élite de la France. Ces bourgeois ne se possedans point à la veüe de tout cet appareil de guerre qui les menaçoit, s'allerent imaginer que ces pauvres Anglois qui demandoient un asyle chez eux étoient d'intelligence avec les François, et n'avoient souhaité l'entrée de leur ville que pour les livrer à leurs ennemis.

Dans cette fausse préoccupation d'esprit, ils se jetterent sur ces refugiez innocens; et sans avoir aucune indulgence pour eux, ils les tüerent tous, ne voulans point prêter l'oreille à leurs justes plaintes, ny aux raisons dont ils s'efforçoient de justifier leur conduite; et fermerent ensuite leurs portes, et leverent leur pont sur le reste des Anglois, qui leur demandoient le passage. Bertrand vint fondre sur eux avec tout son monde. Ils se mirent dabord en devoir de se bien défendre; mais leur resistance fut vaine : ils se virent bientôt accablez par la multitude, et tous enveloppez. Ceux qui survécurent à leur défaite furent arrétez prisonniers. Guesclin tâcha de garder la justice distributive dans le partage des dépoüilles; mais il n'en put venir à bout, et la difficulté fut encore plus grande quand il fallut regler à qui veritablement les prisonniers appartenoient, et la contestation ne finit qu'aux dépens de la vie de ces pauvres Anglois; car pour vuider tout le different que les François victorieux avoient là dessus les uns contre les autres, Guesclin et Clisson trouverent que c'étoit un chemin bien plus court de les faire tous massacrer, afin de faire tout égal : si bien qu'il se fit aux portes de Bressiere un carnage de plus de cinq cens Anglois, qui, demeurans couchez par terre et tout ensanglantez des coups qu'ils avoient reçus, devoient beaucoup épouventer les habitans de cette ville, qui pouvoient voir de leur donjon toutte cette boucherie. Bertrand, voulant profiter de leur consternation, s'approcha du pont levis; et voyans quelques soldats qui faisoient le guet, il leur commanda d'aller avertir leur gouverneur, parce qu'il desiroit s'aboucher avec luy pour traiter de paix à l'amiable ensemble. Ce commandant s'étant presenté pour luy parler, debuta par luy dire des injures, donnant mille maledictions au jour qui l'avoit mis au monde pour être le fleau des Anglois; il luy reprocha que depuis quatre mois il avoit fait contr'eux plus d'hostilitez que tous les autres ennemis de leur nation n'en avoient fait dans un siecle entier, et que, n'etant pas content d'avoir trempé ses mains dans le sang de leurs freres qu'il venoit d'assommer, il pretendoit peut-être encore qu'il luy rendît la ville de Bressiere sur une simple sommation.

Bertrand luy promit que s'il vouloit deferer à son commandement, il luy donneroit la vie sauve, et la liberté d'emporter son or, son argent et tout son bagage, et feroit la même grace au soldat de sa garnison, le menaçant que s'il refusoit d'obeïr, il les traiteroit tous comme ces Anglois qu'il voyoit renversez morts, et nager dans leur sang tout autour des fossez de sa place. Le gouverneur luy répondit que quand il luy donneroit dix mille marcs d'or, il ne seroit point capable de commettre une semblable lâcheté; qu'il avoit une ville bien munie, bien fortifiée; qu'il servoit un prince assez puissant pour luy envoyer du secours en cas de besoin ; que s'il luy rendoit les clefs de sa place sans siege et sans assaut, il meriteroit que son maître le fît pendre comme un traître. Il le prit même à témoin de ce qu'il feroit luy même si le roy de France luy avoit confié la garde d'une ville aussi bien conditionnée que la sienne, revétuë de bonnes murailles, bien pourveüe de bleds, de vin, de lards et de chairs salées, et toutte remplie d'une bonne garnison, composée de soldats les plus aguerris de sa nation. Bertrand, s'appercevant que cet homme avoit des sentimens si nobles, avoüa de bonne foy que s'il étoit à sa place, il ne se rendroit jamais qu'on n'eût pris d'assaut sa forteresse, ou du moins par un siege qui fût dans les formes; et le loüant de ce qu'il avoit le cœur si bien placé, luy promit de le laisser en repos, et de passer outre avec tous ses gens, à condition qu'il leur fourniroit des vivres pour un jour en payant. Cet homme, au lieu de le prendre au mot, et de s'estimer heureux d'en être quite à si bon marché, luy fit une reponse indiscrette et brutale, luy disant qu'il luy donneroit volontiers des vivres pour rien, s'il croyoit qu'en les mangeant il en pût étrangler avec tous ses François qu'il menoit avec luy. Cette parole incivile et malhonnête piqua Guesclin jusqu'au vif. *Ah! felon portier*, luy dit-il, *par tous les saints, vous serez pendu par votre ceinture;* et quand il eut lâché ce mot, il alla de ce pas trouver les autres generaux françois, et leur fit le recit de l'insolence de ce gouverneur, et des paroles outrageantes avec lesquelles il avoit reçu la demande qu'il luy avoit faite de leur donner des vivres pour de l'argent, jurant qu'il en falloit au plûtôt tirer raison d'une maniere si sanglante qu'elle servît d'exemple aux autres gouverneurs qu'ils pouroient rencontrer dans le cours de leur marche. Le maréchal d'Andreghem, Olivier de Clisson, le vicomte de Rohan et les autres seigneurs entrerent tous dans son ressentiment. Il y eut là même un jeune chevalier nommé Jean Du Bois qui fit serment de porter l'étendard de Bertrand le jour même sur la tour de Bressiere, ou qu'il luy en coûteroit la vie s'il ne le faisoit pas.

Tous ces generaux monterent à cheval pour reconnoître l'assiette de la place, où il y avoit ville et citadelle, et pour étudier l'endroit qui seroit le plus propre pour la bien attaquer. Quand Bertrand eut bien observé le fort et le foible de cette place, il revint à ses gens pour leur dire qu'ils se missent aussitôt sous les armes, et qu'il n'y avoit point d'autre party à prendre que celuy de donner un assaut le plus vigoureux qu'ils pouroient; qu'il falloit d'abord se couvrir, pour se garantir d'une grêle de dards et de flêches que les assiegez ne manqueroient pas de leur tirer de leurs murailles, pour en defendre les approches; mais que quand ils auroient jetté tout leur feu là dessus, et que les coups de trait viendroient à cesser, ils devoient, tête baissée, descendre tous dans le fossé pour s'attacher au mur, et le monter avec des échelles de corde et d'autres instrumens. Les François, voulans venger l'affront que le gouverneur de Bressiere avoit fait à leur general, s'acharnerent à cet assaut avec une vigueur incroyable, fichans leurs dagues et leurs poignards entre les pierres et le mortier, afin de se faire dans les jointures des degrez et des échelons pour monter à la cime des murs. Les Anglois leur lâchoient de dessus leurs remparts des tonneaux remplis de pierres et de cailloux, et ceux sur lesquels ils tomboient demeuroient écrasez sous leur chûte. Touttes ces disgraces ne faisoient que redoubler l'ardeur de ceux qui n'en étoient point atteints; et, sans s'effrayer de la veüe de ceux qui culbutoient dans les fossez, ils gagnerent le haut du rempart en grand nombre. Celuy qui portoit l'étendard de Bertrand le vint poser au pied du mur en criant *Guesclin!* pour braver encore davantage les ennemis, qui commençoient à perdre cœur au milieu de tant de François qu'ils voyoient affronter le peril avec tant d'intrepidité. Un Anglois s'efforça d'enlever cette enseigne par la pointe de la pique qui la soutenoit; mais Jean Du Bois, qui la portoit, la poussant contre luy, luy perça l'œil droit, et luy fit prendre le party de se retirer avec sa blessûre. Le maréchal d'Andreghem fit des choses incroyables dans cet assaut [1], qui luy coûterent enfin la vie; car trois fois il monta sur le mur, dont il fut repoussé par trois fois, et renversé dans les fossez. Toutes ces chûtes, jointes aux coups

---

[1] Et là acoucha malade le noble mareschal d'Andrehem, qui oncques puis n'en leva, mais trespassa en ladite ville. Dieu ayt mercy de son ame! car il regna loyaulment, ne oncques pensa mal. (*Ménard*, p. 447.)

qu'il avoit reçus en se chamaillant contre les Anglois, luy froisserent tellement le corps, qu'il ne put survivre longtemps à cette derniere expedition. Bertrand et Clisson furent aussi fort maltraitez, mais avec un moindre danger; car s'étant tirez à l'écart pour reprendre un peu leurs esprits, ils revinrent ensuite à la charge avec plus de rage et plus de fureur.

Guesclin crioit à ses soldats que la viande dont ils devoient souper étoit dans cette place, et qu'il falloit necessairement ou la prendre, ou mourir de faim. Il commanda pour lors à ce Jean Du Bois, son port'enseigne, qu'il levât haut son étendard, afin qu'il fût planté le premier sur les rempars, comme un signe de la victoire qu'il alloit remporter, et de la prise de Bressiere. Les Anglois avoient beau jetter des barils remplis de pierres sur les François : tout ce fracas ne les épouventoit point, et ne fut pas capable de refroidir leur courage et cette martiale obstination qui les faisoit monter les uns après les autres. Les generaux en montroient l'exemple les premiers. Alain et Jean de Beaumont, Guillaume le Baveux, les seigneurs de Rochefort, de Reths, de Vantadour, de La Hunaudaye, Jean de Vienne, Carenloüet, le chevalier qu'on appelloit le Poursuivant d'amours, Alain de Taillecol, dit l'*Abbé de male paye*, se surpasserent dans cette chaude occasion, faisans de grands trous dans les vieilles murailles avec leurs piques, et donnans tant de coups dedans que les pierres se deboiterent, et croûlerent les unes sur les autres. La brêche fut ensuite fort facile à faire. Guesclin, pour achever cette journée, crioit à ses gens : *Allons, mes enfans, ces gars sont suppeditez.* A cette parole, les François firent un dernier effort, et se jettèrent comme des lions déchaînez dans la ville, au travers de cette brêche ; et joignans ceux qui s'étoient emparez déja du haut des rempars, ils ne trouverent plus aucune resistance. Il y eut quelques cinquante Anglois qui voulurent se sauver par une poterne dont ils avoient gardé la clef tout exprés ; mais ils tomberent dans les mains du maréchal d'Andreghem, qui les fit rentrer à grands coups d'épée, dont il en tua dix. Bertrand s'étant emparé des murailles où l'on avoit planté son étendard, se voyant à la tête de plus de cinq cens braves, fit faire main basse sur tous les Anglois qui se trouverent dans la ville : si bien que ceux qui se purent sauver dans la citadelle s'estimerent beaucoup heureux. Les François, qui s'étoient rendus maîtres de la ville, coururent vîte aux portes pour les ouvrir au reste de l'armée, qui fit son entrée dans Bressiere en marchant sur un monceau de morts qui demeuroient étendus dans les ruës.

Guesclin vouloit qu'on attaquât la citadelle ; mais les troupes étoient si fatiguées de l'expedition violente qu'elles venoient de faire, qu'elles n'étoient plus en état de rien entreprendre : et le maréchal d'Andreghem, tout moulu des coups qu'il avoit reçus, en mourut quelque temps aprés. Les vainqueurs partagerent entr'eux le butin qu'ils firent, et donnans toutte la nuit au repos dont ils avoient un fort grand besoin, se presenterent le lendemain devant la citadelle ; qui, profitant de l'exemple de la ville qui venoit d'être prise d'assaut, aima mieux prendre le party de capituler que d'essuyer le même sort. Bertrand, aprés un si mémorable succés, reprit le chemin de Saumur, d'où il étoit parti pour cette expedition. Il y passa quinze jours pour s'y rafraîchir et s'y délasser, et y faire les obseques du pauvre maréchal, dont il avoit fait transporter le corps en cette ville pour l'y inhumer. La perte d'un si grand homme fut fort regrettée. Tandis que Guesclin prenoit le soin de celebrer ces funerailles avec le plus de pompe et de piété qu'il pouvoit, il vint un courier luy donner avis que Robert Knole, general anglois, étoit au chateau de Derval ; qu'il avoit donné les ordres necessaires pour faire repasser la mer à ses gens sous la conduite de Robert de Neuville, et que si l'on pouvoit les surprendre au passage, on pouroit s'en promettre de fort riches dépoüilles, parce qu'ils emportoient avec eux un considerable butin qu'ils avoient fait en pillant tout le plat-païs. Bertrand, ne voulant pas négliger cet avis important, prit la resolution de les attaquer, et fit même sonner la trompette, afin que chacun se tint prêt pour marcher. Olivier de Clisson le pria de vouloir bien souffrir qu'il luy en épargnât la peine, et qu'il se chargeât tout seul de cette entreprise. Il luy representa qu'il étoit necessaire qu'il restât, pour observer les démarches que Chandos pouroit faire avec un grand nombre de troupes angloises qui tenoient garnison dans Poitiers, et qui n'attendoient que ses ordres pour faire quelque mouvement au premier jour ; et que tandis qu'en qualité de connétable il auroit l'œil aux occasions les plus importantes et d'un plus grand poids, il pouroit se reposer sur luy de cette petite expedition qui se presentoit, et dont il esperoit sortir avec succés, parce qu'il connoissoit le païs, et les defilez par où les Anglois devoient necessairement passer.

Bertrand luy voulant faire naître l'occasion d'aquerir de la gloire dans une action dont il souhaitoit d'avoir le commandement, ne balança point à l'en laisser le maître tout seul. Clisson, dans le pressentiment qu'il avoit qu'il triompheroit des Anglois, se mit à la tête de tout son monde avec une joye incroyable, et surprit les ennemis comme ils étoient sur le point de s'embarquer dans leurs vaisseaux; et profitant du desordre dans lequel ils étoient, et de l'alarme qu'il leur donna, les vint charger en criant : *Guesclin et Clisson! à mort, traîtres recreans! jamais en Angleterre ne rentrerez sans mortel encombrier.* La reputation d'un si grand capitaine dont ils redoutoient la valeur, et qu'ils appelloient Clisson le boucher parce qu'il coupoit bras et jambes dans les combats, leur donna tant de crainte et tant de frayeur, qu'ils se laisserent hacher en pieces, et ne firent qu'une legere defense. Olivier en fit un si grand carnage, que de onze cens qu'ils étoient il n'en resta pas deux cens. Le general qui les commandoit, et qui s'appelloit Robert de Neuville, fut trop heureux de se rendre et de se constituer prisonnier dans les mains de Clisson, qui le menant à Bertrand ne luy put pas donner une preuve plus évidente de la victoire qu'il avoit remportée, qu'en luy presentant captif le chef des Anglois. Il luy témoigna même qu'il ne devoit pas posseder tout seul la gloire de cette journée, puis que le vicomte de Rohan, les seigneurs de Reths et de Rochefort, le sire de Beaumanoir et Geoffroy Cassinel avoient merité par leurs belles actions de la partager avec luy.

CHAPITRE XXXIII.

De la défaite et de la prise du comte de Pembroc devant La Rochelle par les flotes de France et d'Espagne, dont la premiere étoit commandée par Ivain de Galles.

Le prince de Galles étant attaqué d'une maladie mortelle qui le minoit et le consumoit peu à peu, prit le party de retourner en Angleterre, et de laisser le soin des affaires de cette couronne en Guienne au duc de Lancastre, au captal de Buc, à Thomas Tistons et au senéchal de Bordeaux; afin d'être alerte et de veiller sur les entreprises de Bertrand, qui donnoit beaucoup d'exercice aux Anglois, et les harceloit. Un jour que ce grand capitaine attendoit à Saumur des nouvelles du Roy son maître, pour avoir de quoy payer touttes les troupes qu'il avoit levées pour son service, il arriva de Paris un courier qui, se presentant devant luy pour luy faire la reverence, fut aussitôt prevenu par Guesclin; qui, sans attendre qu'il ouvrît la bouche pour luy declarer le sujet de sa commission, luy demanda brusquement où étoient les sommes que Sa Majesté luy devoit faire tenir incessamment pour payer son armée, qui ne pouroit à l'avenir subsister que de rapines, et qu'en desolant tout le plat-païs. Cet homme luy répondit que bien loin d'avoir de l'argent, il seroit luy même contraint de vendre son cheval et de retourner à pied, s'il n'avoit la bonté de luy donner dequoy faire les frais de son voyage qui le rappelloit à Paris; et dans le même temps il luy presenta la depêche du Roy, que Bertrand ouvrit et fit lire par son secretaire, parce que, comme nous avons dit, il ne sçavoit pas lire luy même. Elle luy donnoit ordre de licencier ses troupes et de se rendre au plûtôt à Paris, pour conferer avec Sa Majesté sur les mesures qu'il y avoit à prendre pour la campagne prochaine. Cette nouvelle desola beaucoup Bertrand, qui, donnant à sa colere touttes ses saillies, s'écria : *Grand Dieu! qu'est-ce que de service de roy!* se frappant soy-même et se tourmentant comme un enragé, disant que ce prince, s'il luy avoit tenu parole, auroit déja fait la conquête de toutte la Guienne ; et que faute d'ouvrir ses coffres, il courroit risque de tout perdre : qu'il avoit soûtenu la guerre quelque temps à ses propres dépens, par la vente de sa vaisselle d'or et d'argent; et que bien loin d'en recevoir le remboursement, il voyoit bien, selon le train que prenoient les affaires, que les troupes demeureroient sans payement.

Tandis que son indignation luy faisoit lâcher ces paroles, il luy vint un autre courier de la part d'Henry roy d'Espagne, qu'il avoit si bien servy contre Pierre, qui luy presenta les lettres de son maître. La lecture qu'il en fit faire luy donna tout autant de joye que l'autre depêche luy avoit donné de tristesse. Elles luy apprirent que le roy d'Espagne, pour luy témoigner sa reconnoissance des bons services qu'il luy avoit rendus, luy envoyoit deux mulets chargez d'or, d'argent et de pierreries, l'assûrant qu'il ne perdroit jamais la memoire de tout ce qu'il avoit fait pour le rétablir sur le trône; et que depuis son départ il avoit éprouvé le besoin qu'il auroit eu de luy, pour avoir essuyé beaucoup de rebellions de ses sujets, qu'il n'avoit pu surmonter que par les conseils et le bras du Besque de Vilaines qu'il luy avoit laissé, dont il s'étoit tout à fait bien trouvé. Il le prioit aussi dans cette dépêche d'employer le credit qu'il avoit auprés du Roy son maître, pour que le Besque de Vilaines et son fils Pierre luy restassent, afin que par leur secours il pût calmer tous les troubles de son royaume, qui n'étoient pas encore appaisez; promettant au roy de France qu'aprés qu'il auroit pris Carmone, Somone et Thoüars, il mettroit en mer une flote de vingt deux vaisseaux fournis de tout leur amarage, pour combattre les Anglois, et travailler de concert avec luy pour les dénicher de la France : à condition que si la paix se faisoit ensuite entre ces deux nations, il luy envoyeroit des troupes pour le servir en Espagne, et qu'il payeroit fort grassement. Il arrive quelquefois dans la vie que de grandes joyes succedent à de grandes tristesses. Cet evenement parut tout à fait dans la conjoncture presente, puisque Bertrand, se voyant comblé de richesses dans le temps qu'il se croyoit dans la derniere disette, témoigna tout ouvertement la grande satisfaction que luy donnoit la reconnoissance et la liberalité du roy d'Espagne.

Il regala fort cet agreable messager, qui déchargeant les mulets étala dans sa salle de fort riches presens, entre lesquels il y avoit un petit vaisseau de fin or, des couronnes et des tasses de même metal artistement façonnées, grand nombres de pierreries, et beaucoup d'or et d'argent monnoyé. La veüe de ces richesses n'excita point l'avarice de Bertrand, et ne le fit point penser à la conservation de tous ces trésors pour les laisser à sa famille. Au contraire, elle luy fit naître l'occasion de faire éclater sa generosité; car l'argent luy ayant manqué pour payer ses troupes, il invita tous les capitaines qui servoient sous luy de venir dîner avec luy, les traita de son mieux, et leur distribua touttes ces pierreries, ces joyaux, cet or et cet argent, pour les satisfaire auparavant que de les licencier pour executer l'ordre qu'il avoit reçu là dessus, et ne se reserva que le vaisseau d'or pour en faire present au Roy, qu'il alloit trouver. Il les pria tous, avant que de se separer d'avec eux, de ne pas quitter le service jusqu'à ce qu'il leur donnât de ses nouvelles aprés son retour de Paris: leur promettant qu'il ménageroit si bien les choses auprés du Roy, qu'ils auroient tous sujet de se loüer de sa conduite; et que si Sa Majesté ne deferoit pas aux raisons qu'il avoit à luy dire pour luy faire ouvrir ses coffres, il luy remettroit entre les mains l'épée de connétable, et retourneroit en Espagne pour servir le roy Henry. Quand il les eut ainsi congediez avec le plus d'honnêteté qu'il luy fut possible, il renvoya le courier en Espagne, et le chargea de bien témoigner à son maître combien il étoit sensible à la munificence qu'il venoit de faire éclater en sa faveur, et de luy dire que si les affaires du royaume de France le luy pouvoient permettre, il iroit au plûtôt le trouver en personne, pour le servir encore contre tous ses ennemis.

Ce courier s'en retourna fort content du succés de sa commission, et des dons que Bertrand luy fit avant que de le laisser partir. Ce general ne songea donc plus qu'à prendre le chemin de Paris, où le Roy l'appelloit. Mais avant son départ il mit ordre à touttes choses : il laissa de bonnes garnisons dans les places qu'il avoit conquises; il établit Carenloüet dans La Rocheposay, laissa dans Saumur Alain et Jean de Beaumont, Olivier de Mauny, Guillaume le Baveux, Ivain de Galles et plusieurs autres chevaliers, pour veiller à tout durant son absence. Il se mit ensuite en chemin, sans avoir avec luy que fort peu de gens. Le courier que le Roy luy avoit envoyé le prevint; et se rendant à grandes journées à Paris, il alla descendre à l'hôtel de Saint Paul sur le soir, pour rendre compte à Sa Majesté de tout ce qu'il avoit fait et de tout ce qu'il avoit veu; luy rapportant que Bertrand, en execution de ses ordres, avoit licencié ses troupes avec beaucoup de répugnance, se plaignant hautement de ce que les fonds luy avoient manqué pour les payer; et declarant que si le Roy n'apportoit un prompt remede à ce mal, il quitteroit le service et luy rendroit l'épée de connétable, pour aller en Espagne reprendre les armes en faveur du roy Henry, qui luy avoit envoyé de grandes richesses. Il ajoûta que Guesclin, bien loin de retenir pour luy ces tresors, les avoit genereusement distribuez à ses capitaines, pour les recompenser des montres qu'ils n'avoient pas reçuës; qu'il avoit été le témoin de tout ce qu'il prenoit la liberté d'avancer à Sa Majesté, qui verroit Bertrand dans trois jours, dont elle apprendroit la confirmation de tout ce qu'il venoit de luy dire. Cette nouvelle surprit un peu le Roy, qui voyant l'interet qu'il avoit à la conservation de cet homme, sur qui rouloient touttes ses esperances et le succés de touttes ses affaires, mit la main sur l'épaule de Hureau de La Riviere son grand chambellan, qu'il aimoit beaucoup, et qui passoit dans toutte la France pour son favory, luy disant : *Hureau, nous ne pourrons pas nous defendre d'ouvrir nos coffres et de donner de l'argent à Bertrand, de peur que nous ne venions à perdre un si grand capitaine, et qu'il ne nous échappe.* Ce favory luy répondit qu'il étoit de la derniere importance de satisfaire un si grand homme, et que s'il abandonnoit le service, tout son royaume courroit grand risque d'être bientôt conquis par les Anglois; que luy seul étoit capable de rétablir les affaires, quand même elles seroient sur leur dernier penchant; et qu'enfin l'on ne devoit rien épargner pour le contenter. Le Roy prêta beaucoup l'oreille à cette judicieuse remontrance, et luy promit de profiter de son avis.

Trois jours aprés Guesclin se rendit à la cour luy dixième, vétu fort simplement, faisant peu de cas de se mettre sur son propre pour paroître devant son maître, et même affectant de porter par tout des habits fort communs. La Riviere vint au devant de luy pour le disposer à ne point s'écarter du respect quand il parleroit au Roy, craignant que le chagrin dans lequel il étoit ne luy fît faire quelque écart. Ce fut dans cet esprit qu'il le prevint de mille caresses, luy témoigna qu'il venoit de laisser Sa Majesté dans de fort bonnes intentions de luy donner toutte la satisfaction qu'il pouvoit attendre d'elle. Il le mena donc devant le Roy, qui luy fit un fort bon visage (1);

---

(1) Lors s'en alerent devers le Roy, qui se seoit au hault dois. Lequel se dreça un pou encontre Bertran, et le prist par la main, en disant :

et luy tendit la main, pour luy faire voir qu'il avoit pour luy des considerations touttes particulieres, luy disant qu'il étoit le fort bien venu, qu'il auroit toûjours pour luy des égards distinguez, et qu'il le devoit aimer luy seul plus que tous ses autres sujets. Bertrand, qui ne se payoit gueres de vent ny de fumée, ne put

« Bien veignez vous, mon amy, que j'aime en bonne foy, et à qui ne
« doy faillir en mon vivant de riens quelconques, ainçois vous doy
« honnourer et cherir comme moy. Sire, ce dist Bertran, je m'en
« apperçoy mauvaisement : car vous avez osté tout mon estat, et mau-
« dit soit l'argent qui se tient ainsi coy ! Et ne vault riens le conseil
« parquoy vo le tenez ainsi serré : car trop mieulx le vault departir à
« ceulx qui guerroyent voz ennemiz... » Quant le Roy oy Bertran parler ainsi, si lui dist doubcement : « Or ne vous veuillez courroucer ;
« assez aurons argent. Et n'aiez desplaisance, se nous vous avons
« mandé : car il nous plaisoit de vous veoir, et vous dire nostre plai-
« sir. Ne le nostre argent n'est point si enfermé que vous ne puissiez
« bien par tout bouter la main. Mais, beau sire, nous lesserons
« le temps renouveller. Sire, dist Bertran qui moult estoit courcié,
« dequoy vivront, pour passer la saison, les gens d'armes que j'ay
« laissiez derriere pour la frontiere tenir, et garder le pays, si n'ont
« argent ? Il convendra fuster ledit pays pour eulx, et paier sur les
« pouvres gens... Bertran, dist le Roy, je ne le puis amender. Je ne
« suis que un seul homme : si ne puis pas estriver contre tous ceulx de
« mon conseil. Mais dedens trois jours feray deffermer un coffre, où
« vous pourrez trouver vingt mille frans... Hé! Dieu, ce dist Ber-
« tran, ce n'est que un desjuner... Que ne faites vous faillir ces grans
« sommes de deniers que l'en cueille par le royaume sur marchans et
« pouvres gens, tant d'impositions, treziesme et quatorziesme, comme
« foüages et gabelles : le dixiesme ne vient pas à vostre prouffit. Et
« puis que ainsi est, faites tout abatre, afin que le peuple se resjoysse :
« et faites venir avant ces chapperons fourrez, c'est assavoir prelaz et
« advocaz qui mengent les gens. A telz gens doit-on faire ouvrir leurs
« coffres, et non pas à pouvres gens qui ne font que languir : car on
« doit querir l'argent. Mais je voy aujourduy advenir le contraire : car
« celui qui n'a que un pou, on lui veult toulir : et celuy qui a du pain,
« on lui en offre. » Tant divisa Bertran que il fist qu'il eut de l'argent,
où qu'il fust pris, qu'il envoya à ses soudoyers. (*Ménard*, p. 456-458.)

dissimuler ce qui luy tenoit au cœur. *Sire*, luy dit-il, *je m'en apperçoy mauvaisement : car vous m'avez ôté tout mon ébat ; et maudit soit l'argent qui se tient ainsi coy, plûtôt que de le departir à ceux qui guerroient vos ennemis !* Le Roy, craignant qu'il ne s'émancipât, l'interompit en luy promettant qu'il alloit ouvrir ses coffres pour le contenter, et luy donner dequoy payer les troupes qu'il commanderoit au printemps.

Bertrand à ce discours prit la liberté de luy demander dequoy donc vivroient les garnisons qu'il avoit laissé dans les places pour garder la frontiere, et si Sa Majesté pretendoit quelles pillassent les pauvres païsans de la campagne pour trouver dequoy subsister. « Bertrand, ajoûta le Roy, vous aurez vingt « mille francs dans un mois. » *Hé quoy, sire*, s'écria Guesclin, *ce n'est pas pour un déjuner ! Je voy bien qu'il me faudra departir de France : car je ne m'y sçay chevir, si me convient renoncer à l'office que j'ay.* Le Roy tâchant de le radoucir en luy declarant qu'il ne pouvoit pas lever de grandes sommes dans son royaume sans beaucoup fouler ses sujets, il luy répondit plaisamment : *Hé, sire, que ne faites vous saillir ces deniers de ces gros chaperons fourrez, c'est à sçavoir prelats et avocats, qui sont des mangeurs de chrétiens ?* Le Roy fit la justice à Bertrand d'entrer dans ses sentimens. Il luy fit compter tout l'argent qu'il luy demanda pour payer les troupes, et le renvoya sur la frontiere aussi satisfait qu'il étoit venu mécontent à Paris.

Le Besque de Vilaines, qui n'avoit point quité le service d'Henry roy d'Espagne, eut moins de chagrin que Bertrand : car outre que les armées qu'il commandoit étoient regulierement bien payées, il le recompensa d'ailleurs de la comté de Ribedieu, dont il luy fit present pour reconnoître les dangers qu'il avoit tant de fois essuyez pour le rétablir sur le trône. Il est vray qu'on ne doit pas accuser Charles le Sage d'avarice, parce qu'il n'envoyoit pas à Guesclin tout l'argent dont il avoit besoin pour soutenir la guerre : c'est que ce bon prince apprehendoit de fouler ses sujets par de nouveaux subsides, et tiroit le moins qu'il pouvoit sur ses peuples. Quand Henry se vit au dessus de ses ennemis et de ses affaires, et maître absolu de toutte l'Espagne, il ne songea plus qu'au secours qu'il avoit promis à la France contre les Anglois. Il fit équiper une flote de vingt deux voiles, et remplit ses vaisseaux de beaucoup d'archers et d'arbalêtriers espagnols, qui se prométtoient de faire sur mer une grande execution contre ces insulaires, et contre ceux de Bordeaux, leurs sujets. En effet, ils se rendirent si redoutables sur l'Ocean, que nul bâtiment n'osoit se presenter devant eux ; et quand ils rencontroient Flamands, Brabançons, Picards ou Normands, ils les pilloient tous, et ne faisoient point de scrupule de les jetter dans la mer aprés les avoir mis en chemise. Charles le Sage de son côté mit sur mer auprés d'Harfleur une flote de douze gros vaisseaux, dans lesquels il fit embarquer cinq cens hommes d'armes et trois cens archers, avec ordre d'aller joindre celle d'Espagne. Mais les François ayant été repoussez par les vents ne pûrent à jour nommé faire le trajet qu'ils avoient medité. Tandis qu'ils étoient sur les mers, ils apperçurent devant eux l'isle de

Grenesay, qui relevoit du roy d'Angleterre. Yvain de Galles, qui commandoit la flote françoise et qui ne demandoit qu'à se venger de l'outrage qu'il pretendoit avoir reçu de son maître, qui l'avoit dépoüillé de tous les biens qu'il possedoit en son païs, voulut descendre dans cette isle pour s'y dédommager de touttes ses pertes. Il alla donc débarquer au port Saint Pierre. Ceux de l'isle crierent aux armes, et se mirent en devoir de se bien defendre.

Il y avoit là quelques six vingt Anglois qui, chargez d'un gros butin qu'ils menoient à Londres, se rafraîchissoient dans cette isle, qu'ils regardoient comme un entrepost, en attendant qu'ils cinglassent en Angleterre, pour y transporter touttes les dépoüilles qu'ils avoient amassées en écumant et piratant sur touttes les mers. Les François les attaquerent vivement, et les pousserent avec tant de vigueur qu'ils les obligerent de se refugier dans un château. Cet asyle pretendu ne leur fut pas d'un grand secours, et n'empêcha pas que cette isle ne fût pillée, saccagée, dépoüillée de tout ce qu'elle avoit de meilleur et de plus riche. Ivain de Galles y fit un fort bon butin, qui servit à le consoler un peu de la misere où l'injustice de son Roy l'avoit mis. Les François, aprés avoir fait le sac de Grenesay, se presenterent devant une autre isle qui relevoit encore des Anglois, et qui, craignant d'essüyer le même sort que la premiere, aima mieux se saigner et fournir de grosses sommes pour se racheter du pillage qu'elle ne pouvoit pas autrement éviter. Ivain de Galles se remit en mer aprés s'être enrichy luy et ses François de la dépoüille de ces deux isles; et cinglant toûjours dans le dessein de joindre la flote espagnole, il rencontra seize vaisseaux qui avoient moüillé l'ancre. Il s'imagina d'abord que c'étoient les Anglois, et se promettoit bien de les battre et d'y faire un riche butin. Mais quand il fut aux approches, il découvrit que c'étoient des vaisseaux marchands qui venoient d'Espagne, et qui se reposoient là dans l'attente d'un vent favorable, pour retourner en Flandres, à Anvers et dans le Brabant. Les François firent quelque mine de les attaquer, ne les voulans pas reconnoître pour marchands; mais Ivain de Galles leur remontra que ce seroit violer le droit des gens, que de courre sus à ceux dont la profession les met sous la foy publique.

Cet amiral ayant empêché qu'on ne leur fît aucune insulte, se contenta de recevoir quelques vivres qu'ils luy presenterent, et de leur demander si dans le cours de leur navigation ils n'avoient point découvert quelques bâtimens anglois. Ces marchands luy répondirent qu'ils avoient rencontré dans la mer de Bordeaux une belle flote composée de dix-huit grosses ramberges et de quinze autres moindres vaisseaux; et que le comte de Pembroc, qui la commandoit, y avoit chargé beaucoup d'or et d'argent, qu'il avoit apporté de Londres pour payer les troupes que le roy d'Angleterre entretenoit en Guienne contre les François, parce que ce prince apprehendoit fort que les Gascons ne secoüassent le joug de son obeïssance et ne se donnassent à leur premier maître, et que La Rochelle, suivant leur exemple, ne luy échappât. Ils ajoûterent que le comte de Pembroc alloit droit à cette place pour s'en assûrer, dans la crainte qu'il avoit que Bertrand ne le prevint, et qui avoit déja fait des tentatives pour débaucher les Rochelois de la fidelité qu'ils devoient à leur souverain. Quant Ivain de Galles eut tiré de ces marchands tous les éclaircissemens dont il avoit besoin, il se promit bien d'en profiter, et les remercia, les assûrant qu'ils pouvoient demeurer en paix, et qu'il ne leur seroit fait aucun tort. Il fit voile ensuite pour aller à la découverte de tout ce que luy avoient dit ces marchands, qui le voyans partir luy donnerent mille benedictions, et se regarderent les uns les autres comme des gens qui venoient d'échapper d'un fort grand peril, en disant : *Ce ne fut le gentil Yvain de Galles, ces felons François nous eussent tous meurdris.*

Cet amiral, aprés avoir fait un voyage d'assez long cours, enfin surgit au port de Saint André en Espagne, où l'on preparoit une fort belle flote pour l'envoyer au secours des François contre les Anglois. Ce fut là que se joignirent ces deux armées navales, pour faire sur mer quelque importante expedition contre leurs communs ennemis. Le comte de Pembroc en fut l'objet bientôt. Elles le rencontrerent sur la route qu'il prenoit vers La Rochelle. Les Espagnols se servirent d'un artifice qui pour lors étoit assez rare, pour brûler les grosses ramberges du comte de Pembroc. Ils jetterent à l'eau de petits bâteaux tout remplis de bois, qu'ils avoient graissé d'huyle et d'autres ingrediens pour en rendre la matiere plus combustible. Ils avoient entr'eux des plongeons fort experimentez dans l'art de conduire ces sortes de barques, et de les faire couler touttes brûlantes et tout allumées sous ces grosses ramberges, ausquelles le feu de ces bateaux venant à se communiquer, y causoit un embrasement dont il étoit impossible de se garantir. Ce stratageme dont les Espagnols se servirent fit un si grand effet contre les Anglois, qu'ils leur brûlerent treize gros bâtimens; et tandis que les Anglois se mettoient en devoir d'éteindre ce feu, les François et les Espagnols, profitans du desordre, de l'alarme et de la consternation dans laquelle il les avoient jettez, vinrent les charger à grands coups de dards et de flêches, heurterent le vaisseau du comte de Pembroc avec tant de roideur, ayant le vent sur luy, que ce gros bâtiment venant à s'ouvrir fit eau de tous côtez, et contraignit cet amiral anglois de se rendre à la discretion de ses ennemis, avec Huard d'Angle et Jean d'Arpedenne, qui furent forcez de suivre son exemple, avec plus de trois cens autres prisonniers des plus riches de toutte l'Angleterre, sans compter plus de huit cens hommes qui perirent dans cette journée par le feu, par le fer et par l'eau, du côté des Anglois. Les vainqueurs trouverent dans les bâtimens qui tomberent sous leur puissance beaucoup d'or et d'argent monnoyé, qu'on avoit apporté de Londres pour payer les troupes qui servoient le roy d'Angleterre dans sa province de Guienne contre les François; et même ils ne purent voir sans étonnement le grand nombre de chaînes que les Anglois avoient chargé dans leurs vaisseaux pour mettre les Rochelois aux fers, et les traiter comme des rebelles sujets, ausquels les François firent voir les patentes et les provisions tout expediées pour établir dans La Rochelle d'autres officiers de justice que ceux du païs.

Ces lettres étoient touttes scellées et remplies du

nom des Anglois que l'on vouloit mettre à leur place, les uns en qualité de baillifs, les autres sous celle de prevôts; d'autres comme receveurs, et d'autres comme capitaines : si bien que les Rochelois voyans qu'on n'avoit apporté d'Angleterre que des chaînes pour eux, et que touttes les charges et tous les emplois étoient destinez pour des étrangers, ils n'eurent point de regret d'ouvrir leurs portes aux vainqueurs et de redevenir François, selon la pente qu'a naturellement chaque nation d'obeïr à un prince qui soit de son païs. Les Espagnols, ayant rendu ce service à la France, se retirerent avec leurs prisonniers et leurs dépoüilles au port de Saint André. Quand Yvain de Galles apperçut le comte de Pembroc au milieu des autres prisonniers, il luy fit mille reproches et luy dit mille injures, se plaignant qu'il avoit été le seul auteur de sa disgrace et de son infortune, par les pernicieux conseils qu'il avoit donné au roy d'Angleterre, son maître, contre luy. Il poussa même si loin son ressentiment, qu'il protesta que s'il avoit été son prisonnier, il l'auroit fait mourir avec infamie, pour se venger des outrages qu'il luy avoit faits. Le comte luy declara qu'il n'avoit aucune part à la disgrâce qu'il avoit encouruë et dont il se plaignoit, et qu'il avoit grand tort d'insulter à un malheureux qui ne luy avoit jamais fait aucun prejudice, et dont il devoit plûtôt déplorer la condition que luy faire injure. Enfin les Espagnols enchaînerent leurs prisonniers anglois des mêmes chaînes que ceux cy avoient destiné pour les Rochelois, et ne leur rendirent la liberté qu'aprés leur avoir fait exactement payer leur rançon.

CHAPITRE XXXIV.

De plusieurs places conquïses par Bertrand sur les Anglois; et de la reddition qui luy fut faite de celle de Randan, devant laquelle il mourut aprés qu'on luy en eut porté les clefs.

Les François, sous la conduite de Bertrand, pousserent toûjours leurs armes victorieuses. Aprés s'être rendu les maîtres de Saint Jean d'Angely et de Xaintes, qui ne purent tenir longtemps contre les efforts d'un si grand capitaine, dont le nom seul étoit devenu la terreur des Anglois, il alla planter ensûite le piquet devant Cisay, aprés avoir pris la precaution de s'assûrer de Montreüil Bauny, qu'il luy falut prendre d'assaut. Tandis qu'il disposoit touttes choses pour le succés de ce siege, les seigneurs de Clisson, de Laval et de Rohan, qui s'étoient attachez à celuy de La Roche sur Yon, luy manderent qu'il eût à se tenir sur ses gardes, parce que les Anglois s'assembloient en grand nombre à Niort, dans le dessein de secourir ou la place qu'il assiegeoit, ou celle devant laquelle ils étoient postez. Guesclin les remercia du soin qu'ils avoient pris de luy donner un avis si judicieux et si salutaire, et leur témoigna que, pour en profiter, il alloit se tenir alerte pour prevenir l'insulte qu'on luy pouroit faire. En effet, il fit environner son camp de fossez et de pieux, pour en defendre les approches; et ne se contentant pas d'aller au devant des entreprises que les ennemis pouroient faire pour troubler la continuation de son siege, il envoya des ordres à Alain de Beaumont de se cantonner et de se retrancher comme luy, de peur que les Anglois ne luy vinssent tomber sur le corps tandis qu'il seroit devant Lusignan, qu'il tenoit serré de fort prés. Alain ne manqua pas de prendre là dessus les mêmes precautions que Bertrand. Ces trois sieges de Cisay, de La Roche sur Yon et de Lusignan, qui se faisoient tous dans un même temps, partageoient beaucoup les forces des François, qui, touttes rassemblées, les eussent mis en état de faire de plus grands efforts et de reüssir avec plus de succés. Bertrand perdoit son temps et ses peines devant Cisay, qui souffrit plusieurs assauts sans qu'on en pût venir à bout. Il tâcha d'en corrompre le gouverneur à force de presens; mais sa fidelité fut inebranlable : car bien loin de prêter l'oreille à ses persuasions, il ne le paya que de railleries.

Tandis qu'il se morfondoit devant cette place, les Anglois tenoient conseil dans Niort pour deliberer entr'eux à laquelle des trois villes assiegées ils pouroient donner du secours. Le sire d'Angoris, le plus fameux et le plus experimenté capitaine d'entr'eux, opina que c'étoit à Bertrand qu'il falloit aller, parce que de sa défaite dépendoit la reputation de leurs armes; et s'ils le pouvoient une fois dénicher de devant Cisay par une bataille qu'ils pouroient gagner sur luy, tout le reste des François ne tiendroit pas longtemps contre une armée qui viendroit de triompher d'un si grand capitaine. Jaconnel, qui ne connoissoit pas la valeur de Bertrand, jura devant toutte cette assemblée qu'il l'iroit attaquer en personne, et qu'il le leur ameneroit mort ou vif. Il s'avisa même d'y proposer un expedient qui seroit capable d'intimider beaucoup les François, en cas qu'on le voulut suivre: c'étoit de porter tous des chemises de toile au dessus de leurs armes, et d'y faire coudre au milieu des croix rouges devant et derriere. Tout le monde goûta fort cet avis, et l'on resolut aussitôt de le suivre. Tandis que les Anglois étoient sur le point de se mettre en campagne avec ce bel épouventail, il leur vint une récruë de quatre cens hommes qui leur demanderent la permission de se joindre à eux pour combattre les François ensemble, qu'ils devoient tous regarder comme leurs communs ennemis. Ce renfort les rendant encore plus fiers, ils partirent tous de Niort avec leurs habits de toile et leurs croix rouges, en fort belle ordonnance, sous la conduite de Jaconnel, qui, croyant déja Bertrand dans ses mains, avoit ordonné qu'on tendît fort proprement une chambre, et qu'on y preparât un fort grand repas pour bien recevoir dans Niort et y regaler ce connetable de France, qu'il comptoit d'y amener dés le soir même. Ils se promettoient de remporter une victoire si complette dans cette journée, qu'ils avoient déja resolu de faire passer tous les François au fil de l'épée, sans faire quartier qu'à trois seulement, *à Guesclin, à messire Maurice Du Parc, et à Geoffroy de Cassinel,* tous chevaliers bretons, dont ils esperoient tirer une rançon considerable.

Toutte cette troupe, composée de quelque quinze cens Anglois, vint rabattre dans sa marche tout auprés d'un bois. Tandis qu'ils y faisoient alte, ils apperçurent deux charettes de vin qu'on menoit au camp devant Cisay; on les avoit tirées de Montreuil Belay, qui est la meilleure vinée qui croisse dans tout le Poitou. Les Anglois, alterez de la grande chaleur du jour, en defoncerent tous les muids et s'en donnerent à cœur joye, sans en laisser aucune goutte. Tandis que les fumées du vin leur montoient à la tête, ils se faisoient une haute idée de la victoire qu'ils alloient remporter sur les François, se promettans les uns aux autres de n'en pas laisser échapper un seul, et de répandre plus de sang qu'ils n'avoient versé de cette liqueur dans leurs gosiers. *Debellaturi supra mensam Alexandrum*, dit Quint Curce de Bessus et de ses soldats, qui comptoient pour rien la valeur d'Alexandre contre lequel ils alloient combattre; tandis qu'ils étoient à table éloignez du danger, et qu'ils ne voyoient l'ennemy qu'en idée, que la force du vin qui les échauffoit leur faisoit paroître fort petite.

Tandis que leur imaginaire intrepidité les rendoit ainsi fort contens d'eux mêmes, les gens de Bertrand prirent un Breton qui depuis quatre ans étoit dans le party des Anglois, et le menerent devant luy. Guesclin, qui le regardoit comme un deserteur, donna tout aussitôt les ordres pour le faire pendre. Celuy-cy se disculpa fort bien du crime dont on le soupçonnoit, en disant que les Anglois s'étoient saisis de sa personne, et l'avoient retenu malgré luy dans leurs troupes, et que depuis il avoit toûjours cherché l'occasion de s'échapper d'eux; mais qu'elle ne s'étoit jamais presentée plus favorable pour cet effet que tout recemmnent ; qu'il les avoit quittez pour se ranger du côté de ceux de sa nation, et reveler à Bertrand une nouvelle de la derniere consequence. Celuy-cy le prenant toûjours pour un transfuge et pour un espion, le menaça de le faire à l'instant brancher au premier arbre, s'il venoit à découvrir en luy la moindre supercherie. Ce Breton l'assûra qu'il luy parloit fort sincerement et de bonne foy, ne s'étant separé des Anglois que pour luy donner avis du danger qui le menaçoit, et luy dire que les ennemis étoient fort prés de luy, tous vêtus de toile sur leurs armes, et qu'ils portoient des croix rouges devant et derriere pour intimider les François par un spectacle si bizarre et si surprenant, et qu'ils avoient dessein de les surprendre de nuit ou de jour. Bertrand, à qui cet homme étoit encore suspect, luy témoigna que s'il étoit surpris en mensonge il luy en coûteroit la vie. Cependant il se trouva que le Breton n'imposoit aucunement à la verité; car les Anglois n'étoient qu'à un quart de lieuë de là cachez dans un bois, et qui n'attendoient que la nuit pour venir à coup sûr tomber sur le camp des François.

Le coup étoit immanquable s'ils eussent suivy leur premier dessein; mais la sotte vanité de Jean d'Evreux le fit avorter, qui, voulant faire l'intrepide et le courageux, pretendoit comme un autre Alexandre ne pas dérober la victoire à la faveur des tenebres, mais la remporter en plein jour : comme si les Anglois n'avoient pas assez de cœur et de bravoure pour défaire les François, en combattant contre eux dans les formes. Il leur representa que la gloire de leur nation vouloit qu'on n'imputât pas leur victoire à une surprise qui auroit un air de trahison, d'autant plus qu'étant deux contre un, les François seroient obligez de ceder à la multitude. Cet avis ayant été suivy de tout le monde, on ne songea plus qu'à l'executer; mais avant que de faire le premier mouvement là dessus, on envoya quelques coureurs pour reconnoître auparavant en quelle assiette étoient les François; car les Anglois avoient tant de fierté qu'ils apprehendoient que si leurs ennemis avoient le vent de leurs approches, ils ne levassent aussitôt le siege de Cisay pour prendre la fuite. Ils marcherent donc dans une fort belle ordonnance, au nombre de douze cens.

Le spectacle de touttes ces toiles blanches et de ces croix rouges, dont ils étoient vétus, jettoit un éclat par toutte la campagne. Ils avoient outre cela quatre cens archers montez à l'avantage, ayant chacun le casque en tête et la lance au poing, vétus de croix rouges et de toile comme les fantassins. Leurs drapeaux, que le vent agitoit au soleil, contribuoient beaucoup à rendre leur contenance plus brave et plus fiere. Tout cet appareil jetta quelque étonnement dans l'ame des François, qui croyoient n'avoir pas des forces suffisantes pour resister à tant d'ennemis. Bertrand s'aperçut de leur crainte; et, pour leur relever le courage, il leur dit dans son langage du quatorzième siecle : *Je octroye qu'on me trenche les membres, se vous ne bées aujourd'huy l'orgueil des Anglois trebuchier.* Cette parole, prononcée d'un ton fort hardy, les rassûra dans le même instant. Il partagea ses troupes en trois bandes. Il mit à l'aîle droite Geoffroy Cassinel, capitaine fort brave et fort estimé, qui étoit son éleve; Maurice Du Parc eut ordre de conduire la gauche. Il se reserva le commandement du corps de bataille; et pour ne pas abandonner le siege de Cisay, dont la garnison qui viendroit à sortir le pouroit charger par derriere tandis qu'il seroit aux mains avec les Anglois, il laissa devant cette place Jean de Beaumont, pour tenir toûjours les assiegez en haleine, avec quelques troupes qui faisoient mine de vouloir entreprendre un assaut.

Tandis que Bertrand rangeoit ainsi tout son monde pour marcher contre ses ennemis avec discipline, il vint un trompette anglois luy faire une bravade, en le sommant ou de lever le siege, ou de donner bataille. Guesclin luy commanda de se retirer au plus vite, luy disant que les Anglois auroient bientôt de ses nouvelles. Le trompette les vint avertir que Bertrand disposoit touttes choses au combat. Au lieu d'être alerte aussi de leur côté, ils s'aviserent en attendant de se coucher tous sur le pré, les jambes croisées comme des coûturiers, ne doutans point de battre les François, tant ils avoient une haute opinion de leur bravoure, et qui leur étoit inspirée par le vin dont ils étoient pris et qu'ils n'avoient pas encore bien cuvé. Bertrand, se voulant prevaloir de la fiere negligence de ses ennemis, sortit aussitôt de ses retranchemens et fit montre de ses François en pleine campagne, en marchant droit aux Anglois, qui ne bougerent point de leur place, et demeurerent toûjours dans la même posture jusqu'à ce qu'on fût auprés d'eux. Ceux de

Cisay voyans les François décamper de devant leur ville, firent une sortie sur les troupes de Jean de Beaumont, mais qui les reçurent si bien qu'ils les taillerent en pieces et les recoignerent bientôt dans leurs murailles. Bertrand ayant appris cette heureuse nouvelle avant l'ouverture du combat, prit l'occasion d'en faire part à ses gens, pour les encourager encore davantage.

Comme on étoit sur le point d'en venir aux mains, un Anglois se detacha de son gros, par ordre de Jean d'Evreux, pour dire aux François qu'il paroissoit bien qu'ils apprehendoient de se battre, puis qu'ils employoient tant de temps à se preparer; que s'ils vouloient épargner leurs vies, il leur conseilloit de demander la paix aux Anglois, et que s'ils vouloient prendre ce party, il travailleroit volontiers à la leur procurer. Guesclin le renvoya plus fierement (1) que le premier, avec ordre d'assûrer ses maîtres qu'il avoit entre ses mains Robert Miton, gouverneur de Cisay, dont la sortie luy avoit été fort funeste, puis qu'aprés avoir été battu par Jean de Beaumont avec tous ses

(1) « Nennil, dist Bertran, par ma foy je n'ay envie de paix ne de
« concorde. Ceux du chastel sont desconfiz en present, et Robert
« Myton prisonnier. C'est signe que Dieu nous donrra victoire prou-
« chainement. Alez faire lever vos gens sur les piez : car je ne daigne-
« roie assembler à eulx, se ilz n'estoient en estant. Si, dist le herault,
« vous parlez saigement. » Adonc retourna aux Engloiz, et leur cria
haultement : « Or sus, seigneurs, assaillez François : car ilz ont ja
« desconfiz ceulx du chastel, le capitaine prins, et ses gens occis. Et
« ainsi ferout-ilz de vous, se vous ne vous deffendez bien. » Lors se
leverent Engloiz en criant haultement : « Saint George, obliez vous
» ainsi vos gens? » (*Ménard*, p. 529 et 530.)

9.

gens, il avoit encore été fait prisonnier, et qu'il esperoit qu'il en iroit de même de la bataille que du siege. Il luy commanda de plus de faire assembler les Anglois aussitôt qu'il les auroit joints, et de les avertir qu'ils se levassent sur leurs pieds, parce qu'il ne daignoit pas les attaquer tandis qu'ils demeuroient ainsi couchez sur le pré. L'Anglois, retournant sur ses pas, exhorta les siens à bien faire, et leur apprit la défaite de Miton et des assiegez. Ils se leverent aussitôt en criant *Saint George!* et se rangeans en bataille, ils vinrent au petit pas contre les François. Leurs archers ouvrirent le combat en tirant une grêle de flêches qui fit plus de bruit que d'effet, parce que comme elles tomboient sur les casques des François, elles n'en pouvoient percer le fer ni l'acier. Les archers ayant fait leur décharge, firent place aux gendarmes, à qui Jean d'Evreux ordonna qu'aprés qu'ils auroient fait les derniers efforts pour ouvrir les François avec la pointe de leurs lances, ils les jetassent aussitôt par terre pour mettre l'épée à la main et les combattre de plus prés, esperant que s'ils pratiquoient bien cette discipline, ils marcheroient à une victoire assûrée. Les Anglois se mirent en devoir de bien executer cet ordre qu'ils reçurent de leur general; et d'abord ils chargerent les François avec tant de vigueur qu'ils leur firent faire un arriere-pied de plus de vingt pas.

Bertrand, tout surpris de voir ses gens plier de la sorte, et sur le point de se rompre bientôt, les fit retourner à la charge, et leur commanda de disputer le terrain pied à pied à leurs ennemis, sans sortir chacun de sa place. Les François rentrerent donc en lice, et la mêlée recommença de part et d'autre avec plus de chaleur. Les Anglois les surpassoient en nombre : la presence de leur general leur tenant lieu de tout, les faisoit combattre avec un courage invincible. Bertrand, qui veilloit à tout et couroit par tout, leur crioit de frapper à grands coups de sabres, de haches et de marteaux de fer pour assommer leurs ennemis, dont ils ne pouvoient percer les corps avec leurs épées, parce que les armes dont ils étoient couverts en rebouchoient la pointe. Les François, s'acharnans à suivre exactement cet ordre, renversoient par terre tous les Anglois qu'ils pouvoient atteindre, et dechargeoient sur eux de si grands coups, qu'ils leur faisoient plier les genoux. Cet effort qu'ils firent sur les premiers rangs fit bientôt reculer les seconds. Bertrand voyant que ce jeu de main faisoit tout l'effet qu'il en attendoit, fit avancer aussitôt les deux aîles de son armée, qui, faisans la même manœuvre, abbattoient têtes, bras, épaules et jambes sur le pré. Leurs haches enfonceoient le casque des Anglois dans leur tête, et crioient en signe de victoire *Montjoye Saint Denis!* Leurs ennemis faisoient les derniers efforts pour se r'allier ; mais ils ne leur en donnoient pas le loisir, à force de les charpenter et de les hacher comme des beufs. Toutte la campagne étoit affreuse à voir, étant toutte couverte de têtes, de bras, de casques renversez et tout ensanglantez, et d'épées rompuës. Ce pitoyable objet donna tant de terreur aux Anglois, qu'ils ne rendirent presque plus de combat. Chacun d'eux chercha pour lors à se garantir de la mort par la fuite. Jaconnel, au desespoir de voir la déroute des siens qui s'ouvroient, plioient, se débandoient et commençoient à lâcher le pied, s'en vint s'attacher sur Bertrand avec une rage qui le faisoit écumer comme un sanglier; et déchargeant un grand coup de sabre sur son casque, le fer ne fit que glisser à côté. Bertrand luy voulant donner là dessus le change à l'instant, le prit par la visiere, et le soûlevant un peu il luy passa sa dague dans la tête, et luy perça l'œil droit. Les Anglois voyant la fâcheuse avanture qui venoit d'arriver à l'un de leurs generaux, gagnerent au pied, et laisserent le champ de bataille aux François, qui compterent plus de cinq cens de leurs ennemis qu'ils trouverent morts, couchez par terre.

Jean d'Evreux, le sire d'Angoris et plusieurs autres chevaliers y demeurerent prisonniers. Il n'y avoit pas jusqu'au moindre goujat qui n'en eût quelqu'un dont il comptoit d'avoir une bonne rançon; mais comme il y avoit entre les François de la contestation pour sçavoir auquel appartenoit chaque prisonnier, Guesclin, pour les accorder, leur commanda de les mettre tous au fil de l'épée : si bien qu'il n'y eut que les chefs anglois qui furent épargnez. Ceux de Cisay voyans la défaite entiere de ceux qui venoient à leur secours, ne balancerent point à ouvrir leurs portes aux vainqueurs. Bertrand, qui ne se lassoit jamais de combattre et de vaincre, voulut de ce pas marcher à Niort, disant qu'il y vouloit souper, et que chacun se mît en devoir de le suivre. Il se servit d'un artifice qui luy reüssit, commandant à ses gens de se revétir des habits des Anglois, et de porter leurs mêmes drapeaux. Ceux de Niort voyans ces croix rouges avec ces chemises de toile, et les leopards d'Angleterre arborez sur leurs enseignes, s'imaginerent que c'étoient les Anglois qui revenoient victorieux. Les François, pour les faire encore donner davantage dans le piege qu'ils leur tendoient, s'approcherent des portes de leur ville en criant *Saint George!* Les bourgeois ne manquerent pas de les leur ouvrir aussitôt; mais cette credulité leur fut beaucoup pernicieuse : car les François entrerent dedans comme dans une ville prise d'assaut, y firent touttes les hostilitez dont ils s'aviserent, mirent à mort tout ce qui voulut resister, et prirent à rançon tous ceux qui voulurent se rendre : si bien que tout le Poitou revint à l'obeïssance des lys, et secoüa le joug des leopards.

Bertrand, aprés s'être emparé de touttes les places de cette province, en établit Alain de Beaumont gouverneur, et s'en alla droit à Paris pour rendre compte au Roy son maître de la situation dans laquelle il avoit laissé les affaires. Charles le Sage le reçut avec touttes les demonstrations d'une joye parfaite, et luy fit tout l'accüeil qu'un general victorieux doit attendre d'un prince qu'il a bien servy. Guesclin ne fit pas un fort long sejour à la cour; et comme le duc d'Anjou demandoit du secours au Roy son frere, on en donna le commandement à Bertrand, qui fit des choses incroyables en faveur de ce prince avec le maréchal de Sancerre, Ivain de Galles et d'autres chevaliers, contre les Anglois, ausquels ils enleverent plusieurs places, et particulierement le château de La Bernardiere et Bergerac, qu'ils remirent à l'obeïssance du duc d'Anjou, qui s'estima fort heureux de s'être servy de la tête et du bras d'un capitaine si fameux que l'étoit Guesclin, dont le nom seul étoit si redoutable aux Anglois, qu'il ne falloit que le prononcer pour leur faire prendre la fuite. Le duc, aprés touttes ces conquêtes, retourna dans sa souveraineté d'Anjou fort content du succés de ses armes, dont Bertrand avoit rétably la reputation. Celuy-cy reprit le chemin de Paris, où le Roy ne luy laissa point prendre racine, mais le renvoya sur ses pas en Auvergne pour attaquer le château de Randan, qui n'étoit pas encore soûmis à son obeïssance. Guesclin partit avec de fort belles troupes, esperant couronner touttes ses grandes actions par cette derniere expedition.

Ce fut en effet non seulement la fin de ses conquêtes, mais aussi celle de sa vie. Bertrand investit cette forte citadelle avec tout son monde; mais avant que d'en venir à l'attaque il voulut pressentir le gouverneur, et le tâter pour l'engager à luy porter les clefs de sa place, luy disant qu'il étoit resolu de n'en point décamper qu'il ne l'eût par assaut ou par composition. Le capitaine fut à l'épreuve de touttes ces menaces : il luy répondit fort honnêtement qu'il connoissoit la valeur et la reputation du general auquel il parloit, et la puissance du Roy qu'il servoit; mais qu'il seroit bien malheureux s'il étoit assez lâche pour rendre une place bien forte d'assiette, bien fournie de vivres, et remplie d'une fort bonne garnison, sur une simple sommation; que le roy d'Angleterre, qui luy en avoit confié la defense, le regarderoit comme un traître et le puniroit du dernier supplice, s'il étoit capable d'une semblable perfidie; qu'enfin son honneur luy étant plus cher que sa vie, il vouloit risquer son propre sang pour conserver sa reputation. Guesclin s'appercevant que la fidelité de cet homme ne pouvoit être ébranlée par les persuasions et les remontrances, jura *que jamais ne partiroit d'illec, si auroit ledit châtel à son plaisir.* Il donna donc tous les ordres necessaires pour en venir à l'assaut, qui fut fort violent ; mais la resistance des assiegez fut si vigoureuse, que les gens de Bertrand furent repoussez avec quelque perte. Cette disgrace le toucha si fort, et luy donna tant de mortification, qu'il en tomba malade dans sa tente, sans pourtant discontinüer le siege qu'il avoit commencé, ny lever le piquet de devant la place. Le mal se rengregeant insensiblement luy fit bientôt connoître qu'il ne releveroit point (1) de cette maladie.

Ce grand cœur qu'il avoit fait paroître dans touttes les occasions les plus dangereuses qu'il avoit essuyées dans sa vie ne se démentit point dans cette dernière heure, dont l'approche ne fut point capable de le faire pâlir ; et comme il avoit toûjours eu pour son Dieu des sentimens fort religieux, n'etant pas moins bon chrétien que fidelle sujet de son prince, il se fit apporter le viatique, aprés avoir purifié tous ses déreglemens passez par les larmes de la penitence. Il édifia tous les chevaliers dont son lit étoit environné, par les dernieres paroles qu'ils entendirent prononcer à ce

---

(1) Si avint par la volenté de Dieu, lequel a ordonné à touttes choses ayans commencement avoir fin aux termes establiz, que l'en ne puet passer, comme dit en une epistre monsieur saint Jehan evangeliste, certaine maladie prist à Bertran, lui estant audit siege, de laquelle il ala en brief temps de vie à trespassement. (*Ménard*, p. 538.)

grand homme; car aprés avoir demandé le pardon de ses pechez à son Dieu d'un air fort contrit, il luy recommanda la sacrée personne de Charles le Sage, son bon maître; celle des ducs d'Anjou, de Bourgogne et de Berry; celle aussi de sa chere femme, qui avoit pris un si grand soin de luy, et pour laquelle il avoit toûjours eu des tendresses touttes singulieres. Il se souvint aussi de faire des vœux et des prieres pour la conservation du royaume de France, priant le Seigneur de luy donner un connétable qui le sçut encore mieux defendre que luy. La douleur que son mal lui faisoit souffrir ne l'empêcha point de songer à couronner la fin de sa vie par un dernier service qu'il pouvoit encore rendre à son maître. Ce fut dans cet esprit qu'il fit appeller le maréchal de Sancerre, et le pria d'aller dire au gouverneur de Randan que s'il pretendoit arréter plus longtemps une armée royale devant sa place, il le feroit pendre à l'une de ses portes, aprés l'avoir prise d'assaut. Le commandant, qui ne sçavoit pas que ce general étoit à l'extremité, luy répondit que ny luy ny les siens ne la rendroient qu'à Bertrand seul, quand il leur viendroit parler en personne. Le maréchal eut la présence d'esprit de les assûrer qu'il avoit juré de ne faire plus aucune tentative auprés d'eux pour les engager à se rendre, ny de leur en dire une seule parole. Il eut par là l'adresse de leur cacher sa maladie, qui étoit déplorée. La seule crainte de son nom leur fit ouvrir leurs portes; et le commandant, qui s'imaginoit trouver Bertrand dans sa tente tout plein de vie, fut bien étonné de rendre les clefs de sa place à un agonisant, qui pourtant eut encore assez de connoissance pour recevoir les soûmissions et les hommages de ce gouverneur : l'effort que cette ceremonie luy fit faire luy fit rendre le dernier soupir. Sa mort fut également regrettée de ses amis et de ses ennemis. Il n'y eut là personne qui ne pleurât la perte d'un si grand capitaine, qui s'étoit signalé durant sa vie par tant de conquêtes, et qui l'avoit finie par le gain d'une place fort importante, comme si le ciel eût voulu que ce dernier succés eût été le couronnement de tous les autres.

On dit qu'avant que d'expirer il demanda son épée de connétable, et pria le seigneur de Clisson de la prendre pour la remettre entre les mains du Roy, conjurant tous les seigneurs qui se trouverent là présens de le bien servir, et de luy témoigner de sa part qu'il avoit trouvé le seigneur de Clisson fort capable de luy succeder. En effet, Charles le Sage luy laissa dans les mains l'épée de connétable, qu'il luy voulut rendre. Ce grand prince fut si touché de la mort de Bertrand, qui luy avoit pour ainsi dire remis la couronne sur la tête, que les Anglois avoient tâché de luy arracher, qu'ayant appris que ses parens avoient dessein de transporter son corps en Bretagne pour y faire ses funerailles, il voulut lui donner un sepulchre plus glorieux, en commandant qu'il fut inhumé dans l'abbaye royale de Saint Denis, auprés du tombeau qu'il avoit déja fait ouvrir et creuser pour luy même : afin que la postérité sçut qu'un si fidelle sujet ne devoit être jamais separé de son souverain, non pas même aprés son trépas ; et qu'aprés avoir si bien soûtenu durant sa vie la gloire des lys, il devoit être, aprés sa mort, enterré dans le même lieu destiné pour la sepulture des rois qui en portent le sceptre. La lampe qui brûle encore aujourd'huy sur le cercüeil de ce grand capitaine nous fait voir que la succession des temps ne sera jamais capable d'éteindre la gloire qu'il s'est acquise par sa fidelité, par sa valeur et par ses services.

OBSERVATIONS

RELATIVES

AUX MÉMOIRES SUR DU GUESCLIN.

—

Les anciennes chroniques ne sont d'accord ni sur l'origine de la famille de Du Guesclin, ni même sur son véritable nom, qui s'y trouve écrit de dix ou douze manières différentes. Tantôt il y est appelé Berteran Klesquin, tantôt Bertrant Claiqin, Clasquin, Glesquin, Guescquin, Glaicquin ou Guaquin; mais l'épitaphe de son tombeau à Saint-Denis, plusieurs actes de famille et quelques pièces officielles du règne de Charles v, qui sont parvenus jusqu'à nous, portent Bertrand Du Guesclin, et ce nom seul a pu être adopté par l'histoire. Quant à sa famille, suivant les uns l'origine s'en perd dans la nuit des temps, et dès l'année 1096 Bertrand et Olivier Du Guesclin, ses ancêtres, partirent comme chevaliers bannerets pour la première croisade. Il est singulier que ces deux chevaliers aient eu précisément les mêmes prénoms que le connétable et son frère. D'autres historiens font sortir cette famille de celle de Dinan, à la fin du onzième siècle; d'autres enfin racontent que vers l'an 775 un roi de Bugie (en Afrique), nommé Aquin, vint s'établir dans l'ancienne Armorique; qu'il y habita le château de Klay; qu'il fut défait par Charlemagne, et obligé de fuir avec tant de précipitation, qu'il abandonna son fils, âgé d'un an; que le vainqueur fit élever et baptiser l'enfant, qui fut appelé Klayaquin, du nom de son père et du lieu de sa naissance, et que les Du Guesclin descendoient du fils de ce roi de Bugie. Mais on ne découvre dans les annales aucune trace du roi Aquin ni du château de Klay, et Charlemagne ne porta point la guerre en Bretagne; il faut donc rejeter cette généalogie avec les autres fables dont on a voulu environner la naissance du héros breton. Nous ne nous arrêterons ni aux prophéties de l'enchanteur Merlin, rapportées avec tant de complaisance par Du Chastelet, ni aux songes que l'on prête à sa mère pendant sa grossesse, ni aux prédictions d'une juive devenue religieuse, qui, le voyant à l'âge de quatre ou cinq ans, annonça, dit-on, en termes précis ce qu'il seroit un jour.

Soit que sa famille ne fût pas aussi ancienne et aussi distinguée qu'on l'a prétendu (1), soit qu'elle fût déchue de sa grandeur passée, il est certain que Robert Du Guesclin son père étoit loin de tenir le premier rang parmi les nombreux barons de la Bretagne. Il avoit épousé Jeanne de Malemains, dame de Sens près Fougères, et il en avoit eu dix enfans, quatre fils et six filles.

L'aîné fut Bertrand, connétable de France; Olivier, le deuxième, suivit la carrière des armes, et se montra digne de son frère. L'histoire garde le silence sur

---

(1) Dans un registre écrit sous le règne de Philippe-Auguste, et conservé à la chambre des comptes, on trouve une liste des familles les plus distinguées de la Bretagne; celle de Du Guesclin n'y figure pas.

Guillaume et Robert, qui étoient les deux cadets. Parmi les filles, trois furent mariées à des seigneurs dont les annales font peu de mention : cependant l'un d'eux, Fraslin de Husson, seigneur de Ducé, combattit dès l'an 1352 sous les ordres de Du Guesclin; mais il fut tué de bonne heure, ou renonça au métier des armes : car on ne le voit plus figurer sur aucune *montre* ou *revue*, lorsque son beau-frere entra au service de France. Julienne, la quatrième, devint abbesse de Saint-Georges à Rennes; la cinquième fut prieure de Coëtz près Nantes; la dernière mourut en bas âge.

Notre intention n'étant pas d'écrire une nouvelle histoire de Du Guesclin, mais seulement de remplir quelques lacunes importantes qui existent dans les Mémoires que nous réimprimons, de rectifier quelques erreurs répétées d'après les traditions fabuleuses du quatorzième siècle, et d'offrir quelques détails intéressans et peu connus sur le connétable, nous renvoyons le lecteur au travail de Le Febvre, pour toutes les parties de son récit qui ne nous ont paru susceptibles d'aucune observation.

On ne connoît pas l'époque précise de la naissance de Bertrand Du Guesclin; on croit cependant qu'il naquit vers l'an 1320 [1], et l'on voyoit encore à la fin du dix-septième siècle, au château de Broon près de Rennes, lieu de la résidence ordinaire de sa famille, la chambre où il reçut le jour. Aux détails que donnent les Mémoires sur ses premieres années, nous croyons devoir ajouter ceux que nous trouvons dans les anciennes chroniques. On aime à voir ce qu'ont été

[1] Quelques historiens le font naître en 1314, et même en 1311; d'autres en 1324.

dans leur enfance les hommes dont la réputation a rempli le monde. « Il estoit, dit une de ces chroniques, « lait enfançonnet et mal gracieux, et n'estoit plaisant « de visage ne de corsage : car il avoit le visage moult « brun, et le nez camus. Et avecques ce estoit de grosse « et rude taille le corps, rude aussi en maintieng et en « paroles : pou habilité à chose quelconque, et de petit « contiennement. Et avecques ce, moult semilleux et « ennuyeux, et pour les jeunesces que il faisoit : et con- « tinuelment tenoit un baton. Et pour ce son dessus « dit pere et sadite mere le hayoient moult, et souvent « desiroient sa mort, etc...... » Une autre chronique le présente comme étant *rude malostru et de mauvaise jeunesse. Nul maître,* dit une chronique en vers,

>Nul maistre ne treuva, et sachiez sans douter,
>Que le beirs (1) Berteran se laissoit doctriner :
>Ainçois (2) vouloit son maître et férir et frapper.

Cette chronique lui fait dire de lui-même, quelques années plus tard :

>Jamais je ne serai aimé ne convéis,
>Ainçois serai des dames toujours trés econduit :
>Car bien sçai que je suis bien laid et malfettis,
>Mais puis que je suis laid, estre veux bien hardis.

En effet, dès l'année 1342, à l'âge de vingt-un ans environ, il se distingua au siége de Vannes. La comtesse de Montfort avoit essayé de surprendre pendant la nuit les troupes de Charles de Blois, et de secourir la place. Le jeune Du Guesclin, dont le quartier fut d'abord attaqué, réunit à la hâte quelques soldats, et fondit sur les Anglois avec tant de furie

---
(1) *Beirs :* comte. — (2) *Ainçois :* au contraire.

qu'il les mit en déroute. On le perd ensuite de vue jusqu'en 1351 ; mais il continua de combattre, et rendit son nom redoutable : car lorsque les historiens le remettent aux prises avec les Anglais, ils remarquent que son cri de guerre, Notre-Dame Du Guesclin, suffisoit pour frapper l'ennemi de terreur. Ce qui prouve en outre qu'il s'étoit déjà illustré, c'est qu'il fut envoyé en Angleterre avec plusieurs des principaux seigneurs bretons, pour traiter de la rançon de Charles de Blois. Edouard leur proposa une trève, en manifestant toutefois la crainte qu'elle ne fût pas bien observée de leur part. « On la gardera, « dit le jeune Bertrand, comme vous la garderez « vous-même. » Cette réponse choqua tellement l'orgueilleux Edouard, qu'il vouloit le faire arrêter ; mais un des seigneurs représenta que Du Guesclin étoit *léger de cerveau*, qu'ils ne se servoient de lui que comme d'*un fol plaisant* : et le Roi s'appaisa.

De retour en Bretagne, Bertrand reprit les armes, battit la garnison de Becherel, qui dévastoit le pays de Dol et de Saint-Malo, et fit plusieurs prisonniers, dont il exigea de fortes rançons; mais il fut obligé d'en payer de plus considérables, lorsqu'il tomba deux fois au pouvoir de l'ennemi. A cette époque, les rançons procuroient de grands bénéfices aux gens de guerre : les prisonniers qu'ils faisoient étoient leur propriété ; mais s'ils étoient pris eux-mêmes plusieurs fois, leur fortune suffisoit à peine pour les racheter. En 1342, au combat de Montauran, où les Anglais furent vaincus, Du Guesclin fut armé chevalier, et dès-lors il voulut lever des soldats pour son propre compte. Comme il manquoit d'argent, il vendit tous les joyaux de sa mère sans la consulter, et parvint à l'appaiser peu de temps après, en lui conduisant un chariot chargé d'objets précieux qu'il venoit d'enlever aux Anglais. L'ennemi acquitta ainsi la dépense des premières troupes que Du Guesclin ait eues sous ses ordres. Quelques entreprises hardiment conçues et habilement exécutées attirèrent bientôt près de lui grand nombre de seigneurs bretons, qui s'attachèrent irrévocablement à sa fortune, et qui le suivirent dans toutes ses expéditions. On est curieux de connoître les noms de ces premiers compagnons de Du Guesclin; voici ceux que l'histoire nous a conservés :

Eon et Olivier de Mauny frères : tous deux étoient neveux de Du Guesclin; Bertrand et Jean de Beaumont frères; Fraslin de Husson, seigneur de Ducé, beau-frère de Du Guesclin : il avoit épousé Clémence Du Guesclin, sa sœur; Henri de Pledran, Jean de Coetquen, Yvon Charruel, Nicolas Paynel, Raoul Tesson, Pierre de Boisbouekel, Kerrimel, Guillaume et Geoffroy de Kimmerek frères, Gourgoz, Jean et Henri Davi frères, Eon Le Moine, Jean et Geoffroy Pean frères, Thebaud de La Rivière, Raoul de Coetquen, Guillaume et Olivier de La Chapelle frères, Jean de Hirel, Thomas Boutier, Geoffroy Garel, Jean Hongar, Hamon Leraut, Bruzeville, Maillechat, Chesnaïe, Cardeüilly, Lorgeril, Jean Boueciere, Jean d'Orange, Jean et Thibaud de Langan frères, Bertrand de Saint-Pern, Robert de Pleguen, Jean Ruffier, Guillaume de Guebriac, Olivier de Porcon, Le Bouteiller du pays de Dol, Alain Du Parc, Plumaugat, Philippe Lardoux, Rouillé de Saint-Brieuc, Jean Goyon, Mont-Bourcher, Simon de Listré et Angoulevent.

Les plus laborieux commentateurs n'ont pas toujours pu parvenir à classer dans un ordre chronologique la plupart des événemens de la vie de Du Guesclin. Il est par exemple impossible de ne pas s'égarer au milieu de ses nombreux faits d'armes en Bretagne. Comme ses expéditions sont presque toujours isolées, et ne se rattachent à aucun plan général de campagne, on n'a aucun fil pour se reconnoître dans ce dédale ; on voit seulement qu'à la tête de la petite troupe qu'il commandoit, il se montra aussi habile capitaine que vaillant soldat; qu'il battit les Anglais en diverses rencontres; qu'il s'empara d'un grand nombre de villes et de châteaux ; et qu'après la trêve de 1356, Charles de Blois récompensa ses services en lui donnant la seigneurie de La Roche d'Airien ou de Rien, qui dépendoit du comté de Penthièvre.

On est également incertain sur l'époque à laquelle il entra au service de France : les uns veulent qu'il ait offert son bras au Dauphin en 1356 ou en 1357 ; d'autres racontent que le roi Jean, qui avoit beaucoup entendu parler de lui en Angleterre, voulut se l'attacher aussitôt après avoir recouvré sa liberté; qu'il lui écrivit de sa propre main, lui fit porter sa lettre par un chambellan, et lui donna le commandement de cent lances ou de cent hommes d'armes : honneur réservé aux princes du sang, et que l'on n'accordoit aux gentilshommes que comme une récompense des plus grands exploits. On ajoute que le Roi le nomma en même temps gouverneur de Pontorson, place importante de Normandie, sur les frontières de la Bretagne. Dans les Mémoires de Le Febvre, Du Guesclin ne vient en France qu'après la trêve conclue, au milieu de 1363, entre Charles de Blois et Montfort, et on lui fait dire qu'il va servir le Dauphin. Il y a évidemment erreur : car alors le roi Jean n'étant pas encore retourné en Angleterre, et gouvernant lui-même ses Etats, Du Guesclin se seroit rendu près de lui, et non auprès du Dauphin, qui étoit sans autorité. D'ailleurs une quittance signée à Paris par Du Guesclin le 24 décembre 1361, et conservée dans les registres de la chambre des comptes, constate qu'à cette époque non-seulement il étoit à la solde du Roi, mais qu'il commandoit une compagnie de gendarmes et d'archers; et enfin des lettres-patentes du mois de mai 1364, dont nous parlerons plus tard, font mention expresse des services qu'il rend déjà depuis long-temps au Roi dans ses guerres. On peut donc croire qu'il accepta les offres de Jean-le-Bon après le traité de Bretigny; mais comme en prenant du service en France il s'étoit réservé de combattre pour Charles de Blois toutes les fois que ce prince, qui étoit son souverain, l'appelleroit; et comme il alla souvent faire la guerre en Bretagne sans renoncer aux engagemens qu'il avoit pris soit avec le Roi, soit avec le Dauphin, il n'est pas étonnant que les anciennes chroniques aient confondu les dates et les événemens.

La même incertitude existe sur l'époque de son mariage. Suivant une ancienne chronique où Le Febvre a puisé une partie de son récit, il auroit épousé Tiphaine Raguenel en 1364, après le siége de Trougof ou Trogost; il auroit alors voulu renoncer au métier des armes, et sa jeune épouse lui auroit fait abandonner cette résolution. Mais la bataille de Cocherel fut gagnée par Du Guesclin environ un mois après la prise de Trougof; il y commandoit les troupes françaises; lui seul avoit dirigé toute l'expédition, dont il avoit concerté les préparatifs avec Charles v. Il avoit appelé près de lui ses anciens compagnons, qui avoient eu le temps de venir le joindre. Il n'auroit donc pu disposer à peine que de huit ou dix jours, pendant lesquels il seroit allé en Bretagne, s'y seroit marié, auroit été séduit par les charmes d'une vie tranquille, au point de vouloir sacrifier ses espérances de fortune, et abandonner une carrière qu'il avoit suivie avec tant de succès dès sa plus tendre jeunesse. Une pareille supposition est inadmissible. Quoique l'on n'ait aucun document positif à cet égard, on est plus porté à croire, comme le disent d'autres chroniques, que Du Guesclin se maria en 1360, après le traité de Bretigny.

Il n'est pas inutile de faire observer que tous les anciens Mémoires s'accordent pour représenter Tiphaine Raguenel comme ayant de grandes connoissances en astrologie. On rapporte avec soin ses nombreuses prédictions; on assure qu'elle avoit donné à Du Guesclin la note des jours où il ne pouvoit combattre sans éprouver de revers; et l'on ne manque pas d'ajouter que les prédictions de Tiphaine furent confirmées à la bataille d'Auray. Ces traditions fabuleuses peignent l'esprit qui dominoit au quatorzième siècle, où l'astrologie étoit dans un tel honneur que Charles v, prince renommé par sa sagesse, par son esprit éclairé et par sa piété, avoit près de lui plusieurs astrologues, auxquels il donnoit des gages considérables [1].

[1] L'un de ces astrologues étoit Thomas de Pisan, père de Christine, dont les Mémoires suivent ceux de Du Guesclin. Nous donnerons quelques détails sur lui dans la Notice qui précédera ces Mémoires.

En 1362, Du Guesclin habitoit avec sa femme le château de Pontorson, lorsque la guerre lui laissoit quelques instans de repos. C'étoit là qu'il faisoit garder ses prisonniers, en attendant qu'ils eussent payé leur rançon. L'un de ces prisonniers, nommé Felleton ou Felton, s'étoit ménagé des intelligences dans le château; ayant recouvré sa liberté, il profita de l'absence de Du Guesclin, pour tenter pendant la nuit une escalade qui devoit être favorisée par les gens qu'il avoit séduits. Julienne, sœur de Du Guesclin, qui avoit quitté son couvent pour aller passer quelque temps auprès de Tiphaine, se réveille en sursaut, saisit une épée, court à la muraille, renverse les Anglois qui étoient prêts à la franchir, donne l'alarme, et fait manquer l'entreprise. Bertrand, qui revenoit au château, rencontre Felleton, le fait de nouveau prisonnier; et cet Anglais est battu le même jour par le frère et par la sœur.

Felleton essaya plus tard de se venger de cet affront. Après la convention conclue en 1363 entre Charles de Blois et Montfort, Bertrand avoit été donné comme ôtage; mais il avoit déclaré à l'avance qu'il ne pouvoit l'être que pendant un mois, et Montfort y avoit consenti. Le mois étant expiré, il sut se procurer lui-même la liberté qu'on refusoit de lui rendre malgré ses conventions. Le Febvre, dans ses Mémoires, prétend que Felleton, qui étoit chargé de la garde de Du Guesclin, reconnut lui-même que l'on ne pouvoit le retenir sans iniquité, etc. Des pièces authentiques prouvent que l'Anglais fut loin d'agir avec autant de générosité. Non-seulement il ne reconnut point la justice des réclamations de Du Guesclin, mais il l'accusa d'avoir faussé sa parole, et lui envoya un défi que Bertrand accepta. Le combat devoit avoir lieu à Paris devant le roi de France, ou en son absence devant le Dauphin; et le rendez-vous étoit donné pour le mardi 26 février 1363. Le roi Jean étant alors en Angleterre, le Dauphin fit porter l'affaire au parlement; elle fut plaidée avec beaucoup d'appareil en présence du roi de Chypre, des pairs et des barons du royaume, et d'une immense assemblée. Par arrêt du 28 février, le parlement déclara que le gage de duel ne tomboit point sur une affaire de cette nature, parce qu'il ne pouvoit avoir lieu qu'à défaut de preuves testimoniales; or plus de deux cents chevaliers ou écuyers attestoient que Du Guesclin ne s'étoit engagé à être ôtage que pendant un mois. La réponse de Du Guesclin à Felleton, qui rapporte textuellement la lettre de ce dernier, est insérée dans l'arrêt du parlement; nous la donnerons avec les pièces justificatives qui seront placées à la suite de ces observations : elle fait voir quelle étoit la forme des défis à cette époque.

Lorsque les pièces originales manquent, et que l'on est réduit aux chroniques, on retombe dans l'incertitude sur les événemens même les plus considérables; on ne sait comment déterminer la date précise de la bataille de Cocherel, que les uns placent au 6 mai 1364, d'autres au 16 ou au 19 du même mois. On varie même sur les détails de cette bataille, qui est racontée par Froissard tout autrement que dans nos Mémoires. Il attribue tout l'honneur de la victoire à trente Gascons qui, selon lui, enlevèrent au milieu de son armée, dès le commencement de l'affaire, Jean de Grailly, captal de Buch, général des Navarrois, et abattirent sa bannière (1). Du Chastelet, dans les pièces justificatives de son histoire, donne à entendre que ce capitaine fut pris par Du Guesclin. Mais le captal, dans un acte signé de lui, et qui est parvenu jusqu'à nous, reconnoît avoir été fait prisonnier par Rollan Bodin. Nous insérerons cet acte à la suite de nos observations : il donne des détails assez curieux sur les lois auxquelles étoient alors soumis les prisonniers de guerre.

Tous les historiens relèvent l'importance de la bataille de Cocherel, qui délivroit la Normandie, et faisoit échouer les projets du roi de Navarre. Les récompenses que le Roi accorda à Du Guesclin prouvent que c'étoit à ses talens et à sa bravoure qu'on devoit la victoire. Il lui donna le comté de Longueville, qui venoit d'être confisqué sur le roi de Navarre. Les lettres-patentes sont du 27 mai 1364, c'est-à-dire peu de jours après la bataille; elles commencent ainsi : « Charles, par la grâce de Dieu roy
« de France, sçavoir faisons à tous presens et à venir
« que, pour consideration des bons, agreables et pro-
« fitables services que nostre amé et feal chevalier,
« baron et chamberlan Bertrand Du-Guesclin nous
« a fait en nos guerres, ores et autrefois, au profit de
« nous et de nos sujets, et que nous esperons qu'il
« nous fasse au temps advenir plus grandement et

(1) On lit, dans un ancien registre de la chambre des comptes, que le captal de Buch fut fait prisonnier le 16 mai 1364, à neuf heures du matin; cela confirmeroit la relation de Froissard, puisqu'il auroit été pris dès le commencement de l'action, qui ne s'engagea pas de très-bonne heure. Mais comme on trouve dans le même article de ce registre des détails évidemment faux sur la bataille de Cocherel, il ne peut faire autorité.

« diligemment en nosdites guerres, nous avons donné
« et donnons, etc. » La donation étoit faite sous
la condition que Du Guesclin serviroit à ses frais
avec quarante gens d'armes, pendant quarante jours
chaque année, s'il en étoit requis. Dans cette pièce,
le Roi parle des bons, agréables et profitables services
que Du Guesclin lui a faits en ses guerres *ores* et *autrefois*. Il est donc constant que le héros breton portoit
déjà depuis plusieurs années les armes pour la France.
On remarque aussi qu'il est qualifié de chambellan ; il
l'étoit en effet, quoique les historiens n'en fassent pas
mention. Nous aurons bientôt occasion de citer une
lettre du 27 décembre 1367, dans laquelle Du Guesclin ajoute à ses autres titres celui de chambellan du
Roi [1]. Charles v, après la bataille de Cocherel, le
nomma en outre maréchal de Normandie, c'est-à-dire
commandant des troupes de cette province.

Lorsque Du Guesclin eut recouvré sa liberté après
la bataille d'Auray, où il avoit été fait prisonnier, et
où Charles de Blois avoit perdu la vie, il conduisit les
grandes compagnies en Castille. Si l'on s'en rapporte

---

[1] Charles v avoit beaucoup plus de chambellans que les rois ses prédécesseurs. Philippe de Maizières, dans le Songe du vieux Pélerin, engage Charles vi à en réduire le nombre. « Combien que ton
« bon pere, pour le foible estat de la nave françoise, et pour acquister
« l'amour des chevaliers qui lui eurent bien mestié..., il eust et dix et
« vingt chevaliers chambellans, toutefois à présent il n'est pas à toy
« expédient de tenir cette voye... Beau fils, il te doit souffire d'avoir
« autant de chambellans comme le vaillant roy Philippes ton grand
« ayeul, c'est à sçavoir quatre : deux qui continuellement soyent au
« service de ta personne royale, et deux qui soyent en leurs maisons
« et facent leurs besognes. » (*Songe du vieil Pélerin*, lib. 3, cap. 53.)
Il paroît que Charles v avoit créé de nouveaux chambellans dès
l'époque de son sacre.

aux Mémoires que nous réimprimons, il indiqua lui-même au Roi ce moyen de délivrer les provinces des brigands qui les dévastoient. Nous avons déjà fait remarquer, dans le Précis qui précède ces Mémoires, que dès l'année 1362 Henri Transtamare avoit pris les grandes compagnies à sa solde, moyennant un subside que la France devoit fournir. Les chefs des grandes compagnies avoient signé avec lui et avec le maréchal d'Endeneham, ambassadeur du roi Jean, un traité qui nous a été conservé, et qui a pour titre : *Tractatus magnarum compagniarum cum gentibus Regis, et dom Henrico de Transtamare.* Le royaume devoit être évacué en six semaines; trente capitaines devoient être donnés en ôtage, et les chefs, qui avoient traité au nom de tous, s'engageoient à faire jurer, tenir, entériner et accomplir la convention à tous leurs gens d'armes et à chacun d'eux. Cependant le traité n'avoit point eu de suite, et la France étoit trop affoiblie pour qu'on pût forcer les grandes compagnies à l'exécuter. Mais comment supposer que Charles v, se trouvant en paix avec tous ses voisins, n'ait pas eu l'idée de réaliser les projets de son père? Non-seulement l'intérêt de son royaume exigeoit qu'il éloignât ces bandes redoutables, mais il lui importoit de venger la mort de Blanche de Bourbon sa belle-sœur, que Pierre-le-Cruel avoit fait assassiner en 1361, après lui avoir fait éprouver toutes sortes d'outrages depuis 1352, époque à laquelle il l'avoit épousée.

Dès l'année 1362, plusieurs autres expéditions avoient déjà été proposées aux chefs des grandes compagnies. On avoit tenté vainement de les décider à entreprendre une croisade: ils avoient refusé d'aller en

Hongrie, où Louis d'Anjou, surnommé le Grand, les appeloit pour combattre les Valaques, les Transylvains, les Croates et les Tartares. Les offres les plus brillantes n'avoient pu les séduire, parce qu'ils aimoient mieux s'enrichir en pillant nos riches provinces, où ils ne rencontroient pas d'obstacles, que de courir les risques d'une guerre lointaine. L'expédition de Castille présentoit moins de dangers et des avantages plus certains; un roi qui leur devroit le trône ne pouvoit manquer de les récompenser généreusement. Mais la grande difficulté étoit de trouver un homme qui eût assez d'empire sur les chefs et sur les soldats pour renouer une négociation d'autant plus délicate que les premiers engagemens avoient été rompus. Du Guesclin seul pouvoit le faire avec succès. Les chefs des grandes compagnies avoient servi sous ses ordres, ou combattu contre lui; tous, amis comme ennemis, avoient également confiance dans ses talens, dans sa fortune et dans sa loyauté. Il est donc permis d'ajouter foi aux anciennes chroniques, qui portent que Charles v jeta les yeux sur lui pour cette entreprise importante, lorsqu'il étoit encore prisonnier de Chandos. Plusieurs faits incontestables viennent à l'appui de cette opinion. Des négociations avoient nécessairement été ouvertes dès long-temps avec le Pape et avec Henri Transtamare, qui se réunirent à Charles v pour acquitter la rançon de Du Guesclin. Il convient de remarquer que le Roi fournit seulement, à titre d'avance, quarante mille livres sur les cent mille qui étoient exigées par Chandos, et qu'il se fit vendre à réméré le comté de Longueville, pour la sûreté de la créance. On ne voit pas que le Pape et

Henri Transtamare aient pris de semblables précautions. Il paroît que Charles v vouloit que Du Guesclin, devenu libre, fût en quelque sorte obligé d'aller chercher dans le royaume de Castille une nouvelle fortune que la paix ne lui permettoit pas d'espérer en France. Les registres de la chambre des comptes constatent que le Roi lui donna trente mille livres; et moyennant cette somme, Du Guesclin s'engagea, par un acte qui a été conservé au trésor des chartres, à mettre hors du royaume *certaines compagnies de gens de guerre le plus tôt que faire se pourra, sans qu'elles puissent rien demander ni exiger en France.* On fera remarquer encore que Louis de Bourbon, comte de La Marche, étoit nommé chef de l'expédition; mais il devoit se conduire d'après les avis de Du Guesclin.

Plusieurs historiens ont prétendu que les grandes compagnies n'étoient point parties d'abord pour aller secourir Henri Transtamare, mais pour aller combattre les sarrazins en Espagne. Du Tillet, si connu par son exactitude rigoureuse, dit expressément : « Du Guesclin s'en va faire la guerre en Espagne « contre les sarrazins, afin de purger le royaume d'un « grand nombre de méchantes gens vagabonds dont il « étoit plein. » En adoptant cette version, on s'explique l'intérêt que le Pape prend à la liberté de Du Guesclin, pour la rançon duquel il fournit une somme considérable. Mais alors comment Henri Transtamare, qui ne le connoissoit que de réputation, et qui, loin de pouvoir faire des sacrifices inutiles, étoit réduit à recevoir une pension du roi de France, se seroit-il décidé à acquitter une partie de cette rançon? Dans les Mémoires de Le Febvre, on raconte que Du Guesclin alla d'Avignon à Toulouse pour y voir le duc d'Anjou, et que ce prince décida les grandes compagnies à aller en Arragon. Cette relation s'accorde avec ce que dit Du Tillet; mais elle est en contradiction avec un autre passage des Mémoires, qui porte que Du Guesclin proposa au Roi de conduire les grandes compagnies en Castille pour secourir Henri Transtamare, et pour venger la mort de Blanche. D'un autre côté, dom Vaissette prouve que cette prétendue visite au duc d'Anjou est impossible, parce que ce prince n'étoit point à Toulouse à l'époque où l'on suppose que Du Guesclin alla l'y trouver avec les chefs des grandes compagnies; et sa preuve est sans réplique, puisqu'il cite des lettres écrites par le duc à la même époque, et datées d'une ville fort éloignée. Nous ne nous arrêterons pas à une méprise de l'auteur des Mémoires, qui nomme le royaume d'Arragon, en voulant parler du royaume de Castille.

A défaut de documens précis et authentiques, on ne peut former que de simples conjectures sur le prétexte dont on se servit pour faire partir les grandes compagnies. Peut-être avoit-on promis au Pape qu'elles iroient combattre les sarrazins après avoir établi don Henri sur le trône de Castille; peut-être Transtamare espéroit-il les engager plus facilement à embrasser sa querelle, lorsqu'une fois elles seroient en marche; peut-être, en parlant d'une croisade, avoit-on voulu déguiser le véritable but de l'expédition. Mais quelle que soit l'opinion qu'on adopte, il faut reconnoître l'habileté de Charles v, qui se fit aider par le Pape et par Henri Transtamare à débarrasser ses provinces de brigands contre lesquels toutes les forces de la France auroient échoué. Il faut aussi reconnoître que Du Guesclin ne déploya pas moins d'habileté dans ses entrevues avec les chefs des compagnies (1). Ces entrevues sont rapportées d'une manière originale et piquante dans les Mémoires.

Le manifeste que Henri Transtamare publia en commençant la guerre est curieux et peu connu. On sait qu'il étoit bâtard du roi Alphonse : pour établir ses droits au trône de Castille, il prétend que don Pèdre est enfant supposé du Roi; que sa mère Marie de Portugal étant accouchée d'une fille, et craignant la colère du Roi, qui vouloit un enfant mâle, prit le fils d'une juive, et le substitua à sa fille. Il établit ainsi que don Pèdre n'est qu'un enfant supposé, tandis que lui, Henri, est le véritable fils du Roi et

(1) Du Guesclin ne parvint pas néanmoins à décider tous les chefs des grandes compagnies à le suivre. Plusieurs restèrent en France, et y continuèrent leurs dégâts pendant plusieurs années. On lit dans une chronique manuscrite de Jean de Guise, abbé de Saint-Vincent-de-Laon : «En icel temps [1368] fut décapité à Paris Munde Le Batillier, « capitaine des compagnies, pour ses démerites;» et plus loin : «En cest « an [1370], Le Bourc Camus, capitaine des compaignies, fut à Paris de « tenailles ardents achiez (haché), et puis décapité pour ses démerites.» Enfin, en 1374, Enguerrand de Coucy, gendre du roi d'Angleterre, et vassal du roi de France comme comte de Soissons, reçut soixante mille livres pour emmener en Allemagne les derniers restes de ces bandes, et tous les soldats licenciés depuis la paix. Il étoit par sa mère neveu du duc d'Autriche, mort sans enfans, et il vouloit faire valoir ses droits au duché. Son expédition n'eut pas de succès ; mais elle fut très-utile à la France, qu'elle délivra d'une foule de vagabonds. Les excès des compagnies avoient été poussés si loin et s'étoient prolongés si long-temps, que, dans les lieux où l'on étoit le plus exposé à leurs ravages, on composa des prières pour demander à Dieu d'en être délivré. On fit aussi des cantiques latins en forme de complaintes sur le misérable état où ils avoient réduit la France. On trouvera deux de ces cantiques avec les pièces justificatives.

héritier légitime de la couronne, parce qu'Alphonse a fiancé sa mère. Les cruautés de don Pèdre, la haine qu'il excita contre lui, la valeur des grandes compagnies et le génie de Du Guesclin le servirent sans doute mieux que ce manifeste. Il se montra digne du trône par la manière dont il se conduisit lorsqu'il y fut monté; il gouverna avec sagesse, n'exerça aucune vengeance contre les partisans de don Pèdre, demeura fidèle allié du roi de France, paya généreusement les exploits de ceux auxquels il devoit la couronne, et ne négligea rien pour attacher définitivement à son service les chefs des grandes compagnies. Les historiens n'ont point assez relevé, selon nous, la noble récompense qu'il accorda à Du Guesclin. Lorsqu'il se fit couronner à Burgos, il le créa duc de Transtamare; et en lui donnant ainsi son propre nom, il voulut perpétuer la mémoire des obligations qu'il avoit à un simple capitaine (1). Du Guesclin prend le titre de duc de Transtamare dans une lettre adressée à Charles v le 27 décembre 1367, et qui est conservée au trésor des chartres.

Mais Henri, avant d'être paisible possesseur de la

(1) Du Chastelet raconte que, le jour même du couronnement, Jeanne de Castille Villena, femme de Henri Transtamare, pria le nouveau Roi de ne pas lui refuser une grâce qu'elle alloit lui demander; que Henri s'engagea par serment à lui accorder ce qu'elle désireroit; qu'alors la princesse appela Du Guesclin, et lui dit: « Puisque le Roi le permet, je vous donne le comté de Transtamare, « qui est à moi; » que le Roi ajouta: « Et moi je vous donne le comté « de Soria; » et que dès le lendemain Henri donna encore à Du Guesclin le duché de Molines. Cette relation est inexacte; le duché de Molines et le comté de Soria ne furent donnés qu'en 1369 à Du Guesclin, ainsi que le prouvent des lettres-patentes de don Henri, que nous aurons occasion de citer par la suite.

Castille, devoit encore subir de pénibles épreuves. Les détails de l'expédition du prince de Galles, qui replaça don Pèdre sur le trône, sont rapportés dans les Mémoires, et nous y renvoyons le lecteur. Mais il importe de relever une erreur que Le Febvre a puisée dans les anciennes chroniques, et qui a été répétée par plusieurs historiens. On prétend que Du Guesclin, étant prisonnier à Bordeaux, fut visité dans sa prison par don Henri, qui s'étoit sauvé déguisé en pélerin. Dom Vaissette, dans son Histoire de Languedoc, démontre que cette entrevue n'a pu avoir lieu. Il fait observer que la bataille de Navarrette a été livrée le 3 avril 1367; que pour adopter la version de quelques chroniques, il faut supposer que don Henri, déguisé en pélerin, a traversé à pied l'Arragon, est allé à Foix, à Toulouse et à Bordeaux, est revenu à Toulouse, et a pu arriver à Avignon le 30 du même mois, pour y avoir audience du Pape. Dom Vaissette rejette donc l'entrevue comme fabuleuse; et s'appuyant du témoignage de Zurita, historien d'Arragon, il pense que don Henri, après la bataille de Navarrette, s'est rendu directement auprès du Pape, sans aller à la cour d'Arragon ni à Bordeaux.

La rançon de Du Guesclin, prisonnier du prince de Galles, avoit été fixée à cent mille doubles d'Espagne. Charles V en paya trente mille; mais ce fut encore un simple prêt, dont Du Guesclin lui signa une obligation le 27 décembre 1367. C'est dans cette obligation qu'il prend le titre de duc de Transtamare et de chambellan du roi de France : elle est conservée au trésor des chartres. Rendu à la liberté, il retourna en Castille, vainquit don Pèdre, affermit don Henri sur le trône, et ce prince le combla de nouveaux bienfaits (1). Il le fit connétable de Castille, duc de Molines, comte de Soria, et lui donna d'immenses possessions. Il paroît qu'à cette époque Du Guesclin renonça au duché de Transtamare, qui passa à un prince de la famille royale. Rappelé en France par Charles V, qui vouloit lui donner le commandement de ses armées, il reçut l'épée de connétable, à laquelle avoit généreusement renoncé Moreau de Fiennes, vieillard de quatre-vingts ans, qui avoit bien servi l'Etat, mais que son grand âge et ses infirmités condamnoient au repos. Le Roi n'ayant mis

(1) Les lettres par lesquelles don Henri crée Du Guesclin duc de Molines sont rapportées textuellement dans l'histoire de Bretagne, du père Lobineau. On y voit le détail des terres qui furent en même temps données à Du Guesclin. Le Roi, après avoir parlé dans les termes les plus honorables des exploits du héros breton, poursuit ainsi : « Pour ces causes, et pour les tres-hauts, tres-grands et tres-
« signalez services que depuis jusques à present nous auriez faits
« et faites de jour à autre, et pour vous honorer et heriter en nosdits
« royaumes, et afin que soyez plus honoré, et vous et ceux qui des-
« cendront de vostre lignage plus forts et puissans; nous vous don-
« nons en pur don et en heritage, tant pour le present que à toûjours,
« nostre bourg de Molines, avec le chasteau dudit bourg, et pouvoir de
« vous nommer duc de Molines, tant vous que ceux qui descendront
« de vostre lignage ; et d'avantage vous donnons le bourg de Sorie
« avec le chasteau dudit bourg, et le bourg d'Acienca avec le chasteau
« dudit bourg, et le bourg d'Almanca avec le chasteau dudit bourg,
« et Moron, et Montaigu, et le bourg de Dora avec les droits en dé-
« pendans; et vous donnons tous lesdits bourgs et lieux avec leurs con-
« fins, appartenances, et choses qui y doivent appartenir, et toute la
« jurisdiction et seigneurie que nous y avons, et toutes les rentes,
« profits et devoirs que nous avons sur lesdits lieux, et chacun d'i-
« ceux... : à condition que vous dit messire Bertrand nous faciez obeïs-
« sance et hommaige, et teniez lesdits bourgs, chasteaux et lieux à la
« maniere, condition et hommaige que les ont tenus tous les naturels de
« Castille à qui les rois de Castille d'où nous sommes venus en ont fait
« grâce, etc. » (*Hist. de Bretagne du P. Lobineau*, in-f°, t. II, p. 533.)

à la disposition du nouveau connétable que cinq cents hommes d'armes, Du Guesclin leva des troupes à ses frais, et pour subvenir à cette dépense se défit non-seulement des riches présens que lui avoit faits le roi de Castille, mais même de sa vaisselle et des joyaux de sa femme, qui approuvoit ces nobles sacrifices. Ce fut à cette époque qu'il fit un traité de fraternité d'armes avec Olivier de Clisson. Comme il est souvent fait mention de pareils traités dans l'histoire, nous donnerons avec les pièces justificatives celui-ci, qui a été conservé. A la fin de la campagne, qui fut remarquable par la défaite des Anglais sur tous les points, Du Guesclin reçut ordre du Roi de licencier ses troupes, et de venir à Paris pour concerter les opérations de la campagne suivante; mais comme Charles v ne lui envoyoit pas de fonds pour faire subsister les soldats pendant l'hiver, il leur distribua de nouveaux présens que le roi de Castille venoit de lui envoyer. Arrivé à Paris, il ne dissimula point son juste mécontentement de ce qu'on abandonnoit ainsi les gens de guerre, et le Roi le fit rembourser de ses avances.

Le 3 mars 1371, la Reine étant accouchée de Louis duc d'Orléans, deuxième fils du Roi, le jeune prince eut pour premier parrain Louis comte d'Etampes, prince du sang, qui lui donna son nom, et pour deuxième parrain le connétable; l'usage étoit alors qu'il y eût deux parrains. A la fin de la cérémonie, Du Guesclin mit l'épée nue de connétable entre les mains de l'enfant, et lui dit : « Monseigneur, je vous donne
« cette épée et la metz en votre main, et prie Dieu
« qu'il vous doint ou tel et si bon cœur que vous
« soyez encor aussi preux et aussi bon chevalier

« comme fist oncques roy de France qui portoit épée. »
Ces paroles sont consignées dans un registre de la
chambre des comptes, dont on trouvera l'extrait avec
les pièces justificatives.

Bientôt après, Du Guesclin se remit en campagne.
Nous renvoyons aux Mémoires pour le récit de ses
faits d'armes; et s'ils n'y sont pas tous rapportés,
ceux que nous pourrions ajouter ici ne seroient qu'une
répétition d'événemens à peu près semblables, qui
n'auroient aucun intérêt [1].

On ignore l'époque à laquelle mourut Tiphaine
Raguenel sa première femme; on sait seulement
qu'en 1373 il étoit remarié, et avoit épousé Jeanne
de Laval, dame de Tinténiac.

Le Roi ajoutoit chaque année de nouvelles récompenses à celles qu'il avoit déjà accordées au connétable. Des lettres-patentes du 16 décembre 1376 commencent ainsi : « Considérans les bons, notables et

---

[1] On s'exposeroit d'ailleurs à répéter beaucoup de fables, si l'on vouloit rapporter tous les faits d'armes qui sont attribués à Du Guesclin dans les anciennes chroniques. Il y a peu d'histoires auxquelles on ait ajouté plus de détails merveilleux ; et cela tient à des circonstances particulières que les annales indiquent, mais dont elles ne font pas remarquer les conséquences nécessaires. Le jeune Charles VI avoit eu dès son enfance l'imagination frappée du récit des exploits de Du Guesclin; il en parloit sans cesse, et se montroit avide de connoître toutes les particularités de la vie du connétable. Pour lui plaire, on composa nombre de chroniques et de romans en vers sur Du Guesclin. On chercha à rendre ces ouvrages plus piquans en y ajoutant non-seulement des prédictions, mais des aventures incroyables. Ces chroniques, auxquelles leur antiquité donnoit du poids, sont devenues les guides des historiens, qui y ont puisé beaucoup d'erreurs, et qui ont essayé vainement de concilier ou d'expliquer des récits contradictoires et fabuleux.

« agreables services que nostre amé et feal chevalier
« Bertrand Du Guesclin, comte de Longueville, con-
« nestable de France, nous a fait en nos guerres,
« esquelles a plusieurs fois exposé son corps au peril de
« mort, à grand fruit et bien public de nos sujets et de
« tout nostre royaume, dont nous le reputons bien
« digne de grande remuneration : à icelui nostre con-
« nestable avons donné et octroyé de grace speciale et
« de nostre certaine science, et donnons et octroyons
« par la teneur de ces lettres, le chastel, ville, vicomté,
« appartenances et dependances de Pontorson, etc. »
C'étoit un majorat qui, à défaut d'héritiers mâles, devoit revenir à la couronne. (*Du Chastelet*, p. 455.)

Les Mémoires gardent presque entièrement le silence sur les dernières expéditions de Bretagne, entreprises contre l'avis de Du Guesclin, qui servoit toûjours le Roi avec fidélité et dévouement, mais qui ne
pouvoit sans regret faire la guerre à ses compatriotes,
dont la plupart avoient combattu sous ses ordres. On
remarque les vers suivans dans une ancienne chronique :

> Mais quant il fust au départir,
> Il dit au Roy sans point mentir
> Que l'aigle plus voler n'pouvoit,
> Car les plumes que il souloit
> Avoir belles pour voler haut,
> Estoient chaittes par le grant chaud,
> Et estoient sec comme une escorce.
> . . . .
> Et pria le Roy humblement
> Que il voulust paisiblement
> Avoir la paix o les Bretons
> Qui en bataille sont si bons ;

> Et se ainsi il le faisoit,
> L'aigle arriere recouvreroit
> Les plumes qui chaittes estoint,
> Autrement jamais ne vindroint.

Ces vers, qui ont été composés par un auteur contemporain, font voir que l'opinion du connétable, relativement aux affaires de Bretagne, étoit bien connue; mais des historiens très-estimables ont raconté ou plutôt répété, d'après une ancienne chronique, que le Roi, excité par le sire de La Rivière, manifesta des soupçons sur sa fidélité; qu'aussitôt Du Guesclin renvoya l'épée de connétable; que Charles et les princes ses frères firent auprès de lui d'inutiles efforts, et ne purent le décider à la reprendre; qu'il avoit résolu de quitter la France, et de se retirer auprès de don Juan, fils et successeur de don Henri; que déjà il étoit en route pour la Castille, lorsqu'à la prière des habitans de l'Auvergne il consentit à faire le siége de Châteauneuf-de-Randon, pendant lequel il mourut. Quelques écrivains ont même discuté ces prétendus soupçons de Charles v, et cherché à prouver qu'ils ne pouvoient être fondés. Comme un pareil soin nous a paru superflu, en admettant même que le Roi ait eu le malheur de douter un instant de la fidélité du plus loyal des chevaliers, nous ne nous arrêterons pas à ces apologies; mais nous remarquerons qu'il est bien difficile de croire que Charles v, prince renommé par sa sagesse, par sa prudence et par la pénétration de son esprit, et qui dirigeoit lui-même toutes les affaires de son royaume, ait pu être ainsi abusé sur Du Guesclin, dont une longue expérience lui avoit fait connoître la fidélité et le dévouement. On croira plus difficilement encore qu'il se soit exposé à perdre le meilleur de ses capitaines, l'espoir de la France, en laissant éclater des soupçons si peu fondés que, suivant les chroniques mêmes sur lesquelles on s'appuie, à peine Du Guesclin auroit-il eu renvoyé l'épée de connétable, que le Roi la lui auroit fait reporter par les ducs d'Anjou et de Bourbon. Cependant, comme on rencontre souvent dans l'histoire des faits dont il est impossible de découvrir les véritables causes, et qui peuvent être vrais quoiqu'ils paroissent invraisemblables, nous n'avons pas dû garder le silence sur ce qu'on a dit de la prétendue disgrâce de Du Guesclin, de sa démission de la charge de connétable, et de son départ pour la Castille.

Ces diverses circonstances ont été puisées dans les Mémoires de Louis III duc de Bourbon, composés en 1429 par Jean d'Orronville, surnommé Cabaret. Si l'on admet quelques-uns des faits rapportés dans ces Mémoires, il faut nécessairement en rejeter plusieurs autres. Du Guesclin n'avoit pas renoncé au titre de connétable, puisqu'il en faisoit les fonctions au siége de Châteauneuf-de-Randon; il ne s'étoit pas mis en route pour retourner en Castille, puisqu'il avoit avec lui un corps de troupes considérable, et un maréchal de France, Louis de Sancerre, qui servoit sous ses ordres. Le père Daniel essaie de concilier ces contradictions en supposant que Du Guesclin, après avoir long-temps résisté, s'étoit enfin décidé à reprendre l'épée de connétable. Le père Lobineau, qui dans son histoire de Bretagne adopte entièrement le récit de l'historien du duc de Bourbon, objecte avec assez de fondement que c'est mal connoître le caractère de Du Guesclin, qui n'étoit pas capable de changer quand une fois il avoit pris une résolution. Mais le père Lobineau, dont l'histoire de Bretagne a paru en 1707, et qui est mort en 1727, n'avoit probablement pas eu connoissance du testament de Du Guesclin, que dom Morice a fait imprimer dans une autre histoire de Bretagne, publiée en 1742. Ce testament est du 9 juillet 1380; Du Guesclin y ajouta le lendemain 10 du même mois, trois jours avant sa mort, un codicille dans lequel il prend le titre de connétable de France. Ce testament et ce codicille, qui seront joints aux pièces justificatives, tranchent toute difficulté sur un point essentiel, et suffisent pour rendre très-suspectes les autres parties du récit de Jean d'Orronville.

Dans le Précis que nous avons placé en tête des Mémoires, nous avons rapporté un passage d'un ancien manuscrit qui dément les autres historiens sur les détails de la mort de Du Guesclin, et sur la capitulation de Châteauneuf-de-Randon. Ce manuscrit finit en 1383; l'auteur, qui paroît avoir été contemporain du connétable, sembleroit devoir inspirer quelque confiance : cependant l'autre version a prévalu, et elle est trop honorable à la mémoire de Du Guesclin pour qu'on cherche à la réfuter.

Le connétable mourut le 13 juillet 1380. Son corps, porté d'abord au Puy, fut déposé dans l'église des Jacobins; le 23, la ville lui fit faire un service magnifique. On remarque, comme chose singulière pour le temps, qu'il y eut trente torches de cire, un drap d'or bordé de noir avec ses armes; et que le professeur de théologie du couvent prononça son oraison funèbre. On lui éleva dans l'église un tombeau, où il étoit représenté en buste et cuirassé, avec cette épitaphe : « Cy gist honorable homme et vaillant « messire Bertrand Du Claikin [1], comte de Lon- « gueville, jadis connetable de France, qui trépassa « l'an 1380, le 13 juillet. » Le tombeau et l'épitaphe existoient encore en 1789.

Le corps de Du Guesclin devoit, d'après ses dernières intentions, être transporté à Dinan, lieu de la sépulture de ses ancêtres. Déjà le cortége étoit en marche pour la Bretagne, lorsque le Roi, voulant rendre à la mémoire du connétable un honneur qui n'avoit encore été accordé à aucun sujet, ordonna que Du Guesclin seroit enterré à Saint-Denis, et placé dans le caveau qu'il avoit fait disposer pour lui-même. La Reine, morte en 1377, y étoit déjà enterrée. Charles avoit ordonné en même temps que le corps du connétable fût reçu dans toutes les villes, avec les mêmes cérémonies qui auroient lieu pour le convoi d'un roi. Ce dernier ordre n'étoit point nécessaire : la reconnoissance publique alloit au devant des intentions du souverain. « Partout où le cortége passa, dit un « historien, il fût accompagné d'un concours prodi- « gieux de peuples qui, avec de grands gémissemens, « prioient pour le connétable, et le combloient de « bénédictions et d'éloges. Les chapitres et les évêques « le recevoient dans leurs églises, et il n'en partoit « qu'après les services qui se faisoient pour lui, et des « oraisons funèbres où on ne le qualifioit pas moins

---

[1] Cette épitaphe, dans laquelle on lisoit *Du Claikin* au lieu de *Du Guesclin*, montre combien les noms propres étoient alors défigurés. S'il y avoit de pareilles inexactitudes dans les monumens publics, doit-on s'étonner d'en trouver dans les chroniques particulières ?

« que de conservateur du royaume et de libérateur
« de la patrie. » Paris se disposoit à surpasser les
autres villes, par la réception qu'on y préparoit au
convoi ; mais le Roi jugea à propos de faire arrêter la
marche à Saint-Cloud, et de faire transporter le corps
à Saint-Denis, sans traverser la capitale. Ce contretemps n'arrêta point les Parisiens : ils se portèrent en
foule sur la route, empressés de rendre un dernier
hommage au héros qui avoit délivré la France du
joug de l'étranger. A Saint-Denis, les obsèques eurent
la même pompe que celles des rois. Les princes qui
se trouvoient à Paris, et les plus grands personnages
du royaume, y assistèrent. La plupart des historiens
ont confondu cette première cérémonie avec celle
qui eut lieu en 1389 par ordre de Charles VI, et qui
étoit, suivant l'expression d'un ancien auteur, le
couronnement d'une fête de chevalerie célébrée en
faveur de Louis et de Charles d'Anjou, fils du roi de
Sicile, que le Roi avoit faits chevaliers. Les nouveaux
honneurs rendus à Du Guesclin neuf ans après sa
mort sont racontés en vers, avec beaucoup de détails,
par un témoin oculaire ; et c'est là que Le Laboureur
a principalement puisé la description qu'il a faite de
la cérémonie. Nous donnerons cette description avec
les pièces justificatives ; mais nous croyons devoir citer
ici quelques passages du poème dont nous venons de
parler. Il y a des vers remarquables par la plus touchante simplicité, et auxquels les formes naïves du
vieux langage donnent encore un nouveau charme.

> Jesus-Christ, qui a grant poissance,
> Vueil tous ceulx de mal garder
> Qui du conestable de France
> Monsieur Bertrant orront chanter !

. . . .
L'an de grace trois cent et mille
Et quatre vins et puis neuf ans,
Sept jours en may ne fut pas guile,
Fist de France li Roys poissant
Faire un servise mult nobile
De Bertran, qui tant fut vaillant.

. . . .
Quant l'offrende si fut passée,
L'evesque d'Auxerre precha;
Là ot maint lerme plorée
Des paroles qu'il recorda.
Quar il conta comment l'espée
Bertran de Glaiequin bien garda,
Et comme en bataille rangée
Pour France grant poine endura.

Tous les princes fondroint en lermes
Des mots que l'evesque monstroit;
Quar il disoit : Plorez, gens d'armes,
Bertrant qui tres tant vous amoit :
On doit regreter les fez d'armes
Qu'il fist au temps que il vivoit.
Dieux ayt pitié sus toutes ames
De la sienne, quar bonne estoit !

Charles, li nobles roys de France,
Qui Dieux doint vie et bonne fin,
A fait faire tel remembrance
Du noble Bertran de Claiquin :
Qu'on doit bien avoir souvenance
Du noble guerrier enterrin !
Dieux otroit à s'ame honorance
Es ceuls, où sont li seraphim (1).

(1) On lit au bas de cette pièce de vers, qui se trouve dans le *Thes. anecd.* de Martène, tom. III, p. 1501, la note suivante : *Explicit iste liber, Deo gratias. Si male quod feci, veniam peto; si bene, gratiam. Qui me scribebat, Guillelmus nomen habebat..... Corisopitensis diocesis, et habebat.... et fui scriptus in civitate Avenionensium anno Domini M III nonagesimo.* On peut remarquer dans cette pièce que le nom de Du Guesclin y est écrit de deux manières différentes. Le poète nomme d'abord le connétable *Glaiequin*, et ensuite *Claiquin*.

Le Roi s'étoit plu à reconnoître avec magnificence les importans services que Du Guesclin avoit rendus à l'Etat. Outre le comté de Longueville et la vicomté de Pontorson, il lui avoit successivement donné les terres de Fontenay-le-Comte et de Montreuil-le-Bonin, le comté de Montfort-l'Amaury, les seigneuries de Saint-Sauveur-le-Comte et de La Roche-Tesson, la châtellenie de Tuit, et la forêt de Cinglas. Dans plusieurs actes, Du Guesclin prend le titre de comte de Bourges; mais on ignore s'il touchoit les revenus du comté qui faisoit partie de l'apanage du duc de Berri. Charles v lui avoit fait remise de quarante mille marcs d'argent [1] payés à Chandos, et des trente mille doubles d'Espagne comptés au prince de Galles, ainsi qu'on l'a vu plus haut; il lui avoit abandonné en 1378 plus de quarante-six mille francs enlevés à l'ennemi. Ces sommes, réunies au patrimoine de sa famille et aux terres qu'il avoit reçues de don Henri, auroient dû le rendre un des plus riches seigneurs du royaume. On voit, par une quittance signée de Du Guesclin le 20 avril 1371, que ses états, comme connétable, s'élevoient à deux mille livres par mois; et il faut remarquer que l'apanage de Louis, second fils du Roi, ne fut fixé en 1374 qu'à douze mille livres par an. Mais ses revenus et ses immenses possessions étoient le patrimoine des soldats; il leur distribuoit tout ce qu'il possédoit, et il étoit pauvre au milieu de son opulence. L'état de sa maison étoit d'ailleurs considérable, et digne du poste éminent qu'il occupoit. Un ancien registre de la chambre des comptes porte que Jean

---

[1] La valeur du marc d'argent étoit alors de cent sous tournois; elle est aujourd'hui de cinquante francs.

Le Bouteiller, son exécuteur testamentaire, reçut du trésor une somme de deux mille livres pour payer les gages des gens et familiers du connétable pendant six semaines. Ainsi les gages seuls de ses gens et de ses familiers montoient à seize mille livres par an. Pressé par le besoin d'argent, il vendit quelques unes des terres qu'il tenoit de la munificence royale. Henri lui racheta toutes ses possessions de Castille, et lui donna en échange le comte de Pembroc qui étoit prisonnier en Espagne, et dont la rançon avoit été fixée à cent vingt mille florins. Dix barons anglais s'étoient rendus caution du paiement. Cinquante mille florins devoient être payés comptant, et l'on s'étoit engagé à donner des obligations pour le surplus. Les conditions arrêtées, Pembroc fut mis en liberté, et mourut avant d'arriver à Calais. Le duc de Lancastre, qui se trouvoit alors à Bruges, où les cinquante mille florins étoient déposés ainsi que les obligations, fit arrêter les sommes, et les revendiqua au nom du roi d'Angleterre. Les tribunaux du pays les lui adjugèrent, par inimitié contre les Français. Du Guesclin en appela au parlement de Paris; les gens de Bruges maltraitèrent le sergent d'armes qui étoit chargé de les assigner. Le procureur général fait alors ajourner les magistrats de Bruges, en raison de ces violences; Du Guesclin demande au Roi la permission de marcher contre la ville, et de la châtier. L'affaire se prolongea depuis 1375 jusqu'en 1377, époque à laquelle Charles v se décida à l'assoupir, en accordant au connétable une indemnité de cinquante mille livres.

Le duc de Berri avoit donné à Du Guesclin le château et les terres de Cachamp, près de Paris. Le connétable en fit présent au duc d'Anjou; et comme l'acte par lequel un sujet donne une terre au frère de son Roi peut être curieux pour beaucoup de lecteurs, nous l'insérerons en entier avec les pièces justificatives.

Du Guesclin ne laissa point d'enfans de ses deux mariages; mais au témoignage de Rodez de Andrada, dans sa chronique des ordres, il avoit eu en Espagne deux fils naturels d'une demoiselle suivante de la ville de Soria. L'un de ces fils, nommé Bertrand Toreux, fut commandeur de Neudela, ordre de Calatrava; de l'autre descendent, dit-on, les marquis de Fuentès. Il est certain que Du Guesclin avoit eu un troisième fils naturel: car on trouve dans les registres de la chambre des comptes, année 1380, une quittance de neuf vingt livres tournois payées par ordre du Roi à Michel, fils bâtard du feu comte de Longueville, connétable de France, « pour considération de plu-
« sieurs bons et agréables services que ledit Michel
« lui auroit fait en ses guerres, esquelles il a été pris
« plusieurs fois, et mis en grande rançon. »

Le connétable n'ayant point laissé d'enfans légitimes, Olivier Du Guesclin son frère hérita de ses biens; et l'on voit, par un acte du mois de mars 1403, qu'il les vendit au Roi, en se réservant seulement l'usufruit. Ces biens devinrent l'apanage de Louis, fils de Charles VI. Olivier succéda également à son frère dans la dignité de connétable de Castille. Le roi don Juan, fils de Henri Transtamare, l'appela avec plusieurs chevaliers bretons, et il rendit des services importans à ce prince, qui étoit en guerre avec le roi de Portugal.

Jeanne de Laval, veuve de Bertrand Du Guesclin,

honora religieusement la mémoire de son illustre époux. Elle dota plusieurs églises, et y fonda des services perpétuels pour le repos de son ame. On lit dans quelques auteurs qu'elle fit chevalier André de Laval, seigneur de Loheac, en lui ceignant l'épée que Du Guesclin avoit autrefois portée dans les combats. Les mêmes auteurs observent que c'est une chose extraordinaire, mais non pas sans exemple, que des femmes aient fait des chevaliers; que plusieurs reines ont joui de cette prérogative en vertu du droit attaché à la couronne; et que si Jeanne de Laval a exercé le même droit, c'est une marque de la grandeur de sa maison. On pourroit supposer aussi que la veuve de Du Guesclin avoit obtenu la permission de faire un chevalier en l'armant de l'épée de son époux.

Quoique ce ne soit pas une circonstance importante, nous croyons devoir faire remarquer que l'on donnoit quelquefois le titre de prince à Du Guesclin. Une quittance, délivrée le 30 décembre 1373, commence par ces mots : « Sachent tous que je, Brient de « Launion, gouverneur de la comté de Montfort pour « très-noble et très-puissant prince monsieur Ber- « trand Du Guesclin, connetable de France, comte « dudit Montfort, etc. »

Nous avons donné le portrait de Du Guesclin enfant; voici comment il est peint par les historiens lorsqu'il fut plus avancé en âge. Il avoit le visage rond et brun, le nez camus, les yeux verts, les cheveux touffus, le cou court, les épaules larges, épaisses et un peu élevées; les bras longs, la main petite, la taille ramassée, les jambes mal faites; enfin on s'accorde à dire que tout étoit désagréable dans son regard, dans sa physionomie, comme dans sa personne. Il ne savoit ni lire ni écrire; mais il paroît pourtant qu'il signoit son nom, car à la fin de l'acte par lequel il fit donation de Cachamp au duc d'Anjou, on trouve ces mots : « En témoin de ce, nous avons signé ces « lettres de notre propre main. » Peut-être étoit-ce une croix ou telle autre marque qui lui tenoit lieu de signature.

Comme tout ce qui reste d'un homme aussi extraordinaire doit piquer la curiosité, nous avons cru devoir joindre aux pièces justificatives une de ses lettres particulières, qui nous a été conservée, et qui est adressée au duc d'Anjou. Nous n'y ajouterons pas la liste des chevaliers et des écuyers qui l'ont accompagné dans ses expéditions, quoiqu'elle se trouve dans la première édition des Mémoires. Il est impossible d'être assuré de l'exactitude d'une foule de noms obscurs, lorsqu'on voit celui de Du Guesclin écrit de dix ou douze manières différentes. On est alors nécessairement exposé à commettre des erreurs graves qui ôtent tout prix à un pareil travail, et c'est ce qui est arrivé aux premiers éditeurs. Nous avons mieux aimé supprimer cette liste, qui d'ailleurs est très-inutile, que de la donner incomplète et inexacte.

Nous terminerons ces observations par le portrait que d'Argentré fait de Du Guesclin dans son histoire de Bretagne (livre IX, chap. VII). « Ce fut « l'excellence de chevalerie, fust de sa personne pour « avoir combatu d'homme à homme en camp clos « six ou sept fois, fust en conduite de batailles ou « d'armées. Jamais le grand nombre ne l'empescha « de charger; et l'eussent bien mieux aperceu les

« Anglois sur la fin, n'eussent esté les estroictes defenses
« que luy faisoit le Roy de ne hazarder jamais rien,
« ny de combatre : ce que luy desplaisoit assez. Ce fut
« un homme sans fard, sans dissimulation, le visage
« tousjours ouvert, en mesme estat, prest de quelque
« agreable parole...... Tout son meuble, et bagues de
« sa femme, se despendoient en l'advancement de la
« solde aux capitaines et gens de guerre, et payement
« de rançons pour les pauvres soldats..... Au milieu
« d'une bataille, froid et asseuré comme en sa cham-
« bre : au combat, furieux, fort et roide. Jamais n'as-
« saillit place qu'il ne prist de composition, sappe,
« escalade ou par force, fors bien peu; etc. »

PIÈCES JUSTIFICATIVES.

I.

LETTRE DE DU GUESCLIN A FELLETON.

A Monsieur Guillaume de Feltonn.

J'ai veü unes lettres que escrites m'avez, contenant la fourme qui s'ensuit :

« Mons Bertrand Du Guerclin, j'ay entendu, par
« Jean Le Bigot vostre ecuyer, que vous avez ou de-
« vez avoir dit que si nul homme vourroit dire que
« vous n'aurez bien et loyalement tenus vos hostages
« à cause du traictié de la paix de Bretaigne, en la
« maniere que vous l'aviez promis, le jour que mon-
« sieur de Montfort duc de Bretaigne, et monsieur
« Charles de Blois, avoient emprins de combatre en-
« semble sur la querelle de Bretaigne, et que vous
« n'étiez tenus de tenir hostages, fors un mois tant
« seulement, vous voudriez défendre devant vos juges.
« Sur quoi je vous face assavoir que vous promites
« audit jour, par la foy de votre corps, et entrastes
« hostage, que vous devriez demorer sans y départir,
« jusques à tant que la ville de Nantes seroit rendue
« audit monsieur de Montfort, duc de Bretaigne, ou
« que vous auriez congié de mondit seigneur : laquelle
« foi et hostages vous n'avez bien loyalment tenue,
« ains faussement l'avez faillie ; et de ce suis prest à

« l'aide de Dieu, par mon corps, de prouver contre
« vous, comme chevalier doit faire devant mons le
« roi de France. Tesmoing mon scel à cette cédule
« apposé et mis le 23 jour de novembre l'an mil trois
« cens soixante et trois. GUILLAUME DE FELTONN. »

Si vous fas assavoir que o l'aide de Dieu je serai devant le roy de France, nostre sire, dedens le mardy avant la miequaresme prochain venant, si il est ou reaume de France en son povoir; et ou cas que il n'y seroit, je serai o l'aide de Dieu devant mons le duc de Normandie celle journée; et quant est de ce que vous dites ou avez dit je deusse estre hostage jusques à tant que la ville de Nantes fust rendue au comte de Montfort, et que j'aye ma foy et mes hostages faussement faillis et tenus, en cas que respons vous en appartiendroit et le voudriez maintenir contre moi, la je diré et maintendré devant l'un d'elz en ma leal deffence que mauvesement avez menti, et y seray se Diex plest tout prest pour y garder et deffendre mon honneur et estat encontre vous, si respons vous en siet: et pour ce que je ne weil longuement estre en cest debat o vous, je le vous fas assavoir ceste fois pour toutes, par ces lettres scellées de mon scel le 9 jour de decembre l'an mil trois cent soixante et trois.

BERTRAN DU GUERCLIN.

(*Histoire de Bretagne, de dom Morice.*)

II.

Acte signé par Jean de Grailly, captal de Buch, pendant sa captivité.

Jehan de Grailly, captal de Buch, reconnois qu'à la bataille de Cocherel Rolant Bodin, écuyer, m'ayant fait son *prison*, il m'a depuis quitté ma foi, et en transportant tout le droit qu'il avoit sur moi au roi de France, dont je devins et suis encore loyal *prison*; que ce Roi a établi ma demeure dans le marché de la ville de Meaux; que, de sa grace, il m'a permis d'aller entre deux soleils dans cette ville, et même aux environs, jusqu'à une demi-lieue, à condition qu'avant le soleil couchant je reviendrois dans le marché, où je passerois la nuit, et d'où je ne pourrois sortir que le lendemain après le soleil levé; que depuis, à ma supplication et à celle de mes amis, il m'a permis d'aller faire un voyage en Angleterre, sous la condition que je serois revenu au marché de Meaux le jour de la Saint-Michel; qu'aujourd'hui, étant de retour d'Angleterre, et étant à Paris auprès du Roi, et prêt à retourner au marché de Meaux, je l'ai supplié de me permettre d'aller trouver la reine Jeanne (d'Evreux), veuve de Charles-le-Bel et tante du roi de Navarre, qui m'avoit écrit pour me prier de l'aller trouver à Château-Thierri, où elle étoit, ou dans d'autres endroits où elle pourroit être; que je l'ai encore supplié de changer le lieu de ma prison, et de me permettre de demeurer à Paris; et que le Roi ayant eu la bonté de m'accorder ces deux graces, à condition que le dimanche après la Saint Remy prochaine je serois de retour à Paris, où je tiendrois prison dans l'enceinte comprise dans les bastilles de Saint-Denys, j'ai juré sur les saints Evangiles, et promis par la foy de mon corps donnée en la main de très-noble et puissant prince le comte d'Estampes, au nom du Roi, et pour lui et à ses successeurs, que je me rendrai à Paris au jour qui m'a été prescrit, et que j'y tiendrai prison ou ailleurs où il me sera ordonné; et que, dans quelque lieu que je sois, je serai bon et *loyaus prison* au roi de France ou à ses successeurs, jusqu'à ce que lui ou eux m'ayent quitté de ma prison par lettres scellées de leur grand scel; que j'ai encore juré sur les saints Evangiles et sur ma foi que pendant que je serai prisonnier, que je ne serai *aidant, ne conseillant, ne confortant par dit, par fait, par lettres ou par messaiges, ne par signe ou autrement en public et en secret, au roi de Navarre, ni à aucun de son parti, ni à aucuns autres rebelles,* ennemis ou malveillans du roi de France, ou de ses successeurs ou royaume; et que par moi, ni par autre, je ne dirai ni ferai rien qui puisse porter préjudice à ces Rois ni à leur royaume; que je ferai faire un serment pareil à ceux qui demeureront avec moi; que si je manque à tenir ma prison, ou si je fais quelque chose contre ce que dessus est dit, je veux et consens que je sois tenu pour *faux, mauvais* et desloyal chevalier, et que pour parjure et foi mentie et en *signe de ce*, *mes armes soient tournées de ce dessus dessous*; *et que pour tel comme tel*, le Roi ou ses successeurs me puissent poursuivre dans leurs cours de justice ou autres: me soûmettant moi-même pour l'exécution des choses dessusdites à la jurisdiction et *cohercion* de nostre saint pere le Pape et de sa chambre, par lesquels je consens être contraint, par sentence d'*escommeniement* ou autrement, à le tenir et garder fermement. (*Mém. hist. de Secousse sur Charles-le-Mauvais*, t. 1, 2ᵉ partie, p. 54.)

III.

Exemple des cantiques latins qu'on chantoit en France du temps des ravages arrivés depuis la prise du roy Jean, ou de ceux des grandes compagnies, au commencement du règne de Charles V.

>Plange, regni respublica,
>Tua gens ut schismatica
>   Desolatur.
>
>Nam pars ejus est iniqua,
>Et altera sophistica
>   Reputatur.
>
>De te modò non curatur,
>Inimicis locus datur
>   Fraudulenter.
>
>Tui status deturpatur,
>Sua virtus augmentatur
>   Nunc patenter.
>
>Te rexerunt imprudenter,
>Licet forte innocenter,
>   Tui cari.
>
>Sed amodo congaudenter
>Te facient et potenter,
>   Deo dante dominari.

(*OEuv. ms. de G. de Machau.* Bibl. du Roi, *cod.* 7609.)

Prière à la sainte Vierge, sur les misères de la France; tirée du même volume.

>Felix virgo mater Christi,
>Quæ gaudium mondo tristi
>Ortu tuo contulisti,
>   Dulcissima..

Sic hæreses peremisti,
Dum angelo credidisti,
Filiumque genuisti,
    Castissima.

Roga natum, piissima,
Ut pellat mala plurima,
Tormentaque gravissima
    Quæ patimur.

Nam à gente dirissima
Lux lucis splendidissima,
De sublimi ab infirma
    Deducimur.

Cunctis bonis exuimur,
Ab impiis persequimur,
Per quos jugo subjicimur
    Servitutis.

Nam sicut cæci gradimur,
Nec directorem sequimur,
Sed à viis retrahimur
    Nobis tutis.

Graciæ fons et virtutis,
Sola nostræ spes salutis,
Miserere destitutis
Et ad rectum iter pax sit nobis cum gaudio.

(Ibid.)

IV.

Alliance entre Bertrand Du Guesclin et Olivier de Clisson.

A tous ceux qui ces lettres verront, Bertran Du Guerclin, duc de Mouline, connestable de France, et Ollivier de Cliçon, salut : sçavoir faisons que pour nourrir bonne paix et amour perpétuellement entre nous et nos hoirs, nous avons promises, jurées et ac-

cordées entre nous les choses qui s'ensuivent : c'est
à sçavoir que nous, Bertran Du Guerclin, voulons
estre aliez et nous alions à tousjours à vous, messire
Ollivier seigneur de Cliçon, contre tous ceulx qui
pevent vivre et mourir, excepté le roi de France, ses
freres, le vicomte de Rohan, et noz autres seigneurs de
qui nous tenons terre; et vous promettons aidier et
conforter de tout notre povoir, toutes fois que metiez
en aurez et vous nous en requerrez. *Item*, que ou cas
que nul autre seigneur, de quelque estat ou condition
qu'il soit, à qui vous seriez tenu de foi et hommage,
excepté le roi de France, vous vouldroit desheriter
par puissance, et vous faire guerre en corps, en honnour ou en biens, nous vous promettons aidier, deffendre et secourir de tout notre pooir, si vous nous
en requerez. *Item*, voulons et consentons que de tous
et quelconques profitz et droictz qui nous pourront
venir et écheoir dore en avant, tant de prisonniers
pris de guerre par nous ou nos gens, dont le prouffit
nous pourroit appartenir, comme de pais raençonné,
vous aiez la moitié entièrement. *Item*, ou cas que
nous sçaurions aucune chose qui vous peust porter
aucun dommage ou blasme, nous le vous ferons sçavoir et vous en accointerons le plustost que nous pourrons. *Item*, garderons vostre corps à nostre pooir,
comme nostre frere. Et nous Ollivier, seigneur de Cliçon, voulons estre aliez et nous alions à tousjours à vous,
messire Bertran Du Guerclin, dessus nommé, contre
tous ceulx qui peuvent vivre et mourir, exceptez le roi
de France, ses freres, le vicomte de Rohan, et noz autres seigneurs de qui nous tenons terre; et vous promettons aidier et conforter de tout notre pooir, toutes

fois que metier en aurez et vous nous en requerrez *Item*, que ou cas que nul autre seigneur de quelque estat et condition qu'il soit, à qui vous seriez tenu de foy ou hommage, excepté le roy de France, vous voudroit desheriter par puissance, et vous faire guerre en corps, en honnour ou en biens, nous vous promettons aidier, déffendre et secourir de tout notre pooir, si vous nous en requerez. *Item*, voulons et consentons que de tous et quelconques proufitz et droicts qui nous pourrons venir et escheoir dore en avant, tant de prisonniers pris de guerre par nous ou nos gens, dont le prouffit nous pourroit appartenir comme de pays raençonné, vous aiez la moitié entierement. *Item*, ou cas que nous sçaurions aucune chose qui vous peust porter dommage aucun ou blasme, nous le vous ferons sçavoir, et vous en accointerons le plustost que nous pourrons. *Item*, garderons votre corps en notre pooir, comme nostre frere : toutes lesquelles choses dessus dites, et chacune d'icelles nous Bertran et Ollivier, dessus nommez, avons promises, accordées et jurées, promettons, accordons et jurons sur les seints Evangiles de Dieu, corporellement touchiez par nous et chacun de nous, et par les foys et sermens de nos corps bailliez l'un à l'autre, tenir, garder, entériner et accomplir, sans faire ne venir encontre par nous ne les nostres ou de l'un de nous, et les tenir fermes et agréables à toujours. En tesmoin desquelles choses nous avons fait mettre nos sceaux à ces présentes lettres, lesquelles nous avons fait doubler. Donné à Pontorson le vingt-troisieme jour d'octobre l'an de grace mil trois cent soixante et dix. Par monsieur le duc de Mouline, Voisins.

V.

Extrait d'un registre de la chambre des comptes de Paris : signatum D. Incipit 1359. *Finit* 1381.

Sabatto die 13 *martii* 1371, *natus fuit secundo genitus regis Caroli in domo S. Pauli propè Parisius, et luna* 15 *martii baptisatus in ecclesia prædicta S. Pauli; et tenuit eum supra fontes dominus Ludovicus comes Stampensis, et sic est nomen ejus Ludovicus de Francia. Et tenuit eum supra fontes constabularius Franciæ dominus Bertrandus De Guesclin, qui post baptismum ipsius Ludovici supra fontes ei nudo tradidit eidem ensem nudum, dicendo gallicè* : Monseigneur, je vous donne cette épée et la mets en vostre main, et prie Dieu qu'il vous doint ou tel et si bon cœur, que vous soyez encore aussi preux et aussi bon chevalier comme fut oncques roi de France qui portast espée.

VI.

TESTAMENT DE DU GUESCLIN.

In nomine domini nostri Jesu Christi, amen. Incarnationis dominice anno ejusdem MCCCLXXX, *die nona mensis julii, et pontificatus sanctissimi in Christo patris et domini Clementis septimi, indictione secunda. Norint universi, quod senerissimus potentissimusque dominus Bertrandus Du Guesclin, comes Longueville, connestabulus Franciæ, suum condidit ultimum testamentum de bonis suis disponendo et ordinando per modum qui sequitur infra scriptus :*

Au nom de la benoiste Trinité le Père, le Fils et le

Saint-Esprit, nous Bertrand Du Guesclin, comte de Longuevilles, sain de nostre pensée, combien que par grace de Dieu nous soions infirme de corps, sçavant qu'il n'est rien plus certain que la mort, ne rien plus incertain que l'oure d'icelle, ne voulant pas deceder intestat, faisons et ordonnons nostre testament ou derniere volonté en la forme et maniere qui s'ensuit : Premierement nous commandons nostre ame à Dieu, à sa glorieuse mere, et à toute la compagnie des cieux. *Item*, nous elisons la sepulture de nostre corps estre faite en l'eglise des Jacobins de Dinan, en la chapelle de nos predecesseurs, et nostre servige estre fait comme nos executeurs verront que à faire sera; et à iceux religieux nous donnons et laissons le prix que cousteroit ou dit païs une fois payées cinquante livres de rente, pour le remede et salut des ames de nous et de nos predecesseurs. *Item*, nous voulons et ordonnons nos amendes estre duëment faites, et nos debtes estre peyées à ceux à qui il apparoistra duëment nous estre tenus. *Item*, nous ordonnons qu'un pelerin soit pour nous envée en veage à Saint Charles et à Saint Yves en Bretagne, et à chacun d'iceux cinq cent livres de cire. *Item*, nous donnons et laissons, à la reparation de l'église de Chisec, cent francs une fois payés. *Item*, nous donnons et laissons à touttes les paroisses où nous avons aucuns heritages, à chacune uns vestemens de sainte église bons et suffisans pour estre nous et nos predecesseurs participans ez prieres desdites églises. *Item*, nous commandons et ordonnons que la chapelle que nous avons autres fois ordonnée à faire à Saint Sauveur de Dinan, d'une messe par chacun jour, soit parfaite jusqu'à trente et cinq livres de rente si elle ne l'est dès à present, pour le remede et salut de l'ame de nous. *Item*, nous donnons à Bertrand Du Guesclin, fils de notre cousin messire Olivier Du Guesclin, ce que deux cent livres de rente pourront couster pour convertir en heritage en Bretagne, ou la rente ly estre payée, jusqu'à temps que le payement ly en soit fait. *Item*, nous donnons et laissons à nos serviteurs qui s'ensuivent les sommes cy après declarées, pour les bons services qu'ils nous ont faits, et pour le salut de nostre ame. C'est à sçavoir à Thomas Guilloteaux cent livres, à Racoillé cent livres, à Jean Dufresne cent francs, à Gous? des Portes cent francs, à Hervé Hay cent francs, à Breton de nostre bouteillerie cinquante livres, à Bodigan cinquante francs, à monsieur André Thebaut cent francs, à Hennequin cinquante francs, à Ferrandille cinquante livres, à Joachim de Sommieres cinquante livres, à Guillaume de Maczon cent francs, à Jean Du Fournet cent francs, à Perrot Du Fournet cent francs, à maistre Jean Le Gué cent francs, à maistre Thomas Medeon cent francs, à Taillebodin cent francs, à Cencillet cent francs, à Robinet de la cuisine cinquante livres. *Item*, nous voulons et ordonnons que tous ceux qui ont eu administration ou receu aucune chose du nostre, ou de nos choses à cause de nous, en rendent compte à nos executeurs; et si ils doivent, qu'ils payent; ou si on leur doibt, qu'il leur soit payé. *Item*, nous connoissons devoir à messire Hervé de Mauny mille francs de pur prest en or comptant, que nous luy avons ordonné estre payé par le tresorier, lesquels nous luy ordonnons estre payé par nos executeurs. *Item*, nous connoissons avoir autrefois donné à messire Alain de

Burleon cent francs de rentes à son viage, que nous voulons et ordonnons ly estre payés par nos heritiers et executeurs, pour les bons services qu'il nous a faits. *Item*, nous voulons et ordonnons que Geoffroy de Quedillac soit recompensé sur nostre terre, si il avenoit qu'il perdit la sienne pour estre venu à nostre service, de tant comme il en perdroit. *Item*, nous voulons et ordonnons que le testament de nostre feuë compagne, dont nous sommes chargé, soit parfait et accomply par nos executeurs. *Item*, nous ordonnons que Jean Le Bouteiller compte o nos executeurs, et que ce qui sera dub luy soit payé. *Item*, nous voulons et ordonnons que messire Alain de Burleon soit delivré et acquitté de toutes les obligations en quoy il est tenu pour nous. *Item*, nous donnons et laissons à nostre amée compagne, pour les bons et agreables services qu'elle nous a faits, tout le residu de nos biens meubles, nostre dite execution prealablement accomplie; et avec ce voulons et ordonnons qu'elle jouisse, le cours de sa vie seulement, des conquests faits par nous, le mariage de lé et de nous durant. Et pour l'execution des presentes, ordonnons tous nos biens meubles estre obligés, desquels nous transportons dès à present pour ce faire la saisine et possession à nos executeurs; et ou au cas qu'ils ne pourroient fournir à ce, nous voulons et ordonnons de nos heritages estre vendus, pour le parfaire par la main de nos executeurs, comme ils verront qu'à faire sera. Et nous elisons nos executeurs pour nostre derniere execution faire et accomplir. C'est à sçavoir nostre dite amée compagne, messire Olivier de Mauny, messire Hervé de Mauny, et Jean Le Bouteiller, lesquels nous prions qu'ils en veillent prendre la charge, et les choses devant dites loyalement accomplir; et nous voulons que si tous ensemble ne pouvoient ou ne vouloient à ce vaquer ou entendre, que trois ou deux d'eux le puissent parfaire et accomplir, non obstant l'absence des autres aux quels nous donnons pouvoir de corriger, d'accroistre ou d'amenuiser ce qu'ils y verront qu'à faire sera en ce present testament; et voulons et ordonnons que ce soit nôtre dernier testament ou volonté, et que s'il ne pouvoit valoir en tout, que il vaille en la partie que il devra et poura mieux valoir, tant de droit que de coustume, sans que l'une des parties soit corrompuë ou viciée par l'autre; et renonçons et rappellons tous autres testamens, si avant en avions fait autre fois. Et pour ce que ce soit chose ferme et estable ou temps à venir, nous requerons à Jacques Chesal, clerc, notaire et tabellion apostolique, que en tesmoin de ce il fasse instrument et mettre son seing à ce present testament; et requerons à ceux qui cy aprés suivront, que au temps avenir, si mestier est, ils en soient tesmoins. C'est à sçavoir Guhel Rolant, Jean de Perchon, Robert de Champagné, Guillaume Huson, Jean de Listré, Jean Du Couldray, Guillaume Du Couldray, Olivier Loncel, Pierrot Maingui, et plusieurs autres à ce appellés. Ce fut fait en la maison de nostre habitation, au siege devant Chasteauneuf de Rendan, en la seneschaussée de Beaucaire, l'an et le jour dessus dits.

Quod idem testimonium, et omnia et singula supra scripta per eumdem testatorem ordinata, fuerunt per me dictum notarium, in præsentia supradictorum tes-

tium, lecta, publicata ac notificata, volente et requirente testatore supra dicto, de quo me dictum notarium requisivit fieri et confici prædictum publicum instrumentum, unum vel plura, et tot quot fuerint sibi aut suis necessaria ad dictamen cujusque sapientis, ipso producto vel non producto in judicio, vel extra substantia non mutata. In premissorum testimonium et ad majorem firmitatem premissorum, ego dictus notarius premissa omnia in notam recepi et aliis occupatus negotiis per fidelem..... Substitum meum hoc præsens et publicum instrumentum in hanc formam publicam redegi, scripsi, subscripsi, et apposui sigillum meum.

Codicille du testament de Du Guesclin.

Sçachent tous presens et avenir que nous avons aujourd'huy veu, diligemment regardé et leu de mot à mot en nostre cour à Angers, une lettre saine et entiere en scel et escriture, scellée en cuir double du scel de feu noble et puissant seigneur Bertrand Du Guesclin, comte de Longueville, et nagueres connestable de France, non cancellée, non mal mise, non corrompue en aucune partie d'icelle, de laquelle la teneur s'ensuit : Bertrand Du Guesclin, comte de Longueville et connestable de France, sçavoir faisons à tous presens et à venir que comme nous en nostre testament ayons donné et laissé à Bertrand Du Guesclin, fils de nostre cousin messire Olivier Du Guesclin, ce que deux cent livres de rente peuvent couster pour convertir en heritages en Bretagne, ou la rente luy estre payée jusqu'à temps que le payement luy en soit fait; nous, en amplifiant nostre grace audit Bertrand, pour ce qu'il porte nostre nom, et de par nous et pour faveur de plusieurs bons et agreables services que nostre dit cousin nous a faits, et esperons qu'il fera au temps à venir, de nostre certaine science et grace speciale, à iceluy Bertrand avons donné et octroyé, et par la teneur de ces presentes donnons et octroyons les dits deux cent livres de rente à ly estre assises et assignées sur nostre feage et domaine de La Cheverie (partie de la terre de Sens) avec ses appartenances, et sur nos autres terres, de proche en proche, de piece en piece et de lieu en lieu, jusques au dit prix, et tellement que ladite rente ne puisse deperir, ou cas que nous n'ayons hoir de nostre chair né et procrée en mariage, et avoir et tenir ladite assiette dudit Bertrand, et de ses hoirs et de ceux qui auront leur cause pour en faire doresenavant toute sa pleine volonté, comme de sa propre chose à luy acquise par droit d'heritage ; et à cet effect tenir et accomplir fermement et loyalement, et à garder le dit Bertrand de tous dommages par deffault de sa dite assiette, l'y faire ou autrement, nous obligeant nous et nos heritiers, et tous nos biens meubles et immeubles presens et avenir, en quelque lieu qu'ils soient, et chacun piece pour le tout, sans que nos hoirs ne autres à cause de nous applegement contrapplegement opposer, ne autrement, puissent aller encontre en aucune maniere. En tesmoin de ce, nous avons fait apposer nostre scel à ces presentes.

Donné devant Chasteauneuf de Randan, le 10 juillet l'an 1380. Ainsi signé par monsieur le connestable, presens messire Hervé de Mauny, messire Alain de Burleon, de Cadillac, Le Maczon. Et ce present *vidimus* fut donné à Angers, et scellé du scel establi aux contracts de nostre dite cour, le 16 jour d'aoust l'an de grace 1380. *Signé* PINRIOUST.

VII.

Détails de la cérémonie célébrée en 1389 à Saint-Denis, en l'honneur de Du Guesclin.

Auparavant que de partir de Saint-Denis, le Roy voulut que toute la noblesse qu'il y avoit assemblée assistast aux funerailles de feu messire Bertrand Du-Guesclin, qui avoient été jusques là differées; et il n'y eut personne qui ne fut bien aise de rendre ce devoir à une memoire si précieuse, et d'avoir un exemple, par la pompe royale de cette ceremonie, qui pût encourager les gentilshommes à faire des actions qui les rendissent dignes de tous les honneurs qu'on rend aux souverains. L'eglise avoit esté preparée durant qu'on se divertissoit aux tournoys, et on avoit mis la representation de cét illustre défunt sous une grande chappelle ardente, toute couverte de torches et de cierges, au milieu du chœur, qui en fut aussi tout environné; et qui brûlerent tant que le service dura.

Le deuil fut mené par messire Olivier de Clisson, connestable de France, et par les deux maréchaux messire Loüis de Sancerre et messire Mouton de Blainville, et il estoit representé par le comte de Longueville, Olivier Du-Guesclin, frere du défunt, et par plusieurs autres seigneurs de qualité, tous de ses parens ou de ses principaux amis, vestus de noir, qui firent l'offrande d'une façon toute militaire, et qui n'avoit point encore esté pratiquée dans nostre royal monastere. L'évesque d'Auxerre qui celebroit la messe conventuelle estant à l'offerte, il décendit avec le Roy pour la recevoir jusques à la porte du chœur, et là parurent quatre chevaliers armez de toutes pieces et des mesmes armes du feu connestable, qu'ils representoient parfaitement, suivis de quatre autres montez sur les plus beaux chevaux de l'escurie du Roy, caparaçonnez des armoiries du mesme connestable, et portant ses bannieres jadis si redoutables aux ennemis de l'Estat. L'évesque receut ces chevaux par l'imposition des mains sur leur teste, et on les remena en mesme temps qu'il retourna à l'autel; mais il fallut pour cela composer du prix ou de la recompense, pour le droict des religieux et de l'abbaye à qui ils appartenoient. Aprés cela marcherent à l'offrande le connestable de Clisson et les deux maréchaux, au milieu de huit seigneurs de marque qui portoient chacun un escu aux armes du défunt, la pointe en haut, en signe de perte de sa noblesse terrestre, et tous entourez de cierges allumez. Puis suivirent monsieur le duc de Touraine frere du Roy, Jean comte de Nevers fils du duc de Bourgogne, et messire Pierre fils du roy de Navarre, tous princes du sang, et messire Henry de Bar aussi cousin du Roy, tous la veuë baissée et portans chacun une épée nuë par la pointe, pour marque qu'ils offroient à Dieu les victoires qu'il avoit remportées, et qu'ils avoüoient qu'on les avoit receuës de sa grace par la valeur du défunt. Au troisiéme rang parurent quatre autres des plus grands de la cour, armez de pied en cap, conduits par huit escuyers choisis entre la plus noble jeunesse de la suitte du Roy, portans chacun un casque entre les mains, puis quatre autres aussi vestus de noir, avec chacun une banniere déployée et armoyée des armes de Du-Guesclin, qui sont d'argent à l'aigle imperiale de sable. Tout cela marcha pas à pas avec beaucoup de gravité et de marque de deuil, et chacun en son ordre s'agenoüilla devant l'autel, où furent posées toutes les pieces d'honneur, et se retira dans le mesme ordre, aprés avoir baisé les mains du prelat officiant.

Il est vray que cette pompe ne se pratique qu'aux funerailles des roys et des plus grands princes, et que c'estoit un honneur tout extraordinaire pour un gentilhomme; mais ce n'estoit point en abuser en celuy-cy, et tous les siecles produisent si peu de pareils sujets, que tous les seigneurs là presens dirent tout haut, en faveur de la memoire du grand Du-Guesclin, qu'il en estoit tres digne. Ils avouërent mesme sans contredit qu'il n'y avoit point d'homme vivant qu'on luy pût comparer; et qu'on pouvoit douter qu'il s'en trouvast jamais un qui pût soûtenir l'Estat et triompher des ennemis avec autant de gloire que le défunct en avoit remporté sous les armes et sous les enseignes qu'on venoit d'offrir.

Aprés l'offerte, l'évesque monta en chaire devant la chappellé des martyrs, pour faire l'oraison funebre; et il ne s'acquitta pas mòins heureusement des louanges qu'il devoit à la memoire de son heros, que de l'obligation d'inspirer à toute la noblesse là presente la genereuse emulation d'aspirer à la mesme gloire. Il prit pour theme : *Nominatus est usque ad extrema terræ* (sa renommée a volé d'un bout du monde à l'autre); et fit voir, par le recit de ses grands travaux de guerre, de ses merveilleux faits d'armes, de ses trophées et de ses triomphes, qu'il avoit esté la veritable fleur de chevalerie, et que le vray nom de preux ne se devoit qu'à ceux qui comme lui se signaloient également en valeur et en probité. Il prit sujet de passer de là aux qualitez necessaires à la reputation d'un vray et franc chevalier; et s'il releva bien haut l'honneur de la chevalerie, il fit bien connoistre aussi, par le discours qu'il fit de son origine et de sa premiere institution, qu'on ne l'avoit pas jugée plus necessaire pour la deffense que pour le gouvernement politique des Estats, et que c'estoit un ordre qui obligeoit à de grands devoirs, tant envers le Roy qu'envers le public. Il les exhorta à servir Sa Majesté avec une parfaite soûmission : il leur remontra que ce n'estoit que par son ordre et pour son service qu'ils devoient prendre les armes; mais sa presence ne l'empécha pas de dire aussi qu'il falloit que l'occasion en fût juste, et qu'il falloit encore que leur intention fût droite et équitable, pour les rendre innocens de tous les malheurs et des cruautez de la guerre, et, par toutes sortes d'exemples qu'il tira de toutes les histoires tant saintes que prophanes, qu'il falloit autant d'honneur et de vertu que de valeur et d'experience dans les armes, pour meriter dans cette condition la grace de Dieu et l'estime des hommes, et pour estre digne de la reputation du fidel chevalier messire Bertrand, qu'il recommandoit à leurs prieres, et pour lequel il alloit achever la messe.

Son tombeau est dans l'église de Saint Denys, sous une petite arcade qui apparemment a esté faite exprés dans la muraille, au pied du roy Charles cinquiesme, dit à juste titre le Sage et l'Heureux. Tout le monde sçait combien les nations les plus polies ont consideré l'honneur des sepultures, et que parmy les Romains il estoit mesme plus estimé que celuy des statuës. On ne trouvera rien de plus glorieux dans toute l'antiquité que le sepulchre de nostre connestable, soit pour le lieu, soit par ses autres circonstances. Il est de marbre noir : la figure du deffunt est posée dessus, faite de marbre blanc au naturel ; une lampe y brusle incessamment ; afin que ceux qui s'en approchent ayent plus de curiosité de sçavoir par quelles actions il a merité une marque d'honneur si extraordinaire, que depuis la ruine de l'empire de Rome personne n'en a eu de pareille. Les Perses, les Egyptiens, les Grecs et les Romains ont donné des lampes à leurs morts les plus illustres, et les fables par une mesme raison ont fait des astres de leurs dieux, et ont voulu qu'Hercules et quelques autres ayent esté changés en estoilles. On lit cette epitaphe au bout de son tombeau :

Icy gist messire Bertrand Du-Guesclin, comte de Longueville, connestable de France, qui trépassa au Chastelneuf de Rendan en Givodan, en la seneschaussée de Beaucaire, le treiziéme de juillet 1380.

(Ext. de l'*Hist. de Charles vi*, par *Le Laboureur*, p. 171.)

VIII.

Acte par lequel Du Guesclin donne la terre de Cachamp au duc d'Anjou.

A tous ceux qui ces lettres verront, Bertrand Du-Guesclin, comte de Longueville et connestable de France, salut. Comme n'agueres nostre tres-cher et redouté seigneur monsieur le duc de Berry et d'Auvergne nous eust donné l'hostel qu'il avoit lors et que le Roy luy avoit assis ez Cachamp prés de Paris, avec les jardins, maisons, manoirs, edifices, moulins, viviers, servoirs, aunoirs, saulsayes, garennes, prez, terres, labourages, vignes, bois, cens, rentes, revenus, justice, seigneurie, et autres choses quelconques appartenances et appendances audit hostel, lequel hostel ainsi divisé, comme dit est, nous avons tenu paisiblement tousjours depuis ledit don, et nous avons entendu que nostre puissant et tres redouté seigneur monsieur Louys duc d'Anjou et de Touraine et comte du Maine, pource qu'en sa jeunesse repairoit souvent audit hostel y avoit grande affection, combien qu'il ne le nous eust mie demandé : sçavoir faisons que nous, qui de tout nostre cœur desirons faire plaisir et service audit monsieur le duc d'Anjou, de nostre certaine science, pure et liberale volonté, sans aucune contrainte, et sans requeste d'aucun bien, avons donné et donnons par ces presentes ledit hostel de Cachamp avec ses appartenances, ainsi comme dessus est divisé ; et luy avons transporté et transportons tout tel droit comme nous y avons et pouvons avoir par vertu du don à nous fait d'iceluy par ledit monsieur le duc de Berry, comme dessus est dit; et promettons, par la foy de nostre corps, à tenir et avoir cette presente donation ferme et stable à tousjours, et à jamais venir ne faire venir par nous ne par autre en aucune maniere au contraire. En témoin de ce, nous avons signé ces lettres de nostre propre main et les fait seeler de nostre propre seel. Donné à Angers le huictiesme jour de juillet, l'an de grace 1377. Par monsieur le connestable. *Signé* BERTRAND, VOISIN.

IX.

Lettre de Bertrand Du-Guesclin au duc d'Anjou.

Mon tres-redouté et puissant seigneur, plaise vous sçavoir que ce mardy à vespres y receu vos tres-gracieuses et aimables lettres, qu'il vous a pleu m'escrire par mon heraut, faisantes mention de vostre arrivée devers le Roy, et de la relation que vous luy avez faite à part sur le fait de Bretagne par luy et vous, et puis fait faire par vostre chancelier en grand conseil; et que tout avoit esté dit à la loüange et honneur de moy, et tellement que le Roy en avoit esté et est tres-content, et si a pris grand plaisir, et que à present estoit bien en sagesse et sera encore plus : desquelles choses, mon tres-redouté et puissant seigneur, je vous mercy et regracy tant humblement et de cœur, comme je puis et feray et le doy bien faire; car oncque ne desservy en aucune maniere le bien que autrefois et à ceste heure vous a pleu dire en mon absence..... Quant aux nouvelles de pardeça, puisque j'envoye par devers le Roy et vous mon cousin Alain de Mauny pou est survenu de nouvel, tout le navire des Anglois est encore à Quidallot à l'ancre, là où ils arrivent premierement, et ne portent nuls des gens d'armes dudit navire, excepté le duc qui fut qui est à Dinan, et aucuns en sa compagnie qui là sont recullez; et ce mardy a tenu grand conseil où ont esté grand partie des barons et autres nobles de Bretaigne, et ce jour y doit estre le vicomte de Rohan : car il a écrit à luy et à tous les autres barons du païs comme l'on m'a dit, excepté à mon frere de Clisson comme je pense, et à moy; et tiennent aucuns qu'il envoira bien-tost les Anglois, en disant qu'il se veut commencer à l'ordonnance desdits barons et autres, et faire au Roy ce que faire le devra : si ne le puis croire tant que je le voye. Toutefois ils n'ont point commis ne fait guerre.

Vostre petit serviteur BERTRAND DU-GUESCLIN.

AVERTISSEMENT.

Le *Livre des Fais et bonnes Meurs du sage roy Charles V* n'a jamais été imprimé complet. L'édition que l'abbé Lebeuf a donnée en 1743, dans les *Dissertations sur l'Histoire ecclésiastique et civile de Paris*, est tellement tronquée, que l'ouvrage est méconnoissable : souvent il supprime des chapitres entiers ; et dans ceux qu'il conserve il fait tant de coupures et de changemens, que les Mémoires n'ont plus leur physionomie originale. Les éditeurs de l'ancienne *Collection des Mémoires* ont encore fait des suppressions au texte de l'abbé Lebeuf. Le *Livre des Fais* paroît donc pour la première fois tel que Christine de Pisan l'avoit composé.

Nous avons suivi pour le texte le manuscrit cotté sous le n° 9668, ancien fonds, de la bibliothèque du Roi. L'orthographe a été conservée ; on a seulement rectifié la ponctuation, qui est inexacte dans le manuscrit.

On a pris dans l'édition de l'abbé Lebeuf toutes les notes qui pouvoient offrir quelque intérêt, et on en a ajouté de nouvelles lorsqu'on les a jugées nécessaires pour l'intelligence du texte.

LE LIVRE

DES

FAIS ET BONNES MEURS

DU SAGE ROY CHARLES V;

Par CHRISTINE DE PIZAN.

NOTICE

SUR LA VIE ET SUR LES OUVRAGES

DE CHRISTINE DE PISAN.

On n'a guère sur Christine de Pisan d'autres détails que ceux qu'elle a transmis elle-même. Elle n'a point écrit l'histoire de sa vie : mais dans la *Mutation de fortune*, dans la *Vision*, dans le *Chemin de longue étude*, et dans quelques autres de ses ouvrages, elle se met en scène, dit quels étoient ses goûts, ses travaux, ses habitudes ; parle souvent de son père, de son mari, de ses enfans, et se plaît à raconter les événemens divers qui ont influé sur sa destinée ou sur celle de sa famille. L'abbé Boivin a compulsé toutes ses productions, et les fragmens épars qu'il a recueillis lui ont fourni les matériaux d'une Notice curieuse ou intéressante. Cette Notice se trouve dans le deuxième volume des Mémoires de l'Académie des Inscriptions ; elle a servi de texte à ceux qui, depuis 1717, ont eu à écrire sur Christine de Pisan. Chaufepié l'a copiée presque en entier dans son supplément du dictionnaire de Bayle ; l'abbé Lebeuf en a donné un extrait enrichi de quelques particularités nouvelles, lorsqu'il a publié pour la première fois la vie manuscrite de Charles v, par Christine de Pisan [1]. Les premiers éditeurs des

---

[1] *Dissertations sur l'Histoire ecclésiastique et civile de Paris*, t. III.

Mémoires n'ont fait qu'abréger cet extrait; et mademoiselle de Kéralio, dans la Collection des meilleurs ouvrages français composés par des femmes, s'est bornée à réimprimer la même Notice. Nous avons également profité du travail de Boivin; cependant la juste confiance qu'il devoit nous inspirer ne nous a pas empêché de remonter aux sources où il avoit puisé. Nos recherches nous ont mis à même non-seulement d'ajouter quelques détails à sa Notice, mais encore de rectifier quelques-unes de ces erreurs qui échappent aux écrivains les plus estimables, et dont il est si difficile de se garantir quand on est réduit à prendre pour guides des chroniques obscures ou incomplètes.

Le savant académicien, en écrivant la vie de Christine d'après Christine elle-même, nous a semblé avoir trop souvent partagé l'enthousiasme qui anime cette femme célèbre lorsqu'elle parle de son père et de tout ce qui tient à sa famille. Il suffit de jeter un coup d'œil sur ses ouvrages, pour se convaincre qu'il y a de l'exagération dans ses récits. Comme la plupart de ses productions sont en vers, elle use du privilége des poètes, et ne se fait point scrupule d'embellir la vérité par des fictions. Nous essaierons de présenter les choses sous leur véritable point de vue.

Christine n'avoit que cinq ans lorsqu'elle fut amenée en France. Son père, qui s'appeloit Thomas de Pisan, étoit né à Bologne. Elle fait une énumération pompeuse des trésors qu'il possédoit; mais il est permis de croire que sa fortune étoit peu considérable, puisqu'il n'hésita point à quitter sa patrie pour aller rejoindre à Venise un médecin de ses amis, qui lui fit obtenir une place de conseiller, et lui donna sa fille en mariage. Thomas s'étoit livré à l'étude des sciences ; il passoit pour un des plus habiles astrologues du temps : sa réputation s'étendit bientôt jusque dans les cours étrangères ; et pendant un voyage qu'il fit à Bologne, les rois de France et de Hongrie cherchèrent à l'attirer par les offres les plus séduisantes. Il donna la préférence à Charles v, dont la renommée célébroit déjà la sagesse, et qui montroit un goût très-vif pour les sciences et pour les lettres. D'ailleurs il avoit le désir de voir l'université de Paris, qui étoit la plus florissante de l'Europe. Son intention n'étoit pas cependant de se fixer en France; il comptoit n'y séjourner qu'un an, et retourner ensuite en Italie. Il laissa donc sa femme et sa fille à Bologne. Mais le Roi, charmé de sa conversation et de l'étendue de ses connoissances, le retint en lui assurant une existence honorable, et exigea qu'il fît venir sa famille à Paris. La jeune Christine et sa mère furent présentées à Charles v, qui les reçut *très-gracieusement* dans son château du Louvre, au mois de décembre 1368. Comme Christine avoit alors environ cinq ans, il paroît qu'elle étoit née en 1363. Elle raconte que lorsqu'elle fut présentée au Roi, sa mère et elle étoient habillées magnifiquement à la *lombarde*.

Elle fut élevée à la cour comme une demoiselle de qualité; on remarquoit en elle les plus heureuses dispositions, que son père cultiva avec soin; on lui fit apprendre le français et le latin, sans lui laisser négliger l'italien; elle étudia les sciences et les belles-lettres : et les connoissances qu'elle acquéroit, réunies à beaucoup d'esprit naturel, préparèrent dès-lors les succès qu'elle devoit obtenir plus tard. Son éducation n'étoit point encore terminée, lorsqu'elle fut, si on l'en croit, demandée en mariage par des chevaliers, par des nobles et par de riches clercs. « Cette vérité, dit-elle, ne « doit pas m'être reputée ventence : car l'autorité de « l'onneur et grant amour que le Roy à mon pere « démonstroit estoit de ce cause, non mie ma valeur. » Il est vrai que Thomas jouissoit d'une fort grande faveur auprès de Charles v, qui lui donnoit cent livres de gages par mois (le marc d'argent étoit alors à cinq livres), et une somme à peu près égale en gratifications. L'apanage du deuxième fils du Roi n'étoit que de mille livres par mois. Thomas ne tira cependant point parti de sa position pour marier richement sa fille. Il lui fit épouser à l'âge de quinze ans un jeune homme de Picardie, nommé Etienne Du Castel, qui avoit de la naissance, de la probité, du savoir, mais peu de fortune; et obtint pour lui une charge de notaire et secrétaire du Roi. Le bonheur de cette famille sembloit assuré : la mort de Charles v ne tarda pas à le détruire. Thomas n'eut plus de crédit; on lui retira la plus grande partie de ses gages, et le reste lui étoit mal payé. Insouciant et prodigue par caractère, il ne s'étoit pas occupé de l'avenir tant que la fortune lui avoit souri. Condamné dans sa vieillesse à des privations pénibles, le chagrin s'empara de lui; il végéta pendant quelques années, accablé d'infirmités. On ignore l'époque de sa mort.

Nous ne discuterons pas l'éloge fastueux que Christine fait des vertus et des connoissances de son père; nous lui accorderons même *que de son temps*, et *cent ans auparavant, il n'a pas vécu d'homme de si haut entendement ès sciences mathématiques en jugemens d'astrologie.* Mais il est difficile de croire, comme elle le dit, qu'il mourut *droit à l'heure* qu'il avoit *pronostiquée*. Il est plus difficile encore d'admettre que la prospérité des armes de Charles v et la sagesse de son gouvernement sont dues aux conseils de Thomas. Le père de Christine n'a jamais eu ni charge ni emploi; aucune chronique ne fait mention de lui comme ayant exercé une influence quelconque dans les affaires du royaume. Sa fille dit, au chapitre XXXIII de la première partie de l'Histoire de Charles v, qu'il étoit philosophe, serviteur et conseiller du Roi, et qu'il fut appelé à une assemblée de philosophes et de théologiens chargés d'examiner des reliques dont l'authenticité étoit contestée; mais le mot *conseiller* ne semble point avoir été employé là pour désigner un titre positif : telle a été du moins l'opinion de Le Laboureur et de l'abbé Lebeuf, qui ont fait beaucoup de recherches sur les divers personnages admis dans les conseils de Charles v. On remarque même que lorsque ce prince désigna en 1374 trente conseillers pour la régence, Thomas ne fut point nommé, et qu'il y avoit plusieurs de ces conseillers dont l'extraction étoit moins élevée que la sienne. Il étoit admis auprès du Roi comme savant, comme médecin, et surtout comme astrologue. En cette dernière qualité il devoit, suivant l'usage du temps, être chargé de consulter les astres sur les diverses entreprises qu'on projetoit : car à cette époque on avoit recours à l'astrologie pour les petites affaires comme pour les plus importantes. « Les « grands clercs, les grands chappes et chapperons four-

« rés, et les grands princes seculiers, dit un auteur con-
« temporain, n'oseroient rien faire de nouvel sans son
« commandement et sans sa sainte election (de l'astro-
« logie); ils n'oseroient chasteaux fonder ne eglises
« édifier, ne guerre commencer, ne entrer en bataille,
« ne vestir robe nouvelle, ne donner un joyau, ne en-
« treprendre un grand voyage, ne partir de l'ostel, sans
« son commandement. » Charles v partageoit les pré-
jugés de son siècle : il s'étoit procuré tous les livres
d'astrologie composés en France, et avoit fait traduire
ceux qu'il avoit pu découvrir à l'étranger. Ces ouvrages
formoient une grande partie de sa bibliothèque. Thomas de Pisan n'étoit pas le seul astrologue qu'il eût
près de lui; on en soudoyoit plusieurs autres à la cour
de France, comme dans toutes les cours de l'Europe.
Au témoignage d'un historien, Pierre roi de Castille,
après avoir dépensé plus de cinq cent mille doubles
d'or avec ses astrologues, avoit fini par reconnoître
que pour une vérité ils lui disoient vingt *bourdes*. Les
astrologues de Charles v ne devoient pas en dire moins
que ceux du roi d'Espagne. On ne l'ignoroit pas; car
on lit dans un ouvrage de Philippe de Maizières, composé au commencement du règne de Charles vii : « Il
« est escript au livre des jugemens que toutes les fois
« que la lune parviendra au degré ascendant à l'heure
« de sa conjonction avec le soleil, se celui degré sera
« pluvieux, il ploura en celle région en laquelle la
« lune lors estoit à son ascendant; et toutefois il ad-
« vient souvent et par vraye experience le contraire.
« O quantes fois Thomas de Boulongne faillit en cestui
« petit jugement ! » Mais la prévention des esprits
même les plus éclairés étoit telle à cette époque, que

Philippe de Maizieres, après s'être moqué de l'astrologie, ne paroît pas bien convaincu qu'il soit impossible de lire l'avenir dans les astres. Il s'élève plutôt contre l'abus de la chose que contre la chose elle-même. Les astrologues étoient donc alors des personnages considérables ; les princes et les seigneurs en avoient à leurs gages comme les souverains. Simon de Phares, astrologue de Charles VIII, nous a laissé une liste de ceux qui ont eu de la réputation en France sous le règne de Charles V. On y trouve les noms des divers astrologues du Roi, de ceux du duc d'Anjou, du duc d'Orléans, du comte de Blois, etc. On y remarque même que Charles V donna un astrologue à Du Guesclin, en lui remettant l'épée de connétable ; et Tiphaine Raguenel, première femme de Du Guesclin, figure dans cette liste. Il n'y est fait qu'une mention assez légère de Thomas de Pisan, que l'auteur appelle Thomas Florentinus ; il le présente comme ayant été *moult apprécié* en Italie, et ne parle pas même de ce qu'il a fait en France : ce qui prouveroit, malgré les éloges de sa fille, qu'il n'y avoit pas joui d'une très-grande célébrité.

Après la mort de Thomas, Etienne Du Castel se trouva être le seul soutien de la famille ; mais il fut emporté lui-même par une maladie contagieuse. Boivin place la mort du mari de Christine en 1389. Il nous a été impossible de découvrir le passage où il a puisé cette date, qui est très-éloignée de celle que Christine donne elle-même dans le chap. premier du *Chemin de longue étude*. « Le dernier jour de mon cher « espoux, dit elle, à moi dommageable et principe

« de tous mes regrets, fut le 6 octobre l'an 1402 (1). »
Que Du Castel soit mort douze ans plus tôt ou plus
tard, la chose est indifférente en elle-même : ce n'est
pas un personnage historique. Mais l'époque de sa
mort a une certaine importance dans la Notice de
Boivin, parce qu'elle lui sert de base pour calculer
l'âge que Christine pouvoit avoir lorsqu'elle a composé ses premiers ouvrages, et pour classer les événemens de sa vie depuis son veuvage. Si Du Castel
a vécu jusqu'en 1402, tout l'échafaudage s'écroule,
et on ne peut plus admettre, du moins dans l'ordre
où Boivin les présente, la plupart des circonstances
de sa Notice. En effet il rapporte que Christine, devenue veuve, perdit plusieurs années à poursuivre
des procès contre des débiteurs de mauvaise foi ;
que, fatiguée de courir en vain de tribunaux en tribunaux sans pouvoir obtenir justice, elle se livra entièrement à l'étude, s'y consacra pendant plusieurs
années, et ne se mit à composer que lorsqu'elle se
sentit assez forte pour pouvoir produire par elle-
même. Ainsi, d'après Boivin, il y auroit eu un inter-
valle de dix ans entre la mort de Du Castel et la
composition des premiers ouvrages de Christine.
La série des faits s'arrange naturellement si Du Castel a cessé de vivre en 1389 ; mais s'il n'est mort
qu'en 1402, il faut rejeter jusqu'en 1412 les pre-

---

(1) *Le Chemin de long estude de dame Christine de Pise*, traduit de langue romanne en prose françoyse par Jean Chaperon, in-16, Paris, 1549. Nous avons préféré cette traduction aux vers barbares de Christine ; mais nous ne l'avons adoptée qu'après en avoir vérifié l'exacti- tude sur le texte original de plusieurs manuscrits déposés à la biblio- thèque du Roi.

mières productions de sa veuve, tandis qu'on a la preuve que presque tous ses ouvrages avoient été publiés avant cette époque. Nous sommes donc obligés non-seulement de classer dans un autre ordre les faits rapportés par Boivin, mais de nous écarter entièrement de sa Notice pour la plupart des circonstances de la vie de Christine. Il nous est également impossible de tirer parti des recherches de l'abbé Sallier (de l'Académie des Inscriptions), qui, dans un examen détaillé de deux ouvrages de cette femme célèbre, a donné quelques détails sur sa vie; comme il place la mort de Du Castel en 1399, son travail nous égareroit au lieu de nous guider. Privés de documens positifs, nous partirons des points connus pour hasarder quelques conjectures sur ceux qui ne le sont pas; les inexactitudes que nous trouvons dans les Mémoires de deux savans académiciens montrent combien il est difficile de traiter de tels sujets, et nous donnent droit à l'indulgence du lecteur pour les erreurs qui pourroient nous échapper.

Sans pouvoir déterminer d'une manière précise l'époque de la mort de Thomas de Pisan, on a la certitude que Du Castel lui a survécu pendant plusieurs années, puisque Christine, dans divers ouvrages, pleure la perte de son père sans parler de son mari, auquel elle prodigue de si touchans regrets dans celles de ses productions qui sont postérieures à 1402. Comment auroit-elle pu garder, au commencement de son veuvage, le silence sur la perte de Du Castel, lorsqu'en 1415 (1), dans *le Chemin de longue étude*, après avoir

---

(1) Il ne peut y avoir de doute sur l'époque à laquelle le *Chemin de longue étude* a été composé. Le passage que nous avons cité plus haut

longuement exhalé sa douleur, elle ajoute : « Com-
« bien qu'il y eut ja treize ans que mon cœur étoit
« rempli d'amertume, causée par un triste souvenir,
« mes regrets n'ont-ils *cessé pour le jourd'hui non
« plus que s'il n'y avoit qu'une heure que son trepas
« fut avenu.* »

Quelle que soit l'époque de la mort de Thomas de Pisan, Christine, qui ne l'avoit pas quitté malgré son mariage, perdoit les pensions qu'il avoit conservées ; elle se trouvoit réduite, pour soutenir une nombreuse famille, aux seuls gages de l'emploi de son mari. Elle dut donc chercher à se créer des ressources par ses talens. Sa réputation comme poète étoit déjà établie en 1394 : car lorsque le comte de Salisbury vint en France pour le mariage de Richard II avec Isabelle fille de Charles VI, il connut les poésies de Christine, voulut en emporter un recueil, et lui témoigna généreusement sa reconnoissance. Boivin prétend qu'il emmena un des fils de Christine en Angleterre, pour le faire élever avec ses propres enfans. Comme Christine dit que son fils ne resta que trois ans en Angleterre, et qu'elle le fit revenir quelque temps après que Henri IV eût détrôné Richard II, c'est-à-dire vers l'an 1400, il faut en conclure que le comte de Salisbury ne l'emmena point en 1394, mais le demanda à sa mère en 1397, et qu'ainsi le comte, malgré son absence, avoit conservé des relations avec elle.

Le succès des ballades et des rondeaux de Christine la décida à entreprendre des ouvrages plus importans ; mais, avant de se mettre à composer, elle eut le cou-

---

constate que Du Castel est mort en 1402, et ici Christine dit qu'elle pleure son mari depuis treize ans.

rage de consacrer plusieurs années à l'étude des meilleurs auteurs anciens et modernes. Quoiqu'elle eût beaucoup appris dans sa jeunesse, elle se remit aux élémens : « Comme l'enfant que premier on met à
« l'*a, b, c, d,* me pris aux histoires anciennes dès le
« commencement du monde, les histoires des Ebrieux,
« des Assiriens, et des principes des signouries procé-
« dant de l'une et de l'autre, dessendant aux Romains;
« des François, des Bretons et autres historiographes,
« aprés aus déductions des sciences, selon ce que en
« l'espace du temps que y estudiai en pos comprendre :
« puis me pris aux livres des poëtes. »

Pour donner une idée des études de Christine, on indiquera ici les principaux auteurs anciens dont elle parle, et dont elle cite des fragmens dans ses ouvrages. Parmi les Grecs on remarque Homère, Sapho, Platon, Aristote, Hippocrate, Gallien, saint Jean Chrysostome, etc. Elle rapporte même plusieurs paroles et plusieurs maximes attribuées à Socrate, à Démocrite, à Diogène, à Pythagore, et à plusieurs autres philosophes. Parmi les Latins, Virgile, Horace, Ovide, Tibulle, Catulle, Juvénal, Lucain, Cicéron, Valère-Maxime, Suétone, Sénèque, Boëce, Apulée, Végèce, Trogue-Pompée; les œuvres de saint Augustin, de saint Jérôme, de saint Ambroise lui étoient familières. Ses ouvrages prouvent qu'elle avoit non-seulement lu ces divers auteurs, et beaucoup d'autres que nous aurions pu ajouter à cette liste, mais qu'elle en avoit fait une étude approfondie; et l'on ne peut se défendre d'un certain étonnement lorsqu'on trouve chez une femme, au quatorzième siècle, une érudition qu'avoient à peine les hommes les plus laborieux.

Aussi ses productions sont-elles en général bien plus substantielles que la plupart des autres écrits du temps; et l'on voit qu'elle n'est jamais embarrassée pour les nombreuses citations qui enrichissent ses écrits. Les auteurs dont Christine fait mention dans ses livres montrent encore quels étoient ceux qui étoient connus en France à l'époque où elle a vécu. Il est à croire qu'elle ne possédoit pas tous ces ouvrages : ce qui eût été pour le temps une richesse immense, incompatible d'ailleurs avec la modicité de sa fortune; elle les empruntoit soit à la bibliothèque que Charles v avoit établie au Louvre, soit dans des couvens, où la principale occupation des moines étoit de copier les manuscrits. La bibliothèque du Roi, dont nous avons le catalogue, ne se composoit que de neuf cents volumes environ. Boivin fait observer qu'il n'y avoit pas un seul exemplaire de Cicéron. Cependant comme Christine cite divers passages du livre de la *Divination* et des *Offices*, il est constant qu'elle a eu à sa disposition quelque manuscrit de l'orateur romain.

L'*épître d'Othea à Hector* paroît être la première des productions de Christine qui ait quelque étendue. L'abbé Sallier croit qu'elle a été présentée au duc d'Orléans en 1398. Nous sommes encore obligés d'opposer ici au savant académicien le témoignage de Christine. « Depuis l'an 1399, dit-elle, que je com-
« mençai jusques à cestui 1405, onques encores je ne
« cesse compilés en ce tandis quinze volumes prin-
« cipaulx, sans les autres particuliers petits dic-
« tiez, lesquieulz tous ensemble contiennent en-
« viron soixante-dix cayiers. » Ainsi, à moins de ranger avec les petits dictiez l'*épître d'Othea à Hector*,

qui a plus de deux mille vers, cette pièce n'a pu être composée que postérieurement à 1399; mais le passage que nous venons de citer nous éclaire en outre sur plusieurs circonstances intéressantes. Il nous apprend que Christine, née en 1363, avoit trente-six ans quand elle entreprit de grands ouvrages; et comme dans l'espace de cinq années (de 1399 à 1405) elle a composé quinze gros volumes presque entièrement écrits en vers, il faut en conclure que la mort de son mari, arrivée, comme on l'a vu, en 1402, ne lui a pas fait suspendre ses travaux. Au commencement de son veuvage, elle eut effectivement beaucoup de procès à soutenir. « Les plaids et procés, dit-elle, qui sont « comme le metz des veuves, m'avironnerent de tous « lez; et ceux qui me devoient m'assaillirent, afin que « je ne m'avançasse à leur rien demander. »

La mort de Du Castel la laissoit dans une position critique : elle n'avoit que très-peu de fortune; ses charges étoient considérables, et son travail ne lui promettoit que des ressources incertaines. L'imprimerie n'étant point encore inventée, un auteur n'avoit d'autre moyen de tirer parti de ses ouvrages que de les présenter aux princes et aux grands. Lorsqu'il s'étoit dessaisi de son manuscrit, on pouvoit en multiplier les copies sans sa participation; et le métier de copiste étoit plus assuré et plus lucratif que celui d'auteur. Il falloit donc choisir un patron généreux et puissant; et souvent le besoin portoit à provoquer sa libéralité par des éloges qu'il ne méritoit pas. Christine avoit offert l'*épître d'Othea à Hector* et *le Débat des deux Amans* au duc d'Orléans, à une époque où sa faction dominoit; et dans la dédicace il y est peint comme le prince le plus vertueux et le plus accompli de son temps. Philippe-le-Hardi, duc de Bourgogne, étant à son tour devenu tout puissant, ce fut à lui que Christine fut obligée de dédier ses ouvrages; elle obtint facilement des secours de ce prince, qui fut le plus magnifique de son temps, et qui poussa la prodigalité à un tel point qu'il mourut insolvable, malgré ses immenses possessions. Philippe prit même à son service celui des fils de Christine qui étoit revenu d'Angleterre quelques années auparavant. Elle s'adressa aussi au duc de Berri, qui lui paya deux cents écus une collection de ses ballades.

Le 1er janvier 1403, elle présenta au duc de Bourgogne, pour étrennes [1], le livre de la *Mutation de Fortune*. Cette date, que Christine donne elle-même [2], est assez importante, parce qu'elle indique celle de la composition des Mémoires que nous réimprimons. Le duc, frappé du talent et du savoir que Christine avoit déployés dans un ouvrage qui offre le tableau des différentes révolutions, en remontant aux siècles les plus reculés, fit appeler cette femme célèbre, et la chargea lui-même d'écrire la vie de Charles V. Elle se mit sur-le champ au travail; la protection du prince lui fit procurer tous les matériaux qui pouvoient lui être utiles : le dépôt des chartres et des chroniques lui fut ouvert; les personnages qui avoient vécu dans l'intimité du Roi, ou qui avoient pris part aux événemens de son règne, eurent ordre de lui fournir tous les renseigne-

---

[1] L'année ne commençoit alors qu'à Pâques; mais on avoit conservé l'usage des anciens Romains de faire des présens ou de donner des étrennes le 1er janvier, qu'on appeloit le jour de l'an.

[2] *Histoire de Charles V*, 1re partie, chap. 2.

mens qu'elle demanderoit. Ainsi son histoire est d'autant plus précieuse qu'elle est authentique; elle se divise en trois livres. Dans le premier, qui est intitulé *Noblesse de courage*, elle rapporte l'éducation de Charles, sa manière de vivre et de voyager lorsqu'il fut roi, l'ordre établi dans son palais; elle peint sa justice, sa douceur, son humilité, sa chasteté, sa sobriété et ses autres vertus; elle dit quels étoient ses dépenses, l'ordre de sa maison et de celle de la Reine, etc. Le deuxième livre est intitulé *Noblesse de chevalerie*; on y voit les principales guerres que Charles eut à soutenir, et les événemens militaires les plus considérables de son règne; plusieurs chapitres sont consacrés aux frères du Roi et aux autres princes du sang. Dans le troisième livre, qui a pour titre *Noblesse de sagesse*, après avoir décrit les sciences et les arts à l'étude desquels Charles s'étoit principalement adonné, elle fait remarquer la prudence de ce prince dans toutes ses actions; elle rapporte plusieurs de ses paroles les plus mémorables; puis elle raconte le voyage de l'empereur Charles IV à Paris, l'élection du pape Clément, la mort de la Reine, celle du Roi, etc. Il est à regretter qu'au lieu d'avoir adopté un ordre chronologique dans cette histoire, elle l'ait divisée par ordre de matières, et qu'elle lui ait donné la forme d'un panégyrique. Mais ce double inconvénient ne nuit pas essentiellement à l'intérêt de l'ouvrage. Le lecteur qui a une connoissance même très-superficielle de l'histoire de France sous Charles V peut facilement reconnoître les époques auxquelles se rattachent les événemens rapportés dans les trois livres des Mémoires de Christine; et quoique ces trois livres soient écrits sur le ton du panégyrique, la vérité n'y est jamais blessée : tout ce qui y est dit se trouve parfaitement d'accord avec les récits des divers historiens. Nous ne parlons ici que de ce qui a rapport à Charles v. Christine, réduite à réclamer les bienfaits des princes frères du Roi, ne fait pas d'eux des portraits aussi fidèles. Elle dissimule leurs défauts, et leur prête des qualités qu'ils étoient loin d'avoir.

Denis Godefroy, auquel nous devons la publication de plusieurs manuscrits très-précieux sur l'Histoire de France, avoit eu le projet de faire imprimer la vie de Charles v par Christine; mais il mourut avant d'avoir pu l'exécuter. A la fin du dix-septième siècle, cet ouvrage, dont les manuscrits sont très-rares, n'étoit connu que par dix ou douze fragmens que l'abbé de Choisy avoit insérés dans son Histoire de Charles v. Le père Daniel, dans son Histoire de France, emprunta quelques-unes des citations de l'abbé de Choisy; mais ces fragmens ne pouvoient donner qu'une idée imparfaite du travail de Christine. En 1743, l'abbé Lebeuf les donna au public (1), et il joignit des notes curieuses et instructives. Mais il n'a point assez soigneusement conservé le style et les expressions de l'original, qu'il a cru devoir retoucher et resserrer dans plusieurs endroits. Il a en outre supprimé un grand nombre de chapitres contenant des réflexions morales, divers traits tirés des anciens, et quelques digressions qui ne lui ont point paru se rattacher à l'histoire du monarque dont Christine écrit la vie. Les premiers éditeurs des Mémoires ont fait des suppressions beaucoup plus consi-

___
(1) Dans les *Dissertations sur l'Histoire ecclésiastique et civile de Paris*, t. III.

dérables, et dont quelques-unes portent même sur des chapitres consacrés à Charles v, à la Reine et aux princes de sa famille. Ils ont retranché presque entièrement ce qui concerne les événemens militaires, le voyage de l'empereur à Paris, et l'élection du pape Clément vii, sous prétexte que les détails étoient puisés dans les chroniques de Saint-Denis, ou se trouvoient dans d'autres ouvrages.

En offrant au public la collection complète des Mémoires relatifs à l'histoire de France, nous avons pensé qu'il ne nous étoit pas permis d'y faire de changemens ni de suppressions. Les anciens Mémoires, sous le rapport historique comme sous le rapport littéraire, n'ont un véritable intérêt que lorsqu'ils sont reproduits absolument tels qu'ils ont été composés. On veut y trouver non-seulement le récit des faits par un auteur contemporain, mais encore ses réflexions, ses digressions mêmes, parce qu'elles peignent l'esprit du temps et la manière dont on envisageoit les choses. Nous avons donc fait rétablir tous les passages supprimés soit par les anciens éditeurs, soit par l'abbé Lebeuf [1]; et le public aura pour la première fois les Mémoires complets de Christine, imprimés d'après le plus correct des manuscrits déposés à la bibliothèque du Roi [2].

Un religieux de Saint-Denis, qui avoit vécu sous les règnes de Charles v et de Charles vi, avoit écrit

---

[1] « On doit savoir gré à M. l'abbé Lebeuf d'en avoir fait part au « public (de l'Histoire de Charles v); il en a conservé le langage, « mais il en a tronqué plusieurs endroits qu'il auroit peut-être mieux « valu donner en entier. » (*Bibliothèque historique françoise, du père Lelong, revue par M. Fevret de Fontette.*)

[2] N° 9668, ancien fonds.

la vie de ces deux princes; mais la première de ces histoires a été perdue, et cette perte ajoute un nouveau prix aux Mémoires de Christine, qui sont les seules chroniques contemporaines parvenues jusqu'à nous.

Quoique en général les anciens Mémoires historiques aient peu d'intérêt comme compositions littéraires, ceux de Christine méritent cependant de fixer l'attention. Si on les compare aux autres ouvrages du temps, on ne peut nier leur supériorité. On y trouve les premières traces d'un style noble, élevé, soutenu, et tel qu'il convient à l'histoire. Les phrases ne sont pas, comme dans les autres auteurs contemporains, surchargées de mots parasites : elles ont de la netteté, du nombre, de la forme, et quelquefois même une certaine harmonie. Souvent il suffiroit de rajeunir quelques mots, pour qu'elles devinssent dignes d'une plume moderne et exercée. Les digressions trop fréquentes sont presque le seul défaut qu'on y puisse relever : mais c'étoit la manière d'écrire alors, et nous ne pouvions les faire disparoître sans changer entièrement la physionomie de l'ouvrage.

Christine avoit à peine terminé le premier livre de son histoire de Charles v, lorsque la mort de Philippe-le-Hardi, duc de Bourgogne [1], la priva d'un généreux protecteur, et la plongea dans la détresse. Son fils aîné, qui se trouvoit sans emploi, augmentoit encore ses em-

---

[1] Pour donner une idée de la facilité avec laquelle Christine écrivoit ses ouvrages, il suffit de faire remarquer que la vie de Charles v lui fut demandée au mois de janvier par le duc de Bourgogne; qu'elle fut obligée de faire d'immenses recherches pour réunir les matériaux nécessaires, et qu'au mois d'avril le tiers de son ouvrage étoit terminé. Avant la fin de l'année, elle offrit le manuscrit complet au duc de Berri.

barras : elle fut obligée de recourir à ses amis ; et elle raconte d'une manière touchante combien elle souffroit lorsqu'il falloit leur emprunter de l'argent. Elle étoit d'autant plus malheureuse que, naturellement fière, elle mettoit le plus grand soin à cacher aux yeux du monde la situation pénible dans laquelle elle se trouvoit. Elle ne pouvoit se décider à laisser apercevoir le délabrement de ses affaires ; et, réduite aux dernières extrémités, elle tenoit à conserver encore les dehors de l'aisance dont on l'avoit vue jouir. « Si te prometz, « dit-elle en s'adressant à la philosophie, que à mes « semblans et abis peu apparait entre gens le faissel « de mes ennuys ; ains soubs mantel fourré de gris et « soubs surcot d'escarlate, non pas souvent renou- « vellé, mais bien gardé, avoie espresses fois de grans « friçons, et en beau lit et bien ordoné de males nuis ; « mais le repas estoit sobre, comme il affiere à femme « vefve. »

Au milieu des factions et des troubles qui déchiroient le royaume, il lui devenoit chaque jour plus difficile d'obtenir les secours dont elle avoit besoin. Elle se plaint des grands, qui ne lui accordent pas toujours ce qu'elle demande ; et encore plus des gens de finances, qui la *promenent de jour en jour par de belles paroles*. Elle avoit mis sa fille dans un couvent ; un de ses fils étoit mort, mais l'autre étoit à sa charge, ainsi que sa mère, plusieurs parentes, et deux de ses frères. Ceux-ci, ne pouvant plus vivre en France, retournèrent en Italie ; mais leur départ ne fut qu'un foible soulagement pour Christine ; elle continuoit néanmoins de travailler. En 1405, elle écrivit ses lettres sur le roman de la *Rose*, qu'elle dédia à la reine Isabelle de

Bavière, et au prevôt des marchands de Paris. Le livre de *la Vision* fut terminé en 1406. On voit, par un ancien registre de la chambre des comptes, qu'en 1411 elle reçut un secours de deux cents livres. En 1412 et 1413, elle composa pour le duc de Guyenne(1) le *Traité de la Paix*. En 1415, elle dédia au Roi le *Chemin de longue étude*. Les désastres de la journée d'Azincourt, qui survinrent bientôt après, ne permettent pas de croire que cette dernière dédicace lui ait été très-profitable. Elle avoit alors cinquante-deux ans. Le préambule de son ouvrage prouve qu'elle étoit fort malheureuse, qu'elle ne trouvoit plus de consolations que dans la philosophie, et que le travail seul pouvoit lui faire oublier quelques instans ses chagrins. On ignore combien de temps se prolongea encore sa pénible existence.

Christine, qui, malgré la réputation que ses ouvrages lui avoient acquise, a vécu si malheureuse en France, avoit refusé les offres brillantes de plusieurs princes étrangers. Henri IV, aussitôt qu'il fut affermi sur le trône d'Angleterre, l'engagea à venir à sa cour, en lui promettant de grands avantages. Suivant Boivin, il avoit connu seulement Christine par le recueil de ballades qu'elle avoit donné en 1394 au comte de Salisbury, qui fut décapité en 1399 comme partisan de Richard II, et dont Henri avoit fait saisir les livres et les papiers. Mais si l'on considère que Henri n'étant encore que duc d'Hereford s'étoit réfugié en France lorsqu'il avoit été exilé par Richard, et qu'il n'avoit quitté cette cour que pour faire la révolution qui mit

---

(1) Louis, duc de Guyenne, devenu Dauphin par la mort de ses deux frères aînés; mort lui-même en 1415.

la couronne sur sa tête, on est plus porté à croire qu'il avoit connu Christine à Paris, et qu'elle lui avoit présenté elle-même ses ouvrages. Il paroît que ce prince, pour la mettre dans l'impossibilité de rejeter ses offres, refusoit de lui renvoyer son fils, qui avoit été attaché au comte de Salisbury; mais Christine qui n'étoit point encore veuve alors, et qui n'avoit pas perdu tout espoir de fortune en France, ne voulut point quitter sa patrie adoptive. Elle dissimula, feignit d'accepter avec reconnoissance les propositions de Henri, et obtint que son fils vînt en France pour la chercher. Lorsqu'elle l'eut près d'elle, rien ne l'obligea plus à cacher ses dispositions. A peu près à la même époque, Jean Galéas Visconti, premier duc de Milan, celui qui, en écrasant ses sujets d'impôts, avoit établi une police tellement sévère qu'il disoit lui-même qu'il étoit le seul voleur de son pays, et qu'une jeune fille pouvoit y aller sur les grands chemins, son argent à la main, sans rien craindre; ce Jean Galéas avoit inutilement essayé d'attirer Christine dans ses Etats. On croit que son mari vivoit encore lorsque le duc de Milan lui fit proposer de retourner en Italie. S'il en étoit autrement, les offres de Galéas, qui est mort en 1404, n'auroient pu lui être faites qu'au commencement de son veuvage.

Nous avons fait remarquer que Christine, dès sa jeunesse, avoit composé beaucoup de ballades et de rondeaux qui commencèrent à attirer sur elle l'attention. Après la mort de son mari, elle cherchoit à tromper sa douleur en se livrant à ce genre de travail. Comme plusieurs de ces petits poèmes, qu'elle appelle des *Dis amoureux*, sont fort tendres, la médisance ne l'épargna point. En vain disoit-elle que les sentimens qu'elle exprimoit n'étoient pas les siens, que ses ballades amoureuses n'étoient qu'un jeu d'esprit : on n'en attaquoit pas moins sa réputation. Dans le livre de *la Vision*, elle se plaint amèrement de ces calomnies. « Aucune fois, ajoute-t-elle, quand on me « le disoit m'en troublois, et aucune fois m'en sous-« rioye, disant : Dieux et icelui et moy savons bien « qu'il n'en est riens. » On doit d'autant moins croire à ces accusations, qu'elle avoit trente-sept ans quand elle perdit son mari, et que les nombreux ouvrages qu'elle publia pendant les premières années de son veuvage, ouvrages qui presque tous exigeoient d'immenses recherches, ne pouvoient manquer d'absorber tous ses momens. D'ailleurs, à l'époque dont il s'agit elle vivoit entourée non-seulement de sa mère et de ses enfans, mais encore de ses frères et de plusieurs parentes ; et si elle avoit eu quelques intrigues, elle auroit nécessairement cherché à éloigner d'incommodes surveillans. On peut donc dire avec assurance que chez elle les talens se trouvoient réunis à la vertu la plus irréprochable.

D'après les portraits en miniature que l'on a conservés d'elle dans quelques manuscrits de son temps, elle avoit le visage rond, les traits réguliers, le teint délicat, et assez d'embonpoint. Le meilleur de ses portraits est celui que l'on trouve en tête du manuscrit de *la Cité des Dames* (n° 7395 de la bibliothèque du Roi) ; il s'accorde avec ce qu'elle dit elle-même de sa personne, en remerciant le Créateur *d'avoir corps sans nulle difformité et assez plaisant, et non maladis, mais bien complexionné.* Elle avoit eu trois enfans, dont elle fait d'aussi grands éloges que de son père et de son mari ; car elle est fort prodigue de louanges pour tout ce qui tient à sa famille. Sa fille fut religieuse à Poissy, et l'un de ses fils mourut jeune : La Croix-Du-Maine pense que l'autre fut ce Castel auquel on attribue le deuxième volume de *la Chronique martinienne*. Si cette chronique est du fils de Christine, on est obligé de reconnoître qu'il n'avoit point hérité des talens de sa mère (1).

On trouvera à la suite de cette Notice la liste détaillée de tous les ouvrages de Christine, avec quelques observations sur chacun d'eux. Les bibliographes, et Boivin lui-même, ne parlent pas de plusieurs productions importantes de cette femme célèbre, et dont il existe des manuscrits authentiques à la bibliothèque du Roi. Sur plus de vingt ouvrages, quatre seulement ont été imprimés ; et encore n'y en a-t-il que deux qu'on ait publiés sans changemens ni coupures.

(1) Cependant il paroît que le fils de Christine a joui autrefois d'une certaine réputation comme poète et comme prosateur. L'auteur du Jardin de plaisance s'exprime ainsi :

<blockquote>
Christine aussi habilment métrifie
Même Castel, qu'elle eust a fils pour sien,
Qui depuis fust grand rhetoricien.
</blockquote>

Un passage d'Octavien de Saint-Gelais porteroit à croire que ce Du Castel a été moine. Saint-Gelais l'appelle le moine Castel ; et en parlant de lui et de Froissard, il les qualifie tous deux dictateurs des chroniques de France.

OUVRAGES DE CHRISTINE DE PISAN.

VERS.

Ballades, Rondeaux, Lays, Virelays, et autres Poésies mêlées.

Les poèmes de Christine de Pisan sont en vers de dix, de huit, de sept, et même de quatre syllabes. A peine y trouve-t-on quelques vers alexandrins, ainsi appelés dès-lors, parce que, au douzième siècle, on avoit composé un poème ou roman d'Alexandre en vers de douze syllabes : huit ou dix auteurs y avoient travaillé. Mais cette espèce de vers avoit trop de pompe et de gravité, exigeoit trop de correction pour pouvoir convenir à un idiome encore barbare, qui n'avoit pas de règle fixe, et dont la naïveté faisoit tout le charme. La coupe des vers de dix et de huit syllabes lui étoit plus avantageuse. Ces deux rhythmes ont donc été presque les seuls employés jusqu'à Du Bellay et Ronsard; et parmi les auteurs connus, on ne remarque guère que Jean de Meun qui ait composé une pièce un peu longue (son testament) en vers de douze syllabes.

A cette époque on attachoit beaucoup d'importance à la richesse des rimes; mais ce n'étoit pas une entrave pour la composition. On changeoit, on estropioit les mots, on les alongeoit, on les raccourcissoit, comme le font les Italiens; on en créoit de nouveaux à volonté, on les coupoit même d'un vers à l'autre, à l'exemple d'Horace, qui s'est quelquefois permis cette licence. Une prolixité fatigante est le défaut remarquable des ouvrages du temps. La langue n'étoit pas formée, le style ne l'étoit pas davantage; en prose, il falloit beaucoup de mots pour exprimer les idées même les plus simples; dans la poésie on en ajoutoit d'inutiles, soit pour obtenir la rime, soit pour arriver à la mesure du vers. On avoit imaginé des règles bizarres pour les différentes espèces de poèmes, dont le principal mérite consistoit dans la difficulté vaincue. Les poètes faisoient assaut de tours de force. Un des plus extraordinaires est sans contredit la *Ballade rétrograde* de Christine de Pisan; elle peut se lire indifféremment à droite ou à *rebours*, en commençant par le premier vers ou par le dernier. A la vérité ce ne sont que des mots péniblement arrangés, et qui n'offrent à peu près aucune suite d'idées : mais de pareilles pièces excitoient alors l'admiration.

Christine nous a laissé près de deux cents ballades; ce genre de composition lui plaisoit : c'étoit pour elle une sorte de délassement. Ses ballades roulent presque toutes sur les peines et sur les plaisirs de l'amour. On y trouve de la passion, de la naïveté, de la délicatesse, et même une certaine élégance d'expression. Le style en est beaucoup moins diffus que celui de ses autres poésies; on ne voit pas qu'elle ait été gênée par les règles auxquelles ce petit poème étoit soumis. Il falloit que la ballade eût trois strophes ou couplets, dont le dernier vers devoit toujours être le même; et dans chaque strophe les mêmes rimes devoient être conservées dans le même ordre. Nous citerons deux ballades, pour donner une idée de la manière de Christine.

BALLADES.

Tant me prie très doulcement
Cellui qui moult bien le scet faire,
Tant a plaisant contenement,
Tant a beau corps et doulz viaire,
Tant est courtois et débonnaire,
Tant oy de lui grans bien dire,
Qu'a peine le puis escondire.

Il me dist si courtoisement,
En grant doubtance de meffaire,
Comment il m'aime loyaument,
Et de dire ne se peust taire,
Que néant seroit du retraire ;
Et puis si doulcement souspire,
Qu'a peine le puis escondire.

Si suis en trop grant pensement
Que je feray de cest affaire :
Car son plaisant gouvernement
Vueille ou non amours me fait plaire,
Et si ne le vueil mie actraire ;
Mais mon cuer vers lui si fort tire,
Qu'a peine le puis escondire.

―――

Soulete suis et soulete vueil estre,
Soulete m'a mon doulz ami laissée,
Soulete suis sens compaignon ne maistre,
Soulete suis dolente et courroucée,
Soulete suis en langour mésaisée,
Soulete suis plus que nulle esgarée ;
Soulete suis senz ami demourée.

Soulete suis à huiz ou à fenestre,
Soulete suis en un anglet mucée,
Soulete suis pour moy de pleurs repaistre,
Soulete suis doulente ou appaisiée,
Soulete suis riens n'est qui tant me siée,
Soulete suis en ma chambre enserrée,
Soulete suis senz ami demourée.

Soulete suis partout et en tout estre,
Soulete suis ou je voise ou je siée,
Soulete suis plus qu'autre rien terrestre,
Soulete suis de chascun delaissée,
Soulete suis durement abaissée,
Soulete suis souvent toute esplorée,
Soulete suis senz ami demourée.

(*MS.* 7087 [2].)

Suivant le père Rapin, un rondeau est très-mauvais s'il n'est pas très-beau. Ceux de Christine sont fort inférieurs à ses ballades; il est vrai que les règles auxquelles il est assujetti rendent la composition du rondeau beaucoup plus difficile. Ce petit poème ne doit avoir que treize vers, huit d'une rime et cinq d'une autre; il faut qu'il soit divisé en trois couplets, et qu'on répète à la fin des deux derniers le commencement du premier.

Le lay et le virelay n'étoient pas soumis à des règles moins gênantes; on ne pouvoit y employer que deux rimes, qu'il falloit redoubler ou isoler dans certains cas. Christine n'y a guère mieux réussi que dans ses rondeaux : pour obtenir la rime ou le mètre, elle est obligée de sacrifier le mot propre, ou d'employer des mots parasites qui rendent ses vers presque inintelligibles. D'un autre côté, comme les lays [1] et les virelays sont des espèces d'élégies ou de complaintes,

---

[1] *Lay*: vieux mot qui signifie *complainte*, *doléance*.

et qu'il n'y a rien de plus fatigant que des doléances prolixes, obscures et monotones, la lecture en est presque insupportable aujourd'hui.

Les *Jeux à vendre*, qui ont plus de trois cent cinquante vers, ne méritoient pas d'être conservés. C'est un jeu de société où chacun est censé vendre quelque chose.

> Du blanc pain vous vens la mie;
> Pour Dieux ne m'oubliés, ma mie,
> Quant je serai loing de vous;
> Adieu vous di, mon cuer doulz.

Toute la pièce, qui se compose de morceaux détachés, ressemble à ces quatre vers.

Le titre du *Debat des deux Amans* indique le sujet de la pièce. On discute sur l'amour; il s'agit de savoir *si honneur en vient ou bien honte, si c'est maladie ou grant santé*. Des deux côtés on s'épuise en raisonnemens, qu'on appuie d'exemples tirés des romans, de la fable et de l'histoire. On y remarque la description d'une fête, qui a de la grâce et du mouvement.

L'*Epître au dieu d'Amour* est une requête présentée à l'Amour par les dames, qui portent plainte contre les séducteurs, les parjures et les indiscrets. L'Amour rend un édit dans lequel Christine a employé assez heureusement les formes des anciens édits royaux.

Cette pièce de vers, composée en 1404, est à proprement parler une apologie des femmes; les exemples n'y sont pas plus épargnés que dans le *Debat des deux Amans*.

Le *Dit de Poissy* et le *livre des trois Jugemens* traitent le même sujet, et reproduisent à peu près les mêmes idées.

On les retrouve encore dans le *Dit de la Rose*, qui a l'avantage d'un cadre plus dramatique, et qui offre des détails agréables.

Le *Dit de la Pastoure* est une longue églogue où Christine peint la vie champêtre et les amours des pastoureaux; mais comme elle avoit toujours vécu à la ville, ses tableaux manquent de vérité.

Les six poèmes dont nous venons de parler ont tous plus de mille vers; quelques-uns en ont deux mille. Le style est vague et traînant; et comme il n'y a pas d'action pour soutenir l'intérêt, on a besoin de s'armer d'un certain courage si on veut les lire tout entiers.

Le *Dire des vrais amans* est une espèce de roman ou de nouvelle en vers de sept syllabes, mêlés de virelays, de rondeaux, de ballades, de dialogues, et même de lettres en prose. Il y a quelques détails agréables; mais peu de personnes se décideront à les chercher dans ce poème, qui a plus de deux mille vers.

Christine a fait aussi quelques prières en vers, mais elles n'ont rien de remarquable.

Les *Dits moraux*, qu'elle adresse à son fils, méritent de fixer l'attention. Elle commence par traduire les distiques que l'on attribue à Caton, et sur lesquels Pibrac a composé ses quatrains; puis elle y ajoute les conseils les plus sages sur la manière de se conduire dans le monde. La morale en est excellente, et s'applique à toutes les circonstances de la vie. Ses quatrains (car c'est elle qui a donné l'exemple à Pibrac de mettre ainsi des moralités en quatrains) ont de la précision et de la force, qualités que l'on trouve ra-

-rement dans ses autres poésies. Nous en citerons quelques-uns :

> Se tu as estat ou office
> Dont tu te mesles de justice,
> Garde comment tu jugeras,
> Car devant le grant juge iras.
>
> Ayes pitié des pauvres gens
> Que tu voys nuz et indigens,
> Et leur aydes quant tu porras.
> Souviengne-toy que tu morras.

(*Manuscrits de la Bibliothèque du Roi*, n°s 7087 [2], 7217, 7692, 7216, 7398, 7593, 7629, 7993, 8014, 7692. Ces différentes pièces se trouvent presque toutes réunies dans le n° 7087 [2].)

L'espitre d'Othea la deesse, qu'elle envoya à Hector de Troye à l'âge de quinze ans. C'est un mélange de prose et de vers dans lequel on remarque trois parties distinctes. Christine appelle les vers le *texte* ; vient ensuite une *glose* ou explication en prose, puis une *allégorie* tirée de la fable. L'allégorie se termine ordinairement par un passage latin de la Bible ou des pères de l'Eglise. La déesse Othea, qui n'est autre que la Sagesse, dit à Hector ce qu'il doit faire et ce qu'il doit éviter pour devenir un parfait *chevalereux*. Nous devons à l'abbé Sallier un examen curieux de cet ouvrage, dont la morale est très-bonne, mais dont les allégories sont beaucoup trop obscures.

L'épitre d'Othea à Hector a été imprimée à Paris, petit *in-folio*, sans date, sous le titre *des cent histoires de Troyes, avec l'épitre d'Othea, deesse de prudence, envoyee à l'esprit chevalereux d'Hector de Troyes, mises en rime françoise par Chrestienne de Pise*. Cette édition est très-rare. L'ouvrage existe en manuscrit à la bibliothèque du Roi, sous les n°s 7087 [2], 7223, 7089, 7399, 7400 [2], 7641 [2], 7976, 9669, et nav. 30.

Le manuscrit n° 7087 [2] est intercalé de notes sur Henri IV, par un contemporain.

Le livre de la *Mutation de Fortune* traite des divers changemens que la Fortune opère dans le monde. Christine parle d'abord d'elle et de sa famille, et donne quelques détails dont nous nous sommes servis pour notre Notice; puis elle se trouve transportée au palais de la Fortune, dont elle fait une longue description. Elle y voit tous les hommes qui ont figuré dans l'histoire, raconte leurs succès et leurs revers, trace ainsi un tableau général des révolutions de l'univers, et s'arrête aux premières années du règne de Charles VI. Comme elle passe rapidement d'un objet à un autre, et qu'il lui arrive assez souvent de confondre les temps, les lieux et les personnages, on a peine à la suivre au milieu de ce dédale : mais cet ouvrage n'en est pas moins remarquable par l'immensité des connoissances qu'il suppose dans son auteur; car Christine trouve, au palais de la Fortune, la Philosophie, la Métaphysique, l'Astronomie, la Physique, l'Arithmétique, la Géométrie, la Musique, etc.; et en conversant avec ces personnages allégoriques, elle fait connoître les idées que l'on avoit sur les sciences et sur les arts à la fin du quatorzième siècle.

Le livre de Mutation de Fortune, poème d'environ six mille vers, n'a jamais été imprimé. Il fut présenté en 1403 au duc de Bourgogne. On en a trois manuscrits à la bibliothèque du Roi. Ils sont inscrits sous les n°s 7087 ², 7087 ²-L-², 7088.

Le Chemin de longue estude, poème de six mille cinq cents vers, qui fut terminé en 1415, paroît être la dernière production de Christine; elle avoit plus de cinquante ans : néanmoins c'est celui de ses ouvrages où il y a le plus d'imagination, et où l'on trouve les descriptions les plus brillantes. Elle débute, comme dans la Mutation de Fortune, par déplorer le malheur de sa position. Le livre de la *Consolation* de Boëce lui tombe sous la main, et l'attache tellement qu'elle passe une partie de la nuit à le lire. Le sommeil s'empare enfin d'elle; la sibylle de Cumes lui apparoît, et lui propose de la conduire dans le *chemin de longue etude*, où nul ne peut entrer s'il est grossier et mal instruit. Christine répond qu'elle a déjà vu dans le Dante le chemin de *longue etude*, mais qu'elle ne le connoît point assez, et qu'elle est prête à s'y engager. Elle part avec sa compagne, qui la mène à Constantinople, à Jérusalem, en Grèce, en Egypte, etc., et lui fait parcourir toutes les terres classiques; puis elle la conduit dans la région éthérée, dont elle donne la description, et montre ainsi les connoissances qu'on avoit alors en astronomie. Elle aperçoit aux quatre coins du monde quatre chaires qui sont occupées par la Sagesse, la Noblesse, la Chevalerie et la Richesse, et au milieu une cinquième où siége la Raison. La Terre présente requête à cette dernière, et lui expose tous les maux qu'elle endure. La Raison mande la Richesse, la Sagesse, la Noblesse et la Chevalerie, qui comparoissent devant elle. Toutes quatre prétendent que la

Terre a tort de les accuser, et elles se renvoient mutuellement les accusations ; la Sagesse prétend que si les hommes sont malheureux, c'est qu'ils l'ont méprisée, et elle attaque ainsi la Raison. Le débat se prolonge ; on ne trouve d'autre moyen d'arrêter le cours du mal que d'élire un seul roi, qui gouverneroit toute la terre en paix et avec équité : mais il étoit difficile de s'accorder sur le choix. La Noblesse propose Charles VI ; la Chevalerie, Henri IV, roi d'Angleterre ; la Richesse, un prince si opulent qu'il n'aura pas besoin de lever des impôts ; enfin la Sagesse, un monarque poète et philosophe qu'elle ne nomme pas. On croit que les deux derniers princes étoient Bajazet et Ferdinand, roi de Portugal. On discute de nouveau sur ces quatre candidats ; on examine quelles sont les qualités les plus nécessaires pour gouverner. Les cinq déesses ne pouvant tomber d'accord, il est convenu que l'on soumettra la chose au jugement de celle des cours terrestres où depuis longues années il s'est vu le plus de sens, de savoir et de vertu. Cette cour est celle de France, et Christine est chargée d'en porter la nouvelle à Charles VI.

Par ce rapide aperçu, il est facile de voir combien le plan de Christine lui permettoit de riches développemens ; et souvent elle n'est pas restée au-dessous de son sujet.

Le Chemin de longue étude a été traduit de langue romane en français par Jean Chaperon, dit *Lassé de Repos* : sa traduction a été imprimée en 1549. Le poème original n'existe qu'en manuscrits. (Bibliothèque du Roi, n°s 7041, 7641, 7087[2]).

PROSE.

Le Livre des faits et bonnes mœurs du sage roi Charles V.

Dans la Notice, nous avons déjà parlé avec quelque détail de cet ouvrage, qui a été tronqué par l'abbé Lebeuf, dénaturé par les premiers éditeurs des Mémoires, et que nous faisons imprimer complet pour la première fois.

En nous décidant à offrir au public la *Vie de Charles V* telle que Christine l'a composée, nous ne nous sommes pas dissimulé qu'on y trouveroit des longueurs et beaucoup trop de digressions; mais le plan de notre collection n'admet pas de coupures ni de suppressions dans les ouvrages qui en font partie : à moins qu'il n'y ait impossibilité absolue, comme pour les Mémoires sur Du Guesclin, nous devons donner les chroniques originales et complètes. Si on les retouche, on en fait des ouvrages moitié modernes, moitié antiques, qui n'ont plus de physionomie, et qui cessent d'être intéressans. Nous avons donc respecté toutes les digressions de Christine, parce qu'elles font voir la manière dont on écrivoit l'histoire au commencement du quinzième siècle. La plupart de ces digressions sont véritablement curieuses, d'autres ne sont que bizarres, quelques-unes paroîtront ridicules : mais pour apprécier un ouvrage ancien, il faut se reporter au temps où il a été composé, et juger le talent de l'auteur d'après les idées qui dominoient alors.

La bibliothèque du Roi possède cinq manuscrits complets du Livre des faits et bonnes mœurs du sage roi Charles v. Ils sont cotés sous les n°˙ 8415, 9668. Supplément, 203, 211, 749.

La Cité des Dames. Christine, fatiguée de ses études, veut un jour se distraire en lisant un ouvrage qui ne faisoit que de paroître. C'étoit une satire très-forte de Mathéolus (1) contre les femmes; elle étoit comme anéantie par les reproches injustes faits à son sexe, lorsque la Raison lui apparoît, et lui conseille de bâtir une cité qui serve d'asyle aux bonnes et sages dames du temps passé; elle obéit. C'est sur l'histoire qu'elle pose les fondemens de sa cité, afin qu'ils soient inébranlables; les femmes poètes et artistes, toutes celles qui se sont distinguées par leurs talens ou par des actes éclatans de vertu, sont appelées pour en former l'enceinte. La ville étant construite, elle y établit la vierge Marie et toutes les saintes de la légende; elle termine par des conseils qu'elle reproduit avec plus de développemens dans le *Livre des trois Vertus*.

Cet ouvrage, qui n'a pas été imprimé, a, sous tous les rapports, moins d'intérêt que les précédens.

La bibliothèque du Roi en possède un grand nombre de manuscrits. Nous indiquerons seulement ceux de l'ancien fonds, n°˙ 7090, 7091, 7396, 7397, 7216.

---

(1) On croit que Mathéolus étoit un nom supposé. L'auteur de cette satire, quel qu'il soit, débute par ces mots : *Tristis es, anima mea*. Il les paraphrase en forme de prière, suppose qu'il a été marié deux fois, et justifie la tristesse de son ame par une peinture très-piquante des chagrins sans nombre que causent les femmes et le mariage. Cette satire a été imprimée à Lyon, *in-4°*, sans date.

Le Livre des trois Vertus. Dans cet ouvrage, qui n'est pas susceptible d'analyse, Christine donne des conseils aux femmes de toutes les conditions, depuis les princesses jusqu'aux femmes des marchands, des artisans et des laboureurs. On y trouve des détails assez curieux sur les mœurs et les usages des différentes classes de la société, parce qu'en enseignant ce qu'on doit faire, elle dit aussi quels sont les exemples qu'on doit éviter.

Le Livre des trois Vertus a été imprimé en 1497, réimprimé en 1503 et en 1536, sous le titre de *Trésor de la cité des Dames.* Ce titre a trompé quelques bibliographes; ils ont confondu cet ouvrage avec la *Cité des Dames*, qui n'a jamais été imprimée.

On trouve à la bibliothèque du Roi quatre manuscrits du Livre des trois Vertus, n°s 7040, 7354, 7395, 7398.

Le Corps de Policie. C'est un cours de morale destiné aux hommes, comme le Livre des trois Vertus est adressé aux femmes. Christine y donne également des leçons aux hommes de tous les rangs et de toutes les conditions. L'ouvrage est divisé en trois parties. La première traite des devoirs des princes; la deuxième, de ceux des nobles et des chevaliers; la troisième, de ceux des bourgeois et des gens du peuple.

Boivin ne fait point mention de ce livre dans son catalogue des ouvrages de Christine; mais il ne peut y avoir aucun doute sur le nom de l'auteur, puisque Christine se nomme elle-même dans le dernier chapitre. D. Mabillon (Voyage d'Allemagne, tome 2) parle de cet ouvrage qu'il appelle la *Police françoise*, et dit qu'on l'a imprimé autrefois. Il nous a été impossible d'en découvrir un seul exemplaire ; il n'en est fait mention sur aucun catalogue. Nous n'avons pu consulter que les manuscrits de la bibliothèque du Roi ; ils sont au nombre de six : n°s 7409, 7410, 7411. Suppl. 203, 211, 749.

Le Livre de la Vision. Christine s'endort, et elle a une vision fort extraordinaire. Elle voit d'abord un colosse immense, dont la tête s'élève au-delà des nues, dont les pieds touchent aux abymes, et dont le ventre environne tout le globe : c'étoit le Chaos. Elle est engloutie par le monstre, et se promène dans l'intérieur de son corps. Elle y rencontre une princesse couronnée, qui est la Terre, et qui se plaint avec amertume de la cruauté de ses enfans ; elle va visiter la capitale du royaume de cette princesse, qu'elle nomme la seconde Athènes, c'est-à-dire Paris. Elle parcourt la ville, et remarque que c'est l'opinion qui régit le monde, où tout est incertitude, ignorance et présomption. Elle en conclut que les études les plus profondes ne tendent qu'à prouver la foiblesse et l'insuffisance de l'esprit humain. Faisant alors un retour sur elle-même, elle rappelle tous ses malheurs, reproche à la Philosophie de ne lui avoir offert que de fausses consolations, qui ne la dédommagent ni du père ni du mari qu'elle a perdus. La Philosophie survient, blâme son abattement, lui parle des biens qui lui restent, de son fils, de sa fille, et l'engage à rappeler dans son cœur le courage qui l'a soutenue jusqu'alors. Elle parcourt l'histoire profane et sacrée, lui montre de grands malheurs soutenus avec constance, l'exhorte à s'occuper de travaux utiles, et finit par lui peindre le bonheur réservé à une ame vertueuse, bonheur que ni l'opinion des hommes ni les événemens ne peuvent troubler. Christine se réveille; et calmée par les consolations de la Philosophie, elle reprend avec plaisir le cours de ses études.

Cette vision, ainsi que les autres fictions employées par Christine dans plusieurs de ses ouvrages, paroissent extraordinaires et bizarres aujourd'hui; mais ce genre de merveilleux étoit à la mode de son temps. On en voit des exemples dans les ouvrages les plus remarquables qui soient parvenus jusqu'à nous. Le roman de la Rose est une longue allégorie, et le Songe du vieux Pelerin, de Philippe de Maizières, offre le même cadre que la vision de Christine.

Nous n'en avons vu qu'un seul manuscrit à la bibliothèque du Roi, n° 7394.

Le Livre des Faits d'armes et de chevalerie, divisé en quatre parties. Christine s'étonne elle-même d'oser donner des leçons aux rois, aux princes, aux capitaines, sur la manière de faire la guerre; cependant elle fait remarquer avec un ancien philosophe *que ne chault qui dit, pourvu que les paroles soient bonnes.* Elle invoque donc Minerve, et entre en matière; elle commence par examiner quelles sont les guerres qu'un prince sage doit entreprendre, et elle ne permet que la guerre défensive. Elle examine ensuite les qualités nécessaires aux généraux, comment doit être élevée la jeunesse destinée aux armes, et finit sa première partie par une longue dissertation sur les détails même de l'art de la guerre, sur les marches, les campemens, l'ordre des batailles, les retraites, l'attaque et la défense des places, le passage des rivières, etc.

La deuxième partie est consacrée aux stratagèmes et aux ruses de guerre.

Dans la troisième, elle s'élève à des questions plus importantes, et elle fait un traité du droit des gens.

Dans la quatrième et dernière, elle s'occupe des trèves, des sauf-conduits, des traités, des combats en champ clos, etc.

Cet ouvrage n'offre aucun intérêt, surtout aujourd'hui. Christine y traite des matières qui sont au-dessus de sa portée, et qui ne convenoient point à son sexe; mais il montre combien ses connoissances étoient étendues et variées, et combien ses études lui donnoient de facilité pour écrire sur toutes sortes de sujets.

On trouve, à la bibliothèque du Roi, cinq manuscrits du Livre de Chevalerie, n°s 7076, 7087, 7434, 7449, 7435.

Le Traité de la Paix. Boivin a encore omis cet ouvrage dans son catalogue. Il fut composé en 1412 et 1413, et dédié au duc de Guyenne, fils aîné du Roi.

Le Traité est divisé en trois parties. Christine y parle des bienfaits de la paix, et de la nécessité de la maintenir. Elle donne des conseils au prince sur la manière de gouverner; elle puise la plupart de ses exemples dans l'histoire de Charles v. Sous une forme différente, elle répète ce qu'elle a déjà dit dans plusieurs de ses ouvrages.

La bibliothèque du Roi n'en a qu'un seul manuscrit, n° 7398.

Le livre de Prudence et l'Enseignement de bien vivre. Le cadre de cet ouvrage a beaucoup de rapport avec celui de l'épître d'Othea.

Le livre de Prudence se divise en deux parties fort distinctes. La première, que Christine appelle le *texte*, offre des sentences tirées de Sénèque; la deuxième, qu'elle nomme la *glose*, explique et développe ces sentences. La lecture en est fatigante et peu instructive, parce que la morale s'y trouve mêlée à une métaphysique obscure.

Le manuscrit est coté sous le n° 8014 ². A la suite du *livre de Prudence* se trouve un autre ouvrage qui est intitulé *Mellibée et dame Prudence*. La ressemblance des titres, et la réunion des deux pièces dans le même manuscrit, ont fait attribuer le livre de *Mellibée* à Christine. Non-seulement aucune autorité ne justifie cette opinion, mais il suffit d'examiner le style des deux ouvrages pour reconnoître qu'ils ne peuvent être du même auteur. Le manuscrit n° 8014² contient plusieurs autres pièces dont les auteurs sont inconnus.

Epîtres du débat sur le roman de la Rose [1]. Christine, dont tous les ouvrages respirent une morale si

---

[1] Le roman de la Rose est un monument précieux pour la littérature et pour les mœurs des treizième et quatorzième siècles; il n'est pas moins utile pour faire connoître le véritable état de la langue à cette époque. Nous n'avions en France que des éditions inexactes et incomplètes de cet ouvrage, qui avoit été dénaturé par les copistes. M. Méon, l'un des conservateurs de la bibliothèque du Roi, après avoir passé quinze ans à rechercher et à collationner les manuscrits les plus anciens, est parvenu à rétablir le texte dans toute sa pureté. Il y a joint des notes intéressantes qui expliquent tous les passages

pure et même si sévère, avoit blâmé hautement les passages licencieux du roman de la Rose (1). Dans les conseils adressés à son fils, elle avoit dit :

> Si tu veulx et chastement vivre,
> De la Rose ne lis le livre,
> Ne Ovide de l'Art d'amer,
> Dont l'exemple sert à blasmer.

Gontier Col, qui prétendoit avoir été le disciple et le familier de Jehan de Meun, crut devoir prendre la défense de son maître. Il écrivit à Christine une lettre dure et pédantesque, dans laquelle il lui enjoignoit de se rétracter. Christine maintint ses critiques, et reçut de Gontier une lettre fulminante. Poussée à bout, elle lui répondit et garda peu de modération, soit à l'égard du maître, soit à l'égard du disciple. Non-seulement elle prétendit que ses critiques étoient fondées, mais elle ajouta que la lecture du roman de la Rose étoit *une exhortation de très-abominables mœurs, et confortoit la vie dissolue*. Elle accusa même l'auteur de méchanceté et de calomnie. En s'élevant contre plusieurs mots indécens qui se trouvent dans l'ouvrage, elle fit observer que si elle étoit obligée de désigner de certaines choses qu'on ne doit point nommer, *elle en parleroyt en manière que on entendit ce que elle vouldroit dire, et ne parleroyt point malhonnetement*.

---

obscurs, et rendent facile la lecture de ce roman, même pour les personnes auxquelles le vieux langage est le moins familier.

Son édition, imprimée chez Didot, forme quatre vol. *in-8°*. Elle a paru en 1814.

(1) En 1402, Gerson, chancelier de l'université de Paris, avoit vivement attaqué cet ouvrage sous le rapport des mœurs.

Mais oubliant bientôt cette maxime pleine de sagesse, elle examine ce qu'il pouvoit être déshonnête de nommer dans telle ou telle circonstance, et cet examen la force à employer des expressions qu'on est étonné de trouver sous sa plume.

Cette querelle littéraire a eu lieu en 1405, et Christine dédia ses lettres à la reine Isabelle de Bavière.

Elles sont conservées à la bibliothèque du Roi, n.os 7087 [2], 7599.

LE LIVRE
DES FAIS
DU SAGE ROY CHARLES.

CI COMMENCE LA PRIMIERE PARTIE DU LIVRE DES FAIS ET BONNES MEURS DU SAGE ROY CHARLES.

ET PRIMIEREMENT PROLOGUE.

Sire Dieux, ouvre mes levres, enlumines ma pensée, et mon entendement esclaires, à celle fin que ingnorance n'encumbre mes sens à expliquer les choses conceues en ma mémoire, et soit mon commencement, moyen et fin, à la loange de toy souveraine puissance et digneté incircumscriptible, à sens humain non comprenable.

Les choses expédientes et comme neccessaires a l'edification de meurs virtueux et louables de commun cours, véons, par les sçappiens (1), en leur escript, amenteus (2) et ramenez à mémoire pour nostre instruccion en ordre de bien vivre : si est digne chose que, avec les vehementes raisons prouvées et solues deulx bailliées, exemples vrais et notoires soyent certificacions des choses conduites en ordre de parleure.

(1) *Sçappiens*, pour *sapiens* : sage. — (2) *Amenteus*, de *mens* : esprit; gravé dans l'esprit.

Pour ce, moy Christine de Pizan, femme soubs les tenebres d'ignorance au regart de cler entendement, mais douée de don de Dieu et nature, en tant comme désir se peut estendre en amour d'estude, suivant le stille des primerains (1) et devanciers noz edifieurs en meurs redevables, à present, par grace de Dieu et solicitude de pensée, emprens (2) nouvelle compillacion menée en stille prosal, et hors le commun ordre de mes autres passées; à ce meue, par estant infourmée que ainssy plaist estre fait à trés solemnel et redoubté prince monseigneur le duc de Bourgongne Phelippe, filz de Jehan par la grace de Dieu roy de France, par lequel commandement ceste dicte œuvre ay emprise; suppliant sa digne et virtueuse humilité que le deffault de la foiblece de mon sçavoir soit souppleyée, visant moy, non instruicte de science, en aucun atouchement de dégré, par quoy entendement et parleure puisse avoir conduit par ycelle. Or soit donques mon rural cours en l'onneur de la trés honorée digne couronne de France, dont la lueur resplent par l'univers, et l'ait à gré l'umaine dignete des trés solemnelz princes d'icelle, à laquelle révérance, humble recommandacion prémise, soit présentée la petite œuvre de mon labour non souffisant à tous nobles et ameurs (3) de sagece; pareillement eulx anonçant ma nouvelle invective, en laquelle j'espere traictier *des vertus et proprietez de noblece, de courage, chevalerie et sagece qu'il sen ensuit, et quel bien en vient.*

Ainssy sera mondit volume contenu en trois parties, qui toutes s'assembleront à une seule chose : c'est

---

(1) *Primerain* : anciens. — (2) *Emprens* : entreprends. — (3) *Ameurs* : amateurs.

assavoir en la singuliere personne du trés illustre, hault et trés loué prince feu le sage roy Charles, quint d'icelluy nom, en laquelle révérance ceste presente œuvre est emprise, ramentevant sa vie et louables vertus, et meurs dignes de perpétuelle mémoire.

CHAPITRE II : *Cy dit quel fu la cause et par quel commandement ce livre fu fait.*

Pour ce que les causes ignorées et non sceues aucunes fois sont cause de admiracion aux humains, quelz peuvent estre les motifs des choses faictes, sera récité par moy véritablement et sanz aucune adulacion le principe et mouvement de ceste présent petite compillacion.

Voirs est (1) que c'est présent an de grace 1403, aprés un mien nouvel volume, appellé *de la Mutacion de Fortune*, audit trés solemnel prince monseigneur de Bourgongne, de par moy, par bonne estreine, présenté le primier jour de janvier (2), que nous disons le jour de l'an, lequel sa débonnaire humilité receupt trés amiablement, et à grant joye me fu dit et rapporté par la bouche de Monbertaut, trésorier dudit seigneur, que il luy plairoit que je compillasse un Traictié touchant certaine matiere; laquelle entierement ne me déclairoit, si come sceusse entendre la pure voulenté dudit prince; et pour ce, moy, meue de desir d'accomplir son bon vouloir selons

---

(1) *Voirs est*: il est vrai. — (2) L'année ne commençoit alors qu'à Pâques; mais on donnoit des étrennes le premier jour de janvier, qu'on appeloit le jour de l'an.

l'estendue de mon foible engin (1), me transportay avec mes gens, où il estoit lors, à Paris, ou chastel du Louvre; et là, de sa bonne grace, luy, informé de ma venue, me fist aler vers luy, menée où il estoit par deux de ses escuyers en toute courtoisie duis (2), nommez Jehan de Chalons et Toppin de Chantemerle; là, le trouvay retrait assez solitaire, accompaigné de son trés noble filz Anthoine, monseigneur conte de Retel.

Devant luy venue, aprés le salut redevable, deis la cause qui me menoit et le desir qui me tiroit de servir et plaisir faire à sa haultece, se tant digne estoye; mais que de luy fusse informée de la maniere du Traictié ouquel luy plaisoit que j'ouvrasse. Adont luy trés benigne, aprés que son humilité m'ot rendu plus mercis qu'à recepvoir à ma petitece n'appartenoit, me dit et déclaira la maniere et sur quoy luy plaisoit que je ouvrasse; et, aprés maintes offres notables, receus de sa benignité congé, pris avecques la charge agréable que je réputay commandement plus honorable que moy ydoine (3) ou digne de le souffisamment accomplir.

CHAPITRE III : *Ci dit la cause pourquoy ce present volume sera traictié en distinction de trois parties.*

AINSSY plaist au trés redoubté susdit que le petit entendement de mon engin s'applique à ramener à mémoire les vertus et fais du trés sereins prince le

---

(1) *Engin*, *ingenium* : génie. — (2) *Duis* : dressés. — (3) *Ydoine*, du latin *idonea* : propre à.

sage roy Charles, ameur (1) de sapience et toute vertu ; desquelles choses, pour remplir ledit commandement, me suis informée, tant par croniques comme par pluseurs gens notables encore vivans, jadis ses serviteurs, de sa vie, condicions, meurs, ordre de vivre, et de ses fais particuliers : et pour ce que moy bien informée treuve que les biens de luy se peuvent assez conduire par ces trois graces, ay je dit en mon prologue que je traicteray de noblece de courage, chevalerie et sagece, en distinction de trois parties, ramenant à propoz maintes autres addicions virtueuses ; tout ainssy comme une pierre précieuse digne et fine et de grant chierté, on enveloppe en or, en esmail, ou drap de soye, et soueves odours, est bien raison que la juste véritable narracion de ses dignes meurs soit fleurectée de mémoires prouffitables et de digne efficace.

Chapitre IV : *Cy dit quel chose est noblece de courage.*

Or commençons donques en telle maniere :

Comme noblece de courage conduise les sens humains aux perfections salutaires, laquelle noblece se peut descripre et prouver par trois raisons, qui assez se terminent en une, c'est assavoir : tendre à haultes choses, amer bonnes meurs, et conduire ses fais par prudence ; tendre à haultes choses, comme dit Aristote, povons entendre aux choses plus parfaictes et

---

(1) *Ameur :* amateur.

de plus longue durée; sur quoy povons noter estre les plus suppellatifz biens les celestielles choses comme perpétuelles; mais, selon l'entencion de nostre rural cours, c'est assavoir de ce qui touche à moralement vivre, le bien de renommée, acquis par vertu, peut estre attribué à l'acquérant noblece de courage; et pour ce est dit, Ecclésiaste 41, « Ayes cure de « bon nom, car il te remaindra plus que nul trésor « précieux : » et que le bien de renommée soit tendre à haultes choses approchans des biens non corruptibles, appert come choses terrestres soient de foible durée, excepté bon nom, lequel peut acquérir dégré de perpétuité; ce nous appert expérience manifeste, sans autre preuve, si comme foy nous tesmoigne les dignes noms des bien parfaiz emprains en mémoire eternelle, et sans terme deffalible.

Si poons (1) encore dire que ou bien de renommée sont incorporées les autres deux vertus susdictes, c'est assavoir amer bonnes meurs, et soy gouverner par prudence; car il convient de neccessité, pour emplir le bien de renommée, que vertus soyent excercitées sanz delaissier; comme renommée puist estre acomparée à la fleur que nous appelons *lis*, lequel est blanc, tendre et souef flairant, mais de moult petit hurt est froissié et taché, aussi bonne renommée convient que soit nectement gardée, et par grant soing enveloppée és odeurs de vertu : autrement son noble flair et beaulté ne pourroit estre maintenu longuement.

Si convient encore que sagece aie l'administracion et gouvernement de ceste digne union, autrement tost seroit desprisé (2); car, sanz le conduit d'icelle,

---

(1) *Si poons* : aussi pouvons. — (2) *Desprisé* : déprécié.

nulle vertu n'aroit (1) lumiere par quoy le bon nom fust apperceu. Ainssi, ceste belle assemblée fait un digne corps ymaginable et non palpable; lequel notable assemblement povons comprendre et trouver en la personne du solemnel Roy de qui nous esperons traictier, si comme cy-aprés apperra par la récitation de l'ordre de sa trés esleue digne et trés-notable vie.

Doncques ces choses desclairiées et veues pour une fois souffize, sanz plus repliquer en fin de chascun chapitre suscedent en ceste partie, par si que attribuée soit la gloire des vertus dudit prince à Dieu et a noblece de corage, prise en maniere de teume (2) en ceste premiere partie de mon volume.

CHAPITRE V : *Cy dit dont vint, et de quelz gens, et en quel temps, la premiere naiscence et racine des rois de France et des Françoiz* (3).

OR regardons à nostre propoz, descendent (4) à la loange de nostre object et à la matiere emprise, se la noble mémoire et la haulte généalogie des nobles roys de France, de qui celluy est descendus, dont espérons principaulment traictier, nous peut aydier en ceste partie comme préambule de gloire non adulant.

Si seroit voirement expédient et à propoz ramentevoir les loanges des prédécesseurs passez; mais pour cause de briefté, et aussy que assez est divulgué et

---

(1) *N'aroit :* n'auroit. — (2) *Teume :* thême. — (3) La partie véritablement importante des Mémoires de Christine étant celle qui traite de l'histoire de Charles v, nous ne ferons aucune observation sur tout ce qui est étranger au règne de ce monarque. — (4) *Descendent :* lisez *descendant ;* cette observation s'applique à tous les participes actifs.

sceu communement par les chroniques de France et mains autres escrips, nous en passerons, pour eschever [1] prolixité, legierement; mais, pour continuer coustume deue, si que qui veut parler de virtueuse fleur doit ramentevoir sa racine, dirons ainsy :

De la noble royal lignie de la renommée Troye, jadis, par variation de fortune, destruicte des Grieux [2], par divine volenté, au salut des universes terres remplir de nobles nacions, se partirent pluseurs barons nez de la lignie royal, avec multitude de gent espandens en diverses contrées, entre lesquelz un appellé Francio, filz au preux Hector, filz du roy Priant de Troye, avec sa compaignie, arrivans vers les Palus de Moede [3], fonderent, par espace de temps, la cité de Sicambre, en monteplyant [4], par longue demeure, possédeurs d'icelle; aprés pluseurs années, comme leur hault corage fust rebelle à servage, obviant à l'empire de Romme contraignant yceulx à servitude de treu [5], fu voir que en l'an de grace 381, avec leur duc descendus dudit estoc royal appellé Priant, se translaterent en la terre de Gaule, que ilz appellerent France; auquel duc Priant succéda Marchoeres [6], qui engendra Pharamon, que yceulx couronnerent à primier roy de France.

Ainssy fu le commencement de celle noble nacion françoise couronnée d'ancienne noblece, laquelle, Dieux mercis, doir en hoir, est continuée malgré les floz de la descordable fortune jusque cy en amendent

---

[1] *Eschever :* éviter. — [2] *Grieux :* Grecs. — [3] *Palus de Moede :* Palus-Méotides. — [4] *Monteplyant :* multipliant. — [5] *Treu :* tribut. — [6] Erreur de copiste, qui a lu ainsi le nom *Marchomeres*, plus connu sous celui de *Marcomir*.

en bien, à laquelle chose Dieux octroit tousjours acroiscement de gloire jusques au terme des aeulx (1).

CHAPITRE VI : *Cy dit la nativité du roy Charles.*

D'YCELLE dicte noble ligniée Dieu, ameur du trés christien peuple françois, pour la réparacion, confort et préservacion dudit lieu, lequel, par pluseurs adversitez de nostre sire, peut estre consentyes pour cause de correccion, si comme le bon pere chastie ses enfens, tout ainssy comme jadis donna Moyse, né de nobles parens, ou temps de l'adversité d'Egipte, aux enfens d'Israël, le sage conduiseur pour ledit peuple en espace de jours tirer hors du servage de Pharaon, volt la divine Providence faire naistre de parens solemnelz et dignes, c'est assavoir du bel et chevalereus Jehan, roi de France, et de la royne Bonne s'espouse, fille du bon roy de Bahaigne (2), ycelluy sage Charles, lequel fu le cinquante-sixieme roi de France, puis le roy Pharamont dit dessus, regnans glorieusement par l'espace de mille vingt-trois ans (3) courus jusques au couronnement d'icelluy dit sage roy Charles. Nez fu au bois de Vincennes, le jour sainte Agnés, vingt-uniéme de janvier, en l'an de grâce 1.336, à grant joye receus, comme de ses parens primier né; administracion de nourreture et estat luy fu baillié si notablement comme droit et noble coustume requiert a telz royaulx enfens : de laquelle chose grant narra-

---

(1) *Aeulx,* de *aeuler, remplir* : c'est-à-dire jusqu'au plus haut degré. — (2) *Bahaigne :* Bohême. — (3) Son calcul n'est pas exact.

cion faire n'est mie neccessaire, ne au propoz singulier où je veuil tendre, qui n'est fors seulement traictier de ce qui touchera ses vertus et estat en sages et bonnes mœurs et autres particularitez, lesquelles sont assez sceues par le commun ordre du nosble estat royal de France ne seroyent fors prolixitez non neccessaires, si me passeray de son enfence assez légierement; par l'exemple que nous véons és escriptures de tous les plus notables passez, n'estre escript de leur juene aage, fors comme chose apocriphe et sans grant foy, mesmement de l'enfence et adolescence de Jhesu-Crist peu traicté l'Evangile, de laquelle chose comme il fut tout sapient pareillement ou cours de sa vie ; peut estre que ainssy luy plost estre fait pour monstrer que la perfection du sens humain ne doit estre prise fors en aage de discrécion, ouquel temps homme est appellez *vir*. Si n'en diray autre chose, exepté que la sage administracion du pere le fist introduire en lettres moult souffisamment et tant que competenment entendoit son latin, et suffisanment scavoit les rigles de granmaire; laquelle chose pleust à Dieu que ainssy fust acoustumé entre les princes! et ce seroit chose trés convenable et pertinent aux causes des cas divers et particuliers dont la cognoiscence leur est imputée et de droit comise, de quoy ne peut avoir introduccion des loys, ce n'est par estranges expositeurs, tout par peresse d'un petit de temps souffrir l'excercitation et labour d'estude.

Chapitre VII : *Cy dit de la jeunece du roy Charles, et comment c'est grant péril quant administracion de bonne doctrine n'est donnée aux enfens des princes.*

Et aussi pareillement n'est à mon propoz et ne quier faire grant narracion sur les fais de l'adolescence dudit Roi ; et pour touchier la vérité, j'entens que jeunece, par propre voulenté menée plus perverse que à tel prince n'appartient, dominoit en luy en celluy temps, mais je suppose que ce pot estre par maulvaiz aministrateurs : car comme jeunece soit de soy encline à mains mouvemens hors ordre de raison, encore quant elle est conduite et exortée par maulvais et sans consience anminciateurs (1) plus tendens à l'adulacion du jeune courage du prince, pour son gré acquerre, que pour le conduire par pure et deue voye, c'est un grant meschief et péril en tout grant seigneur ; car orgueil qui leur ramentoit leur haulte puissance, et juenece qui les instruit à leur singulier plaisir en tous délis (2), leur ostent la crainte et regart de toute discipline, et par oultre cuidance (3) peuent estre conduis à telle ignorance que ils présument à eulx estre licite faire follies et choses hors ordre de bonnes meurs : ce qui seroit lait et malhonneste à simples et povres hommes, laquelle chose est tout le contraire ; car tout ainssy que seigneurie humaine est rigle des autres estas, est raison qu'elle soit régulée et reamplye de précieux joyaulx de vertus et de l'entendement ; et pour ce, les parens, obvians à telz in-

---

(1) *Anminciateurs*, lisez *amenistreurs* : administrateurs. — (2) *Délis* : délices. — (3) *Oultre cuidance* ; *ultrà cogitatio* : présomption.

convéniens, doivent plus singulierement procurer à leur enfens bonne compaignie sage et honeste, et prendre garde à la discipline des meurs, que à leur bailler estat quelconques ne autre nourriture deliée(1); et pour ce, à ce propoz, treuve-l'en en maintes escriptures que anciennement aux enfens des roys et princes, comme autrefois ay parlé sur ceste matiere, estoyent quis(2) sages maistres philozophes, lesquelz en avoyent l'aministracion et gouvernement jusques à ce que ilz feussent parcreus et enforciz, si que ilz fussent ydoines à soustenir le fais des armes, et adont estoyent livrez à la chevalerie és mains des sages chevaliers expers en telle discipline; car n'est mie doubte, comme il est dit par maint aucteur, tout ainssy comme la cire est apte et preste à toute emprainte recepvoir, est l'engin de l'enfent disposé à recepvoir telle discipline comme on luy veult bailler et aprendre; et à ce propos n'est mie sans grant péril donner auctorité de seigneurie à enfent sanz frain de sages amenistrateurs.

Et, par exemple, l'avons ou livre des Roys, ou temps Roboam, filz Salomon, pour ce qu'il n'avoit pas respondu sagement au peuple, ainssi comme les preudes hommes luy avoyent conseillé, mais orgüilleusement et fiérement, par le conseil des jeunes avecques luy nourris en enfence, le royaume fu divisé en deux royaumes; de douze lignées, Roboan n'en ot que les deux; et Jeroboam, qui ot esté sergent Salomon(3), en ot dix.

Des enfens des chevaliers, qui est à entendre des

---

(1) *Deliée*: délicate. — (2) *Quis*, participe du verbe *querir*. — (3) *Jeroboam, qui ot esté sergent Salomon*: Jéroboam, qui avoit été soldat ou serviteur de Salomon. Sergent signifioit également homme de guerre, ou serviteur.

nobles victorieux aussi, est escript que anciennement en enfence les tenoyent soubz grant cremeur (1) : de ce est escript, és histoires des Grieux jadis triumphans, que Ligurgus, roy de Lacédemone, entre les belles loys que il estably, ordonna que les jouvenceaulx n'eussent en l'an fors une robe; *item*, que les jeunes enfens, yssus hors de la primiere nourriture, fussent tirez des mignotises maternelles; et comme oisiveté et délices soyent à eulx comme venin destruiseur de meurs, ordonna ycelluy que séparez fussent des délices des bonnes villes, et nourris sus les champs en exercitacion d'aucun labeur selon leur faculté et aage. *Item*, que honneur aucun ne fust donné à home, fors selon les merites de ses vertus, et non parfaict honneur actribué à aulcun jusques à tant que continuée vertu l'eust parmené en l'aage de viellece et d'impotence : laquelle loy, pour l'augmentacion de vertu, pleust à Dieu que courust en noz aages, et en perpétuel temps!

CHAPITRE VIII : *Cy dit le couronnement du roy Charles, et comment, tost aprés, prist à suivre la rigle de vertu.*

SELON le triumphe par ancien et redevable usage, le jour de la Trinité, en l'an de grace mil trois cens soixante et quatre, de sa nativité le vingt-septiéme, cestuy sage Charles roy, quint du nom, fu coronné, lequel tost aprés, nonobstant le boullon de si mene aage (2),

---

(1) *Cremeur*, de *tremor :* crainte. — (2) *Le boullon de si mene aage :* le bouillonnement, l'effervescence de si jeune âge.

contre lá commune maniere des hommes cheminans par le cours de nature, par grace de Dieu et especial don de divine informacion, par les bateures (1) infortunées a longtemps receues en son royaume, par guerres, pertes excessives et tribulacions infinies, qui souventefois peuent estre prouffitables et salutaires aux vages humains, à cause de adverticence de leur vie inique et recognoiscence de leur Créateur, fu enluminé (2) de clere cognoiscence qui vrayement luy discerna le cler du trouble, le bel du lait, le bien du mal, par laquelle fu inspirez à droicte voye, en déboutant les jueneces avuglées par floz d'ignorance; non mie que on doye par mes parolles entendre que ycelluy en sa juenece fust excerciteur de cruaultez inhumaines, ne aussi moriginez és orgueuls tarquiniens, lesquelles choses, Dieu mercis, sont hors les usages des honorez princes françoiz, auxqueulx, pour la blancheur de leur glorieux estre, appert petite tache, se en eulx est, plus que trés grant autre part ne feroit.

Ainssi ce trés sage Roy retrait des voyes d'ignorance, tout ainssi comme le champ non labouré et par longtemps esté en friche, remply d'espines, sanz aulcun bon fruit porter, et aprés, luy deffriché et coulturé de bonne semence, porte fruit meilleur et plus habundanment que autre terre, cestuy sage, de soy esrachiées toutes espines de vices, en luy volt enter toutes virtueuses plantes, dont le fruit s'ensuivy si bon et de tel sante aprés, comme nous dirons par ordre, que encore en dure la rassadiacion et odeur en maints royaumes.

(1) *Bateures*: défaites. — (2) *Enluminé*: éclairé.

Chapitre IX : *Cy parle de jeunece, et de ses condicions.*

Pour ce que le susdit suppoz, c'est assavoir la matiere où nous sommes entrez, du temps de l'aage de juenece, nous donne cause de plus avant dire, sera un petit divulgué en cestuy chapitre des propriétez d'icelle, en descrisant, selon les aucteurs et mon petit engin, ses mouvemens, passions et opéracions diverses.

Comme il soit voir nature humaine, pour cause de sensualité, estre encline à plusieurs vices tous tendens au délit et aise du corps, lesquelles choses ne procurent mie les proprietez de l'ame intellective, comme de sa nature elle tende au lieu dont elle est venue, c'est assavoir à haultes choses; car, si comme dit Aristote ou primier de Métaphisique, chascune chose desire estre conjoincte avec son principe, car en ce est le terme de toute matiere créé, ycelle ame est translatée ou corps, lequel est vessel composé de grosses et matérielles substances, qui rend l'esperit empeché et comme lié des opéracions intellectives, auquel, par proces d'ans, convient attendre temps et aage jusques l'instrument par où il doit ouvrer ait par ordre de nature pris convenable croiscence, ains que les vertus de l'ame puissent, se petit nom, monstrer l'œuvre de sa soubtilleté; et ainssi petit à petit, ou temps de celle croiscence, nature appreste la fantasie et entendement, tout ainssy comme une table rese, comme dit Aristote, en laquelle on peut escripre et figurer ce que l'en veult;

si comme nous véons és enfens que l'en fait apprendre tel art comme on veult, si n'est mie doubte que ycelluy vaissel, jueune et nouvel, qui encore n'a expérience ne concept, fors ce qui appete à délices charnelz, comme ignorant encore des spéculatives joyes de l'entendement, convient que ses opéracions foraines et par dehors soyent joyeuses, légieres et de petite constance, et les inclinacions de l'abbilité sensible tost muées de joye en ire, de vouloir en desvouloir, et en autres passions tendres, comme nous véons communement és petits enfens, en amodérant tousjours ycelles fragilitez jusques en aage parfaict d'omme, ou adont, quant obfuscation extraordinaire n'empeche l'orguan, c'est à dire l'instrument, qui est le corps, par maladie ou autre accident, l'ame doit ouvrer.

Mais au desoubz de ses ans perfaiz, aprés les jours d'enfence que la ceve monte contremont la jueune plante, c'est à dire lorsque la chaleur et moitteur est grant ou jouvencel, environ l'aage de son adolescence, adont n'est nulz qui peust comprendre les divers mouvemens qui en celluy corps sont compris, lequel, comme passionné d'appetit sanz ordre, par inclinacion naturelle, non cognoiscent encore la lime et correccion de raison, se, par grant grace de Dieu, n'est octroyé aux aucuns par dessus le commun cours naturel : adont les voulentez aguës et sensuelles sont, comme juges és faiz et appetis, alumez et avivez d'iceulx jeunes, qui les rent avugles et non cognoiscens la forme de droit usage; et tout ainssi comme le malade de goutte qui souvent juge l'amer estre doulz ou aigre, et plus appete contraire viande que la propre, par comparaison avient au juene le plus des fois en ses jugemens sensitifz ! et de ce la certaineté nous aprent l'expérience de leurs œuvres et faiz.

Chapitre X : *Ci dit encore de ce mesmes.*

O Dieux ! comment voyons nous les jeunes gens adouler (1) et entrister quant correccion, quoyqu'elle leur soit salutaire, leur est présentée, laquelle reçoipvent, comme opprobre et chose injurieuse, à petite patience ; et tout au contraire souvraine joie remplist leur folz cueurs ou temps de leur grief et mortel dommage, c'est quant en la voye d'oiseuse se puevent embatre (2), en laquelle nul autre paradiz ne présument leur estre propice ne plus agreable ? Mais en ce chemin sont infinies à euls les sentes de desvoyement (3); là souventefois sont procurées folles amours ou mains vicieux deliz en pluseurs manieres, ou es aucuns, par la chaleur de leur sang, bataillés et riotés (4), autres par impatience prenent contens (5) à leurs melieurs amis, reçoipvent et aiment leurs mortelz ennemis et ceuls qui les trahissent, comme sont les aduleurs ou flateurs portans venim angoisseux dont ilz ne cognoiscent la decepvance, ne admonnetement de sage contre leur opinion n'y tiendroit lieu, en serchent (6) jeux et délis, sanz regart au petit effect de la fin, s'en-

---

(1) *Adouler*, composé de *douloir* : éprouver de la douleur. — (2) *Embatre* : enfoncer. — (3) *Les sentes de desvoyement* : les sentiers qui détournent du but. — (4) *Riotés* : querellés. — (5) *Contens* : dispute. — (6) *Serchent* : cherchant.

veloppent légièrement en infinies folies dont le retraire n'est mie sans peine, légièrement tournent leur pensées à maulvaiz consauls (1), habundent en oppinions voluntaires au contraire de raison, croiscent en parolles sanz frain affermées en pure voulenté, sanz regart où ce peut cheoir leur jugement contraire à vraye cognoiscence, souventefoiz leur dit que bien fait soit si comme folye, folye honneur, deshonneur chose belle et doulcereuse; si comme par expérience le véons avenir en yceulx juenes qui sont desvoyez faire desrision de leurs compagnons se ilz les voyent sustraiz par grace de Dieu des folies susdictes, ou que autres jeunes ne soyent vaguans en la voye de dissolucion comme eulx, ilz les réputent folz et chétifz, et dient que ce ne sont que commeres et gent de néant; de laquelle chose, blasme de telz sont aux oreilles des sages moult grans loanges; folles despences et superfluitez qui sont à desprisier réputent à sens et grant noblece, et par telles folles oppinions despendent l'avoir acquis par grant destrece par leur parens, et dont ilz ont aprés viellece souffreteuse; estre crains par divers oultrages qui les deshoneure et fait souventefoiz perdre vie ou membres, réputent grant honneur et gloire; les folles compaignies suivre, où se sont embatus, quoyqu'on les en repregne, delaissier grant honte leur sembleroit.

Infinis mouvemens habondent és cueurs des juenes sanz frain de raison, qui est le regart de la fin de toutes choses, és uns plus, et és autres moins, selon leur diverses complexions, lesquelles causent és aucuns joye, és autres riotes et mélencolie, si comme aux sanguins

(1) *Consauls* : desseins.

soulas et esbatemens, et aux mélencoliques ou colériques riotes et despiz; et partout y a infinis périlz.

Non mie que je vueille dire que tous les jeunes en chiéent (1) és inconveniens susdis, et que mains n'en y ait d'accoisiez (2) et rassis, comme Dieu ait donné ses graces diversement où il luy plaist, soit és dons de nature, ou autres biens : j'entens seulement de communt cours, par lequel la sensualité humaine incline le cueur du juene, qui encor n'a l'expérience de droit jugement; car, si comme dit Polus (3), l'expérience fait l'art: et d'icestes ou pareilles inclinacions croy que nulz ou pou soyent exeptés, se grace divine ou merveilleux sens ne les a esleus ou préservez.

Chapitre XI : *Ci dit encore de jeunece.*

Considéré les susdis moûvemens par nature és cueurs des jeunes, et maintes autres raisons que je laisse pour briefté, n'est mie doubte que celle avivée voulenté laissier sanz frain estrange de plus grand meureté, c'est comme le poulain sanz lien, habandonné à toutes voyes, si n'est mie sans grant péril, et plus és princes et és poissans que és moyens ne és mendres (4) : la cause est pour l'assemblement de jeunece, oisiveté et poissance ensemble, qui est comme feu, souffre et esche (5) en un vaissel; ce que ne peut mie estre és plus bas, lesquelz neccessité chace à aucun excercite qui les tient occuppez et tolt oyseuse (6) : si ne fu mie dit sanz cause,

---

(1) *Chiéent :* tombent. — (2) *Accoisiez :* paisibles, dérivé du mot *coi*. — (3) *Polus :* peut-être saint Paul. — (4) *Mendres :* moindre, petits. — (5) *Esche :* amorce. — (6) *Tolt oyseuse :* chasse l'oisiveté.

« Mauldite est la terre dont le prince est enfent; » et comme les parens ou majeurs de telz nobles enfens doyent avoir singulier regart à ces choses, bien doivent, comme dit est, mettre cure à les pourveoir de bonne et sage compaignie et maistres virtueux et prudens, lesquelz les doivent plus corrigier par bons exemples introduisans à bonnes meurs, que par verbéracions ou bateures maistriseuses, à l'exemple du léon que on chastye en batant devant luy le petit chien, affin que hayne et despit ne s'engendre en leur haultains corages, qui se veulent mener par leur donner à entendre que est honneur, et que est honte : à quoy ilz doivent avoir singulier regart; et aux maistres et gouverneurs de telz enfens tiens que grant prudence soit plus neccessaire que moult grant sapience, car grant chose est ramener à discipline un corage eslevé en poissance de seigneurie.

Et à tant souffise la descripcion de la povre fragilité humaine en l'espace des jueunes jours, de laquelle tout sens bien ordonné doit avoir compassion comme de chose passionnée de divers désirs et assauls natureulz, et doit avoir recort un chascun comme par ce chemin luy convint un temps folloyer, par quoy ne doit nul rendre à aultruy jeune correccion hayneuse ne en despit; ains doivent les corrigeurs et maistres ou parens des jueunes faire comme le bon médecin qui desire la garison de son enferme [1], et ne laisse pour nulle pitié du goust estrange qu'il ne luy appreste et baille médecines, soyent ameres ou doulces, qui ramener le peuvent à vraye santé; et telle maniére tenir doit estre appellée la sage compassion,

---

[1] *Enferme :* infirme.

non mie celle qui laisse pourrir la playe pleine de vers, par pitié de l'espraindre (1).

Aussi ne doit homme nullement jugier, tant voye le juene folloyer ou desvoyé en quelconques voye dissolue, que jamais bien ne fera, et que estre deust chaciez comme publican; mais doit dire d'iceulx, si comme il est vérité és parolles de Jhesu Crist, « Pere, pardonnez leur, car ilz ne scevent qu'ilz font; » et rappeller les doit-on par moderacions propices, si comme Valere (2) raconte de Polémon le philozophe, lequel en sa jueunece fu sanz nul frain habandonnez à luxure et à toute dissolue vie : si avint un jour, comme il se fust levez pour aler en la taverne, encore estoit matin, si passa pardevant l'escole Senocrate, qui lisoit alors sa leçon; et comme il entrast et s'assist entre les disciples, Senocrates, qui vit qu'il avoit le chapel ou chief et son maintien désordené, laisse le propos de quoy il disputoit, et se va tourner aux vertus, et comment vie d'omme doit estre autre que de beste. Polemon osta primierement le chapel de sa teste, et puis mua sa contenance; et ne cessa Senocrates de poursuivre ceste matiere, qu'il l'ot parfaictement converty; si fu aprés moult vaillans homs et grans philozophes.

Et ainsi souventefoiz, mesmes en noz aages, en avons veu et voyons des plus desvoyez revenir à droicte sente; pour ce, n'est nulz qui sache la voye que homme tendra à la fin, quelqu'il semble estre en sa jueunece.

Et à ce propoz est encore escript, és ystoires des

(1) *L'espraindre* : la presser. — (2) *Valere* : Valère Maxime.

Grieux, du bon chevalier Themiscodes [1], qui tous passa, en sens et chevalerie, ceulx d'Athenes en son temps, et par sa valeur fu desconfit le grant ost de Exerces [2], le roy de Perse; et, comme tesmoigne Valere, il fu tant pervers en sa jeuneceque son père le priva de tout droit de filiacion, et sa mère se pendy pour la douleur de ses perversitez; et toutefois depuis fu cestuy Themiscodes le patron et soustenail de tout le pays en toute vertu et sagece.

Si ne doit nul désespérer du salu de telz enfens, nonobstant le grand péril, et que maint par voyes désordonnées en y ait de péris, si est moult grant charité de les retraire, se par quelquonques voye faire se pueut.

Et par un gros exemple povons comparer l'omme au vin creu en bonne plante: si avient aulcunefoiz, par accident de froidure ou gellée, ycelluy vin nouvel cueilly estre vert, cru et mal prouffitable, comme celluy qui n'est mie en boisson; mais lui laissié en tonniaulx crouppir au long d'iver à la gellée, avient souvent que celle verdeur se tourne en bon vin et en meureté convenable; et semblablement doit retourner l'homme, aprés toute verdeur de juenece, au complanct de meureté raisonable.

CHAPITRE XII : *Cy dit du temps de discrécion et d'aage parfaict.*

TOUT ainssy que és choses sensibles et és espéces, és appréhansions, és vertus et és aages, il ait ordre et

---

[1] *Themiscodes:* Thémistocle. — [2] *Ost de Exerces:* armée de Xerxès.

mesure, et par successions se réduisent afins, comme l'omme en soy, au regart des basses substances, soit chose moult parfaicte; car, si qu'Aristote dit ou livre *des Secrez* : « Quant le Trés Hault, c'est Dieu le
« glorieux, eut proposé faire homme, pour ce qu'il fust
« à sciences dispost, son corps constitua ainssi comme
« une cité, et l'entendement il estably son roy, et
« l'assist ou souvrain lieu de lui, etc. »

Et aussy ou cinquante-troisiéme, que on nomme *des Bestes*, il le dit la plus trés haulte des choses si cogneues; car, si qu'il est, l'a dit, les parties de luy sont disposées à la equipollence (1) des assietes du monde; pour quoy, comme homme soit si notable chose que chascun soit un roy, et chascun soit un monde, fu comme neccessaire establir ordonnances, c'est assavoir lois telles que, non pas seulement en ensuivant l'ordre de l'univers, lequel est un tout seul monde, et homme est pluseurs, pour le bien et utilité de chascuns ceuls qui seroyent rebelles par sauvages coustumes, fussent ramodérez des limes de raison; et comme tout ordre régulé soit par dégrez réduisans en un, car autrement ce ne seroit pas ordre, si comme à aulcun il n'affiere estre vague, aussi, en nul ordre de laquelle homme est part, il n'affiert qu'il n'y ait une fin; et, comme dit le philozophe, la fin, qui est le terme de tout œuvre, rend concluse et close toute chose à terme establie : et, à nostre propoz, Dieu, sapience infinie, acteur de toute forme, encore luy plot homme, par le cours de son establissement, que nous disons nature, assimiler en diverses choses à tous autres animaulx, comme à nostre propoz se peut appliquer aux

(1) *Equipollence* : égalité.

plantes végétatives; si comme nous véons en la nature des arbres, en diverses saisons, operacions estranges, si comme en yver est prise leur pregnacion et coagulence du fruit à venir engendré des vertus du souleil ou ventre de la terre, nourry en la racine attrempée par moisteur convenable : lequel temps se peut comparer à l'enfent ou ventre de sa mere.

Puis véons, en l'espace que le souleil prent à monter et prin temps approche, saillir des rainsiaulx (1) boutons cloz et serrez, qui nous peuent noter la naiscence humaine; aprés petit à petit recevant la doulceur de l'air, avec la ceve de l'arbre croiscent yceuls boutons, tant qu'ilz sont espains et font fleurs, plaisans et délictables, et ycelle doulce saison leur procure fueilles avec la fleur, qui peut estre pris par l'adolescence de l'omme; aprés, de la fleur se forme le fruit et chiet la fleur ; vient la chaleur d'esté, qui le fruit croist, augmente et fait fortifier : que nous povons acomparer à l'aage de l'homme parfaict; aprés ensuit automne, que le fruit se meure (2) et confite, et adont est en saison et temps de cueillir et en user prouffitablement : qui est à entendre ce qui touche raison, meurs et vertus intellectifz, lesquelles bonnement ne peuent estre parfaictes en l'omme jusques en l'aage de meureté.

Chapitre XIII : *Ci dit encore de l'aage de meureté.*

Or, nous convient parler du temps que le fruit est meur, cueilly et mis en sauf (3) pour en prouffitable-

---

(1) *Rainsiaulx*: branches, rameaux. — (2) *Se meure*: se mûrit. — (3) *Sauf*: grenier.

ment user : ce est adont que l'omme a jà passé cinquante ans ; lors celluy qui est de sain et sage entendement en soy a déja cueilly les vertus du sentiment de clere cognoiscence des choses qui sanables luy peuent estre. Or est temps d'en user par l'administracion de raison ; or sont faillies les impétueuses chaleurs que jeunece souloit procurer, et les superflues voluptez qui empechent la liberté des sens ; or y a autres nouvelles : bien sont les meurs en celluy homme chargiés (1), comment se repent-il et répute avoir esté fol de soy estre embatu, le temps passé, és excés en maintes manieres où tant de foiz est encheu, loé Dieu, dont, sanz honte ou membre perdre, des infinis perilz où tant de foiz s'est trovez est eschappez ? quel différance treuve-il en son corage des affeccions et desirs passez à ceulx que ores (2) a ? Or voit-il cler és choses troubles ; or luy ramentoit mémoire l'expérience des choses passées que il a veues, dont or à primes proprement en scet jugier ; or cognoist la vérité et droicte opéracion de tout quanqu'il a retenu et apris en son enfence et juenece ; adont cognoist et scet démonstrer les causes du vray ; or scet-il donner doctrine comme expert et instruit de ce qui luy est apparu ou cours de sa vie, soit en science ou autre exercite qu'il ait veu et continué, se il est homme apris és sciences ; or en entent-il à droit les sentences et vivement les scet démonstrer, se chevalereux est et fréquenté ait les armes, celluy en scet conseil donner et les tours apprendre ; et se marchant est, ou homme jà enviellis en quelque exercite, celluy qui y est prudent doit estre creu en son expérience ; et, à brief dire, certes plus grant bien n'est au

(1) *Chargiés* (*sic*) : peut-être pour *changiés*. — (2) *Ores* : à présent.

monde que de ancien homme sage; car tout soit son corps débilitez, son sens peut estre meneur, conduiseur et conseilleur de moult grant multitude de gens, et cause de mains biens; et pour ce jadiz, lorsque les Romains regnoyent en triumphe, establissoyent les anciens exercitez et expers en vertu, sageçe et chevalerie les supérieurs de leurs ordre et conseilz, comme cent sénateurs, qui est à dire cent anciens, et aussi autres conseillers et officiers, et aux anciens moult grant honneur et révérance portoyent, et les jeunes, tant fussent nobles, les servoyent et honnoroyent; laquelle chose est de droit deue en pollicie droictement bien ordonnée.

Voire ainssi que je l'entens, c'est assavoir des sages anciens preudes hommes, non mie des envielliz en malice mauvaise; car ou monde n'est plus grant péril, ne aussi de ceulx qui grant aage ont accomply sanz la cognoiscence de vertu ou prudence, comme assez en soit d'anciens sanz sens, et d'autres jeunes assez d'aage et moult reamplis de vertus et savoir, si comme fu le roy Charles dont nous traictons, qui mesmes en trés jueune aage voult cognoistre les effects de vertu, qui estoit don de Dieu par dessus nature.

Et pareillement sont à mains influées telles graces; mes n'est mie doubte que se telz hommes, ainssy esleüs, peuent vivre jusques en aage de meureté, que à cent doubles est creue en eulx la perfection de leur graces.

Et pour ce que la vérité est manifeste que en ancien homme sage a plus parfaicte clarté de cognoiscence que en autre aagé, et comme la gloire et joye de soubtil et bon entendement précelle toutes aultres léesses (1), me suis aulcune foiz moult esmerveilliée de oyr mains hommes ja enviellis et que on tenoit à sages, voire des sçavoirs fortunez du monde, lesquelz encore regraittoyent les folies de leurs jueneces et estre en tel aage; et comme sur ce je les interrogasse de la cause qui les mouvoit, trouvoye que ce estoit pour l'appetit encore demouré en l'affeccion et non en puissance de l'accomplir des délis ésquelz juenece s'encline; et pour ce que yceulx plus prisoyent la fragilité de délit (2) de char que la perfection d'entendre, je les présumoye, nonobstant leurs vieulx jours, estre nus et ignorans des jugemens de bien cognoistre, et par conséquent non sages.

Chapitre XIV : *Cy dit preuves, par raison et exemples, de la noblece du corage du sage roy Charles.*

Retournant à nostre matiere, nous avons le suppoz de nostre œuvre: c'est nostre dit prince, né, nourry, parcreu et couronné. Regarder nous convient, aprés, comment nous emplirons le convenant promis en nostre proëme; en quelle maniere se pourra descripre par ordre de vérité en luy comprise les trois susdis biens, c'est assavoir noblece de corage, chevalerie et sagece, en récitant en trois parties distinctes en nostre volume; dont la primiere partie est assavoir comment, par effect, luy pourrons imposer la primiere vertu descripte, en trois espéciaulx dons de Dieu et nature octroyez, c'est assavoir noblece de courage, avec

(1) *Léesses :* satisfactions. — (2) *Délit :* délice.

les trois deppendances susdictes, qui ne sont fors amer vertu, soy gouverner par prudence, et procurer le bien de renommée; si povons dire en tel maniere :

Le sage Roy, anobly de nature par longue genealogie continuée en triumphe, avec ce de Dieu, par grace, doué de noblece de courage, laquelle luy fit délaissier ignorance en juene aage, par vertu née d'ammonestement de grant discrécion, jugiant et cognoiscent les folz délis estre préjudiciables, dampnables et hors ordre de fame (1) deue à digneté et trosne royal, desirant de laissier les choses basses et tendre aux haultes béatitudes, pourpensa comment et par quel maniere pourroit actraire et aluchier (2) meurs virtueux par continuation de vie salutaire, par quoy l'odeur de renommée devant Dieu et au monde luy fust permanable; délaissant en jeunes jours les abis jolis, vagues et curieus, lesquelz jueunece luy avoit ainçoiz (3) amonnestez, prist abit royal et pontifical (4), sage et impérial, comme affiert (5) a tel digneté; et avec ce, par l'exemple de l'escripture, qui dit : « Si ton œil te scandalise, si « l'oste de toy, » pour oster toute folle mémoire, chaça d'environ soy tous les folz procureurs, amenistrateurs et anonceurs des folles jueuneces passées, où yceulx flateurs le souloyent instruire et conduire au gré de sa jeune plaisance (6); lequel exemple noter seroit expédient aux princes et nobles, tant en leur fait, comme ou gouvernement de leur meneurs, lesquelz souvent sont par maulvaiz losengers (7) plus

---

(1) *Fame*; du latin *fama* : réputation. — (2) *Aluchier*, d'*allicere* : obtenir. — (3) *Ainçoiz* : autrefois. — (4) *Pontifical* : c'est-à-dire de gravité et de majesté. — (5) *Affiert* : appartient. — (6) *Sa jeune plaisance* : ses jeunes inclinations. — (7) *Losengers* : flatteurs.

amonestez és follies peut estre que mesmes nature ou jueunece ne les amonneste ou sémont.

Et ainssy le sage prince, sanz user de simulacion, soubz vesteure faincte, certainement tourna ses meurs en tous vertueux offices, et, pour mieulx parfournir l'affeccion de son noble corage, desira remplir sa noble court et conseil de preudes hommes sages et expers des estas neccessaires à pollicie et ordre de bien et sagement vivre, et gouverner l'estat royal et augmenter la chose publique ; pour ce, en pourvoyant au fait de ses guerres, actray (1) de tous pays environ soy, pour le fais de la chevalerie bien gouverner et maintenir par secours et bon conseil, tous les expers chevaliers sages et duis (2) d'armes qu'il pot onques finer (3), lesquelz grandement honora et pourveut largement ; et par leur conseil volt user, et en tel maniere qu'il s'en ensuivy la gloire et augmentacion de sa digneté et utilité de son royaume, si comme cy aprés sera par moy desclairé en la deuxiéme partie de cestuy volume, en laquelle j'espere traictier, comme je promis, de chevalerye.

CHAPITRE XV : *Comme le roy Charles estably l'Estat, de son vivant, en belle ordonnance.*

ET comme il soit de bonne coustume ancienne et comme redevable les roys estre conseilliez par les prélas du royaume, pour laquel chose bon seroit aux esliseurs avoir singulier regart aux eleccions d'i-

---

(1) *Actray :* attira, fit venir. — (2) *Duis :* habiles, expérimentés. — (3) *Finer :* trouver.

ceulx; et par jugement véritable aprés l'informacion de leur science et prodomie, en déboutant les non dignes, asseoir les promocions, non mie par faveur voluntaire, etc. : le sage Roy, sus l'estat des revenues de son royaume bien sainctement et sagement distribuer, tira à son conseil tous les sages prélas et de plus sain jugement, avec la prodomie de bien et sainctement vivre.

Item encore celluy Roy sage, desireus qu'en son royaume justice et équité fust bien gardéé, en rendent à chascun son droict, fist eslire en sa court de parlement les plus notables juristes en quantité souffisant, et yceuls institua et estably du coliege de son noble conseil; autre si notables preudes homes fist maistres des requestes de son hostel, et à tous autres offices où conseil appartient pourvey de gens propices et convenables : par si que tous ses fais puissent estre menez selon l'ordre de droicture et regle de justice.

Item et luy, comme circonspect en toutes choses, pour l'aornement de sa conscience, maistres en théologie et divinité (1) de tous ordres d'église luy plot (2) souvent oyr en ses colacions (3), leur sermons escouter, avoir entour soy, lesquelz il moult honoroit et grandement méritoit, pere espirituel, personne sage, juste et de salutable enseignement, lequel avoit en grant reverance.

Item, pour la conservacion de la santé de son corps furent quis (4) medecins les plus experts, maistres renommez et gradués és sciences medicinables.

---

(1) *Divinité:* Ecriture sainte. — (2) *Plot:* plut. — (3) *Colacions:* conférences. — (4) *Quis, quæsiti:* cherchés.

Item, et selon la maniere des nobles anciens empereurs, pour le fondement de vertu en soy enraciner, fist en tous pays querir et serchier et appeller à soy clercs solemnelz (1), philozophes fondez és sciences mathématiques et spéculatives ; de laquel chose expérience me aprent la vérité : car comme renommée lors tesmoignast par toute crestienté la souffisance de mon pere naturel és sciences spéculatives, comme supellatif astrologien, jusques en Ytalie, en la cité de Boulongne la grace, par ses messages l'envoya querir ; par lequel commandement et volenté fu puis ma mere, avec ses enfens et moy sa fille, translatez en ce royaume, si comme encor est sceu par mains vivans.

Et ainssi généraument, par la noblece de son corage qui le tiroit au bien de vertu, tous hommes preux, vaillans, sapiens et bons vouloit avoir de sa partie tant comme il pot, et user de leur consauls ; et par estre menez et gouvernez en tous ses fais par les susdis supellatifz, comme il sera cy-aprés déclairié, s'en ensuivy vray le proverbe qui dit : « Qui bon « conseil croit et quiert, honneur et chevance (2) ac- « quiert. »

CHAPITRE XVI : *Ci dit exemples de princes virtueux et de vie bien ordonnée, ramenant, à propoz du roy Charles, comment en toutes choses estoit bien riglé.*

POUR ce que ramentevoir le bel ordre des bons et bien renommez trespassez peut et doit estre exemple

(1) *Solemnelz :* illustres. — (2) *Chevance :* biens.

d'ensuivir leur meurs, et en parlant de nostre Roy bien ordené, chiet à propos et me vient au devant ramentevoir ceulx qui les temps passez bien se sont gouvernez, si comme il est escript du vaillant roy d'Angleterre Ecfredes, home de science et virtueus, lequel translata, de latin en sa langue, Orose, le Pastural saint Grégoire, les Croniques Bede, Boëce de Consolation. Ycelluy avoit en sa chappelle une chandoille ardent qui estoit divisée en vingt-quatre parties : les huit parties il mettoit en oraisons dire et à l'estude, les autres huit en récréation pour sa personne, et y avoit gens députez qui luy venoyent dire jusques où la chandoille estoit arse (1), et à ce avisoit quel chose il debvoit faire; et, par ceste prudent mesure trouver, est à presumer qu'encore n'estoyent orloges communs. Ce Roy divisa ses rentes en deux parties : l'une il divisa en trois parties ; l'une estoit pour les serviteurs de sa court, l'autre à ses œuvres, car il fist faire mains beauls edefices ; et la tierce il mettoit en trésor. L'autre partie il divisa en quatre parties : l'une estoit pour les povres, l'autre aux esglises, l'autre pour les povres escoliers, et la quarte pour les prisonniers d'outremer.

A propos je treuve pareille pollicie ou semblable ordre en nostre sage roy Charles, dont me semble expédient réciter la belle maniere de vivre mésuréement en toutes choses, comme exemple à tous successeurs d'empires, royaumes et haultes seigneuries en rigle de vie ordonnée.

L'eure de son descouchier (2) à matin estoit riglée-

(1) *Arse*, participe du verbe *ardoir* ; du latin *ardere*, brûler. —
(2) *Descouchier* : lever.

ment comme de six à sept heures; et vrayement qui vouldroit user en cest endroit de la maniere de parler des pouëtes pourroit dire que, ainssi comme la déesse Aurora, par son esjoyssement à son lever, rent resjoys les cueurs des voyens, se pourroit dire sanz mentir semblablement de nostre Roy, rendent joye, à son lever, à ses chambellans et autres serviteurs députez pour son corps à ycelle heure, lequel, de rigle commune, quelque cause qu'il eust au contraire, estoit lors de joyeux visage; car aprés le signe de la croix, et, comme trés dévot, rendent ses premieres parolles à Dieu en aucunes oraisons, avec sesdis serviteurs par bonne familiarité se truffloit (1) de parolles joyeuses et honestes, par si que sa doulceur et clémence donnoit hardement (2) et audiance (3), mesmes aux mendres, de hardiment deviser à luy de leur truphes et esbatemens, quelque simples qu'ils fussent, se jouoit de leur dis, et raison leur tenoit.

Aprés, luy pigné, vestu et ordonné selon les jours, on luy apportoit son bréviaire; le chappellain, personne notable et honeste prest qui luy aidoit à dire ses heures chascun jour canoniaux, selons l'ordinaire du temps; environ huit heures de jour, aloit à sa messe, laquelle estoit célébrée glorieusement chascun jour à chant mélodieux et solemnel; retrait en son oratoire, en cel espace, estoyent continuelement basses messes devant luy chantées.

A l'issue de sa chappelle, toutes manieres de gens, riches ou povres, dames ou damoiselles, femmes, vefves, ou autres, qui eussent afaire, povoyent là

---

(1) *Truffloit*: divertissoit. — (2) *Hardement*: hardiesse. — (3) *Audiance*, lisez *audace*.

bailler leur requestes; et il, trés débonnaire, s'arrestoit à oyr leur supplicacions, desquelles passoit charitablement les raisonnables et piteuses; les plus doubteuses conmectoit (1) à aulcun maistre de ses requestes.

Aprés ce, aux jours députez à ce, aloit au conseil; aprés lequel, avec luy aulcuns barons de son sang, ou prélat, ou chief du dois (2), se aucun cas particulier plus long espace ne l'empeschast, environ dix heures, asséoit à table. Son mangier n'estoit mie long, et moult ne se chargoit de diverses viandes; car il disoit que les qualitez de viandes diverses troublent l'estomac et empéchent la mémoire; vin cler et sain, sans grant fumée, buvoit bien trempé et non foison, ne de divers.

Et, à l'exemple de David, instrumens bas, pour resjoyr les esperis, si doulcement jouez comme la musique peut mesurer son, oyoit volentiers à la fin de ses mangiers.

Luy levé de table, à la colacion (3), vers luy povoyent aler toutes manieres d'estrangiers ou autres venus pour besongnier : là trouvast-on souvent maintes manieres d'ambassadeurs d'estranges pays et seigneurs, divers princes estranges, chevaliers de diverses contrées, dont souvent y avoit tel presse de baronnie et chevalerie, que d'estrangiers, que de ceuls de son royaume, que en ses chambres et sales grandes et magnificens à peine se povoit on tourner; et sanz faille (4), le trés prudent Roy tant sagement et à si benigne chiere recepvoit tous et donnoit responce par

---

(1) *Conmectoit* : remettoit. — (2) L'abbé Lebeuf suppose qu'il manque ici quelque chose au manuscrit. — (3) *Colacion* : la conversation. — (4) *Sans faille* : sans faute, sans mensonge.

si moriginée maniere, et si deuement rendoit à chascun l'onneur qu'il appartient, que tous s'en tenoyent pour trés contens, et partoyent joyeux de sa présence.

Là, luy estoyent apportées nouvelles de toutes maniere de pays, ou des aventures et fais de ses guerres, ou d'autres batailles, et ainssi de diverses choses; là ordenoit ce qui estoit à faire selon les cas que on luy proposoit, ou comectoit à en déterminer au conseil, deffendoit le contraire de raison, passoit graces, signoit lettres de sa main, donnoit dons raisonnables, octroyoit offices vaquans ou licites requestes.

Et ainssi, en telles ou semblables occupacions exercitoit, comme l'espace de deux heures; aprés lesquelles il estoit retrait et aloit reposer, qui duroit comme une heure; aprés son dormir (1), estoit un espace avec ses plus privés en esbatement de choses agréables, visitant joyauls ou autres richeces; et celle récréacion prenoit, affin que soing de trop grande occupacion ne peust empecher le sens de sa santé, comme al (2). qui le plus du temps estoit occuppé de négoces laborieux, selon sa déliée complexion.

Puis aloit à vespres, aprés lesquelles, se c'estoit en esté temps, aucunes foiz entroit en ses jardins, ésquelz, se en son hostel de Saint Paul estoit, aucune fois venoit la Royne vers luy, ou on luy apportoit ses enfens; là parloit aux femmes et demandoit de l'estre (3) de ses enfens.

Aucune foiz luy présentoit-on là dons estranges de divers pays, artillerie ou autre harnois de guerre, et diverses autres choses; ou marchans venoyent appor-

---

(1) Dormir après le dîner étoit un usage de l'ancien temps; il en est fait mention dans Sidoine, lib. 1, ep. 2; lib. 2, ep. 9; dans Grégoire de Tours, lib. 10, cap. 2. — (2) *Al*: à celui. — (3) *L'estre*: l'état.

tans velous, draps d'or, ou autres choses, et toutes autres manieres de belles choses estranges, ou joyauls, qu'il faisoit visiter aux cognoisceurs de telz choses, dont il y avoit de sa famille.

En yver, par espécial s'occupoit souvent à oyr lire de diverses belles ystoires, de la saincte Escripture, ou des fais des Romains, ou moralitez de philozophes, et d'autres sciences, jusques à heure de souper, auquel s'asséoit d'assez bonne heure et estoit légierement pris; aprés lequel une piéce (1) s'esbatoit, puis se retrayoit et aloit reposer : et ainssi, par continuel ordre, le sage Roy bien moriginé usoit le cours de sa vie.

Chapitre XVII : *Ci dit la phisionomie et corpulance du roy Charles.*

Or me plaist deviser, et raison m'y instruit, la phinozomie et personne du susdit noble sage prince.

De corsage estoit hault et bien formé, droit et lé (2) par les espaules, et haingre (3) par les flans; groz bras et beauls membres avoit si correspondens au corps qu'il convenoit, le visage de beau tour un peu longuet, grant front et large ; avoit sourcilz en archiez, les yeuls de belle forme, bien assis, chasteins en couleur, et arrestez en regart; hault nez assez, et bouche non trop petite, et tenues lévres; assez barbu estoit, et ot un peu les os des joes hauls, le poil ne blont ne noir, la charneure clere brune; mais la chiere ot assez pale, et croy que ce, et ce qu'il estoit moult

---

(1) *Une piéce* : quelque temps. — (2) *Lé, latus* : large. — (3) *Haingre* : étroit.

maigre luy, estoit venu par accident de maladie [1] et non de condicion propre. Sa phinozomie et façon estoit sage, attrempée et rassise, à toute heure, en tous estas et en tous mouvemens; chault, furieus en nul cas n'estoit trouvé, ains agmodéré en tous ses fais, contenances et maintiens, tout telz qu'appertiennent à remply de sagece, hault prince. Ot belle aleure, voix d'omme de beau ton; et avec tout ce, certes, à sa belle parleure tant ordenée et par si belle, arrengé sanz aucune superfluité de parolle, ne croy que réthoricien quelquonques en lengue françoise sceust riens amender.

CHAPITRE XVIII : *Ci dit comment le roy Charles se contenoit en ses chasteaulx, et l'ordre de son chevauchier.*

AULCUNES foiz avenoit, et assez souvent ou temps d'esté, que le Roy aloit esbatre en ses villes et chasteauls hors de Paris, lesquelz moult richement avoit fait refaire et réparer de solemnelz édifices, si comme à Meleun, à Montargis, à Créel, à Saint Germain en Laye, au bois de Vincenes, à Beauté, et mains autres lieux; là, chaçoit aucunes foiz et s'esbatoit pour la santé de son corps, désireus d'avoir doulz et attrempé [2]; mais en toutes ses alées, venues et demeures estoit tout ordre et mesure gardée; car jà ne laissast ses cotidiennes besongnes à expédier ainssi comme à Paris.

[1] Froissard dit, vol. 2, chap. 26, qu'il avoit été empoisonné dans sa jeunesse par Charles-le-Mauvais, roi de Navarre, et qu'il fut sauvé par un médecin allemand que l'empereur Charles IV son oncle lui envoya. — [2] *Attrempé* : frais.

L'acoustumée maniere de chevauchier estoit de notable ordre : à trés grant compaignie de barons et princes et gentilz hommes bien montez et en riches abis, luy assis sus palefroy (1) de grant eslitte, tout temps vestu en abit royal, chevauchant entres ses gens, si loing de luy par telle et si honorable ordonnance, que, par l'aorné maintien de son bel ordre, bien peust sçavoir et cognoistre tout homme, estrangier ou autre, lequel de tous estoit le Roy; ses gentilzhommes devant luy ordenez, et gens d'armes, tous estoffez, comme pour combatre, en nombre et quantité de plusieurs lances, lesquelz estoyent soubz capitaines, chevaliers notables, et tous recepvoyent beauls gages pour la desserte de cel office ; les fleurs de lis en escharpe portez devant luy, et par l'escuyer d'escuierie le mantel d'ermines, l'espée et le chapel royal, selons les nobles anciennes coustumes royales.

Devant et aprés, les plus prochains du Roy chevauchoyent, les princes et barons de son sang, ses freres ou autres; mais nul jà ne l'approchast, se il ne l'appellast : aprés luy, pluseurs groz destriers (2), moult beauls en destre, estoyent menez, aornez de moult riches harnois de parement; et quant il entroit en bonnes villes, où à grant joye du peuple estoit receus, ou chevauchoit parmy Paris, où toute ordonnance estoit gardée, bien sembloit estat de trés hault, magnific, trés poissant et trés ordené prince.

Et ainsy ce trés sage Roy avoit chiere en tous ses faiz la noble vertu d'ordre et convenable mesure. Lesquelles serimonies royales n'accomplissoit mie tant

---

(1) *Palefroy* : cheval. — (2) *Groz destriers* : grands chevaux dressés.

au goust de sa plaisance, comme pour garder, maintenir et donner exemple à ses successeurs à venir que, par solemnel ordre, se doit tenir et mener le trés digne dégré de la haulte couronne de France, à laquelle toute magnificence souveraine est deue et pertinent.

CHAPITRE XIX : *Ci dit l'ordonnance que le roy Charles tenoit en la distribucion des revenus de son royaume.*

Pour ce que la science de politiques, supellative entre les ars, enseigne homme à gouverner soy mesmes sa *mesgniée* (1) et subgiez et toutes choses, selon ordre juste et limité; comme elle soit discipline et instruccion de gouverner royaumes et empires, tous peuples et toutes nacions en temps de paix, de guerre, de tranquilité et adversité, assembler et amasser par loisibles gaagnes, trésors et revenues, dispenser pecunes, meubles et receptes; apert manifestement cestui sage prince estre trés apris, sage maistre, et expert en ycelle science, laquelle la noblece de son courage, par la prudence de son averty entendement, luy apprenoit naturellement, sanz autre estude de lettreure aprise en ceste partie : car sa personne gouvernoit par pollicie trés ordonnée, comme dit est.

Item, les revenues de son demaine et rentes accrut grandement, comme il sera dit cy aprés.

Item, ses princes et nobles maintenoit en honneur et largece, et de luy contens.

(1) *Sa mesgniée* : sa famille, sa maison, son ménage.

Le clergié tenoit en paix;

Le peuple, en crainte et obéyssance en temps de paix et de guerre;

Les estranges nacions, benivolens.

Les revenus de son royaume distribuoit sagement, dont l'une partie estoit appliquée pour la paye de ses gens d'armes et soustenir ses guerres; l'autre, pour la despence de son hostel et estat de luy, de la Royne et de ses nobles enfens, grandement et largement soustenu; l'autre, pour dons à ses freres et parens, dont continuellement avoit avec luy à grans pensions, et des barons et chevaliers estranges qui venoyent en France veoir sa magnificence, ou ambassadeurs à qui donnoit de riches dons; l'autre, pour payer ses serviteurs, donner à esglises ou aumosnes; l'autre, pour ses edefices, dont il basti de moult beauls et notables chasteauls et esglises; et toutes ces choses estoyent largement payées, si que pou ou néant venoyent plaintes au contraire.

Chapitre XX: *Ci dit la rigle que le roy Charles tenoit en l'estat de la Royne.*

Entre les politiques ordenances instituées par celluy sage roy Charles, affin que oubliance ne m'empesche à narrer en ceste partie ce qui est digne de mémoire et singuliere loange, Dieux! quel triumphe, quelle paix, en quel ordre, en quelle coagulence régulée en toutes choses estoit gouvernée la court de trés noble dame la royne Jehanne de Bourbon s'espouse, tant en estat magnificent comme en honestes manieres riglées de vivre, si comme en ordonnances de mengs (1) et assietes (2), en compaignie, en serviteurs, en abis, atours, et en tous paremens, par notable et bel ordre menez cotidiennement et aux solemnitez des festes années (3), ou à la venue des notables princes que le Roy vouloit honorer! En quelle dignété estoit celle Royne, couronnée ou atournée de grans richeces de joyauls, vestue és abis royauls, larges, longs et flotans, en sambues pontificales (4) que ilz appellent chappes ou manteauls royauls des plus précieux draps d'or, ou de soyes, aornez et resplendissans de riches pierres et perles précieuses, en ceinctures, boutonneures et actaches, par diverses heures du jour abis rechangez pluseurs foiz, selon les coustumes royales et pontificaulz; si que merveilles ert (5) à veoyr ycelle noble Royne à telles dictes solemnités, accompaigniée de deux ou trois Roynes (6) pour lors encore vivans, ses devancieres ou parentes, à qui portoit grant révérance, comme raison et droict le debvoit.

Sa noble mere et duchesses, femmes des nobles freres du Roy, contesses, baronesses, dames et demoiselles, à moult grant quantité, toutes de parage, honestes, duites d'onneur (7), et bien moriginées; car autrement ne fussent ou lieu souffertes, et toutes vestues de propres abis, chascune, selon sa faculté, correspondens à la solemnité de la feste.

(1). *Mengs*, racine de *mesgniée*: ce qui concerne la maison, le ménage, les commensaux. — (2) *Assietes*: revenus de sa dot. — (3) *Années*: annuelles. — (4) *Pontificales*: majestueuses. — (5) *Ert*, du latin *erat*: étoit. — (6) Au commencement du règne de Charles v, il y avoit à la cour de France Jeanne d'Evreux, veuve de Charles-le-Bel, et Blanche de Navarre, veuve de Philippe de Valois. — (7) *Duites d'onneur*: se conduisant avec honneur.

L'assiete de table (1) en sale, le triumphe et haultece qui y estoit tant notable que ne cuid (2) pareil estre aujourduy ou monde; la contenance de celle dame louée, rassise et agmodérée en parolle, maintien et regart, asseurée entre toutes gens, aornée de toute beauté, passant les autres princepces, estoit chose à veoir trés agréable et de souveraine plaisance.

Les aornemens des sales, chambres d'estranges, et riches brodeures à grosses perles d'or et soyes à ouvrages divers; le vaissellement d'or et d'argent et autres nobles estoremens (3), n'estoit se merveilles non.

Ainssi, celle trés noble Royne, par l'ordonnance du sage Roy, estoit gouvernée en estat hault, pontifical et honneste en toutes choses, si comme à tel princepce est aduisant et redevable, en laquelle en abis, atours royaulx trés honorables, toute honnesteté estoit gardée : car autrement ne le souffrist le trés sage Roy, sanz lequel commandement et ordonnance ne feist quelconques nouvelleté en aucune chose; et comme ce soit de belle pollicie à prince, pour la joye de ses barons, resjoyssans de la présence de leur prince, mengoit en sale communement le sage roy Charles; semblablement luy plaisoit que la Royne feyst entre ses princepces et dames, se par grossesse ou autre impédiment n'en estoit gardée; servye estoit de gentilzhommes de par le Roy à ce commis, sages, loyaux, bons et honestes; et durant son mangier, par ancienne coustume des roys, bien ordonnée pour obvyer à vaines et vagues parolles et pensées, avoit un preudomme en estant au bout de la table, qui sans cesser

(1) *Assiete de table:* la dépense de table. — (2) *Cuid*, présent du verbe *cuider:* penser, croire, etc. — (3) *Estoremens:* meubles.

disoit gestes de meurs virtueux d'aucuns bons trespassez. En tel maniere le sage Roy gouvernoit sa loyale espouse, laquelle il tenoit en toute paix et amour et en continuels plaisirs, comme d'estranges et belles choses luy envoyer, tant joyauls comme autres dons, se présentez luy fussent, ou qu'il pensast que à elle deussent plaire, les procuroit et achetoit; en sa compaignie souvent estoit et tousjours à joyeux visage et moz gracieux, plaisans et efficaces; et elle, de sa partie, en luy portant l'onneur et révérance que à son excellance appartenoit, semblablement faisoit; et ainssi celluy en tous cas la tenoit en souffisante amour, unité et paix.

Chapitre XXI: *Ci dit l'ordre que le roy Charles mist en la nourriture et discipline de ses enfans.*

Le sage Roy, semblablement par pollicie deue, vouloit que fust riglé l'estat de ses nobles enfens; et à son aisné filz Charles, daulphin de Vienne, qui à présent regne, duquel la nativité remply de joye le courage du pere, célébrant la journée à grand solemnité, pourvey de grant ordenance en administracion de nourriture par le conseil des sages tout au mieulx que estre povoit.

Mais encore plus desirant pourveoir à l'entendement de l'enfent, ou temps à venir, de nourriture de sapience, se faire se peust, à laquelle, à l'ayde de Dieu, n'eust mie failly, se la vie du pere longue fust et accident de diverse fortune ne l'eust empeché; et, en approuvant la parolle à ce propoz que dist l'empereur

Helius Adrians : « On doit, dist-il, premier les enfens « nourrir et exerciter en vertus, si que ilz surmontent « en meurs ceuls qu'ilz veulent surmonter en hon- « neurs, » luy fist en ses jeunes jours aprendre lettres et meurs convenables à sa haultece ; et pour l'instruire à ce, bailla l'administracion de luy à sages maistres et chevaliers anciens preudes hommes et de belle vie ; et semblablement à ses autres enfens, lesquelz vouloit qu'ilz fussent tenuz en obéyssance soubz crainte et correccion ordenée.

Chapitre XXII : *Ci commence à parler des vertus du roy Charles, et primierement de sa prudence et sagece.*

Bon me semble, à perfaire l'entencion de nostre œuvre, que distinctement soit traictié des bonnes meurs et condicions d'icelluy sage dont nous parlons.

Et comme prudence et sagece soit mere et conduiserresse des autres vertus, laquelle luy estoit instruccion en tous ses fais, comme il y paru ou procés de sa noble vie, povons ramener son esleue manière d'ordre à l'égalité des nobles anciens bien renommez, si comme il est leu du sage empereur Helius Adrians cy-devant alléguez, lequel fu lettrez et instruit en toutes sciences, et si expert en réthorique qu'il sembloit que pensé eust à quan que il exprimoit de bouche. Ne dirons nous semblablement de nostre Roy, lequel en son temps nul prince n'actegny en hautece de lectreure [1] ne parleure, et prudent pollicie en toutes

---

[1] *Lectreure :* science des lettres.

choses généraulment, comme plus à plain dirons à la fin de ce livre, si comme promis nous l'avons.

Chapitre XXIII : *Ci dit de la vertu de justice au roy Charles.*

Si comme dit le philozophe : « Nul ne doit estre « appellé sage, se bonté ne l'esclaire, » laquelle est le principe de sapience, avec la crainte de Nostre Seigneur, comme dit le psalmiste.

Or, soit donques traictié des vertus ou bontez d'icelluy Roy que nous disons sage, lequel, à l'exemple du bon empereur Trayan et mains autres jadis ameurs de justice, comme nous lisons, fu celluy Charles pillier d'icelle; et en telle maniere la gardoit que si hardis ne fust, ne tant grant prince en son royaume, ne amé serviteur, qui extorcion osast faire à homme tant fust petit.

Et entre les exemples qui en pourroyent estre dis, une foiz avint que un chevalier de sa court donna une buffe (1) à un sergent faisant son office, de laquelle chose à trés grant peine pot estre desmeu (2) le Roy par prieres de ses plus amez princes, que icelluy chevallier n'encourust la loy et rigueur de justice, qui est, en tel cas, copper le poing; toutesfoiz onques depuis ne fu en grace comme devant.

Item, à un juif semblablement fist droit d'un tort et extorcion que un chrestien luy avoit faicte, et fu de luy avoir baillié un fauls gage pour bon; et volt

---

(1) *Buffe :* soufflet. — (2) *Desmeu :* détourné.

le Roy que la simplece du juif fust vainqueresse de la malice du crestien ; et comme il faist droit aux juifs, n'est mie doubte qu'à toute personne vouloit que il fust entiérement tenuz ; et se au contraire luy venist à cognoiscence d'aucun de ses justiciers, en exemple donnant aux autres juges de bien et sagement gouverner justice, tantost commandoit qu'il fust desmis, et punis selon sa desserte.

De mains cas particuliers luy mesme fist droit par bonne équité ; et comme il est escript de l'empereur Trayan préalégué, que une foiz, comme il fust jà montez sur son destrier pour aler en bataille, une femme grévée de tort, à luy venue complaignant, arrestast tout son host, descendy, donnant sentence droicturiere pour la vefve.

Avint une fois, nostre Roy estant au chastel qu'on dit Saint Germain en Laye, une femme vefve, devers luy, à grant clamour et lermes, requérant justice d'un des officiers de la court, lequel par commandement avoit logié en sa maison, et celluy avoit efforcée une fille qu'elle avoit ; le Roy, moult airé (1) du cas lait et maulvaiz, le fist prendre ; et le cas confessé et actaint, le fist pendre sans nul respit à un arbre de la forest.

Pour justice tenir, luy en personne, maintes foiz en son temps, selons les nobles anciennes coustumes, tint en son palais à Paris, séant en trosne impérial, entre ses princes et sages, le lit de justice, en cas qu'ilz sont réservez à déterminer à luy à telz solemnitez députez d'ancienneté.

---

(1) *Airé* : courroucé.

Par maintes particularitez pourrions trouver exemples de la juste volenté du sage Roy, lesquelz je laisse pour cause de briefté; mais pour conclurre de ce en brief, comme justice soit ordre, mesure et balance de toutes choses rendre à chascun selon son droit, comme dit saint Bernard, n'est pas doubte que, par ycelle bien tenir, vint à chief (1) de toutes ses adversitez non pas petites, et anianty les floz de male fortune, soubz quel subjeccion avoit esté dégetté par long espace.

Or cest bon Roy, gardant à la ligne la loy de Dieu, comme le décret deffende, soubz peine d'escommuniement, les champs de bataille : de quoy on use communément és cours des princes, en l'ordre d'armes, és cas non cogneus et non prouvez. Comme ce soit une maniere de tempter Dieu, onques ne voult, en son temps, consentir telles batailles (2).

Si povons conclurre de luy ce qui est dit és proverbes : « La joye du juste est que justice soit faicte. »

Chapitre XXIV : *Ci dit de la benignité et clémence du roy Charles.*

Ainssi comme nous avons traictié de la justice du sage roy Charles, est droit que, en descendent de vertu en vertu, dissions de sa bénignité et clémence digne de estre notée et receüe en forme d'exemple; et si qu'il est escript des plus souverains, comme elle soit à telz

---

(1) *Vint à chief:* surmonta. — (2) On cite quelques combats judiciaires sous le règne de Charles v; mais il est certain que le prince fit tous ses efforts pour anéantir cet usage barbare.

trés neccessaire, comme nous lisons de Scipion, l'un des princes de Romme, acquist nom et grant loange à cause de la cartagienne guerre; mais de plus glorieuse loange fut coronné de ce qu'il ne fu pas tant seulement à l'obséque d'un sien ennemy mortel, ains porta d'une part la biere à ses propres espaules; redut avoir grant gloire, quand il vainquy Mithodate (1), lui et sa gent pleins de force et puissance; mais plus la deubt avoir de ce qu'il ne leva pas tant seulement de terre le roy Tigran (2), qui, vaincus, agenoillez devant ses piez, tenoit sa couronne sus ses genous, en luy mercy criant; ainçoiz luy mist la couronne sus son chief, se leva et assist lez luy (3).

Or soit de nous nocté et avisé se nous pourrons trouver nostre Roy en ceste partie plus que Scipion, les véritez de ses œuvres prouvées par nobles gens encore vivans, avec le texte des trop briefves croniques de ses fais, ou contenu de ses guerres ésquelles Dieu luy donna de belles victoires, si comme sera dit cy-aprés.

Notons quans grans princes, barons et chevaliers vindrent à luy subjuguez à mercy, non pas seulement comme estoit Tigran, estrange aux Romains; mais ses propres hommes et subgiez d'ancien droit et seigneurie, rebelles contre Sa Magesté, que il receut à mercis tant de foiz et si doulcement pardonna, non pas seulement traicta amiablement, mais donna tres largement du

---

(1) *Mithodate* : Mithridate. — (2) *Tigran* : Tigranes. — (3) Il est inutile de faire remarquer que Christine confond ici Scipion avec Pompée. Nous ne relèverons pas les erreurs qui lui échappent souvent sur l'histoire ancienne : ce seroit multiplier les notes sans aucune utilité.

sien, comme plus pleinement peut apparoir ésdites croniques qui de ce font mencion; mais j'en passe les noms, car n'affiert à ma personne et ne vouldroye ramentevoir chose à l'opprobre d'aucune noble ligniée qui indigner s'en pourroit.

Et si comme il est escrit de la débonnaireté du roy Pirrus trés vaillant, dit Valere, que comme il luy fust rapporté que veneurs, buvans en taverne en la cité de Tarante, disoyent mal de luy, il les manda, et leur demanda s'ainssy estoit; et ilz respondirent: « Se le vin ne fust sitost faillis, ce que on t'a rapporté « envers ce que nous eussions dit ne fust que jeux; » et ainssi la simple confession de la vérité tourna l'ire du Roy en ris.

Plus grant sens en débonnaireté povons dire de nostre prince, lequel une foiz, ou temps des pestillences de France, encore n'estoit couronné, entra à Paris en grant compaignie, aprés une grant commocion en la ville qui contre luy ot esté; et ainssi comme il passoit par une rue, un garnement, traitre oultre cuidié, par trop grant présumpcion va dire si hault qu'il le pot oyr : « Par Dieu, sire, se j'en feusse creus, « vous n'y fussiez jà entrés; mais, au fort, on y fera « peu pour vous. » Et comme le conte de Tancarville, qui droit devant le Roy chevauchoit, eust oyé la parolle, voulsist aler tuer le villain, le bon prince le retint, et respondi en sousriant, comme se il n'en tenist conte : « On ne vous en croira pas, beau sire. »

Le sens de ceste pacience fait moult à noter aux vindicatifs qui, sanz viser aux inconvéniens qui en peuent venir, de tous mesfais se veulent vengier, laquel chose est encontre l'ordre des sages; et visa ce trés prudent prince, nonobstant luy fut légiere la vengence, s'il luy pleust que par celluy occirre, la ville, qui par malvaise exortacion estoit commeue, cité rebelle se fust bien peue esmouvoir, dont grant meschief fust venus ; ou, par aventure, la haultece de son noble courage ne deigna tenir conte de chose que un tel garçon deist. Et à celle mesmes entrée qu'il fist lors à Paris, qui trop luy ot esté rebelle, tous ainssi comme jadis Othovien (1) à Hérode pardonna vers luy venu à grant humilité, despoullé de ses aornemens royaulx, luy criant mercis de ce qu'il ot esté en l'ayde de Anthoyn et de Cléopatra sa femme, et le receut en grace, luy remectant la couronne sur le chief ; semblablement nostre bon Roy fist à de ses princes subgiez et à maint de ses citoyens et autres esté ses adversaires retournez à mercis.

CHAPITRE XXV : *Ci dit encore de ce mesmes, et d'autres ystoires approvées.*

AINSSY ce trés débonnaire Roy en tous ses fais gardoit le liain d'amour et débonnaireté, fust envers ses subgez ou autres.

Et si comme il est escript és croniques du vaillant cinquiéme roy de France Clodovée (2) le grant, trés vaillant, avint une foiz que ses hosts s'embatirent sur les crestiens ; et comme, entre les autres despoulles et proyes par eulx ravies, prensissent un vaissel d'argent d'esglise, que ilz appellent Orcheul, saint Remy, qui

---

(1) *Othovien* : Octave. — (2) *Clodovée* : Clovis.

lors estoit arcevesque de Rains (1), manda au Roy qu'il luy fest rendre son vaissel ; il appella ses princes et barons, et leur dit ainssy : « Seigneurs, mes princes « et mes compaignons, nonobstant que soit droit que « par commandement prince procéde vers ses subgiez, « mieulx me plaist requérir vers vous par débonnai- « reté que par auctorité de seigneurie, si ay-je plus « chier que on me porte crainte par amour que par « raison de ma cruaulté. » Lors réquist ledit vaissel en don ; et comme il luy fust baillié, le rendy en grant révérance au message. Ycelluy bénéfice, avec autres biens que il fist, Dieux accepta tellement que il l'enlumina de sa saincte loy, et fu le primier roy crestien.

Semblable loange povons dire de nostre bon Charles, sucecsseur par espace d'ans dudit Clodovée ; car, comme il soit de droit escript et loy que tous princes natureus puissent user et prendre sur les subgiez en certain cas neccessaires, comme pour soustenir les guerres et deffences du royaume et du bien commun et autres cas, et les contraindre à ce, se besoing est, ycelluy nostre débonnaire Roy, comme il fust maintesfoiz oppressez de grans armées et grans garnisons faire et tenir contre ses ennemis, dont par neccessité convenoit trouver hastives chevances de finance, adont ycelluy juste Roy pensoit comment, au moins de griefz sur les subgiez, pourroit avoir ayde, non mie asséant tailles griefves ne dures toltes (2), ne en prenant joyauls des dames, ne les deniers des vefves, comme jadis pluseurs fois fut fait à Romme en cas de neccessité.

En ceste partie bien avoit retenue la parolle qu'a-

(1) *Rains* : Rheims. — (2) *Toltes* : impôts.

voit dit Thibere l'empereur à ses conseillers, qui une foiz luy distrent : « Qu'il povoit bien lever plus grant « treub (1) et plus grant subsides sur ses subgiez qu'il « ne faisoit; » il respondy moult notable parolle, et dist : « A bon pasteur appartient ses brebis tondre, « et non mie escorchier. » Notre Roy encore le faist-il en uis (2); mandoit les plus riches de ses citoyens et subgiez, et adont trés débonnairement les requéroit de prest raisonnable, par si que il les assignoit de payement sus ses receptes et revenues cleres et bien venans jusques à fin de paye : dont il luy avint une fois que comme un trés riches homs s'excusast moult d'icelluy prest, disant par assés de repliques « que il « avoit un grant tas de petis enfens, qu'il luy conve- « noit nourrir; » et quant le Roy en ot assez escouté, respondy en sousriant : « Beaul sire, s'ilz sont petis, « tant despendent-ilz mains; vous serés payé, ains (3) « qu'ilz soyent grans. » Assez d'exemples pourroye traire à preuve de la débonnaireté de ce bon roy Charles, que je passe pour briefté. Mainte foiz avint qu'il sçavoit de ses subgiez serviteurs et autres des-voyez, et suivans voyes de perdicion en maintes guises, comme de tavernes et autres maulvaises compaignies, femmes diffamées, jeux de dez, et autres dissolucions; mais le trés débonnaire Roy, à qui mieuls plaisoit, à l'exemple de Jhesu-Crist, rappeller et ravoyer (4) ses gens par doulceur, et benignement les chastier, que par crainte et par rigueur, les reprenoit luy mesmes courtoisement, et par sa débonnaireté les ramenoit à droicte voye.

(1) *Treub* : tribut. — (2) *En uis* : aujourd'hui. — (3) *Ains* : avant. — (4) *Ravoyer* : remettre en voie.

Et que ceste voye soit acceptable à Dieu en bonne et charitable entencion, nous en donna exemple le trés débonnaire empereur Henry, duquel est leu que, entre les autres signes de débonnaireté qui de luy peuent estre notez, avint une foiz que comme celluy Empereur eust une seur qui estoit nonain, il s'apperceut que elle amoit un clerc follement; si la volt chastier par luy accroistre son estat, et la fist abesse, et luy dist « que impertinent chose seroit à tel digne « office estre folle et diffamée; » au clerc qui l'amoit donna une esvéchié, et luy dist « qu'il fust chastes « dorénavant comme il appartenoit à sa dignité. » Adont Dieu, considérant la bonne charitable simplece de l'Empereur, toucha les cueurs des deux pécheurs, qui se rendirent honteus et confus que l'Empereur sceust leur follie, et plus ne péchierent.

Grant débonnaireté fu à nostre Roy quant son barbier, luy faisant la barbe, reamply de trop osée présompcion et maulvaise convoitise, mist la main à la gibeciere du Roy pendent à son costé, et jà avoit l'or au poing, quant le Roi le prist saisi; mais comme il le veist esperdu, luy criant mercis, luy pardonna, sanz le débouter de son office. Plus grant débonnaireté fu encores quant le malheureux barbier, ingrat par trois foiz, ou meffait renchut, luy pardonna; tant que, à la quarte, le bany et chaça de soy, mais ne voult, pour ce que par long temps l'avoit servi, qu'il receust mort.

A brief parler, ce trés virtueux Roy tant fu doulx et débonnaire, qu'il nous appert par ses dignes fais avoir semblable courage de ce qui est escript du trés débonnaire empereur Trayan, jà devant allégué, qui,

comme ses parens et affins le repreissent de ce que si debonnaire estoit à toutes gens, en luy disant « qu'il
« n'appartenoit à prince soy monstrer si humain à ses
« subgiez, » il respondy « que il desiroit estre tel
« empereur vers tous comme tous desiroyent qu'il
« leur fust : » pareillement sembloit que ainssi le voulsist nostre prince, le sage roy Charles.

Chapitre XXVI : *Ci dit comment humilité est convenable, et fait à loer en hault prince.*

Pour ce que ceste vertu de doulceur et humilité fait entre les vertus à recommander comme de Dieu trés esleue et singuliérement amée, si comme il paru ou procés de sa trés esleue vie tout à nostre instruccion, comme dit à ce propoz le proverbe, est entre les autres vertus comme neccessaire à tout hault prince et gouverneur de peuple, sanz laquelle aulcune amour d'estrange ou privé ne se peut bonnement acquérir, plus longuement m'y suis arrestée, comme ce soit matiere dont la prolixité ne devroit comme point tourner à ennuy; et qu'elle face plus à louer és princes et poissans que en autres hommes, nous peut apparoir par les louanges des trepassez virtueux remply d'icelle, si qu'il est escript du vaillant empereur Helius Adrians devant allégué, homme remply de science et vertus; et pour le grant bien de luy, le senat luy pria que il feist son filz Césare. « Non feray, dist-il;
« il doit souffire que j'ay pris l'empire malgré mien
« où je n'estoye pas digne : car la princé ou seigneu-

« rie sus aultruy n'est mie deue au sang, mais aux
« vertus. »

Aussi l'Empereur, qui estoit appellé Partinauls (1), tant fu humbles que oncques ne volt souffrir que sa femme fust appellée Auguste, ne son filz Césare. « Il « vous doit, dist-il, souffire que, oultre mon vouloir, « j'aye accepté le nom et office. »

Du vaillant prince Publius Valérius est escript de son humilité, et celluy tant ama la chose publique que pour ce fu appellez Publicole, qui est à dire celluy qui aime la chose publique. Cestuy fist abbatre ses maisons pour ce qu'elles estoyent plus haultes que ses voisins; et de tant cedit Valere ot-il plus haulte gloire, comme il fist faire ses maisons plus basses.

Plus parlasse de ceste matiere; mais comme, en mon livre que je intitulay du *Chemin de longue estude*, aye assez longuement parlé et traictié de l'umilité qui en bon prince doit estre, n'en diray plus à ceste foiz.

CHAPITRE XXVII : *Ci dit du vitupere* (2) *aux orguilleux, et mains exemples.*

POUR ce que les différences des choses contraires l'une de l'autre en leur estre sont plus notoirement cogneues et apperceues leur forces et natures non semblables prés à prés, si comme le blanc aprés le noir, le jour aprés la nuit, le chault aprés le froid, et ainssi de toutes choses contraires, n'est mie doubte que

(1) *Partinauls :* Pertinax. — (2) *Vitupere :* mépris.

à la différence du mal quant le bien est louez, ce est en vitupéracion du mal ; ainssi, quant le mal est blasmé, ce doit estre à l'augmentacion du bien.

Et comme, en toute maniere d'oroison, soit escripte ou parlée en colacion ou sermon, là où telle matiere est touchée, est à entendre aux oyans en la maniere susdite.

Et pour ce que ores et autrefoiz ay assez parlé de la divine vertu de clémence et doulceur, à present, en donnant cause de discerner le bel du lait, me plaist parler aulcunement des arogans et orguilleus, et prendre en ce mon introïte, ainssi comme les appelle un vaillant docteur, disant : « O maigniée dyabolique « en la possession Lucifer, de qui ciel ne terre ne pot « soustenir la pesanteur de vostre griefté, qui pourra « ores souffrir les enfleures de vos eslevez corages ? »

Mais si comme il est dit Job, dixiéme chapitre : « Se l'orgueil d'yceulx a monté jusques aux cieulx et « leur teste actaigne les nues, ainssi comme un peu « d'ordure en la fin sera anienty et perdu. »

Et comme tel vice soit à Dieu comme insouffrable, à nous, en toutes escriptures, exemple de leur trébuchemens : ce que en noz aages nous est souvent apparu et appert manifestement chascun jour. A ce propoz donne exemple la saincte Escripture, du temps que Nabugodonozor, soy véant en sa cité de Babilonie exaucié et eslevé sur tous princes, mettant en oubly sa fragilité et povreté humaine, se leva en tel orgueil et arogance, que il se réputa comme per à Dieu ; pour laquel chose la divine poissance tant l'umilia, que son corps humain sept ans fu tresmué en figure de beste mue, paisçant en cel espace aux champs avec les oisons et bestes villes; mais, pour la prière de Daniel le prophete, qui lors florissoit en vertu, qui empetra devers Dieu que celluy, contrict et humiliez, retournast à sa forme humaine, et à son royaume fu restituez.

Aprés le trespassement d'icelluy, Baltazar fu son successeur aprés Elmoradab (1), qui trop ot mis en oubly la sentence divine, luy monte en trop grant orgueil en la cité de Babilonie, séant à table avec ses barons et princes de son royaume; et comme il eust fait apporter les riches vaisseauls d'or et de pierres précieuses que Nabugodonozor son pere avoit aporté du temple Dieu en Jherusalem, furent veus trois dois qui escripvoyent en la paroit (2) Manne, Thechel, Pares, et signifioit celle escripture que le royaume luy seroit ostés, et avec ce il perdroit la vie : si comme il luy fu exposé, et ainssi avint.

D'assez d'autres pourroye dire pareillement tresbuchiez, que je laisse pour briefté, et en plus nouveau aages : comme Néron l'empereur, plain de perversité, qui tant estoit orgueilleux que il ne daignoit que tant fussent riches chevauls ou beauls portassent son corps, ains se faisoit porter en lictiere sur le col des roys; et tant fu puis villement occis que sa maleureuse charongne n'ot onques sépulture, ains demora en un ort (3) fossé.

Julien l'Apostat, fauls hérite (4) et tant orgueilleus que Dieu et tout le monde avoit en despris sanz nulle craintes des vengeances divines, crestien fu premierement, puis renya la foy, et moult persecuta les crestiens.

---

(1) *Elmoradab*: Evilmerodach. — (2) *Paroit*: paroi; muraille. — (3) *Ort*: sale. — (4) *Hérite*: hérétique.

Quant celluy tirant orgueilleus ot regné sept ans, saint Bazile, qui lors estoit evesque de Capadoce, ot une telle vision : que la glorieuse vierge du ciel véoit seoir en un trosne royal, à moult belle compaignie à destre et à senestre ; si dist à ceulz qui estoyent environ elle : « Qui « me pourra vengier de ce maulvais Julien ? » et luy fu respondu « que Mercurius, qui estoit un chevalier qui « mort ot esté pour le nom de Jhesu-Crist, et estoit « enterrez au moustier, en venroit bien à chief.(1) » Si commanda la dame que de par elle luy fust commandé que il prensist ses armes, et alast combatre contre le maulvaiz Julien. Et ainssi comme Bazile se fu esveillé, il ala tantost au sepulcre de Mercurius le chevalier ; si ne trouva sa lance, son escu, ne ses armes, qui là souloyent pendre ; et comme il fu informez que c'estoit la vision qu'il ot eue, lendemain revid la lance et les armes en leur lieu toutes ensanglantées ; et tantost aprés vint nouvelles que un chevalier, venus d'aventure, avoit occis Julien en la bataille. Hugues de Fleury raconte que, comme il mouroit, il prenoit le sang qui yssoit de son pis (2), et le gectoit contre le ciel en disant : « Tu m'as vaincu, « Galilien ; Galilien, tu m'as vaincu. » Et ainssi rendi l'ame dampnée : laquelle mort rempli le monde de joye, pour sa grant cruaulté.

Par diverses manieres prent Dieu vengence des orgueilleus qui ne ressongnent (3) ses jugemens.

Et que les maulvaiz soyent hays et abominez devant Dieu et au monde, est escript de Denis le Tirant régnant en Cécile, tant oultre cuidiez et plain de per-

---

(1) *A chief :* à bout. — (2) *Yssoit de son pis :* sortoit de sa poitrine. — (3) *Ressongnent :* se soucient de.

versité, que ses subgiez mieulx voulsissent sa mort que vie. Une bonne femme vielle prioit tousjours à haulte voix que les Dieus lui donnassent longue vie; et comme il l'oyst dire, la manda, et volt sçavoir qui la mouvoit. « Certes, dist-elle, j'estoye pucelle chieux
« mon pere; si avoit un roy en ceste terre moult mal,
« et qui trop grévoit le peuple; je prioye au Dieus
« que sa vie fust briefve : il mouru; aprés celluy,
« nous omes pire : aprés la mort duquel, tu es le pire
« de tous tes devanciers. Or ay si grant paour que
« aprés toy nous ayons pire, que pour ce prye aux
« Dieus qu'ilz te donnent longue vie. » Si fu ce tirant tout confus des parolles de la vielle bonne femme. Celluy Denis ne faisoit mie grant révérance aux Dieus que alors aouroyent (1).

Il avint une foiz qu'il vit un moult riche mantel d'or qu'on avoit mis à l'image de Jupiter : si le prist, et en mist un de drap en lieu; il volt appaisier en telle maniere les prestres qui s'en courrouçoyent. « Le mantel
« d'or, dist-il, estoit trop froit pour yver, et trop
« pesant pour esté; pour ce, lui en ay donné un plus
« convenable en toutes saisons. »

Une autre foiz il vid l'image d'Esculapius qui avoit une grande barbe d'or jusques aux piez, et Appollo son pere n'en avoit point : si prist la barbe d'or, et dist aus prestres qui l'en reprenoyent « qu'il n'estoit
« mie avenant que le filz eust si grant barbe, puisque
« le pere n'en avoit point. » Et ainssy se moquoit des Dieux, non mie par oppinion que ceste loy fust faulse, mais par le grant orgueil de luy, qui le faisoit si oultrecuidier que il présumoit sa poissance plus

---

(1) *Aouroyent :* adoroient.

grande que nulle déité. En la fin cestui fina villainement par lait trébuchement.

Et en retournant à ma matiere, que trop ay délaissié, à tant souffise des arrogans orguilleus.

Chapitre XXVIII : *Ci dit de la libéralité et sage largece du roy Charles.*

Qu'il soit ainssi que largece et libéralité soit vertu agréable à Dieu, appert parce que il nous commande amer nostre proisine (1) comme nous mesmes; lequel commandement accomplir seroit impossible, là où ycelle seroit close et hors usage; et que la prémisse vertu de nostre introïte, c'est assavoir noblece de courage, se peust emplir et parfaire sanz celle avoir, ne pourroit nullement estre, et par espécial és princes puissans et aisiez de mettre à œuvre les libéralitez à quoy elle instruit ses trés vertueux nobles courages, acquérans la lueur de bonne renommée.

A nostre propoz, povons avec les autres vertus prouver nostre prince susdit trés entiérement rempli de pure, virtueuse et prudent largece, sanz laquelle vertu avoir nul prince, quelque autre grace qu'il ait, ne peut acquérir parfaictement estrange amour ne grant loange; et que la trouvions entiere en nostre Roy, le nous aprent expérience de ses fais, si comme nous l'avons cy-devant récitée, et sera cy-aprés; car, comme dit Boëce, « la libéralité du prince « ne s'estent pas seulement en donner dons, mais en

---

(1) *Proisine* : prochain.

« joyeusement recepvoir tous en libéral pardon, en
« expédicion de causes, en audience des povres, et à
« toutes choses, où l'office d'amour démonstre son
« effect. »

De ce dit Tulles [1]: « Que le prince plus démonstre
« sa libéralité quant se rent privé et douls entre ses
« gens, que se leur donnoit or et argent; » et de tout
ce estoit expert celluy dont nous parlons, par lequelz sens et libéralité actray l'amour des estranges et
privez.

Douls et débonnaire estoit entre ses gens : par laquel doulceur, sens et gouvernement l'avoyent en si
grant révérance que ilz le craignoyent et doubtoyent
à courroucier plus que quelquonque chose, et non
mie par rigueur qui en luy fust, mais par pure amour,
delaquelle vient crainte bien ordonnée qui les faisoit doubter offenser sa digne Magesté; car toutes ces
choses tant par ordre estoyent menées en tous ses
fais, que riens n'i avoit fait que gardé n'i eust raison,
ordre, temps et mesure; et tant estoit cellui ordre
bien mené, qu'il n'y eust si hardi qui osast passer
heure, point ne ordonnance de ce qui à faire luy
appartenoit; car luy, trés sage, establissoit chevetaines [2] de ses offices gens sages et prudens, qui tendoyent à mener les choses au gré de leur supérieur,
plain d'ordre ; et par ce n'y estoit rigle faillie : à
yceuls faisoit du bien, donnoit largement, tenoit honorablement et à tous ceuls de sa court, chascun en
son dégré, si qu'ilz estoyent richement vestus et
estorez [3] de toutes choses, selon leur faculté.

(1) *Tulles*: Cicéron. — (2) *Chevetaines*: chefs, capitaines. — (3) *Estorez*: ornés.

Vouloit sçavoir et enqueroit des condicions de ses serviteurs, et esprouvoit leur loyaulté.

Chapitre XXIX : *Ci dit de la vertu de chasteté en la personne du roy Charles.*

Es vertus qui sont à loer en créature, entre les autres moult amoit le roy Charles celle de chasteté, laquelle estoit de luy gardée en fait, en dit et en pensée, et vouloit que ainssi fust en ses prochains et serviteurs, tant en contenences comme en abis, parolles et fais, et toutes choses.

Il gardoit son mariage loyaument et selon Dieu ; son parler et abit honneste et chaste ; celluy de la Royne, de ses enfens et serviteurs de sa court, semblablement simple ; car ne souffrist que homme de sa court, tant fust noble ou poissent, portast trop cours abis, ne trop oultrageuses poulaines (1), ne femmes cousues en leur robes trop estraintes, ne trop grans collez.

Commandoit à ses gentilzhommes que bien se gardassent que, en fait de femmes, si sagement se gouvernassent que personne n'eust cause de s'en tenir mal content ; et se au Roy, par quelque aventure, veinst à cognoiscence ou que complainte luy fust faicte d'aulcun de ses gens, qu'il eust deshonnoré femme, tant fust son bien amé, il perdoit sa grace, le chaçoit, et plus ne le vouloit veoir.

Mais, pour la grant compassion qui en luy estoit,

---

(1) *Poulaines* : sorte de chaussure dont la pointe étoit ridiculement longue.

considérant la fragilité humaine, onques en sa vie ne volt donner licence à homme, pour meffait de corps, qu'il emmurast (1) sa femme à pénitence perpétuelle, tout en fust-il maintes foiz supplié; et, à difficulté, donnoit congé que le mari la tenist close en une chambre, se trop estoit désordénée, affin qu'elle ne feist honte à son mari et parens.

Et, à l'exemple des Lacédémoniens, comme dit Valere, qu'ilz firent porter les livres de Archiologue (2), le pouëte, hors de la cité et ardoir (3), pour ce que lesdis livres ne parloyent mie assez chastement, et ne vouldrent mie que les enfens y aprensissent, affin qu'ilz ne nuisissent plus aux meurs qu'ilz ne prouffitassent aux engins de Simonides. De celluy bon Simonides sera dit ou chapitre de charité.

Ainssi cestui sage Roy deffendoit que livres deshonnestes ne feussent leus ne portez à la court de la Royne, ne de ses enfens; et soubz peine de perdre sa grace, ne fust si hardi qui osast à son filz le Daulphin ramentevoir matiere luxurieuse.

Dont une foiz fu rapporté au Roy que un chevalier de sa court, jeune et jolis pour le temps, avoit le Daulphin instruit à amours et vagueté; le Roy, pour celle cause, le chaça, et deffendy sa présence et celle de sa femme et enfens.

Et, si qu'il est escript en telle maniere, la cité de Marceille, gardée de rigueureuse justice, ne seuffre nullement que gouliars de bouche (4) aportans pa-

(1) *Emmurer*: mettre en prison; *emmurer à pénitence perpétuelle*: enfermer quelqu'un entre quatre murailles, d'où il ne devoit plus sortir. — (2) *Archiologue*: Archiloque, poète grec, satirique effréné. — (3) *Ardoir*: brûler. — (4) *Gouliars de bouche*: gourmands.

rolles vagues, entrent à leurs mengiers; car les dis et fais de telz menestriers ne sont fors introduccions à luxure; et la coustume de leur jeux semble que ilz donnent congié de telz choses faire.

A cest exemple, ne vouloit point le sage Roy que gloutons de bouche et de parolle, lesquelz en pluseurs cours sont moult essauciez (1), entrassent és mangiers de ses cours, ne plaisir aulcun n'y prenoit; et par ce approuvoit le sage Roy la parolle que dit saint Pol du poëte Menander, de qui il prent exemple, tel que il escript aux Chorintiens : « Les parolles maul- « vaises corrumpent les bonnes meurs. »

CHAPITRE XXX : *Ci dit de sobriété, louée en la personne du roy Charles.*

SOBRIÉTÉ, laquelle est vertu divine, celluy Roy approuva en ce qu'il, entre les habundans délices, volt user d'icelle, si comme il paroit en ses mengiers, continuellement ou trés actrempément usoit de vins et de viandes plus sains que delicatifs; et aussi en ses vesteures royauls et honnorables, non trop curieuses, n'en coust desordené ne superflu.

Et comme sobriété soit nourriture et engraissement de l'entendement, est escript de Socrates le philozophe, qui, entre des volumes qu'il fist, trouva la science morale, qui est des vertus.

A. Gellius (2) raconte de luy qu'il fu de si actrempée abstinence, que onques ne senti mal en membre

(1) *Essauciez:* fétés, récompensés. — (2) *Aulus Gellius :* Aulu-Gelle.

qu'il eust, et disoit : « Maintes gens vueulent vivre « pour ce qu'ilz puissent mengier; mais je vueil men-« gier pour ce que je puisse vivre. »

Chapitre XXXI : *Ci dit de la vertu de vérité en la personne du roy Charles.*

La vertu de vérité, sanz laquelle avoir aucun ne pourroit desservir, ne estre digne de loange, en la personne du roy Charles estoit trés reluisant et manifeste ; car, si comme soit chose trés aduisant à prince, et le contraire plus qu'à autre gent grant vitupere, mençonge aucune ne fust oye yssir (1) de sa bouche, ne faulse promesse ; ce qu'il affermoit estoit vérité ; en ce qu'il promettoit, en l'attente, n'avoit faulte aucune en nul cas.

Dont comme il voulsist que ses commandemens fussent obeys, comme raison le debvoit, et que vérité fust tenue, avint une foiz, qu'il ot donné à un gentilhomme, qui bien l'avoit desservi en ses guerres, la somme de cinq cens frans, par un mandement à ses generaulx, de laquelle chose avoit comandé de bouche expressément à un de ses générauls, appellé Bernard de Montlehery, qu'il n'y eust faulte d'expedicion ; et nonobstant ce, pourmena par pluseurs jours ledit gentilhomme, lequel par ennuy s'en ala plaindre au Roy, à qui de ce desplut grandement, et, selon ce qu'il n'estoit mie furieus, bien le monstra ; car, incontinent et de fait, par un de ses

---

(1) *Oye issir* : entendu sortir.

sergens d'armes et ledit gentilhomme l'envoya exécuter, et prendre la vaisselle d'iceluy général, lequel, moult espovantés de l'indignacion du Roy, le délivra incontinent.

Encore qu'il fust véritable, appert, en approuvement de la noblece de son courage, par ce qu'il fist à un Anglés son grant ennemy, appellé le captal de Beu (1), qui moult estoit notables homs et grant capitaine d'ost, lequel, au temps du couronnement du roy Charles, comme sera cy-après dit, avoit cuidié empescher ledit couronnement; mais, Dieux mercis, il failly, et, sa gent desconfite, il fu pris; dont, aprés ce qu'il ot esté une piece en prison, le Roy, de sa débonnaireté, le délivra, parce qu'il promist estre bon Françoiz, et le fist le Roy son chambellan, et assez de bien et d'onneur luy fist; mais quant les guerres recommencierent, celluy prist congié du Roy, renonçant à son service; et comme luy donnast le Roy bien et voulentiers, et luy eust du tout octroyé et promis de l'en laissier aler quictement, fu dit au Roy que à son trop grant préjudice seroit le laissier aler : car il estoit homs de grant poissance, entreprise et hardement; si sçavoit l'estat et secret de son gouvernement et de sa court, et qu'encore luy pourroit nuire trop grandement; et que, en le retenir, n'y avoit point de repréhansion, puisque son prisonnier estoit non délivré par rençon, qui partir s'en vouloit pour luy nuire et gréver. Le Roy, nonobstant qu'il sceust bien que ce conseil estoit véritable, juste et loyal, et que celluy le gréveroit, puisqu'il ot pro-

(1) *Le captal de Beu:* le captal de Buch (Archambauld de Grailly), gascon, fameux général du prince Noir.

mis et octroyé le congé, nullement ne le volt retenir, et aler le laissa; lequel depuis moult nuisi à ce royaume; mais, comme Dieu le payast, puis mouru és prisons du Roy, comme dit sera.

Cestuy cas et la veritable vertu de nostre Roy me ramentoit la loange du vaillant preudomme Regulus, consule de Romme et prince de l'ost [1], lequel, aprés maintes belles et merveilleuses victoires qu'il ot eues sur ceuls de Cartage pour les Romains, et qu'il eust occiz l'espouvantable serpent qui avoit six vingts piez de long, dont le cuir à Romme [2], et moult avoit occiz de ses chevaliers; finablement de ceulx de Cartage fu pris en une bataille; et comme ceuls de Cartage eussent pluseurs prisonniers de Romme, et les Rommains de ceuls de Cartage, voulsissent bien ravoir leur prisonniers et rendre ceuls de Romme, leur plot envoyer en message ledit Regulus, receu toutevoyes son serement que, ou cas que non, il retourneroit en la prison. Et comme Regulus eust ceste chose proposée au sénat, ilz luy en demanderent son conseil; lequel respondy que ce n'estoit mie le prouffit de la chose publique tresmuer [3] les prisonniers. Ainssi le véritable preux, loyal preudome, nonobstant sceust bien la cruaulté de ses ennemis, et qu'ilz le feroyent mourir, ama mieux s'aler mettre en leur mains et laissier ses amis, que fraindre sa foy, vérité et loyaulté.

[1] *Prince de l'ost:* général de l'armée. — [2] *Dont le cuir à Romme:* dont la peau est à Rome. — [3] *Tresmuer:* d'échanger.

Chapitre XXXII : *Ci dit de la vertu de charité en la personne du roy Charles.*

Pour ce que l'Escripture saincte dit que se homme faisoit tous les jeunes, tous les pellerinages et tous les biens que toute sa vie faire pourroit et ne cessast de Dieu prier, et il n'auroit [1] la charité, tout ne luy prouffiteroit aucune chose.

De laquelle parle Cassiodore, qui dit que charité est comme la pluye qui chiet en printemps, qui toute plante fait fructifier, volt cestuy sage Roy par charité ruiler [2] le cours de son vivre, si comme il paru en sa bénignité et pacience.

Car, dit saint Pol, *charité est benigne et pacient;* et les autres vertus qui en charité sont comprises en nostre Roy estoyent manifestes, comme de non quérir, mesmes tout ce qui est, est sien en pluseurs cas, et pardonner de legier faultes à luy faictes : de quoy, une foiz, luy fu dit de ses princes « que le trop libé- « ral pardon que il donnoit de légier povoit estre « cause aux deffaillans seuls trop enhardir à faire « faultes : » dont luy respondi : « Se vice peut avoir « en trop légierement pardonner, j'ay plus chier estre « défaillant en ce cas, que en tenir trop estroicte ri- « gueur. »

Trés grant aumosnier estoit le roy Charles, si comme il paru en pluseurs fondacions d'esglises et colliéges que il fonda, où il assist grans rentes amorties, comme cy après sera dit.

(1) *Il n'auroit :* s'il n'avoit. — (2) *Ruiler :* régler.

Donnoit aux povres abbayes et priorez, en esglises soustenir, reffaire et gouverner les pitances des freres et couvens, ou des seurs; soustenoit les hospitauls par larges aumosnes; aux freres mendiens, aux povres escoliers aydoit et confortoit en leur congrégations et assemblées, où il convenoit mises pour leur dégré avoir : ou, quant luy venoit à cognoiscence que aucun gentilhomme ou femme envielliz, ou cheus en maladie ou povreté, ou fust en grant neccessité, povres religieus ou d'autre estat, ou pour aydier à marier povres filles, dont il fust informez que bien fust employé, povres femmes vefves, orphenins en tous cas piteus, donnoit trés largement du sien, et de bonne voulenté; et chascun jour continuellement de sa propre main humblement et dévotement donnoit certain argent à une quantité de povres, et à chascun baisoit la main.

Ainssi ce trés noble Roy tenoit la vóye de ses prédécesseurs roys de France, ameurs de charité.

Si comme il est contenu és croniques du bon Roy de France Phelippe (1), filz au roy Loys le Débonnaire, lequel fu homme de grant vertu : celluy, avisant que maintes manieres de gengleurs et flateurs seulent, par leurs gengles, actraire les cueurs (2) des princes, par quoy reçoivent de riches dons, robes ou joyauls; ce bon roy Phelippe, desprisant telle cous-

---

(1) On ne sait pas si Christine parle ici de Philippe-Auguste fils de Louis-le-Jeune, aussi surnommé *le Pieux*, ou de Philippe-le-Hardi fils de saint Louis. — (2) *Celluy, avisant que maintes manieres de gengleurs et flateurs seulent, par leurs gengles, actraire les cueurs* : ce prince sachant que maintes espèces de jongleurs et flatteurs ont coutume, par leurs jongleries, d'attirer les cœurs.

tume, ce qu'on souloit donner à telz gens il donnoit aux povres, et les vielles robes qu'il laissoit aux années (1), vouloit que ilz fussent données aux povres.

Ainsi, ne plus ne mains, fu le roy Robert de France si grant aumosnier que aux povres donnoit ses robes que il laissoit aux festes années.

Ceste vertu de charité, que elle soit entre les autres toute la plus agréable à Dieu, appert, comme il est escript, de ce vaillant empereur Trayan, que j'ay pour sa valeur jà pluseurs foiz allégué, nonobstant fust payens et persécutast les crestiens en cuidant bien faire, comme faisoit saint Paul, ains (2) sa conversion, comme celluy qui n'avoit cognoiscence de la foy de Jhesu-Crist, et tenoit la loy de nature.

Dont une foiz avint que l'en faisoit grant martire des crestiens, vint à luy un preudomme de sa mesgniée qui luy dist: « Sire, trop est grant orreur que « on fait là hors; de tant de peuple mectre à mort qui « riens n'ont meffait, et n'i treuve l'en autre chose à « redire, forsqu'ilz aourent (3) ne sçay quel Crist, et « se lievent à midnuit et chantent loange à leur Dieu. » Adont l'Empereur, meu de compassion de tant de sang humain respendre, fist cesser l'occision.

De cestui Empereur est escript que, principaulment entre les autres vertus, pour la grant charité et compassion dont il estoit plain, nonobstant fust mescréant, desservi (4) estre saulve : car il avint, aprés sa mort, que comme saint Grégoire, pape de Romme, lisist en un livre et trouvat enregistré les belles vertus

---

(1) *Années*: fêtes années, fêtes annuelles. — (2) *Ains*: pris ici pour *avant*, quoique plus fréquemment employé pour *mais*. — (3) *Aourent*: adorent. — (4) *Desservi*, pris ici pour *mérita* : mérita d'être sauvé.

de cel Empereur, par espécial sa grant charité, moult ot grant pitié que tel homme fust dampnez; adont leva les yeuls vers le ciel, et dist: « Beau sire Dieux à « qui toutes choses sont possibles, donne moy l'ame « de cest dampné, seulement perdu par faulte d'ins- « truccion de saincte loy; tu, juste et miséricors, ne « vueilles pas que les bénéfices de la grant charité de « cest Empereur soyent du tout anientis et péris! » Et ainssi pria tant le glorieux saint Grégoire, que Dieu, de sa grace, octroya que l'ame de l'Empereur retournast en son corps; si fist pénitence et fu saulvez.

Si est bel exemple, quelque pécheur que on soit, que par celle vertu de charité exerciter on puisse empétrer grace par devers Nostre Seigneur.

Item, de la charité de Simonides, dit Valere que une foiz cellui Simonides vouloit entrer en une nef pour passer mer, il trouva un corps mort sur terre, et par pitié il l'ensevely; et tantost oy une voix qui luy dist que ce jour il ne se meust. Il obéy, et ceulx qui se meurent furent péris en mer.

Cestui, pour sa grant charité, le voult Dieux encore sauver : une autre foiz, comme il souppoit avecques autres, deux compaignons l'appellerent, et il se leva de table et vint à eulx; et tantost qu'il fu hors, la maison chay (1), et occist ceulx qui ens estoyent (2).

Si devons noter comme Dieux sequeure (3) mesmes les payens et mescréans qui ont la vertu de charité, n'est mie doubte que plus grant mérite en auront les crestiens en qui elle sera trouvée.

(1) *Chay :* tomba. — (2) *Qui ens estoyent :* qui étoient dedans. — (3) *Sequeure :* secourt.

Chapitre XXXIII : *Ci dit de la dévocion du roy Charles.*

Trés dévot et vray catholique estoit ce trés vray cristien, le roy Charles.

Sa primière œuvre, dés qu'il estoit levez, estoit de servir Dieu, comme devant j'ay dit; et nonobstant sa déliée (1) complexion, jeunoit tout temps un jour de la sepmaine, et les jeunes commandez, se grant accidens ne luy tolloit (2). Dévotion en aucuns sains, aprés Dieu et sa mere, avoit singuliérement : dont fist aucunes fondacions, ou acrust leurs moustiers ou chappelles de rente et d'édifice.

L'esglise Saint Denis en France, auquel glorieux saint avoit grant dévotion, visitoit souvent; et aux festes de celle église, à grant dévocion, aloit à la procession avec les barons et les Roynes qui lors vivoyent; grans dons et beaulx y offroit; un moult riche reliquaire d'or à pierres précieuses, entre les autres dons, y donna.

La chappelle du Pallais à Paris souvent visitoit, et, aux festes années, le service à grant solemnité célébroit dévotement; aloit ou noble oracle (3) où sont les dignes reliques, et à grant devocion baisoit.

Et de sa propre main, le jour du grant vendredi, au peuple monstroit la vraye croix.

Et fu voir que une foiz à celluy Roy, trés inquisitif de toutes virtueuses choses, plout que l'armoire où les sainctes reliques d'icelle chappelle du Pallaiz

---

(1) *Déliée :* délicate. — (2) *Ne luy tolloit :* ne l'en empêchoit. — (3) *Oracle :* oratoire, chapelle.

sont fust visité, pour mieulx avoir certification de tous les sanctuaires qui là sont ; là furent trouvées maintes nobles choses, que je passe pour briefté : et, entre les plus notables choses, fu trouvée une petite ampolle, où avoit escript grec et latin que c'estoit du propre sang du précieux corps de Jhesu-Crist qu'il respendi sus l'arbre de la crois.

Adont ycelluy sage, pour cause que aucuns docteurs ont voulu dire que, au jour que Nostre Seigneur ressuscita, ne laissa sur terre quelconques choses de son digne corps que tout ne fust retourné en luy, volt sur ce sçavoir et enquérir par l'opinion de ses sages, philozophes natureuls et théologiens, se estre povoit vray que sur terre eust du propre pur sang de Jhesu-Crist. Colacion (1) fu faicte par lesdicts sages assemblez sus ceste matiere ; ladicte ampolle veue et visitée à grant révérance et solemnité de luminaire, en laquelle, quant on la penchoit ou baissoit, on véoit clerement la liqueur du sang vermeil couler au long aussi fraiz comme s'il n'eust que trois ou quatre jours qu'il eust esté seignez : laquelle chose n'est mie sanz grant merveille, considéré le long temps de la passion.

Et ces choses sçay-je certainement par la relacion de mon pere, qui, comme philozophe serviteur et conseillier dudit prince, fu à celle colacion, en laquelle ot pluseurs alterquacions et argumens de la saincte Escripture et des substances naturelles ; et à la parfin fu déterminé et dit que, saulves toutes raisons d'Escripture saincte ou théologie, n'estoit point de necessité que, à la perfection et entérinité (2) du corps

---

(1) *Colacion* : conférence. — (2) *Enterinité* ou *entérineté* : intégrité.

ressuscité de Jhesu-Crist, ravoir tout le sang respendu en l'arbre de la croix; et dévotement se peut croire que pour la dévocion de ses amis dont il n'est point de doubte, que, le jour de sa passion dévotement en recueillent, en laissa sur terre.

Bien est vray (et c'est que les docteurs veulent dire) que tout ce que Jhesu-Crist prist ou corps de sa benoicte mere, en emporta ou ciel glorieusement ressuscité; mais chose est possible, sanz empirement de sa digne humanité, qu'en terre ait des superfluitez de son corps humain, comme cheveulx, ongles, sang, et telz choses : et ainssi fu déterminé et conclus.

Cestui Roy célébroit les festes des sains en service mélodieux de chant, dont il avoit souveraine chappelle, laquelle il tenoit richement et honestement de toutes choses, et à chantres, musiciens, souverains et honorables personnes.

Monseigneur saint Louis de France avoit en grant reverance et dévocion et moult honnoroit sa feste; de saint Remy, saincte Catherine, saint Anthoyne, saincte Agnés, et d'autres. Dont n'est point de doubte que, ainssi comme il est dit en l'istoire de saint Loys, la dévocion qu'il ot aux benoiz sains les fit estre intercesseurs par devers Dieu, si que ses besongnes en vindrent à meilleurs chief en toutes choses.

Chapitre XXXIV : *Encore de la dévocion du roy Charles, et autres exemples.*

Et que le sage roy Charles fust homme de trés grantd dévocion, appert par lafferme entencion que il avoit délibérée en soy, ce sçavoient assez de ses privez preudes homes, que se tant povoit vivre que son filz le Dauphin portast couronne, il luy délairoit le royaume et le feroit couronner : et luy seroit prestre, et le demourant de sa vie useroit ou service de Dieu; de laquelle chose, s'il eust pleu à Dieu que sa vie eust esté longue, croy que grant bien fust venus; mais aulcunes foiz Nostre Signeur punist le corps par luy oster le chief.

Ce bon Roy, considérant les seigneuries et honneurs du monde de grant charge en conscience, et de petite durée et empechement peut-estre de saulvement, vouloit prendre exemple, en délaissant le monde, au bon empereur Deoclesian, lequel quant qu'il ot amenistré l'empire vingt ans, avec luy Maximien, par l'exortacion d'icelluy Deoclesien, tous deux se déposerent de la digneté impérial, et demoura Deoclesian à Nichomédie, et Maximien à Melan (1); et aprés les Rommains, veans que la chose publique estoit mal gouvernée, renvoyerent querre Deoclesien, lequel le refusa, et dist qu'il trouvoit plus de paix ou service de Dieu que ou service du monde.

Ainsi est-il escript du roy de Bulgres, lequel assez tost aprés qu'il fu convertis à la foy, son ainsné filz fit couronner à roy, et il laissa le monde et entra en

---

(1) *Melan :* Milan.

religion; mais comme son filz se porta moins sagement que il ne deust et voulsist retourner à la faulse loy, le pere, de ce informez, laissa l'abit de moine et prist l'abit d'un chevalier, et poursuivy son filz et le prist, les yeuls luy sacha (1), et le mist en prison ; et puis (2) qu'il ot fait son second filz roy, retourna en la religion et persévéra jusques en la fin.

Item, pareillement est escript de Guillaume, conte de Nevers, lequel, floury en grans vertus, homme estoit de grant dévocion et honneste, et il y paru ; car nonobstant fust-il seigneur de si grant puissance et si noble, laissa le monde et devint humble moine en l'ordre des chartreux; et sans doubte je tien que de ceulx se peut dire comme Jhesu-Crist dist de Marie Magdelaine : *Ils ont esleu la meilleur partie.*

CHAPITRE XXXV : *Ci dit comment en donner dons doit avoir mesure, et comment folle largece si est vice.*

ET comme ce soit et ait esté coustume à mains princes et hommes poissans prendre trop excessive amour et familiarité à aucuns de leur serviteurs plus que à nulz des autres, sanz aucune vertu qui fust en eulx, mais par pure voulenté, sanz ce que plus qu'autres l'eussent desservi (3), comme en pluseurs hommes soit folle largece, laquelle est vice desplaisant à Dieu, qui ne veult mie que ceulx soyent grande-

---

(1) *Sacha* : arracha. — 2) *Puis* : depuis, après. — (3) *Desservi* : mérité.

ment méritez qui ne le valent ne l'ont desservi : parquoy il conviengne les dignes et vertueux avoir souffraicté (1), estre indigens et mal méritez ; et aultre si, pour folle largece accomplir, convient faire souventefoiz extorcions non deues ; car autrement ne se pourroit fournir la superfluité de l'omme prodigue, qui est à dire fol large.

Si n'est nulle largece virtueuse se le terme de raison et discrécion n'y est bien gardé.

Pour ce, dit Seneque ou livre de *Clemence*, que le prince n'est mie libéral, qui de l'autruy fait ses largeces ; mais celluy doit estre appellez vray large (2), qui restraint son propre estat pour donner là où discrécion luy monstre qu'il soit bien employé ; et pour tant (3) nostre sage Roy, en qui toute discrécion estoit, bien avisoit où asséoit ses grans dons, et nullement n'amast aulcun singulièrement, se aulcune grant vertu ou pluseurs n'y avoit apperceu : si comme il fist en son bon chevalier messire Jean de La Riviere, que il ama espéciaulement pour sa trés grant loyaulté et preudomie ; car, ou temps des pestilences (4) de France, à celluy furent faictes grans offres de deniers et seigneuries par pluseurs traîtres maulvaiz, mais qu'il (5) voulsist faire ou donner oportunité et lieu de accomplir maulvaistié et trayson, lequel loyal et bon chevalier plustost eust esleu la mort en sa personne

(1) *Souffraicté* : pénurie, besoin. On disoit encore au seizième siècle *souffreteux* dans cette dernière acception, que nous rendons par *nécessiteux*. — (2) *Vray large* : libéral. — (3) *Pour tant* : c'étoit ainsi que. — (4) *Pestilences* : ici et ailleurs ce mot ne doit point s'entendre de la *peste*, mais des affreux désordres auxquels la sagesse de Charles v mit fin. — (5) *Mais qu'il* : pourvu qu'il.

que consentir fellonnie. Et ces choses et autres vertus en luy sceues et apperceues du sage Roy, à bon droit l'amoit singuliérement ; laquelle amour, aprés la mort d'icelluy, bien monstra à son frere messire Buriau de La Riviere, lequel autre si estoit sage, prudent, beau parlier, homme de belle faconde et miste (1) en toutes choses.

Et ainssi pluseurs autres de divers estas acquirent sa grace, pour vertu de chevalerie, sagece, loyaulté, abilleté, ou bel service.

Ce Roy singuliérement amoit gens constans en vertu, à l'exemple du bon empereur Henry ci-dessus allégué, lequel virtueux, entre les autres biens, moult amoit le service d'esglise, et se délictoit à l'oyr célébrer en chant solemnel.

Une foiz avint à une solemnité, comme il commandast à un clerc diacre, lequel avoit moult mélodieuse voix, qu'il se revestist et chantast l'Evvangile, cellui diacre s'en excusa ; l'Empereur de rechief lui commanda : il le reffusa dutout. Et adont comme l'Empereur fust informez que celluy clerc avoit la nuit couché avec une femme, pour ce se réputoit non digne, voult plus fort esprouver sa constance, le fist menacer de battre et de prison, ou cas qu'il ne chanteroit ; et celluy riens n'en voult faire ; luy fist dire qu'il vuidast et fust banis à tousjours mais (2) ; et celluy prent ses robes et choses, et s'en va. L'Empereur, qui moult le prisa, le fist suivre et ramener à seurté, et luy dist : « Tu, qui as plus doubté offenser Dieu « que encourir mon ire, es digne que ta constance te « soit cause de mérite ; et pour ce vueil-je que tu

(1) *Miste* : plein d'aménité. — (2) *A tousjours mais* : à perpétuité.

« ayes le primier eveschié qui sera vacquant, mais
« que ores-en-avant te gardes de péchié. » Et ainssi le
bon Empereur luy promist et luy tint.

A ce propoz d'amer bonnes gens et serviteurs
preudeshommes, ce que par espécial tous princes
doivent avoir chiers, est escript que, ou temps que
Galeres et Constans tindrent l'empire de Romme,
Galeres és parties d'oriant, et Constans és parties
d'occident, ce Constant fu moult sages homs et prudent. Yl voult une foiz, si comme dit l'Istoire Tripertite (1), prouver (2) lesquels estoyent vers Dieu plus
féauls de ses gens; si fist dire que il voloit retourner
à la loy des ydoles, et que ceuls qui vendroyent avec
luy aux sacrefices des dieux, et qui les aoureroyent (3), seroyent ses amis, et demourroyent en leur
dignetez; et ceuls qui à ce n'obéyroyent yroyent
hors, et leur feroit grant grace qui leur lairoit les
vies : si en y ot qui, pour cuidier acquérir la grace
de l'Empereur, s'offrirent à faire le sacrefice et aorer
les ydoles, et ne firent force d'aler contre leur loy;
les autres dirent que riens n'en feroyent, et que
mieulx amoyent perdre sa grace que faire contre Dieu
et sa loy; et ceuls l'Empereur tint avec soy, et dist
que, comme ilz fussent féauls à Dieu, il avoit créance
que à luy le seroyent; et les autres, comme flateurs,
furent déboutez.

(1) *Tripertite* : divisée en trois parties. — (2) *Prouver :* éprouver.
— (3) *Aoureroyent :* adoreroient.

Chapitre XXXVI : *Ci est la conclusion de la primière partie.*

Pour ce que trop longue narracion souventefoiz tourne aux oyans et refférandaires à ennuy, comme la fragilité humaine en peu d'espece soit ennuyée ou lasse, pour sa muable sensualité qui desire tousjours nouvelletez des choses qui luy sont présentées en prolixité, souffise à présent la déclaracion des vertus comprises en noblece de courage, qui, en traictant des bonnes meurs du sage roy Charles, est la primiere partye de ce présent Traictié, si comme au primier fu promis ; nonobstant que trop plus en pourroit estre dit, et que souffisant ne soit mon entendement de bien expliquer tous les virtueux effects de la noblece d'icelluy, desquels plus narrer je laisse pour la cause de briefté.

Mais, pour traire affin ce primier tiers, comme desireuse de parchever le surplus, m'en passeray. A tant, priant Dieu omnipotent qu'il, à mon foible sentement, aucteur de ce livre, doint (1) vigueur et force de continuer et finer (2) cest présent volume, si et en tel maniere que ce soit à la loange et gloire perpétuelle de celluy de qui principaulment il traicte, et à l'augmentacion de vertu et destruisement de vice. *Amen.*

Explicit la primiere partie du livre des Fais et bonnes Meurs du sage roy Charles ; parchevé le vingt huictiesme jour d'avril, l'an de grace 1404.

(1) *Doint :* donne. — (2) Le mot *finer* signifie également finir et trouver.

LE LIVRE
DES FAIS
DU SAGE ROY CHARLES.

CI COMMENCE LA DEUXIEME PARTIE DE CE PRÉSENT VOLUME, LAQUELLE PARLE DE CHEVALERIE, EN REPLIQUANT (1) A LA PERSONNE DU ROY CHARLES.

ET PRIMIEREMENT PROLOGUE.

Comme obscurcie de plains, plours et lermes à cause de nouvelle mort, me convient faire douloureuse introyte et commencement à la deuxiéme partie de ceste ouvre présente, adoulée (2), à bonne cause, de survenue perte, non mie singuliere à moy, ou comme à aulcuns, mais générale et expresse en maintes terres, et plus en ce royaume, comme despouillié et deffait de l'un de ses souverains pilliers.

Et cestui dommage et meschief procuré par fortune, amenistraresse (3) de tous inconvéniens et meschiefz qui, ou mois de mars en la fin de l'an 1403, lorsque les constelacions saturnelles et froides ren-

(1) *Repliquant*: l'appliquant. — (2) *Adoulée*: affligée. — (3) *Amenistraresse*, féminin de *amenistreur*: qui administre, qui dispose.

doyent l'air en toutes contrées infect par moisteur froide continuée en longue pluye plus impétueuse que par nature la saison ne doit; par quoy furent causées, és corps humains, rumatiques enfermetez, avecques fiévres fimeres et entreposées (1), causales de mort, fist lors transporter és contrées nubleuses ou à air bruineux et couvert, pour la moisteur des palus esveus (2) et terre ramoitie d'icelluy pays qui siet vers les marches de Flandres, celluy de laquel mort nous doulons, qui fu nommé, en son tiltre, Phelippe, filz de roy de France, duc de Bourgongne, conte de Flandres, d'Artois et de Bourgongne, qui frere germain fu au sage roy Charles, de qui cest présent livre est traictié, lequel, à grant préjudice du bien propre de la couronne de France et grief et perte de la publique utilité commune, est trespassez nouvellement à Hale en Hénault, le vingt-septiesme jour d'avril, en l'an présent 1404.

Lequel trespassement, raportant nouveaulx regrais et ramenant à memoire ses dignes vertus, sagece et bonté, nous fait dire à yeuls moullez : « Hellas! le
« trés bon prince ameur de toutes bonnes et virtueuses
« choses, encore nous estoyent propices et comme
« neccessaires tes anciens jours trop tost faillis aux
« ordonnances politiques de cestui royaume demouré
« présentement amortis de joye et remplis de ténébres
« és clers jours de may; tous soulas remys pour ma-
« tiere de dueil entre les princes à bon droit adoulez,
« noir vestus, en plains et plours, comme de perte sin-

---

(1) *Rumatiques enfermetez avecques fiévres fimeres et entreposées :* infirmités rhumatismales, avec fièvres éphémères et intermittentes.

(2) *Palus esveus :* marais bas et humides.

« guliere et gréveuse de tel appuy al vaissel, de sens,
« conseil, confort, ayde et secours du bien publique,
« de qui les mérites de son sçavoir, prudent conseil,
« vraye amistié et preudomie sera, és temps à venir,
« en souspirs et plains regraitiez de ses charnelz affins,
« consors, aliez et familiers. » Et, comme soit juste
cause à un chascun plaindre son dueil, moy, comme
femme vefve, orphenine d'amis, ay cause de douloir et plaindre celluy par lequel digne commandement j'empris (1) ceste présente œuvre; et de qui plus
particulierement avec ses autres charnelz (2) sera
parlé, ramentevant ses fais et nobles condicions, qui
confort, ayde et soustenail (3) de vie a esté à moy et
au petit coliege viduval de ma famille (4); laquelle
charité Dieu pri de toute affeccion, que rétribucion
de gloire luy en soit rendue à l'ame; mais or n'y a
plus, quant au corps, réservé les desrenieres sérimonies pertinans aux obis selons sa dignété; l'ame ait
Dieux escripte ou livre de ses vrays esleus; mémoire
en soit demourée à ses nobles enfens et parens, si que,
par prieres et oroisons d'euls, procurées rémission de
peine purgatoire luy puist estre intercessé (5), et
gloire perpétrée par infini siécle. *Amen.*

(1) *J'empris* : j'entrepris. — (2) *Charnelz* : parens. — (3) *Soustenail* :
soutien. — (4) *Petit coliege viduval de ma famille* : cette expression a
de la grâce. Il seroit difficile de la rendre littéralement; il suffit
d'indiquer que Christine, qui étoit veuve, parle de sa famille. —
(5) *Intercessé* : accordé par intercession.

Chapitre II : *Ci dit comment seigneuries temporelles furent au monde primierement establies, et comment ordre de chevalerie fu trouvé.*

En suivant la matiere au primier encommenciée, c'est assavoir la narracion des fais et bonnes meurs du sage roy Charles, nous convient en ceste deuxiéme partie du présent volume aviser comment envieux ou mesdisans, qui souvent seulent réprimer le loz (1) des aucteurs, ne nous puissent chargier de mençonge ou faute de promesse, par si que le propoz prescript, qui fu de traictier secondement de chevalerie, puist estre emply satisfait.

Or soit regardé comment elle se pourra joindre et assembler avecques les vertus et bonnes meurs du susdit sage roy Charles; donques, pour ce faire, convient aviser quelle chose est celluy ordre que on dit de chevalerie; comment il vint; pour quel chose il fu estably; quelles choses y conviennent; de quoy il doit servir, et à quelles comparaisons se peut assimiler.

Et pour mieulx entamer ceste matiere et traire à nostre propoz, convient aviser à quel cause vindrent seigneuries et princées au monde primiérement, si comme la narracion des escriptures le tesmongne; lesquelles recordent que, és anciens aages, trésque (2) la semence humaine prist à publier et à remplir les contrées de la terre, asseztost aprés, comme perversité, là où lime de raison ne l'agmodere, soit natu-

---

(1) *Qui souvent seulent réprimer le loz :* qui souvent ont coutume de rabaisser les louanges. — (2) *Trésque :* aussitôt que.

relle ou sang humain, adont, comme gent sans loy, se pristrent(1) à grans extorcions et infinis maulx faire les uns contre les autres, par rapines et occisions et mains excessis oultrages, sanz que regart de justice y meist aulcun frain; lors les anciens, enseignez de don de nature, par longue expérience és regars de raison, aviserent que bon seroit, pour à ces inconvéniens obvyer, que l'un d'entr'eulx, le plus ydoine (2) et propice en vertu et sçavoir, fust esleu et estably supérieur et prince d'entr'eulx, et à icelluy par commun accort donnassent auctorité et signouries, et eust la cognoiscence des causes entr'eulx meues, par luy fust jugié des torfaiz, en baillant à chascun son droit, sanz que de nul fust désobéy, soubz peine de perdre la vie.

Ainssi, par le commun esgart des peuples universelz, furent commenciées primierement propres signouries au siècle; et adont un chascun prince, en sa juridicion, parti son peuple en ordre de pluseurs parties, et fist ses establissemens selon son esgart; dont, pour ce que il, comme bien avisiez, considérast chose estre impossible à l'entendement et mémoire d'un tout seul homme, tout soit-il sçavent, de si cler veoir, comme font pluseurs sages, eslut quantité de ses anciens, des plus expers et de meilleur jugement, pour estre ses conseilliers.

Item, aussy luy avisé n'estre souffisant la capacité d'un seul homme veoir et cognoistre de tous les cas d'une grant université ou commune, estably par diverses parties de son peuple des preudeshommes, anciens, sages, ses commissaires et lieuxtenans és fais de

---

(1) *Se pristrent* : se prirent. — (2) *Ydoine* : apte.

justice, pour mettre entre les humains ordre de vie raisonnable, soubz peine de punition.

Item, un autre porcion du peuple fu par luy commis au labour et coultivement de terres pour la nourriture et soustenance de corps humain.

Item, stably autre porcion de gent aux œuvres mécaniques, que nous disons les mestiers ou ouvrages. Autres feit instruire és loys et estatus par luy establies, pour estre conseilliers des princes futurs et enseigneurs du simple peuple.

Autres, de leur propre inclinacion, se ingénierent à spéculer les ars, pluseurs sciences, et à enserchier (1) des divines choses et des secretes soubz l'ordre de nature, que nous disons philozophie.

Autre porcion de gens ot le prince réservée, lesquelz il establi pour la compaignie, garde et deffense de son corps, du menu peuple, du clergié, des femmes, des laboureurs et de son pays; et ceulx ne feissent autre mestier, fors toujours estre esveilliez et prestz à ladicte deffence, et ne debvoyent espargnier leur corps pour péril de mort contre tous leur ennemis; ceulx, pour plus estre hardis vers leur ennemis, et pour la deffense contre coups de dars, de fondes ou d'autres bastons, seroyent abilliez et vestus de harnois fort et dur, façonné à la forme de leur corps, selons la maniere que lors trouverent pour faire armeures.

Entre ceste gent mist aussi le prince ordre et maniere de gouvernement, mené et conduit soubz pluseurs chiefz, des lieuxtenans, conduiseurs des batailles et assemblées d'iceulx; et trés adont (2) furent

---

(1) *Enserchier* : chercher. — (2) *Trés adont* : aussitôt.

instituées rigles et ordonnance d'ost (1) mettre en forme d'eschieles (2), par pluseurs routes (3), soubz divers capitaines; et establi qui devoit aler devant et qui aprés, l'ordre et maniere d'arrengier un host en divers advis, selon l'avantage des lieux et places ou quantité de gens; comme cy aprés sera dict sus ceste matiere; et comment; tout ainssi que le maistre donjon d'une fortrece est assis en la plus fort place du chastel, targé (4) de fossez, portes, palis et murs, avironné de tours et bastides; ordonnerent que le prince fust en bataille, entre ses meilleurs gens; en la plus fort eschielle et la plus deffensable.

Encore fu sagement regardé, redoubtant la variacion de fortune, que tout ainssi que quant le chief est ferus le corps et les membres sont enfermez et dueilleux (5), que aussi la prise ou mort du prince pourroit estre la perdicion de tous les subgiez; n'estoit mie expédient que sanz trop grant neccessité prince en propre personne alast en bataille; et pour ce, avisa le prince à eslire un supérieur le plus esprouvé sage et expert en ordre d'armes, qui representast sa personne, eust la charge et ameinistracion de toutes les ostz et assemblées d'icelle gent deffensable, et celluy appellerent prince de la chevalerie.

Et est certain que en celluy temps, et depuis les ans que les anciennes ystoires ont esté escriptes; comme il appert és passées gestes; tous les hommes à cheval suivans les routes estoyent appellez cheva-

---

(1) *D'ost*: d'armée. — (2) *D'eschieles*: d'échelons. — (3) *Routes*: corps d'armée. — (4) *Targé*: couvert, défendu. — (5) *Quant le chief est ferus, le corps et les membres sont enfermés et dueilleux*: quand la tête est frappée, le corps et les membres sont malades et souffrans.

liers; et encore ainssy aujourduy peut estre appellez, en descripcion d'armes traictiées en livres, tous nobles poursuivans ycelles.

En outre dit, ou primier de chevalerie, le livre du *Régime des Princes*, que chevalerie est une espece de sens et avis de surmonter les ennemis et empé-chans du bien commun : et tout ainssi que l'omme a deux vertus de l'ame, l'une par qui il ensuit son propre délit (1), l'autre par laquelle il résiste par vertu à ce que sa propre voulenté l'encline, ainssi est neccessaire à réaumes et citez deux vertus; l'une est les lois pour la chose publique tenir en ordre de droit; l'autre est chevalerie, pour garder et deffendre le prince et contrée, et le bien commun.

Nonobstant que Romulus qui fonda Romme, comme il establist pluseurs nobles ordonnances, fist eslire, entre mille de ses gens d'armes, un le meilleur; et tous ceulx qui furent ainssi esleus et trouvez les meilleurs entre mille, il leur donna l'ordre que nous disons de chevalerie, et les appella *milites*, qui est à entendre les meilleurs d'un millier; et ceulx qui ainssi peuent estre esleuz et esprouvez bons au jour d'uy, selon l'ordre de Romulus, doyvent mieulx estre nommez *milites* que chevaliers, dont, par la note de ceste sentence, bien devroyent à présent estre esleus ceulx à qui on concéde celluy dit ordre trouvé par si grant eslection et espreuve.

(1) *Délit :* plaisir, ce qui lui plait.

CHAPITRE III : *Ci dit quatre graces neccessaires à chevalerie, que ot le roy Charles.*

Si avons donques comment, selon l'oppinion d'aucuns aucteurs, vindrent seigneuries et aussi chevalerie primierement, et quel chose est celluy ordre, et pourquoy il fu estably, et comment il fut trés noblement et à juste cause institué, et soit de digne réputacion; nous convient regarder quelz choses y conviennent, de quoy il doit servir, à quelz comparaisons se peut assimiler; et quant aux choses qui luy conviennent, toutes les sérimonies d'icelluy dit ordre bien scrupulées (1), en conclusion me semble que, entre les choses expédientes, quatre ensemble en y a neccessaires; car sans ycelles n'aperçoy et ne pourroit estre le dégré et titre de chevalerie honoré, nullement acquis ne acreu par quelconque voye, c'est assavoir bonne fortune, senz, diligence et force; et là où l'une de ces quatre fauldroit, la vertu des autres remaindroit (2), comme toute amortie.

Et qui ce veult à droit noter peut comprendre què, sanz l'assemblée de ces quatre, onques, en quelconque empire, régne ou homme singulier, ne fu eslevé le hault nom de trés louée proëce (3); si soit avisé de nous, se (4) trouver se pourra aucun chevalier digne, selon le dégré de vertu, estre apellé *millite*, à l'interprétacion devant dicte; et vrayment tout soyent-ilz, ou temps d'ore (5), pou communs, j'en apperçoy,

---

(1) *Bien scrupulées :* examinées avec scrupule. — (2) *Remaindroit :* resteroit. — (3) *Proëce :* prouesse, haut fait d'armes. — (4) *Se,* dans l'acception de *si.* — (5) *D'ore :* d'à présent.

entré les autres, un en son temps digne d'estre nommé vray *milite*, nonobstant les contrediseurs, qui jugent, non mie selon les effects des choses, mais au regard du repos des membres : et ce est le sage roy Charles, dont nous traictons; duquel est certain que, comme introduit par l'aministracion de raison et grant prudence en toutes choses, sanz faille (1) fu conduit par ces quatre susdictes vertus et meurs en tous les fais généraulx et particuliers de ses guerres; et ce nous tesmoigne et fait certains la vraye expérience que nous sçavons clerement par la fin de ses glorieuses conquestes, desquelz fu principal capitaine sens, avec l'ayde de Dieu qui donne bonne fortune, diligence et force de soustenir les diversitez comprises en telles bellacions ou batailles; et qu'il soit ainssi apperra cy-aprés, par la déclaracion des fais du descombrement de son royaume, lequel estoit par ses ennemis comme tout entrepris, avironné et pourpris (2).

CHAPITRE IV : *Ci dit quel similitude peut estre baillée à chevalerie.*

ENCORE nous convient dire à quelz comparaisons se peut adjoindre cestui ordre de chevalerie, et de quoy il doit servir, que signefie son nom; dont, par naturelle similitude, me semble, se peut comprendre, si comme un liam, ou une chayenne forte et de dure assemblée par ordre de pluseurs aneaulx joins et entretenans

---

(1) *Faille* : faute. — (2) *Pourprendre* signifie également investi, envahi et occupé.

ensemble; car, si comme chayennes sont communement faictes pour la deffense et soustenail de ce que on vueult qu'elles soutiennent ou environnent, doit estre ordre de chevalerie en un chascun à par soy, de sa puissance, et en pluseurs ensemble, comme une chayenne dure, serrée et entretenant, pour le soustenail et deffense de la commune utilitié.

Car en un chevalier seul doit avoir comme une chayenne de pluseurs agneaulx; c'est que pluseurs consideracions le doivent tenir fort et ferme, et faire en luy une chayenne de forte durée, c'est assavoir honneur qu'il acquiert en faisant son debvoir, mémoire après luy de ses bienfais, gueredon et loz [1] des princes, Dieu a amy pour la deffence de son peuple. Et ces choses doivent faire un chascun chevalier, à la semblance de la chayenne, fort et affermé, si que estre ne puist roupt [2] par auculne paour ou couardise.

Ordre de chevalerie, de pluseurs ensemble, doit autresi estre comme la chayenne de pluseurs anneaulx, fort à despecier et de longue durée; c'est que, és batailles arrengiées et aux assemblées, doivent estre ensemble comme une chayenne dure, serrée et entretenant, résistant à la force des adversaires et ennemis.

Pourquoy ordre est appellez, n'est mie à entendre que ce soit un nom simplement dirivé des sérimonies que on fait lorsque l'omme est institué chevalier; ains vient ce nom d'ordonnance qui doit estre en celluy office, et aussi bien en tous ceulx qui suivent

---

[1] *Gueredon et loz*: récompense et louange. — [2] *Roupt*: rompu.

les armes, comme en ceulx qui sont fajs chevaliers; car, comme j'ay dit devant en conte d'armes, tous ceuls sont chevaliers qui hantent chevalerie, et chevalereux sont appellez tous les vaillans en cel office; et il n'est chose plus neccessaire à avoir ordre, qu'il est en l'exercite et fait d'armes; car là où ordre n'y est gardée, c'est une chose desroupte, confuse et gaste.(1); et c'est chose manifeste, si comme on voit les batailles où ordre est roupt, en peu d'eure desconfites et vaincues : et sanz faille, d'icelle cause vint le nom que on dit ordre de chevalerie. De quoy « il doit « servir, dit Vegete (2) en son livre, que son office « est garder et deffendre le prince, le clergié, les « femmes, le commun, » si comme devant ay récité.

Mais pour ce que, à tel charge avoir, y convient employer si chier chatel (3), comme la vie, le sang, les membres et l'avoir; en rétribucion de leur sang leur fu estably honneur et révérance en toutes places; pour reconfort et récréacion du corps travaillié et piercé (4), leur fu ordené gages de deniers et pansions convenables, prises és trésors et revenues des citez ou royaumes, ou du commun peuple; en regart des mésaises, durs gistes, fain, froit, et mains meschiefz, és longs siéges, aux champs dehors, et aux périlz des assaulx et des batailles, les riches aornemens orfroisiez (5) et reluisans d'or et de pierres précieuses leur furent establis, comme chose à eulx deue et pertinent.

---

(1) *Desroupte, confuse et gaste :* désordonnée, confuse et en dégât.
— (2) *Vegete :* Vegece. — (3) *Si chier chatel :* un bien si cher. —
(4) *Piereé :* percé. — (5) *Orfroisiez :* couverts de broderie.

CHAPITRE V : *Ci dit preuves comment le roy Charles pot estre dit vray chevalereux.*

Dès ore est temps de retourner à l'estat de nostre matiere, par si que, en tenant de promesse verité, soit expliqué en réale forme comment nostre sage roy Charles, nonobstant que sa personne apparust le plus du temps estre à requoy (1) en ses riches palais, fu droit chevalereux par la maniere que a vray prince est apertenant, et entierement en luy furent les quatre graces susdictes qui à fornir droicte chevalerie conviennent.

Dont, pour traire à fin la forme de noz preuves, convient revenir au temps de son couronnement, duquel procés me semble, parce que je treuve, és vrayes croniques de son temps, que dés lors fortune au double visage volt commencier à démonstrer et faire luire le ray (2) du souleil de sa riant et belle face, lequel par longtemps avoit esté en ce royaume couvert de trés nubileuses et infortunées nuées.

Car il est escript que quant Charles, ainsné filz du roy Jehan de France, se fu parti de Paris pour aler à Rains estre sacré à roy de France, adont s'assemblerent jusques à trois mille hommes d'armes, ses ennemis fors et puissans, desquelz je tais les noms des capitaines et de leur nacions, m'en raportant auxdictes croniques, qui là le vouldra sçavoir; et se partirent tenant leur chemin vers Vernon, où cuidoyent passer Saine (3) pour aler empéchier et

---

(1) *Requoy* : repos. — (2) *Ray* : rayon. — (3) *Saine* : la Seine.

rompre le couronnement dudit Charles; mais comme Françoiz fussent de ce avisez, s'assemblerent hastivement le conte d'Ausseure, Loys, son frere derrenier, mort connestable de France, le bon breton Bertram Du Clequin, et mains autres vaillans et bons chevaliers à souffisant compaignie de gens d'armes; au devant leur furent : si qu'ilz assemblerent à bataille delez le Mont, qu'on dit Cocherel, en laquelle ot moult fiere meslée de la quantité de gent, et moult d'occiz, comme coustume est de telz jeux, de toutes les deux pars; mais en la fin Dieux en donna aux Françoiz la victoire, et furent les ennemis auques (1) tous mors et pris.

Et nostre Roy joyeusement s'en vint du sacre à Paris, où à grant solemnité, comme raison estoit, fu receus; et le bon Roy non ingrat, en tenant la voye des chevalereux princes, et donnant exemple aux chevaliers d'estre bons, en rémuneracion des bienfaiz que ot fait en ceste dicte bataille et autrefois Bertram Du Clequin, luy donna la conté de Longueville.

Et souffise en ce pas, quant à l'une de noz preuves de bonne fortune convenable à bon chevalier.

CHAPITRE VI : *Ci dit comment le roy Charles avisa, par bon sens, d'en faire aler les* GRANS COMPAIGNES *de France.*

OR, comme assez ay dit devant, le sage roy Charles aprés son couronnement, en jeune aage averti par

(1) *Auques* : presque.

l'administracion de raison de ce qui estoit convenable à faire à bon chevalereux prince, selon l'ordre de son estre, auquel, comme droit pasteur apertient à garder ses ouailles, s'est son peuple et ses subgiez, ouvry les yeuls de son entendement, regarda son peuple et royaume batu et désolé de longue et gréveuse guerre, et encore chascun jour mengié et dévouré par grandes et excessives compaignies esparses en divers lieux en son royaume ; meu de grant pitié ; moult voulsist aviser comment, sans sang humain espendre, lequel, selon la saincte loy, on doit espargnier, ce baston et flayel (1) peust estre osté de son royaume.

Si vint lors, comme il plot à Dieu, nouvelles que le roy d'Espaigne nommé Pietre, lequel avoit espousé la serour de la royne Jehanne de Bourbon, femme du roy Charles, avoit fait mourir sa femme, et comme maulvaiz et pervers crestien maintenoit une sarrazine, par lesquelles males façons un frere bastart nommé Henry, que celluy roy Pietre avoit à l'ayde de partie du pays, qui pour ses desmérites le héoyent (2), lui faisoit la guerre.

Adont le pourveu roy Charles à juste cause ordonna que son mareschal nommé Hernoul d'Endrehen, Bertram Du Clequin, et autres chevetains (3), conduisissent et menassent toute celle gent de compaigne en Espaigne, faire guerre au roy Pietre (4) ; ainssi fu fait. Parquoy en la fin, nonobstant que, après ce que par l'ayde de celle gent françoise qui orent tant fait que le frere bastart fu couronné à roy d'Es-

---

(1) *Flayel :* fléau. — (2) *Héoyent :* haïssoient. — (3) *Chevetains :* capitaines. — (4) Voyez, sur le départ des grandes compagnies, les Observations placées à la suite des Mémoires de Du Guesclin, p. 153.

paigne, et chacié Pietre : lequel Pietre ala requérir aydé au roy d'Angleterre, auquel ayde ala en personne l'aisné filz dudit roy, Edouart, dit le prince de Gales, avec grant foison d'Anglois, par lequel ayde fu remis Pietre en son royaume, et Françoiz desconfis, et Bertram de Clequin et pluseurs Françoiz pris. Et aprés ces choses, environ l'espace de trois ans, Bertram de Clequin, par rençon délivré, rala Henry en Espaigne avec luy Bertram et foison de Françoiz; et, aydié dudit pays d'Espaigne, fu remis comme roy ou royaume, et conquis tout le pays ; le roy Pietre pris par son frère, le chief trenchié ; et ainssi demoura Henry roy paisiblement : et ce serve pour partie de preuve le roy Charles estre comme prince chevalereux, vray sage, deffendeur et gardeur de son peuple.

CHAPITRE VII : *Ci dit comment, pour le sens et bel gouvernement du roy Charles, aucuns barons se vindrent rendre à luy.*

COMME il soit voir que bonté, sagece et bel gouvernement soyent souventefoiz cause de actraire bonne fortune, et que oudit sage Roy fussent reluisans ycestés vertus, appert par ce que par luy continue jà l'espace de trois ans, depuis son couronnement, vie belle ordonnée et honorable en toutes choses : parquoy le renom porté de ses vertus en la présence de pluseurs princes et terres estranges comme de prince solemnel en toutes graces, se vindrent manifestemen et de fait rendre et donner à luy pluseurs barons devant esté ses ennemis et adversaire.

Si comme un baron de Gascongne, sire d'Alebreth (1), qui sa terre tenoit du roy d'Angleterre, assise en la duchié de Guienne, anglesche pour le temps; le Roy, par le conseil de ses sages, sanz lequel ne faisoit aulcune chose; le receut trés honnorablement, et, le voyant honnouré et puissant seigneur, lui donna par mariage la seur de la royne de France, sa femme; duquel mariage est né Charles d'Alebreth, à présent connestable de France, et Loys son frere.

Item, pareillement se vindrent rendre le conte d'Armegnac, le conte de L'Isle (2), et mains autres barons de Gascongne, lesquelz le Roy receupt à trés grant honneur; et si amour les tint que tousdiz (3) puis furent ses vrais subgiez, amis et serviteurs.

CHAPITRE VIII : *Ci dit comment le roy Charles envoya deffier le roy d'Angleterre.*

LE sage roy Charles, comme averti et circonspect de toutes choses faire et eslire en la meilleur et plus convenable partie, advisast et eust regart comment c'est honteux vitupere à prince descroiscement de chevalerie et loz, laissier ses drois, fiez, juridicions, terres et signouries, et choses à luy appertenans és mains de ses adversaires, ou par faulte de deffense les souffrir tollir (4) et soustraire contre la forme de bon pastour, lequel doit estre, comme dit est, deffendeur et garde de ses subgiez, ot regart sus le traictié de la

---

(1) *Alebreth* : Albret. — (2) *L'Isle* : L'Isle-Jourdain. — (3) *Tousdiz* : toujours. — (4) *Tollir* : ravir.

paix, lequel avoit esté fait en maniere de contrainte, pour le temps de trop griefve fortune, et pour obvier à plus grant inconvénient, lorsque son pere le roy Jehan estoit prisonnier en Angleterre; laquelle dicte paix ne lui estoit mie bien honorable, ains moult au descroiscement et préjudice de son royaume, seigneurie et poissance.

Comme en celle dicte paix eust contenu que le roy d'Angleterre tendroit et auroit toute la duchié de Guienne, où sont appendens douze contez; tendroit La Rochelle et la cité de Poitiers, la conté de Pontieu, celle de Guines; et ycestes terres, lesquelles sont des fiez anciens de la couronne de France, tendroit le roy d'Angleterre purement et quictement, sanz en faire hommage et redevance quelconques, comme terre conquise à l'espée : ycestes choses avisées du roy Charles informez justement que convenances ou promesses, faictes ou préjudice de l'utilité publique, et mesmement par contrainte, ne doivent estre tenues, assembla son conseil, où bien fu sus ces choses regardé et discuté, et enfin conclus que le roy de France avoit bonne et juste cause de recommencier la guerre.

Et pour ce, le roy Charles, par le conseil des nobles, clercs et bourgoiz, renvoya deffier le roy Edouart d'Angleterre, mesmement que les Angloiz avoient routes (1) certaines convenances que tenir devoyent.

(1) *Routes :* rompu.

Chapitre IX : *Comment le roy Charles se pourvey sus le fait de la guerre, et des conquestes que tantost il fist..*

Le roy Charles, qui ot fait deffier le roy d'Angleterre, tantost comme sages chevalereux prince se garny de bonnes gens d'armes, atray à soy vaillans capitaines dont finer pot (1), estranges et privez; donna de beaulx dons, les receut joyeusement et moult honnoura; fist pourvéance de riches armeures, beauls destriers amener d'Alemaigne, de Pulle (2); courciers, haubergons (3) et azarans camailz forgier à Millan à grant foison, apportés par deça par l'affinité messer Barnabo, lors seigneur dudit lieu; à Paris, faire toutes piéces de harnois : et de tout ce donna largement aux compaignons d'armes, aux riches gentilzhommes les choses belles et jolies, aux povres les prouffitables et fortes; et pourvey d'artillerie, et bons arbalestriers fist assez venir de Genes et d'autre part : et ainssi de tous estoremens (4) de guerre se pourvey, et bien et bel fist de tout ce, et de bonne gent garnir les chasteaulx et fortresses vers les frontieres de son royaume si convenablement, et de tous vivres à longtemps, que riens n'y failloit. Et comme tout dire et narrer seroit longue chose, qui mieux y fist, qui fu capitaine, qui y ala, et par qui ce vint, a tout dire en brief, tant sagement et prudemment y pourvey nostre sage Roy, que tost aprés la deffiaille susdicte,

(1) *Dont finer pot :* qu'il put se procurer. — (2) *Pulle :* la Pouille, en latin *Apulia*, province du royaume de Naples, célèbre par ses chevaux de course. — (3) *Haubergons :* cottes de mailles. — (4) *Estoremens :* équipages.

par grace de Dieu, sens et diligence, bonne fortune et force pristdrent (1) les gens qu'il y ot commis la ville et le chastel du Crotoy (2); avec ce, se rendy au Roy la ville d'Abeville et de Rue; et aprés fu pris le chastel de Noyelle; et ainssy, en assez peu de temps, conquesta toute la conté de Pontieu.

Pareillement, en pluseurs pars du royaume de France, envoya le Roy gens d'armes en bel et bon estorement, conduis par vaillans capitaines; mais luy, comme vray pastour humain et doulx, piteux de la perte de ses gens, ordonna que les fortreces ou tel résistences trouveroyent que trop convensist perdre de bonnes gens ains que par assault on les eust, fussent raimtes (3) par traictiez et pacts, c'est assavoir saulve les vies de ceulx dedens ou à aucune quantité de deniers, mais qu'ilz laissassent la place; car trop mieulx ainssi le vouloient que ce qu'il convenist ainçoiz moult de sang y espandre.

Et ainssi par telz traictiez furent aulcunes fortresses rendues en la duchié de Guienne, et pluseurs autres prises par force d'assault et par bataille, où ot mainte forte escarmouche, maint tour d'armes, mainte fuite et mainte suite que je trespasse, ainçois (4) que prises fussent.

Et soyent notées noz preuves, avecques celles à venir, nostre Roy estre prince chevalereux, sage gouverneur, bien fortuné, diligent, fort tenant comme la chayenne bonne garde et deffense de l'utilité de sa commune.

(1) *Pristdrent* : prirent. — (2) Les chroniques de Saint-Denis ne font pas mention de Crotoy; elles parlent des trois autres places. — (3) *Raimtes* : rachetées. — (4) *Ainçois* : avant.

CHAPITRE X : *Comment le Roy, par son sens, moult conquestoit en ses guerres, nonobstant n'y alast; et la cause pourquoy n'y aloit.*

Mes, pour ce que aucunes gens pourroyent contredire à mes preuves de la chevalerie de cestui roy Charles, disant que recréandise ou couardie luy tolloit (1) que luy en propre personne n'aloit comme bon chevalereux aux armes et faiz des batailles et assaulx, ainssi que firent son ayol le roy Phelipe, et son pere le roy Jehan, et ses autres prédécesseurs; parquoy donques ne povoit avoir en luy si grant tiltre de chevalerie, comme je luy vueil imposer et adjoindre : à ceulx convient que je responde vérité manifeste et pure au sceu de toutes gens.

Que par recréandise n'alast en personne aux armes de ses guerres, n'est mie; car ou temps qu'il estoit duc de Normandie, ains (2) son couronnement, avec son pere le roy Jehan maintes foiz y ala; et aussi, luy seul chevetaine de grans routes de gens d'armes, fu en pluseurs besongnes bonnes et honnorables, à la confusion de ses ennemis.

Mais, depuis le temps de son couronnement, luy, estant en fleur de juenece, ot une trés griéve et longue maladie, à quel cause luy vint je ne sçay; mais tant en fu affoiblis et débilitez, que toute sa vie demoura trés pale et trés maigre, et sa complexion moult dongereuse de fiévres et de froidure d'estomac; et avec ce, luy remaint (3) de ladicte maladie la main

---

(1) *Recréandise ou couardie luy tolloit :* la paresse ou la timidité l'empêchoit. — (2) *Ains :* avant. — (3) *Remaint :* resta.

destre si enflée, que pesant chose luy eust esté non possible à manier; et convint, le demourant de sa vie, user en dengier de médicins.

Mais que pourtant le loz de sa grant vertu qui, sanz cesser, ouvroit (¹) en toute peine pour la publique utilité, doye estre reprimé, n'est mie raison.

Car, dit Végece, que « plus doit estre louée cheva-
« lerie menée à cause de sens, que celle qui est con-
« duite par effect d'armes, si, comme les Rommains,
« plus acquissent seigneuries et terres par le sens
« que par la force, » semblablement le fist nostre Roy, lequel plus conquesta, enrichy, fist aliances, plus grans armées, mieulx gens d'armes payez et toute gent; plus fist bastir édifices, donna grans dons, tint plus magnificent estat, ot plus grant despense, moins fist de grief au peuple, et plus sagement se gouverna en toute pollicie, et plus largement fu formé toute despense que n'avoit fait roy de France, selon le rapport des escriptures, je l'ose dire, depuis le temps Charlemaine, qui, pour la haultece de sa prouece, fu appellez Charles le Grant. Ainssi, pour la vertu et sagece de cestui luy, doit bien perpétuellement demourer le non de Charles le Sage.

Et ces choses et autres considérées qu'en luy habonderent, je puis conclurre celluy estre digne d'avoir le nom et tiltre de parfaicte chevalerie.

(¹) *Ouvroit:* travailloit, opéroit.

Chapitre XI : *Ci commence à parler des freres* (1) *du roy Charles, et primierement du duc d'Anjou.*

Avant que plus oultre je procéde en ceste matiere, me plaist, comme chose expédient, entrer en un autre suppost qui assez est pertinent et à propoz du loz et gloire de nostre prince de qui traictons.

Tréstout ainssi comme qui vouldroit descripre un arbre solemnel, le plus hault et notable du monde, en la loange de luy, seroit parlé de la bonté, doulceur et vertu de son fruit; et aussi de la beaulté, verdeur et pourprise de ses grandes et espandues branches et feuilles, me semble qu'assez appartient parler aucunement en nostre Traictié du beau fruit et belles branches de l'arbre dont cy devant avons jà parlé de la racine, ouquel dit arbre et plante nous prenons la matiere et motif de ce présent volume; ce est le sage roy Charles, dont sailly fruit bel et bon, que Dieux, par sa grace, veuille augmenter et saulver en toute bonne convalescence et vertu; ce sont ses trés dignes et haulx enfens, le roy Charles, qui à présent régne, et Loys, monsieur le duc d'Orliens, son frere.

Les branches de l'arbre sont ses très nobles freres, trépassez et en vie. Et pour ce que tous arbres, et mesmement d'icelluy, furent et sont avant les branches que le fruit; et aussi, pour ce qu'il appartient à l'estendue du continue procés (2) de ce livre, disant par

---

(1) Voyez, pour les caractères des ducs d'Anjou, de Berry et de Bourgogne, le Tableau du règne de Charles VI, servant d'introduction aux Mémoires de Boucicaut et de Fenin, tom. 6 de cette Collection. — (2) *Procés* : progression.

ordre les particuliers fais au propoz de chevalerie, diray des dictes branches ains que du fruit, c'est assavoir des freres dudit Roy.

En commençant au plus aagé aprés le roy Charles, lequel fu appellé Loys, duc d'Anjou et de Touraine, qui aprés fu couronné du royaume de Naples, comme cy aprés sera dit; lequel Loys je treuve és croniques et l'informacion de gens dignes de foy, à son vivant serviteurs de luy, ce fu prince louable et de digne réputacion, moriginé et apris en toutes choses qui à hault prince peuvent appartenir estre convenables; moult sages homs estoit et avisiez en tous fais, prompt en parolle belle et bien ordonnée, hault et pontifical (1) en maintien, trés bel de corps et de viaire (2), passant les autres communs hommes de grandeur; de trés grant courage estoit, et moult desiroit haultes signories; hardy et traveillant; amoit les chevalereux, et les sages clercs; amassoit et tiroit environ soy tous beauls hommes fors et bien combatans qu'il povoit avoir; constant en délibéré propoz, fier et courageux contre ses ennemis; douls, paisible, et trés familier à ses amis et à privé; entre ses serviteurs, si trés humble et tant humain, que plaisir estoit de luy servir; convoiteux estoit d'amasser trésor, pour désir de voyagier et conquerre : à brief parler, moult de belles vertus furent en luy; et se fortune ne luy eust nuit oultre raison, jà n'eust en son temps failly à conquerre royaume ou empire.

Les emprises et faiz par luy accomplies furent pluseurs, et trop me seroit long tout narrer.

Mais en brief, en France, ou temps des guerres,

(1) *Pontifical* : majestueux. — (2) *Viaire :* visage.

régnant son frere le roy Charles, entre les autres forteresses qui en la duchié de Guienne et autre part par luy furent prises, fu en l'an 1374 prise la ville et le chastel de La Rochelle, qui se rendi à luy pour le roy de France, avec luy le bon conestable Bertram; mains fors chasteaulx prist en Guienne et aussi Pierregort, aussi en Champaigne pluseurs, et prist le chastel de Bergerat, moult forte place; puis ala devant la grosse ville de Saincte Foy, qui siet sus la riviere de Dordongne, qui à luy se rendi; puis ala à Chastillon, grosse ville et chastel, l'assiga et moult dommaga par engins, puis se rendy.

Item, le seigneur de Duras et le seigneur de Rosain s'estoyent retournez Angloiz; si vint le duc devant Duras, y mist le siége, et par engins moult la dommaga, et au bout de trois sepmaines se rendy, et aussi mains d'autres chasteauls et fortresses de grant nom : mais, pour le faire brief, conquesta celle saison en Guienne jusques au numbre de six vingts et quatorze que villes, que chasteaulx, et autres grosses et notables fortresses.

Celluy prince fist grant guerre à la royne de Naples pour le royaume d'Arles et terre de Provence; dont ilz firent paix, et le fist ladicte Royne son filz adoptif, et héritier de son royaume de Naples et de Poulle [1]; dont, aprés le trespassement du roy Charles son frere, nonobstant luy appartenist la régentation du royaume de France tant que l'enfant fust en aage d'estre couronné, laissa tout és mains des autres princes ses freres et pairs de France; à la plus belle et notable compaignie de gent d'estoffe trés esleus

---

(1) *Poulle :* Pouille.

qui partist de France, passé a trop long temps, passa les Alpes, et ala en la mauldicte terre en laquelle trouva résistance par le contredict d'un poissant chevalier appellé Charles de La Paix, chief et duc de trés grant multitude de gens d'armes, qui jà estoit saisis dudit pays, et avoit ladicte Royne assigié en un fort chastel qu'il par trahison prist, comme aulcuns dyent, et mourir la fist de piteuse mort.

Le duc d'Anjou, nonobstant son adversaire, enfin conquist aucques (1) tout le royaume, couronné fu de Naples, et appellé le roy Loys : longtemps y fu tousdiz en guerre; et se le pays, jà par luy conquis et receu les sermens des princes, luy eust esté loyal, ce qu'ilz n'ont mie d'usage, et vivres eust eu assez, car la terre et contrée estoit gaste et déserte, il n'eust point failly à subjuguer ses ennemis, et aprés à conquérir l'empire de Romme, auquel avoit grant affeccion et espérance; mais principaulment par faulte de trouver loyaulté, et par neccessité de vivres, failly la force de ses gens, lesquelz à son povoir réconfortoit de telz biens comme il avoit, sans querre pour sa personne nul avantage de prince, mais les faisoit tous communs en ce qu'il avoit; et tant paciemment portoit son ennuy et mésaise, qu'il ne plaignoit riens, fors la destrece de ses bonnes gens et loyaulx servans qu'il véoit chascun jour mourir à grant douleur : et en cel esta fina (2) piteusement, dont fu dommages et pitié le vaillant roy Loys, lequel laissa sa trés noble, bonne, sage et belle femme, et deux trés beaulx et bons enfans, l'un appellé à présent comme le pere le roy Loys; l'autre, trespassé n'a mie moult, appellé

---

(1) *Aucques* : presque. — (2) *Fina* : mourut.

en tiltre prince de Tarente : et ainssy transist la gloire du monde.

Chapitre XII : *Ci dit du duc de Berry.*

Le deuxiéme frere du roy Charles estoit Jehan, duc de Berry, qui encores est en vie, lequel en sa juenece hanta les armes, et fu à maint fait d'armes, en Guienne et autre part, contre les Angloiz; fu moult bel jousteur, dont, ou temps qu'il estoit en Angleterre avec son pere le roy Jehan, y forjousta les joustes (1) par pluseurs foiz, et aussi en France.

Jolis estoit, amoureux et gracieux, et de moult joyeuse condicion; en France, au vivant du roy Charles, furent par luy assigiées maintes fortresses, et prises; et pluseurs à luy se rendirent, et mesmement la cité de Poitiers, comme devant est dit.

Ses condicions sont telles : il est prince de grant bénignité à toutes gens qui à luy ont à parler où besongner; sage en conseil, preudomme en fait; aime principaulment de grant amour le Roy et son Estat, et tous ses parens et affins (2); moult est débonnaire à ses serviteurs, les aime et porte, et enrichist par especial ceulx dont a singuliére oppinion, ou a trouvé bons.

Se délicte et aime gens soubtilz, soyent clercs ou autres; beaulx livres des sciences morales et histoires notables des pollicies rommaines, ou d'autres louables enseignemens; moult aime et voulentiers en oit tous

---

(1) *Y forjousta les joustes* : se distingua, fut vainqueur dans les joûtes.
— (2) *Affins* : alliés.

ouvrages soubtilment fais, et par maistrise beauls et polis; aornemens riches, beauls édifices dont a fait faire maint en son pays, à Paris et alieurs; est prince de doulce et humaine conversacion, sanz haulteineté d'orgueil, benigne en parolle et responce, joyeus en conversacion, et en toutes choses trés traictable.

De beauls enfens a eus : pluseurs filz et filles desquelz, sanz plus, deux belles et bonnes dames sont en vie; l'une, contesse de Savoye; l'autre, mariée au primier né filz du duc de Bourbon, à présent conte de Cleremont, laquelle est dame de grant dévocion et bonté, suivant la trace de sa bonne mere; de laquelle mere dient aulcuns que quant elle fu tréspassée, fu trouvé, en lieu de trésor, plain un secret coffre de haires, cordes et choses d'abstinence et dévocion. Belle lignie voit cestui duc venue de luy, nepveus et niéces; que Dieux, par sa grâce, luy veuille conserver en tout bien une longue vie!

CHAPITRE XIII : *Ci dit du duc de Bourgonghe.*

LE tiers frere du roy Charles fu Phelippe, duc de Bourgongne, duquel ay parlé en piteux regraiz de sa nouvelle mort, au primier de ceste deuxiéme partie.

Celluy, dés qu'il estoit jeunes, et encore assez enfent d'aage, lorsque la doulereuse bataille fu vers Poitiers, là où son pere le roy Jehan fu pris; comme coustume soit à si jeune qu'il estoit d'estre paoureux et de legier fuir, luy, nonobstant que il veist la fuite des autres, onques ne relainqui son pere, ne fouy;

par quoy acquist lors le nom que puis ne luy chay (1), que on le disoit *Phelipe le Hardy.*

En sa juenece, ou temps du roy Charles, estoit communément à grant armée és frontieres des ennemis; et par luy et sa compaignie, comme dist est (2), fu prise la ville d'Ardres, pluseurs autres fortresses, lorsqu'il estoit alé devant Calaiz; et aussi furent autre part pluseurs chasteaulx.

De cestui duc le Roi traicta le mariage de Marguerite, fille et héritiere du conte de Flandres, laquelle il espousa en son pays, présent grant baronnie, à grant feste et à grant solemnité; puis vint la duchece à Paris en moult riche appareil, où du Roy et de la Royne et de tous fu receue à grant honneur et chiere. Par celluy mariage fu appertenant et eschéoit au duc la conté de Flandres, laquelle est la plus noble, riche et grant qui soit en crestienté, la duchée de Bréban, celle de Lainbourc, la conté d'Artois, celle de Nevers et celle de Rétel, autres que ne sçay nommer, et pluseurs signouries et trés grandes et belles à merveilles. Si estoit bien digne le duc de si riche mariage: car la noblece de son sang valoit encore plus, et aussi la grant discrétion de luy pour le bien gouverner. Lesquelles dictes terres, et sa duchié et conté de Bourgongne, si bien et si sagement en son temps a gouverné, que depuis le temps que Flàmens, par maulvaiz enort (3), lui furent rebelles, à laquelle chose si grandement remédia, comme sera cy aprés

---

(1) *Que puis ne luy chay*: qu'il ne cessa plus d'avoir. — (2) *Comme dit est*: comme on dit, comme on le rapporte. — (3) *Maulvaiz enort*: mauvaise exhortation, mauvais conseil.

5.

dit, que puis n'y ot nul de ses subgiez qui osast désobéyr.

Et par son sens, et ayde de ses bons amis, rendy Flamangs si subgiez, que eulx et tout le royaume de France, lors par estrange constelacion enclins à rebellion, furent, par celle desconfiture, rendus si confus, que tous se tindrent cois et appaisiez : en paix et bonne amour a puis tenu toutes ses terres, gouverné par belle, sage et traictable pollicie.

Et à dire de luy et de ses condicions et bonnes meurs, sanz faille, tous le bien qu'on peut dire de prince, et toutes les vertus qui à bon appartienent, furent en luy, prince de trés grant sçavoir, de grant travail, et grant volenté de l'augmentacion, bien et acroiscement de la couronne de France; si que, mesmes en sa viellece, nul temps à peine avoit repoz, puis à conseil, puis à chemin, quérant voyes tousjours d'actraire aliances et affinitez de princes estranges, hauls et puissans à ladicte couronne, en traictant et conseillant divers mariages pour actraire les Alemens, affin de bien. Par luy fu conseilliez et fait l'assemblement du Roy adés (1) vivant, et de la royne Isabel, fille du duc de Baviere; lequel lignage d'ancienneté est de grant noblece.

Par son conseil fu fait le mariage de la fille de cestuy Roy et du roy Richart d'Angleterre, qui à grant honneur la receupt en son royaume; mais encore n'estoit la Royne que de l'aage de sept ans : duquel dit mariage fust ensuivy si grant bien, comme paix perpetuelle et acroiscement d'amis à ce royaume, se for-

---

(1) *Adés* : à présent.

tune n'eust consenty parfaire la trahison que fist Henry de Lancastre, qui celluy roy Richart, par fauls et desloyal tour, prist et fist mourir; pour laquelle trahison et orrible maulvaistié vengier, comme sera dit cy aprés, la royne d'Angleterre tournée par deça, est née à present nouvelle guerre entre Françoiz et Angloiz.

Le duc de Bourgongne aussi, pour tousjours tirer amis à ce royaume, a fait aliances de mariage de ses enfens à hauls princes allemans et autres, comme sa bonne, sage et trés humaine fille au conte d'Ostrevan; l'autre de ses filles au duc d'Osteriche, et l'autre au jeune conte de Savoye; son aisné filz à la fille du duc Aubert de Baviere, bonne, honeste et sage dame.

Ainssi, sanz cesser, ce bon duc ne finoit [1] d'avisier et pener au bien et proffit du royaume, et à la paix et santé de la personne du Roy qui adés vit; de laquelle santé à son povoir pourchacier a quis [2] et enserchié tous les remedes qu'il a peu et sceu. Son conseil sage, sain et profitable en tous cas à ce royaume, a adverti et avisié de toutes choses au mieulx qui estoyent à faire, et le contraire du bien du royaume et de la chose publique à son povoir escheue; sousteneur a tous diz esté du peuple et du bien commun : mais comme onques homme, tant fust parfaict, ne peust tout faire au gré de chascun, mesmement, pour nostre exemple, Jhesu-Crist, tout parfaict, ne fu mie au gré de chascun. Aucuns peuent avoir parlé sus le conseil pour cause de certaine ayde non trop excessive,

---

(1) *Finoit* : cessoit. — (2) *Quis* : cherché.

quoyqu'on se plaigne, sus les subgiez du royaume, laquelle chose est d'ancien droit et coustume en toutes terres pour tel usage, c'est assavoir pour armées faire sus les ennemis de la contrée; lequel dit ayde peut chascun veoir employer és armes qu'on fait présentement sus les frontieres du royaume, et l'assemblée du connestable grande et belle, et és marches de Guienne, et aussi autre part; parquoy n'a cause le peuple de soy clamer (1).

Et est chose vraye que le bon duc avoit ferme esperance et voulenté de, partie dudit ayde et aussi de ses propres deniers, aler, l'année de son trespassement, en propre personne, à grant ost, et les communes de ses bonnes villes de Gant et d'autres de Flandres, assigier la fortresse de Calaiz, et tel peine y mectre que rendue fust prise au roy de France.

Si n'est mie doubte que grant perte et singuliere a fait ce royaume de sa mort, pour le grant bien de sa personne.

Ses condicions estoyent telles : prince estoit de souverain sens et bon conseil; doulx estoit et amiable à grans, moyens, et à petis; les bons amoit de tous estas; large comme un Alixandre, noble et pontifical, encourt et estat magnificent; ses gens amoit moult chierement, privé estoit à eulx, et moult leur donnoit de bien : pour laquel bonté et esmolumens qu'ilz en recepvoyent, tant l'amoyent que plus grant pitié ne pourroit estre veue que le dueil et regraiz d'eulx fait de son trespassement.

A sa derreniere fin apparu le grant bien de luy et

---

(1) *De soy clamer :* de crier, de se plaindre.

de sa conscience : car, recognoiscent son Créateur jusques au derrenier trait, sagement fist ses ordonnances, testament et laiz; moult nobles parolles piteuses et sages dist, et enorta (1) à ses nobles enfens qu'ilz amassent et servissent Dieu, dont tout bien vient : aussy la personne du Roy, à qui fussent loyaulx comme toute sa vie avoit esté; le bien de la couronne et du royaume eussent à cueur; fussent en paix et amour entr'eulx, servissent et honnourassent leur sage mere, se gardassent de gréver leur subgiez, lesquelz tenissent à amour; leur recommanda ses serviteurs, desquelz avoit grant pitié.

Et moult d'autres beauls amonnestemens leur dist, et tost aprés à grant dévocion et contricion rendy l'ame à Dieu : laquelle mort, comme dit est, remply de dueil tous noz signeurs de France, et mesmement toute gent, de qui fu, est et sera moult regraictiez. Son corps auquel ot fait, en toute ville où il passoit, nobles obseques, depuis la ville de Halle en Hainault, là où il trespassa, jusques à Digon en Bourgongne, où il fu portez à grant solemnité, et là où il repose en riche tombe, en l'esglise des Chartreus que il mesmes a fondez; duquel Dieu, par sa digne grace et pitié, vueille avoir l'ame !

Trois beauls filz luy sont demourez : l'ainsné, nommé Jehan, que on nommoit, au vivant du pere, conte de Nevers, prince de toute bonté salvable, juste, sage, benigne, douls, et de toutes bonnes meurs (2); l'autre, Anthoine, dit lors conte de Rethel,

---

(1) *Enorta* : remontra. — (2) Il ne faut pas perdre de vue que Christine écrivoit en 1404, avant que Jean-sans-Peur eût fait assassiner le duc d'Orléans et mis le trouble dans le royaume.

à présent, par l'ordonnance du pere, attendant la duchiée de Brabant; le plus jeune, nommé Phelippe, qui assez enfent d'aage est demouré.

Chapitre XIV : *Cy dit du duc de Bourbon.*

Il est bien raison que, ou numbre et procés de la vie et bonnes meurs des nobles freres du roy Charles, comme le quatriéme frere doye estre réputé, soit ramenteu et mis à mémoire les biens fais et condicions dignes de louange du trés noble et en toutes choses bon Loys, duc de Bourbon, filz jadis du bon duc Pierre, qui, par sa vaillance et grant loyauté, mouru en la bataille de Poitiers, en la compaignie du roy Jehan.

Cestuy Loys, frere jadiz de la royne Jehanne, femme du roy Charles, et oncle du Roy qui à présent regne, venus et descendus, par droicte ligne et estoc, du glorieux roy de France saint Loys.

De cestuy bon duc, quel le dirons, mais que vaissel de toute bonté, clémence, bénignité et doulceur?

En sa juenece fu prince bel, joyeux, festoyant et de honnorable amour amoureux et sanz pechié, selon que relacion tesmoigne; joyeux, gentil en ses manieres, benigne en parolles, large en dons, avenant en ses faiz, d'accueil si gracieux que tiroit à luy amer princes, princesses, chevaliers, nobles, et toutes gens qui le fréquentoyent et veoyent. En Angleterre fu prisonnier avec le roy Jehan, ouquel pays si gracieusement se contint, que, mesmes au roy Edoart, à ses enfens et à tous tant plaisoit, qu'il luy estoit abandonné d'aler esbatre et jouer partout où il luy plaisoit; et, à brief parler, tant y fist par son sens, courtoisie, peine et pourchas, que grant part de sa rençon, qui montoit moult grant finance, luy fust quicté, pour cause qu'il vint en Avignon devers le Pape, à la requeste du roy d'Angleterre, pour l'esvechié de Clocestre empétrer à un de ses officiers, laquelle luy fu octroyée. En Angleterre, moult bien jousta, car bel jousteur estoit: et avec tous ses autres biens estoit vaillant et chevalereux, comme il appert par ses fais; car, au vivant du roy Charles, et mesmes depuis, moult a voyagé et esté en maintes bonnes et honnorables places; ou pays de Guienne, par luy et ses gens, maintes fortresses furent prises.

En Bretaigne, avec luy le bon conestable, fu en maintes chevauchiées contre les Angloiz, où ot pris pluseurs fors.

Item, ou temps qu'il estoit en Auvergne lieutenant du roy Charles, en l'an 1375, prist, oudit pays d'Auvergne, la fortrece de Embeurs (1), et s'enfoyrent les Angloiz, qui moult avoyent grévé le pays; puis prist par fort assault la fortresse qu'on nomme La Roche-Bruant (2), qui moult est forte place; puis à la fortrece de Tracot; et tant fist par engins et force, qu'ilz se rendirent. Puis mist le siége à La Roche-Sinodoire (3), qui merveilleusement est forte place, et qui semble comme imprenable; et moult grant garnison de bonnes

---

(1) *Embeurs* ou *Amburs*. Suivant l'abbé Lebeuf, peut-être faut-il lire *Ambert*, petite ville d'Auvergne, qui étoit importante alors, et capitale du Livradois. — (2) *La Roche-Bruant* : La Roche-Briant. — (3) *La Roche-Sinodoire* : La Roche-Sanadoire.

gens y avoit, toutesfoiz par force fu prise : qui sembla estre miracle; et ainssy pluseurs autres trés fortes et trés merveilleuses fortresses oudit pays, dont les aucunes se rendirent, les autres par force; et aussi és montaignes d'Auvergne, où, à divers pays que Angloiz possédoyent, tous s'enfuirent pour paour dudit duc : ainssi en une saison d'esté y fist moult grant et honorable conqueste.

Item, l'année ensuivant, à moult honorable compagnie et foison gent, ala en Espaigne, où le roy Henry le reçupt à grant honeur et joye, et de là à Saint Jaques en Galice.

Item, depuis, luy estant fait lieutenent dudit roy Charles et du duc de Berry en Auvergne, y prist pluseurs fortresses que les Angloiz tenoyent, comme Le Faon, Bonclande, Bretueil qui fu miné, Taillebourc, Montlan, qui est prés de Bourc, et Broye (1), et pluseurs autres fortreces et chasteaulx que je laisse pour briefté.

Et depuis, ou temps de cestui Roy, en la bataille de Flandres moult bien se porta.

Et depuis, n'a mie (2)....... ans, ala en Barbarie, à grant ost, contre les sarrazins; tint le siége devant Auffrique, et y fu soixante-cinq jours; contre lui vint toute la poissance des Auffriquans, où ot grant multitude de sarrazins, qui grant partie y demourerent mors; et ainssi onques ne fina de son temps bien employer en toutes manieres.

(1) De tous ces lieux on ne trouve dans le Dictionnaire universel de la France que Taillebourg et Bourg. Suivant d'Orronville, Taillebourg étoit situé dans le Poitou : Bourg étoit sur la Dordogne. — (2) Il y a un mot laissé en blanc dans le manuscrit. Christine a voulu dire quinze ans ; le fait dont elle parle se rattache à l'année 1390.

Quant est venu cestui bon duc en aage de meurté (1), toute celle jolye jeunece a tournée en sens et agmodéracion, en bon conseil, dévocion et constance ; et combien que ses condicions ayent tousjours esté loables, encore à présent tousdiz en croiscent les dégrez de vertus, sont ses meurs et ordre de vie dignes de recommandacion et loz (2) ; la vertu de charité en lui reluit : aux povres gentilzhommes secueurt, aux religieux besongneux fait mains biens, à povres clercs et escoliers, et vers toute povre gent est piteux et aumosnier ; et la bonne amour qu'il a tousjours eue vers les gentilzhommes, damoiselles et toutes femmes est continuée, mais est creue en vertu : car l'amoureuse plaisance de jadiz c'est tournée en charitable vertu.

Car, si qu'il est escript du prince Brutus, qui estoit le reconfort et soustenail (3) des vesves dames de Rome et de toutes femmes à qui on feist tort ; ainssi ce bon duc est le reconfort des povres gentilzfemmes et de toutes celles ésquelles voit cause d'avoir pitié, les secueurt du sien, baille leur requestes en conseil se elles y ont affaire, les ramentoit, procure leur bien et ayde, de sa parolle soustient leur droit, et porte en toute raison ; et de ce puis-je parler par droicte expérience, car son ayde m'a eu besoing, et n'y ay mie failly. Le benoit filz de Dieu luy vueille mériter !

Cestui bon duc est le droit reffuge des povres femmes besongneuses et adoulées (4) grévées de tort, lesquelles sont pou oyes en maintes cours.

Fait cel duc maintes aumosnes secretes ; grantfoy a vers Dieu ; en ses besoings vers luy se tourne ; cons-

---

(1) *Aage de meurté* : en âge mûr. — (2) *Loz* : louange. — (3) *Soustenail* : soutien. — (4) *Adoulées* : affligées.

tant est en tribulacion; prince est de moult belle et humaine conversacion; aime et secueurt les bons chevaliers et les clercs sages; en toutes choses bonnes, soubtilles et belles se délicte; livres de moralitez, de la sainte Escripture et d'enseignement moult luy plaisent, et voulentiers en ot, et luy mesmes par notables maistres en théologie en a fait translater de moult beaulx (1); de belle ordonnance et vie riglée en toutes choses, tient belle court de chevaliers et gentilzhommes; seigneuries a acquises et acreu sa duchiée, non mie par extorsions et gréver le peuple, duquel est piteux, leur fait bien, et de celluy de son pays et de ses subgiez trés amé, mais par sagement et morigineement vivre.

Femme a noble dame et moult sage, de qui a eu pluseurs beaulx enfens adés en vie : un filz nommé Jehan, conte de Cleremont, trés bel et de corps et bonne voulenté, comme on peut jugier selon son assez jeune aage et ses fais, alé à present, à belle compaignie de gens d'armes et bon conseil, ou pays de Languedoc, où que il a jà pris pluseurs fortresses sus noz ennemis; et une belle damoiselle à fille, desquels Dieu, par sa grace, luy vueille donner parfaicte joye.

(1) L'abbé Lebeuf n'a pu découvrir qu'une seule traduction faite par ordre de ce prince : c'est celle du traité *De Senectute*, de Cicéron. Elle est de 1405. Le traducteur se nommoit Laurent de Premierfait. Jean d'Orronville, historien du duc de Bourbon, raconte que ce prince se faisoit lire pendant son dîner les *Gestes* des rois de France; mais il garde le silence sur les traductions dont parle Christine.

Chapitre XV : *Cy dit des filz du roy Charles, et primierement du roy Charles qui a présent régne.*

Protestation avec humble requeste soit faicte avant que outre je procéde, que grief ne soit au Roy n'a°(1) autre de noz princes, ne merveillement aux oyans, se, en parlant de leur nobles personnes, n'ay tenu l'ordre du renc où ilz doivent aler l'un aprés l'autre, selons leur dégrez et les instituées honneurs de France, parce que je n'ay parlé du Roy qui à présent régne, premier aprés le pere, et puis de renc ensuivant. La cause qui m'a meue est pour traictier selons l'ordre du temps des choses avenues et passées, lesquelles n'eussent esté continuées.

Si dirons d'or en avant, en suivant, du fruit de la trés excellant tige de laquelle faisons nostre compte : c'est le sage roy Charles, dont avons parlé des branches, qui sont a entendre ses dignes freres.

Or dirons du fruit issant de celle noble tige et arbre, c'est ses deux nobles filz : le trés excellent prince le roy Charles vi^e du nom, qui est à présent; et Loys, duc d'Orliens, son frere.

Cestuy Charles fu nez et receups à grant joye de ses parens, comme le primier né, à Paris, en l'ostel de Saint Pol, le dimenche tiers jour de décembre en l'an 1368, en la tierce heure aprés midnuit, le primier jour de l'advent. Grande fu la consolacion du pere, de laquelle, comme trés crestien, rendy graces à Dieu par toutes esglises de Paris, à Nostre Dame et ailleurs; à grant sonnerie, en chants glorieux et

(1) *N'a :* ni à.

mélodieux, fist dire laudes et graces à Nostre Seigneur (1).

Solemnisa la feste du babtisement, lequel fù en l'esglise de Saint Pol, à trés haulte honneur et grant compaignie de barons et haultes princepces en trés grant quantité, en riches abis, joyauls et paremens, dames, damoiselles, bourgoises, à solemnité de torches, et tant de gens que és rues on ne se povoit tourner; et moult estoit haulte et noble chose à veoir; le peuple, d'autre part, aloit menant feste, sanz faire aulcun ouvrage, resjoys de la nativité de leur prince, criant : « Noé (2)! et que bien peust-il estre venus! »

Comme devant ay dit, le Roy son pere, par grant cure et diligence, fist nourrir cest enfent, tant en nourriture de sa personne, comme quant vint l'aage de cognoistre, de nourritures de meurs propres à prince, et introduccion de lectres; et ainssi le continua jusques en l'aage de la douzieme année (3), en la-

---

(1) La naissance de Charles VI ne fut pas célébrée avec moins de pompe à Rome qu'à Paris. « En cest an fut nés Charles, fils du roy « de France, le premier dimanche des advents; et comme les nou- « velles en venissent à Rome au pape Urbain, auquel le roy Charles « son pere avoit supplié que il priast à Dieu que il peut avoir lignée; « quant il le sceut, il se leva de disner, et fit sonner et assembler les « cardinaulx, et chanter *Te Deum laudamus*, et puis chanter une « messe de la Nativité de Notre Seigneur : *Puer natus est nobis.* » (*Chronique de Jean de Nouelles ou de Guise, abbé de Saint-Vincent de Laon.*) — (2) C'étoit l'usage alors de crier *Noël* à la naissance et à l'arrivée des princes, par imitation de ce qui se faisoit chaque année pendant le temps de l'avent. — (3) Ce que Christine dit ici des soins que Charles V donna à l'éducation de son fils est confirmé par les auteurs contemporains. « Pour ce qui est de son aisné fils monsei- « gneur Charles, dauphin de Viennois, il le fait saigement et dili- « gemment apprendre et estudier, afin que Charles le quint ayant « payé la debte de nature, Charles le sixième lui succéde, non pas

quelle, à grant préjudice de l'enfent et de tout le royaume, luy failly par naturel trespassement; si fu, en succédant le pere, couronné à Reins, à grant feste et solemnité présent grant baronnie.

En ycelle mesmes année, aprés, vint à Paris, où à grant joye et feste de tous fu receu, comme droit et raison le debvoit. Ainssi fait les seremens qui y appartiennent, et les hommages et féaultez receuz de ses barons et subgiez, prist à régner ce jeune Roy en si belle apparence de meurs chevalereux, de noblece de courage, largece et honneur faire aux bons, que ceuls qui véoyent son enfence si incline à armes, chevalerie, et desir de voyagier et entreprendre faiz, jugierent que celluy roy Charles estoit nez, lequel, és prophécies promis, qui doit faire les grans merveilles; et encore aprés, plus le certifia la merveilleuse et noble victoire qu'il ot sur les Flamangs en l'aage de quatorze ans; car, comme assez est sceu, comme les communes de Flandres, par maulvais conseil, se furent rebellez contre leur seigneur, le duc de Bourgongne, qui conte en estoit à cause de Margarite, fille et héritiere du conté de Flandres, comme dit est, qu'il avoit espousée, les fiez (1) de sa terre ne luy vouloyent rendre, ains estoyent rebelles contre leur debvoirs; parquoy le sage duc et conte, considérant que, à tel oultrage de commune et subgiez souffrir en tel orgueil, pourroit estre exemple d'ainsi faire en tout ce royaume,

« seulement en la cure et gouvernement du royaulme de France, « mais aussi en grace, en vertu, en prudence paternelle. » (*Songe du Vergier.*)

(1) *Fiez* n'est pas pris ici dans l'acception de *fiefs* : Christine désigne ceux qui avoient prêté *foi et kommage*.

et mesmes ce seroit ou préjudice du Roy qui est souverain seigneur; pour ce, par son conseil, y ala le Roy et toute sa baronnie, à assemblée bannie (¹), moult noble et moult redoutable, dont les Flamangs, lors remplis de grant oultrecuidance et présumpcion, s'assemblerent à bataille contre leur souverain seigneur le roy de France, et contre leur conte, et furent en champ, à banieres levées, le jeudy jour vingt-septiésme de novembre, en l'an 1382; et là, en la haulte plaine de Rosebech, par la grace de Dieu, ameur de tout droit, furent, le Roy enfent présent en la bataille et assemblée, desconfis quarante mille Flamans, et leur capitaine Artevelle mort, et la plus grant partie d'eulx.

Celle grant victoire certifia l'espérance des gens, la bonne fortune et propice eur au jueune Roy et sanz faille (²) n'y eust mie failly; au noble courage et grant voulenté qu'il a, se maladie ne l'eust de ce empéchié; auquel inconvénient, à luy et à son royaume Dieux tout poissant, par sa digne miséricorde vueille remédier par luy donner entérine santé! Car, de sa condicion, est prince tout bon et si noblement condicionné qu'il n'y a nul deffault : il est souverainement bel de corps et de viaire (³), grant de corps plus que les communs hommes, bien formé et de beauls membres; aime les chevaliers, les nobles et les bons; et voulentiers ot (⁴) parler d'armes qui plus luy plaisent que

---

(¹) *Bannie*, participe du verbe *bannir*, dérivé du mot *ban*, appliqué aux convocations des possesseurs de fiefs, tous tenus de service militaire plus ou moins long; les armées n'étoient point encore permanentes. — (²) *Sanz faille* : sans manquer. — (³) *Viaire* : visage. — (⁴) *Ot*, pour *oyt* : entend.

nulle riens (1); à sa grant bénignité, doulceur et clémence autre ne se accompare; humain à toutes gens, sanz nul orgueil; de si grant amour à ses parens, amis et affins, et mesmes à ses officiers, qu'il n'est chose qu'il leur voulsist véer; plus large et libéral qu'onques ne fu Alixandre : car, tout soit sa poissance moult grant, la grant franchise et libéralité l'excede et passe en toutes choses; son peuple aime et ses subgiez, et moult envis (2) les charge; et à brief dire, tant est plain de grant benignité, doulceur et amour, que Dieu le démonstre mesmes eu l'emprainte de sa face; en telle maniere que, de providence divine, a une telle singuliere grace, que toute personne qui le voit, soit estrangier prince ou autre, est amoureux et resjoy de sa personne : dont maintes foiz ay eu admiracion, véant le grant peuple, femmes, enfens et toutes gens fuir par les rues pour le veoir passer quant il est respassez de sa maladye, mesmement gens de nacion non trop familiaire a ceste, passans par Paris leur voye, qui, en le regardant a peu, pleuroyent de compassion de son enfermeté et malage (3), dont tel amour peut venir, qui ne peut estre autre chose fors don prédestiné esleu de Dieu.

Autre merveille se considere et fait a noter ou cours de sa vie de cestui prince, et de ce je me raporte à tous les plus anciens qui aujourd'huy vivent, se vérité, sanz parler à voulenté, veulent dire, et aux régistres des choses passées, que depuis l'aage de cent ans et plus, duquel temps ne puis parler, fors par le rapport des escriptures et croniques, ne fu le

---

(1) *Riens* : chose. — (2) *Envis* : malgré soi. — (3) *Malage* : mauvaise santé.

royaume de France plus riche, Dieux soit louez; plus le demaine et les fiez acreus, la poissance et noblece en chevalerie et toutes choses greigneur (¹) ne plus augmentée; plus en paix, moins molestez, gens de tous estas; plus riches, mieulx meublez, soyent princes, nobles, clercs, bourgeoiz, ouvriers et gens de commun; qu'il est, de bonne heure soit dit aujourduy, et a esté tousjours en amendant au temps du Roi adés vivant, nonobstant ce que à nostre nature imperfecte, en ce monde non assouvie, ne souffise mie, et que maintes murmuracions ayent esté et soyent sus le gouvernement des princes et leur conseil, sur le fait du royaume; mais plaist au benoit filz de Dieu que jamais n'alast pis! je tien que ce seroit le plus glorieux royaume qui temporisast soubz les nues, nonobstant que au gré de tous, qui seroit impossible, ne soit mie gouvernée la chose publique : mais considéré tout ensemble qui bien au cler y veult regarder, je tien que ma parolle sera véritable trouvée, combien que le sage roy Charles avoit fait le préparatif de ceste grant félicité; mais comme en riens depuis ne soit amoindri l'estat de la couronne de France, ne la richece de la communité, est à présumer, et je le tiens, que Dieu, du trésor de sa libéralité, veult récompenser à cestui Roy, pour le soustrait de santé et le flayel (²) et glaive sur luy descendu, non mie par ses pechiez, mais de ceuls du peuple punis en sa personne (³). Ainssi, comme les vengences de Dieu soyent merveilleuses : ainssi, comme jadis la punicion du péchié de David, Dieu purgia par la percussion du peuple, peut

---

(¹) *Greigneur* : plus grande. — (²) *Flayel* : fléau. — (³) Christine parle ici de la maladie de Charles VI, qui commença en 1392.

estre pour noz pechiez, Dieu consent la playe sus nostre chief.

Une autre grace que Dieu donna jadis à noz peres anciens, par grant espécialuté, à ce Roy; car il a moult belle ligniée d'enfens encore moult jeunes d'aage : le primier filz, dit duc de Guienne (1), tant bel prince et de si belle apparence en toutes choses bonnes, comme prince peut estre; autre deux filz (2) semblablement beaulx et gracieux, par lesquelz, se Dieu plaist, sera, en leur temps, ce royaume gardez et soustenuz contre tous ennemis; quatre belles filles : l'aisnée (3), pieça (4), couronnée du royaume d'Angleterre, comme dit est; l'autre (5), espouse au duc de Brétaigne : laquelle noble compaignie Dieu, par sa saincte miséricorde, vueille saulver et maintenir en bonne convalescence! *Amen.*

CHAPITRE XVI : *Cy dit du duc d'Orliens.*

L'AUTRE filz du sage roy Charles fu Loys, duc d'Orliens à présent vivant, florissant par grace de Dieu en bien. Cestui Loys, acroïscent la joye du pere, nasqui trois ans après le susdit Charles dont nous avons parlé; (d'une fille (6) entre deus ne fais moult grant mencion,

(1) Louis, né en 1396, mort en 1415. — (2) Jean, né en 1398, mort en 1416; Charles, né en 1402, depuis roi sous le nom de Charles VII. — (3) Isabelle, née en 1389, mariée à Richard, roi d'Angleterre. — (4) *Pieça* : depuis long-temps. — (5) Jeanne, née en 1391. Les deux autres sont Michelle, qui épousa Philippe-le-Bon, duc de Bourgogne; et Catherine, mariée à Henri V, roi d'Angleterre. — (6) Cette princesse, qui s'appeloit Marie, mourut en 1377.

ne de trois autres (1), moult belles dames, pour ce que assez jeunes trespasserent.) Grant joye et solemnité fu faicte de sa naiscence : le Roy, resjoy d'avoir deus beaulx enfens masles, fist célébrer en champs (2) et sons mélodieus, par toutes esglises, louanges à Nostre Seigneur; grant feste fu entre les barons, et le peuple faisant grant feu par toutes les rues de Paris en signe de solemniséé joye.

Le sage Roy son pere luy fist amenistrer nourreture propice en toutes choses; l'administracion et garde commist à une bonne et sage dame, appellée madame de Roussel, qui par grant soing le nourry; et la bonne dame, trés qu'il sceust apprendre à parler, les premieres parolles que elle luy apprist fu son *Ave Maria*; et par elle fu si duit (3), que c'estoit doulcete chose luy oir dire, enfenciablement à genoulz, ses petites mains joinctes devant l'image Nostre-Dame; et de bonne heure aprist à Dieu servir : car il a trés bien continué en dévocions, oroisons, à l'esglise estre longuement, et à oyr et dire grant service; bonnes gens et dévotz aime et voulentiers ot leur enseignemens, comme il appert par la fréquentacion qu'il fait chascun jour par long espace en l'esglise des Célestins, où a couvent de sains preudeshomes servant Dieu, et là ot le service; de laquelle fréquantacion est impossible que son ame et ses meurs n'en vaillent mieulx, et que Dieu en ses fais ne luy soit plus propice; donne voulentiers aux povres, et largement, et chascun jour de sa main; est moult dévot, par espécial ou temps

(1) Il faut lire deux au lieu de trois. Isabelle, née en 1373, morte en 1377; Catherine, née en 1377, morte en 1388. — (2) Faute du copiste : lisez *chants*. — (3) *Si duit* : si bien instruit.

de la passion de Nostre Seigneur ; le service ot voulentiers en ladicte dévote place, soubstrait de toutes gens, fors des preudes hommes de léans ; visite, oudit temps, l'Ostel-Dieu et les povres malades, leur donne l'aumosne de sa main, et visite les sainctes places.

Ce prince est de trés noble courage et grant voulenté sur la confusion de noz ennemis, comme il y a paru et pert (1) par ce que hardiement et de grant desir s'est mis entout debvoir, par ses lettres et messages envoyées en Angleterre (2), comment la mort du bon roy Richart, à qui sa niepce par mariage estoit donnée, fust vengiée, et luy mesmes offert son propre corps en preuve contre Henry de Lancastre, à présent roy ; et par maintes autres offres valeureuses d'armes, comme il appert par les lettres de ce escriptes, lesquelles dites armes offertes en pluseurs manieres n'a osé ledit Henry accepter, n'accomplir.

Cestui prince aime les gentilzhommes et les preux qui par vaillantisse voyagent et s'efforcent d'accroistre l'onneur et le nom de France en maintes terres, les ayde du sien, les honneure et soustient. Cestui est aujourduy le retrait et refuge de chevalerie de France, dont tient noble court et moult belle de gentilzhommes jeunes, beauls, jolis et bien assesmez (3), tout apprestez d'euls embesoingnier pour bien faire. A luy viennent de toutes pars pour sa belle jeunece et espérance de son bienfait, et il les reçoipt amiable-

---

(1) *Pert* : paroît. — Il s'agit ici du défi que le duc d'Orléans envoya en 1402 au roi d'Angleterre Henri IV, qui avoit détrôné et fait massacrer le roi Richard IV, mari d'Isabelle, fille du roi de France Charles VI, et nièce du duc d'Orléans. — (3) *Assesmez* : parés.

ment, et entr'eulx est en maintien de prince tout tel qu'il appartient.

En ses jeunes faiz est en toutes choses trés avenant; bel est de corps, et a trés doulce et bonne phinozomie; gracieux en ses esbatemens ; ses riches et genz (1) abillemens bien luy siéent; bel se contient à cheval; abillemens à feste se scet avoir, et trés bien dance; jeue par courtoise maniere ; rit et soulace (2) entre dames avenamment (3).

Ses condicions sont telles : il aime les bons, comme dit est; il a sens naturel tel que nul de son aage ne le passe, maintieng hault et benigne, parolle rassise et agmodérée; n'a en luy felonnie ne cruaulté ; doulce response et amiable rent à toute personne qui à luy a à besoingnier ; et, entre les autres graces qu'il a, certes, de belle parleure aornée naturelement de réthorique, nul ne le passe ; car, comme il aviegne souventefoiz, devant luy faictes maintes colacions (4) de grant congrégacions de sages docteurs en sciences et clercs solemnelz, aussi au conseil et alieurs, où maint cas sont proposez et mis en termes de diverses choses, merveilles est de sa mémoire et belle loquelle : car n'y aura si estrange proposicion que, au respondre, il ne répéte de point en point par ordre à chascun : si bien et si vivement respondé ou replique, s'il affiert, qu'il semble que de longue

---

(1) *Genz*, pluriel de *gent*: gentil, joli. — (2) *Soulace* : se recrée. — (3) *Avenamment*: convenablement. L'abbé Lebeuf s'est trompé en mettant ici *aucuanment*: ce qui formoit un contresens. Nous passons sous silence un assez grand nombre d'erreurs de cette nature ; mais nous tâcherons de les éviter. (*Note du Libraire.*)

(4) *Colacions* : assemblées, conférences.

main ait estudié la matiere; et par si bel maintien et signorie contenance parle, attrait non de haulte ne de fiere parolle, mais rassisément et tout en paix, que ce est grant beaulté : et ce ay-je veu de mes yeulx, comme j'eusse affaire aucune requeste d'ayde de sa parolle, à laquelle de sa grace ne faillis mie; plus d'une heure fus en sa présence, où je prenoye grant plaisir de veoir sa contenance, et si agmodérément expédier besongnes, chascune par ordre; et moy mesmes, quant vint à point, par luy fus appellée, et fait ce que requéroye.

Avec les autres bonnes condicions n'est mie moult vindicatif de desplaisirs receus : tout le peust-il bien faire; et certes, c'est moult noble condicion à prince. Pitié a de ceuls qu'il voit confus, si comme une fois, entre les autres demonstrances de sa bénignité, avint, comme il regardast luictier (1) de ses gens enmy sa court, un jeune homme, eschauffé d'ire trop follement, donna une buffe à un autre; celluy fu moult felonnessement pris et menaciez, pour l'injure faicte devant le prince, que le poing aroit coppé. Le bon duc, comme il veist le cas d'omme moult confus, dist à ses gens tout bas : « Dictes, dictes qu'on luy « face paour, et que on le laisse aler. »

N'a cure d'oyr dire deshonneur de femmes, ne de nulluy mesdire, et ne croit mie de legier (2) mal qu'on luy rapporte d'autruy, à l'exemple du sage, et dit telles notables parolles : « Quant on me dit mal « d'aucun, je considere se celluy qui le dit a aucune « particuliere hayne à celluy dont il parle; aussi se « envie luy fait dire, ou se il tient à le despointer

---

(1) *Luictier* : lutter. — (2) *De legier* : légèrement.

« d'aucun dégré pour y estre luy mesmes. » Et ceste sage et bonne condicion à prince, de non croire de legier, me ramentoit ce qui est escript à ce propoz du vaillant empereur Julius-César, que, entre les autres vertus de luy, il ne créoit mie de legier maulvais rapports. Une foiz luy fu dit que un de ses chevaliers avoit dit mal de luy; l'Empereur respondy que il ne le croyoit mie; et comme l'autre jurast et affermast que voir estoit, César respondy que ce n'estoit mie chose créable, que il ne fust amez de celluy à qui il avoit bien fait. Aristote dit que quant prince croit de legier, il ouvre la porte aux mençongeurs de luy rapporter nouvelles.

Assez pourroye dire de cestui prince sage en juene aage, de laquel chose on peut jugier par ce que on voit de luy. Se il vit jusques au temps de viellece, ce sera prince de moult grant excellence, par qui mains grans biens seront faiz; moult s'est efforciez de mectre paix en l'Esglise : luy mesmes, pour celle cause, est alez devers le Pape. En toutes guises se vouldroit travaillier que tout bien fust fait, et le mal laissié.

Noble dame a espousée et de grant prudence, fille (1) au duc de Millan, dont il a trois beaulx et gracieux filz (2), que Dieu, par sa miséricorde, vueille acroistre en toute vertu!

---

(1) La célèbre Valentine, fille de Galéas 1, duc de Milan. — (2) Ces trois fils étoient Charles, duc d'Orléans; Philippe, comte des Vertus; et Jean, comte d'Angoulême.

Chapitre XVII : *Ci dit d'aucuns du sang royal, et de tous en général, et des nobles de France.*

Après ce que j'ay parlé des branches et fruit de ce noble arbre, est droit que je die des beaulx gictons (1) et ver des feuilles fresches et belles, soubz laquelle umbre ce royaume est et sera gardé de l'arsure (2) et trop excessive chaleur de jours chennis (3) du temps d'esté; lesquelz gictons et fueilles sont les nobles parens, nepveus et niepces, et cousins du sage roy Charles et de ses nobles enfens; lesquelz enfens ay jà nommez partie cy-devant, et d'aultres du sang royal, par qui sera, à l'ayde de Dieu, France gardée et garentie des ennemis, pour laquel crainte n'oseront sortir l'effait de leur malice en ce royaume; si comme jà pieça sont alez contre eulx le noble Charles d'Alebreth, connestable de France, à belle compaignie és marches de Guienne; et Jaques de Bourbon, conte de La Marche, chevalier jeune, de grant bonté, et dés son enfence prist armes à hanter és marches d'Italie, lequel exercite luy plaist et a tousjours continué vaillamment, qui pareillement vait à grant armée, passant la mer périlleusement contre noz ennemis, és marches de Gales.

Et aussi de mains autres de celle noble ligniée, dont ne puis tout dire, et par les aliences des mariages des belles dames nées du sang royal, de qui naistra nouveaulx parens és estranges contrées et affinitez és nacions longtaines.

Ainssi ces nobles fleurs de lis odorans, venues de la

---

(1) *Gictons* : rejetons. — (2) *Arsure* : brûlure. — (3) *Chennis* : caniculaires.

racine susdite qui de Troye la grant fu apportée, seront et sont peuplées en exaulcement de gloire et vertu, par quoy maintes gens seront revigorez et reconfortez; et aussi par l'ayde de la noble chevalerie de France, monteplyée, Dieux mercis, autant comme en tous les temps passez ait esté, où moult a de vaillans hommes et de bonne volentés, et desirans d'acroistre leur loz et renommée, et aussi des sages conduiseurs et meneurs des fais de ce royaume, si comme le conte de Tancarville, seigneur véritable et preudome, bon, loyal et sage conseilleur, M. de Heugueville, et mains autres sages et vaillans, tous tendens au bien et utilité de ceste terre; et d'autres preudeshommes, sages distribueurs et conseilliers loyaulx de la personne du Roy, si comme messire Jehan seigneur de Montagu, vidame de Laonnois et grant-maistre d'ostel du Roy, chevalier sage, loyal, preudome et de conscience; et celluy suis-je tenue de ramentevoir, car c'est le pere des povres et secours des besogneux, homme prudent et discret, large de son avoir et de sa parolle, et ayde libéral et vray amy, si comme maint et moy l'avons esprouvé : le benoit filz de Dieu le vueille tenir en prospérité!

Si avons cause d'espérer à l'ayde de Dieu, et n'est point de doubté, France estre continuée en bonne convalescence et prospérité, selon les aultres terres de crestienté, ésquelles les seigneuries sont venues d'aventure et continuées par tirannie, non pas ainssi naturelles comme en ce royaume, et où il n'a tant de pilliers nobles et poissans, tous d'une loyal aliance et d'un lignage, vrays et obéissans à un seul chief; et quoyque pluseurs gens dient et jugent que tout ira mal, pour les péchiez commis en ce royaume, je tiens que Dieu misericors, qui scet la fragilité humaine, conservera son Roy et son peuple vray crestien et non cruel, mais humainement pécheur et non obstiné, ne de si horrible perversité, comme en pluseurs pays sont; laquelle chose Dieu, par sa miséricorde, vueille octroyer!

Chapitre XVIII : *Cy respont Christine à aulcuns redargus* (1) *que on luy pourroit faire.*

Or est temps que je retraye à ma primiere matiere; mais avant, me convient excuser et respondre à deux articles de quoy les redargueurs me pourroyent, présentement et ou temps à venir, encourper (2) de vice : l'un que el continue (3) de mon œuvre, és chapitres là où je parle du Roy à présent régnant et de noz autres seigneurs, en louange d'eulx et de leurs meurs, que flaterie, pour acquerir leur grace ou bénéfice, m'a ingérée à ce dire ; car, comme nul homme soit sanz crime, je me taise de leur vices, et dye sanz plus les vertus : l'autre que, comme il n'appertiegne louer aucun, et déterminéement le dire estre bon jusques aprés le terme de ses jours, comme toutes choses soyent extimées selon le regart de la fin, je aye dit yceuls nos princes estre bons, desquelz ne sçay l'expérience derreniere de leur fais. Si diray pour responce, saulvant la vérité, que à ce ne m'a meue aucune adulacion, n'espoir que pour ce eusse leur grace ; mais comme

(1) *Redargus :* critiques. — (2) *Encourper :* inculper. — (3) *El continue :* le contenu.

desir me menast de bien et deuement accomplir l'œuvre emprise, c'est assavoir de la loange du sage roy Charles, par diligent informacion enquérir, à ce propoz, ce que ne sceusse de moy mesmes, et que expédient savoir m'estoit, m'a semblé pertinent à la matiere ramentevoir son trés excellent, noble et digne parenté; mais comme de ce ne sceusse de moy parler, fors à l'aventure, et non vivement, me soye informée diligemment de chascun d'eulx par ceuls qui plus les fréquentent et qui mieulx le doivent savoir, sages dignes de foy; et leur desclairant la cause qui me mouvoit, et priant à celle fin qu'en mon Traictié n'eust mençonge, me deissent pure vérité de leur fais, dignes d'estre ramenteus, et leur meurs louables et condicions, si ne croye nul que y aye mis mençonge de mon auctorité, qu'en vérité non ay; ains sçay bien, nonobstant à de ce faire enqueste, aye mis diligence de ma poissance, n'en ay mie parlé souffisamment: l'une cause est, comme ne soyè à la value; l'autre, que tous les fais dignes de loz ne m'ont mie esté raportez: car comme je feisse, à mon povoir, diligence du sçavoir, les aucuns trouvoye qui bien et voulentiers m'en disoyent ce qu'ilz en sçavoyent et qu'il leur en estoit avis; et d'autres par aventure, pour ce qu'il leur sembloit non appertenir à ma petite faculté, qui femme suis, enrégistrer les noms de si haultes personnes, ne m'en deignoient tenir resne (1); toutefoiz vrayement, comme pourront tesmoigner, oyant ceste matiere, ceuls qui en ont déposé, telle en est la relacion que trouvé ay.

Et à ce que on pourroit dire que n'ay parlé, fors

---

(1) *Resne*: compte.

de leur bienfaiz, et teu les vices, je respons : que le texte de mon livre n'est que en louant les vertus, et parler des vices seroit hors de mon propoz né, mais en tant comme doit estre présupposé le blasme des vices en loant les vertus. Et se vices en eulx a, de ce ne sçay-je riens : n'enqueste n'en ay faicte ; et de parler en reprenant les princes en publique, saulve la révérance de ceuls qui ce vouldroyent approuver, nonobstant que tous aucteurs, comme je tiens, refferandeurs de traictiez ou dictiez, à ce propóz ayent fait ou facent tout à bonne fin, selon mon petit entendement, n'est mie à tous licite, vouloir, en la face du peuple, corrigier leur faiz. Posons que on les veyst deffaillans, pour pluseurs raisons ; car, comme nature humaine soit incline à plus noter le vice d'autruy que le sien propre, seroit cause de exaulcement de leur blasme, laquel chose plus pourroit tourner à péril que à utilité ; et aussi, nonobstant que princes soient singuliers en auctoritez de persones, se vices a en eulx, trop-plus sont pésez et ventilez en toutes pars que né soit d'autres gens, pour ce s'en raporter à ceuls à qui en appertient la correccion à part, et a leur secrez amis, qui, pour le bien de leur ame et de renon, leur doivent en privé dire et monstrer, est, selon mon avis, le plus seur ; et quant à moy, si présumpcion m'avoit menée à les reprendre, me pourroit véritablement estre respondu ce qui est escript de Julius-César, que comme un sien homme, par grant injure, l'appellant *tirant*, César respondy : « Si je le fusse, tu ne l'osasse dire. »

A l'autre article que pourroyent dire que je deusse avoir attendu aprés leur mort, je respons que taire vertu et bienfait, où qu'il soit veu et apperceu, doit estre réputé comme raim (¹) d'envye ou reprimacion de salutaire exemple; et quoy qu'on die, louer autruy estre flaterie, ce ne peut estre : car vérité dire du bien d'autruy, où que elle soit dicte, et par espécial en exaulcement de celluy ou ceulx en qui vertu est trouvée, n'est adulacion et ne doit estre reputée, laquelle n'est autre chose fors, fainctement par mençonge, loer autruy par controuvées blandices (²); lesquelles choses ne sont point là où vérité est dicte, quelqu'en soit la loange. Et que j'eusse laissié à dire vérité, si comme rapport de pluseurs me tesmoigne, à gloire et loange de euls, pour actendre aprés leur mort, peut-estre que plus sera ma vie briefve, ou que occupacion de vieillece, maladie ou autre cas me toldra l'exercite d'escripre, ou, par aventure, si à propoz ne seroit appliquié.

Et comme il soit temps de faire fin à ceste matiere et reprendre nostre primiere forme, supplie humblement à la haultece des trés poissans et redoubtez princes dont mémoire est cy faicte, qu'il leur plaise prendre en grace le petit stile et escripture du rapport et déclaracion par moy simplement expliquée de l'informacion de leur nobles meurs et faiz.

CHAPITRE XIX : *Ci dit comment le roy Charles fist messire Bertram Du Clequin connestable.*

NOSTRE trés bon sage roy Charles avisant en un temps, ou contenu de ses guerres, que le fait de la

---

(¹) *Raim* : effort. — (²) *Blandices* : feintes caresses, flatteries.

chevalerie en son royaume commençoit aucunement à descheoir, ne par tel vigueur n'estoit maintenu comme souloit (1), ains venu ainssi comme en une négligence affétardie, parquoy ses ennemis, plus que ne souloyent, se prisdrent à enhardir en France, et moult fouler et démarchier le royaume; et de fait passerent par deça les Anglois par grant armée; de laquelle fu capitaine un Anglois appellé Robert Canolle (2); quy ou temps d'adont moult dommaga ce royaume; jusques devant Paris vint, ou temps de l'endormie chevalerie de France, comme dit est: dont l'avisié roy Charles, qui riens ne faisoit par soubdaineté (3), n'a volenté, fors selon le regart de discrécion et raison, ne volt souffrir que le peuple de Paris issist (4) hors contre euls à bataille, tout en eust ledit peuple grant désir et moult en murmurast; mais le Roy, non alors bien porveu de principal chief de sa chevalerie, considérant gens de peuple contre esprouvez hommes d'armes estre comme tropiaulx de brébis devant les loups, ou oiselles au regart des ostours (5), ama mieulx y pourveoir par autre voye.

Adonc estoit connestable de France un chevalier appellé Moreau de Fiennes. Le Roy avisant celluy endormi et froit ou fait de la chevalerie, le déposa de la connestablie (6), et conseil ot d'eslire autre nouvel, lequel sage et propice sur tous autres estoit en l'exer-

---

(1) *Souloit*: avoit coutume. — (2) *Canolle* ou *Knolles*. — (3) *Par soubdaineté*: soudainement, précipitamment. — (4) *Issist*: sortît. — (5) *Oiselles au regart des ostours*: petits oiseaux à l'égard des autours. — (6) Les autres historiens s'accordent à dire que Moreau de Fiennes, qui étoit trop âgé pour marcher à la tête des armées, se sacrifia généreusement au bien de l'Etat, et offrit lui-même sa démission.

cite d'armes ; car, si comme il est escript ou susdit livre du *Regime des princes* (1), là où il parle de chevalerie, par moult grant esgart et délibéracion de sens doit estre avisé quelz gens on establist chevetains et conduiseurs des autres ; car, ainssi comme nul n'est digne d'estre appellé maistre s'il n'a science, nul ne doit estre esleu à tel charge s'il n'est expert, prompt et apte à toute office de chevalerie, et à tout œuvre de guerre et de bataille. Et toutes ces choses bien avisées par le Roy et son sage conseil, fu lors esleu à connestable de France le bon Breton, chevalereux et preux messire Bertram Du Clequin, et fu fait le mecredi second jour du mois d'octobre l'an 1370 ; duquel dit connestable trop de biens ne pourroyent estre dis, qui onques, pour paour de mort, ne guenchi (2) ; hardy comme léon est, tout tel qu'à preux et vaillant chevalier apertient estre ; car, comme dit Végece, pour paour de mort en la deffense du bien publique, chevalier ne doit estre récréant, si comme il est escript du bon prince Codrus, vaillant et preux, recorde saint Augustin et aussi Valere, que comme il eust amené son ost contre les Peloposiens, et la bataille fut moult aspre, il envoya à Apollo, le dieu de Delphe, savoir en quelle maniere son ost pourroit avoir victoire ; la responce de l'idole fu : que le peuple aroit victoire se le Roy mouroit en la bataille ; et comme celle response fust tantost espondue en toutes les deux ostz, en la contraire partie fu crié que on gardast bien que à la personne du roy Codrus ne fust touchié. Codrus, qui ce ot entendu, par désir de saulver

---

(1) *De Regim. principium*, par Gilles de Rome, augustin. — (2) *Guenchi* : sourcilla.

son peuple et ost, laquelle fust vainqueresse, ne fist force de mourir : ains desvesti son abit royal et se mist en forme d'un povre chevalier, et ainssi entra en la bataille, où il fist maintes proéces; mais tant s'abandonna qu'il fu occiz, et ceuls d'Athenes orent la victoire.

CHAPITRE XX : *Comment les chevalereux firent grant feste de ce que messire Bertram fu fait connestable.*

Si tost que Bertram fu fait connestable, grant joye fu menée entre les vaillans chevalereux, et les armes reprises de maint qui, comme par ennuy de négligent conduiseur, les avoyent délaissiées.

Adont les gentilzhommes de la nacion de Bretaigne, comme trés resjoys, prisdrent à venir de toutes pars, le suivre et avironer tout ainsi que la geline (1) les poussins, luy offrir service et corps desireux de bien faire, et leur sembla avoir trouvé qui d'oiseuse les gardera : or ont recouvré chief correspondent à leur nature; car naturellement, comme on trouve en escript des regars des planètes, ycelle gent plus qu'autres sont combatans et enclins à bataille, par la planète de Mars influant guerres et batailles, qui sur euls a dominacion ; et aussi, par aventure, leur peut venir de l'antique nacion, continuée en celluy exercite, qui par Brutus fu amenée et conduite de la grant Troye deshéritée.

Et si, comme récite le préalegué livre, pour ba-

(1) *Geline :* poule.

tailler on doit aviser fors hommes, hardis et de beaulx membres, de hardie regardeure et peu délicatifs; et de telz choisir pour sa route (1) fu expert et apris le vaillant connestable, lequel se fourny et pourvey de bonne gent et bien combatable, tant de gentilz-hommes, comme de ce qu'il luy convenoit de gens de commune.

Et dit, à ce propoz, ledit livre que si le prince ou chevetaine de l'ost a mestier (2) de gens de commune, qu'il doit eslire gens de mestiers plus de bras travaillans, comme charpentiers qui ont acoustumé à férir de bras et tenir coigniée, mareschaulx, et aussi bouchiers, qui ont acoustumé de sang espandre.

Chapitre XXI : *Ci dit que il est expédient réciter ce que les aucteurs traictent en leur livres, de chevalerie.*

Pour deux raisons principales me semble expédient en ceste partie, qui touche de chevalerie, dire et traictier de ce que les sages et autentiques aucteurs ont escript et traictié de l'exercite d'ycelle és ordres des cas particuliers de la fréquentacion d'armes : l'une raison si est, pour ce que impossible est à sens humain que de soy peust toutes sciences et art concepvoir sanz introduccion d'autruy; et pour ce, à ceuls qui au mestier d'armes desirent à euls instruire, est chose pertinent à savoir la pratique; car les sciences et les

---

(1) *Pour sa route :* pour sa troupe, pour soldats. — (2) *A mestier :* a besoin. Une ligne plus bas, le mot *mestier* est pris dans l'acception qu'on lui donne aujourd'hui.

ars qui sont escriptes, ne furent mie trouvées pour ceuls qui les savoient, mais pour introduire ceulx qui encore n'en avoyent la cognoiscence, si comme les livres de gramaire ou d'autre science que on escript tous les jours; ceuls qui les scevent pourroyent donques dire : « Pourquoy nous escript-on telz livres, « quant nous les savons ? » Pour ceuls le dit qui de moy pourroyent pareillement dire : « A quoy nous « escript ceste femme les ordres de chevalerie, que nous « sçavons ? » Laquelle chose, comme dit est, ne s'adrece mie dutout aus maistres d'icelle art, mais à ceuls qui l'ignorent.

L'autre raison est que expédient est, mesmes au plus savens, expers et sages, comme il soit impossible que le ventre de la mémoire puist retenir et avoir recort continuelement de toutes les choses ydoines et expédientes à faire és offices de quoy l'omme se veult entremectre; pour ce, à propoz de ceste matière, traictier après les dits des aucteurs peut aux expers chevalereus estre ramentevable; et aux ignorans discipline.

A deux autres raisons dont les réprimeurs de loange me pourroyent chargier et accuser d'ignorance, et avec ce de présumpcion el procés de mon dictié en ceste partie, convient que je responde.

La premiere est que ilz pourroyent dire : Ceste femme ne dit mie de soy ce qu'elle explique en son livre, ains fait son traictié par procés de ce que autres acteurs (1) ont dit à la lectre. De laquel chose à ceuls je puis respondre : que, tout ainssi comme l'oeuvrier

---

(1) *Acteurs* : acteur pour auteur ; ces deux mots s'employoient indifféremment.

de architeture ou maçonage n'a mie fait les pierres et estofes dont il bastit et édifie le chastel, ou maison qu'il tent à perfaire, et où il labeure, nonobstant assemblé les materes ensemble, chascune où elle doit servir, selon la fin de l'entencion où il tent : aussi les brodeurs qui font diverses devises, selon la soubtiveté de leur ymaginacion, sanz faute ne firent mie les soyes, l'or ne les matieres, et ainssi d'autres ouvrages : tout aussi vrayement n'ay-je mie faictes toutes les matieres de quoy le traictié de ma compillacion est composé; il me souffit seulement que les sache appliquer à propoz, si que bien puissent servir à la fin de l'imaginacion à laquelle je tens à perfaire. L'autre raison est que aucuns pourroyent dire : Présumpcion meut ceste ignorant femme oser dilater de si haulte chose comme chevalerie, aussi comme se elle tendist à de ce donner discipline ou doctrine ; auxquelz je respons ce que mesmes autres fois ay dit, qui sert à ce propoz, ce que Hugues de Saint Victor dit : « Le sages homs
« aprent voulentiers. Poson que un enfent luy mons-
« trast ; il ne regarde mie à la personne qui parle,
« mais à la doctrine qu'il donne : se elle est bonne,
« il la retient ; se maulvaise est, il la laisse. » Pareillement puis dire en ceste part.

Et quant à ce que femme sui, oser parler d'armes ; il est escript que és anciens aages, comme autrefoiz ay dit, une sage femme de Grece nommée Minerve, trouva l'art et science de faire armeures de fer et d'acier, et tout le hernois qu'on seult (1) porter en bataille fu par luy primierement trouvé.

---

(1) *Qu'on seult :* qu'on avoit coutume de.

Si n'y a nulle force qui donne la doctrine, mais que (1) bonne et salutaire.

Chapitre XXII : *La cause pourquoy les François sont bonnes gens d'armes.*

Pour ce que les anciennes ystoires et aussi la continuée expérience nous certifie les Françoiz, qui jadis furent appellez Gaulés, c'est assavoir les hommes nez du royaume de France, estre bons et vaillans à l'excercite des armes, est à présumer que de ce ces deux raisons sont cause.

La primiere, si est la longue continuacion de la gloire et haulte renommée de cestui royaume, par laquelle y est noblece de corage revertie, aussy comme en nature, és hommes desirans acroistre et soustenir la noblece des franchises de cestuy royaume.

L'autre raison, si peut estre pour l'influence des cieulx et la nature de la terre; car si comme il est contenu oudit livre, à bon batailleur convient par espécial deux vertus, c'est assavoir sens et hardement.

Et nous devons savoir que és chauldes terres, lesquelles sont prés du souleil, ne sont pas les hommes moult hardis; et est la cause pour ce que, pour la grant chaleur, ilz ont peu de sang; mais jà soit ce qu'ilz soyent couars, ilz sont moult sages et soubtilz en leur fais; et aussi par le contraire ceuls qui sont és froides régions, et loings du souleil, ont foison sang, si sont hardis et pou sages. Si ne sont ces deux

---

(1) *Mais que* : pourvu que, en tant que.

extremitez bonnes en faiz de bataille; mais ceuls qui sont és terres moyennes convenablement sont bons, hardis et sçavens communément; lesquelles qualitez assez actempérées sont en ceste terre.

Chapitre XXIII : *Ci dit des loanges dudit connestable.*

Ainssi, comme dit est, fu fait messire Bertram de Clequin, à la trés grant exaltacion et exaussement du royaume, connestable de France; et vrayement se peut de luy dire ce que dit le proverbe commun : « A « tel maistre, tel varlet ou serviteur; » car, selon la digneté du sage maistre, c'est assavoir le roy Charles, estoit aduisant [1] si chevalereux et vertueux lieutenant et serviteur : laquelle chose croy qu'en leur tems furent deux des plus solempnelz hommes, chascun en sa faculté, qui fussent ou monde, dont fois mencion.

A propos d'icelluy Bertram, Aristote dit, en le huitieme d'*Ethiques*, que « de quatorze ans en avant
« doit commencier le gentilhomme petit à petit à soy
« exerciter és travaulx qui à armes appartiennent;
« pour cause que la chose apprise et duite en jeunece
« est communément retenue et voulentiers continuée :
« et est chose périlleuse et desséant estre non appris
« ou mestier d'armes, quant on entre en bataille,
« en laquelle convient exposer son corps à mort,
« ains [2] qu'on ait l'expérience; » et comme dit celluy mesmes Aristote : « L'expérience rent l'omme
« maistre. »

---

[1] *Aduisant :* assorti. — [2] *Ains :* avant.

Et que exercitacion d'armes soit neccessaire aux valereux chevaliers, est escript és fais des Rommains : que quant ceulx de Romme orent délibéré que Cartage seroit destruite du tout, pour ce que trop estoit la condicion des Cartagiens rebellative, Scipio Basiqua (1), qui lors estoit consul, contresta (2) tant qu'il pot qu'elle ne fust destruite, mais qu'on la laissast pour l'exercitement des Romains, affin que, par aise ou par paresse, ilz ne perdissent leur force et abilité, quant ne trouveroyent à qui combatre.

Celluy Bertram de Clequin, trés en l'aage de quinze ans, si comme il est récité de luy, se prist par droicte nature, maulgré ses parens, à l'exercite des armes, et tousjours puis si les continua, que sanz faille il en estoit trés souverain maistre, si comme il paru à l'effet de ses œuvres et emprises, comme cy-aprés assez en brief sera desclairié.

Chapitre XXIV : *Comment messire Bertram ala aprés les Anglois, qu'il desconfit.*

Tost aprés que Bertram de Clequin, comme dit est, fu fait connestable de France, gaires ne séjourna ; ains, à belle compaignie de gens d'armes, se parti de Paris, et ala aprés Robert Canole et Thomas de Grançon et sa compaignie, tant que il attaigni une route (3) d'Anglois de la compaignie d'icelluy Robert Canole, d'environ huit cens lances : à celle assembla le connestable, et tant fist luy et sa gent qu'en la

---

(1) *Basiqua :* Nasica. — (2) *Contresta :* s'opposa. — (3) *Route :* troupe.

fin furent Angloiz desconfiz, lesquels estoyent gens d'eslicte, et moult vaillamment se deffendirent ; si fu pris Thomas de Grançon et jusques à quatre-vingts autres groz prisonniers, et le surplus mors et fuités (1). Celle gracieuse victoire ot messire Bertram en primiere estraine de sa connestablie, à l'ayde de son chevalereux sens et des bonnes gens de sa compaignie, à qui souvent disoit, tout ainssi qu'il est escript que enseignoit le sage Chaton (2) ses chevaliers, dont, entre les autres beaulx notables, leur dist un moult beau mot celluy Chaton : « Se par vostre valeur vous « faictes aucune bonne œuvre, le labeur passe, et « le bénéfice vous demeure tant comme vous vivrés ; « et se, par maulvaise voulenté, vous faictes aulcun « délit, le délit passe, et l'iniquité demeure. » Ainssi, par le bon enortement (3) de leur vaillant conduiseur Bertram, estoyent maistres esprouvez de tout ce qu'il convient au mestier d'armes.

Ainssi que le récite ledit livre, où il est escript que aux bons batailleurs sont neccessaires huit condicions : la primiere, qu'ilz soyent adurcis à souffrir le fais des armes ; la seconde, que ilz hayent les bras mouvables et abilles pour férir à destre et à sénestre ; la tierce, que pou doivent tenir conte de leur mengiers, et non trop euls chargier de viande et de vin ; la quarte, que de souefz lis ne leur doit chaloir (4) ; la quinte, que point ne doivent redoubter la mort, pour la deffence de leur prince, le bien du pays et deffense de la loy ; la sixieme, qu'ilz ne doivent

---

(1) *Fuités* : mis en fuite. — (2) *Chaton* : Caton. — (3) *Enortement* : exhortation. — (4) *Chaloir* : soucier.

doubter (1) effusion de sang; la septieme, plus neccessaire, que ilz doivent estre sages et cautilleux (2) ou mestier des armes; la huitieme, que tant doivent desirer pris d'armes et eschever (3) honte, que, pour nulle chose, fuir ne doivent, ains estre fermes et arrestez. De tout ce estoit sage maistre, qui bons disciples avoit, le preux Bertram et sa compaignie.

Chapitre XXV : *Ci dit d'aucunes fortreces que messire Bertram assigia et prist.*

Aprés que le connestable Bertram ot desconfit les dessusdis Anglois, assigia la fortresse du Bas, et par assault, à l'ayde de ses bonnes gens, la prist, et y ot, que mors, que pris, environ quatre cens hommes Anglois; adont, pour paour dudit connestable, ceuls qui estoyent ou chastel de Ruilly (4) s'enfuirent, mais petit y gaignerent : car il les suivi jusques à Bersieres (5), laquelle il prist par force; les Anglois, qui fuis s'en estoyent, se combatirent à luy, et furent desconfis, mors et pris, et ainssi pareillement pluseurs autres fortresses. Mais à quoy feroye plus long conte qui ne seroit au propoz de ma matiere, et fors prolixité dire lesquelz chasteaulx, comment et quelz besongnes ot celle année aux Anglois ledit connestable? Lesquelles choses sont coustumes et maniere de polir gestes et romans, qui n'est selon l'ordre de

---

(1) *Doubter* : dans l'acception de *craindre*. — (2) *Cautilleux*, pour *cauteleux* : précautionnés, prudens. — (3) *Eschever* : éviter. — (4) *Ruilly* : Ruilly, en Anjou. — (5) *Bersieres* : Bersuire ou Bressuire, en Poitou.

mon entente, qui singuliérement est; loer ce que fait à loer, en prouvant la vérité par les fais particuliers touchier en brief, revenant au propoz de mon object; et qui plus vouldra, trouvera l'estendue sur cesté matiere, le livre *des Fais messire Bertram* (1) l'en fera sage.

Celle dite année, ot pluseurs batailles aux Anglois, qu'il desconfit tant qu'à l'ayde de Dieu, bonne diligence et force de luy et de sa route, furent aucques tous mors et pris par pluseurs lieux du royaume de France, comme en Guienne, ou pays d'Anjou, de Normandie et de Bretaigne, ceuls qui avoyent esté devant Paris avec Robert Canolle l'esté devant.

Et aussi, en pluseurs autres parties du royaume, esploitiérent bien et vaillamment contre Anglois celle année pluseurs autres chevetains du royaume de France, les freres du roy Charles, comme dit est, le bel et bon chevalier, vaillant et sage, messire Jehan de Vienne, admiral de France, aussi le chevalereux messire Loys de Sancerre, lors mareschal, et aussi le mareschal de Blainville et pluseurs autres.

Si y ot, par cesdicts vaillans chevaliers et leur gens, pluseurs besongnes entre Françoiz et Angloiz, où il ot pertes et gaignes, souventefoiz d'ambe les deux (2) parties; mais, par volenté de Dieu, communément en conclusion aux Françoiz demouroit la victoire.

Mesmes en Limosin y ot mains fais, tant que la ville de Limoges, par ledit frere du Roy, fu prise; et

(1) Christine parle ici du roman en vers de Trueller. Voyez la Notice sur les Mémoires de Du Guesclin, t. 4 de cette collection, p. 11.
— (2) *Ambe les deux* : les deux ensemble.

auxdictes besoingnes traire à fin moult aydierent avec les gentilzhommes les communes du pays, lesquelles, comme dit Végéce en son livre de chevalerie, souvent sont prouffitables en bataille, quant ycelle gent de commune est conduite et gouvernée soubz ordre de bons chevetains.

Et mesmement sont aucuns aucteurs qui dire veûlent que les populaires soyent plus convenables és fais d'armes et batailles que les gentilzhommes, et mesmement ceuls de vilages. Leur raison est, pour ce que mieuls ont accoustumé travaulx à porter peine, et vivre rudement et grossement que les nobles : si ne leur est si dur le travail des armes. Mais meilleur raison y a qui ceste destruit : c'est que sens et avis, noblece de corage, desir d'onneur et paour du contraire fait plus en fait d'armes que peine et travail de corps : lesquelles condicions plus sont communement és nobles que és populaires.

Bien est voir que, comme dit le préalégué livre, que pour ce que ceuls du peuple sont duis desdictes peines, prouffitables sont és batailles à pié ; et pour ce, en telz fais, les sages ordonneurs des batailles les mectent devant, et les primiers à l'assemblée.

Encore ensuivant récite ledit livre que avec le bon sens qu'il convient à gouverner chevalerie, c'est assavoir fais d'armes, est nécessaire l'exercite par longue main ; et qu'il soit voir, le tesmoigne l'expérience de ce que souventefoiz on voit à petit de gens expers desconfire grant route de gent non ou pou experte ; et pour ce est dit, és fais du preus Julius-César, que petite porcion de ses chevaliers souffisoyent à conquérir grant pays.

Dit oultre ledit livre que le duc ou chevetaine de l'ost doit ordonner ses batailles, selon l'avantage de la place et le champ où la bataille doit estre, et ordonner que ses gens voisent (1) serrez et sanz desrouter (2); et s'aucun y a qui communément soit coustumier de desrouter, soit bouté hors; car il pourroit nuire aux autres. Deux grans maulx, ce dit, peut ensuivre de bataille desroutée : l'un est que les ennemis y peuent entrer plous légiérement; l'autre est que les batailles sont si empressées (3) que ilz ne peuent combatre : pour ce est neccessaire tenir ordre arrengié, et comme un mur serré et joint ensemble.

CHAPITRE XXVI : *Comment le roy Edoart envoya son filz le duc de Lancastre en France, à tout grant ost ; qui gaires n'y fist.*

LE roy Edouart d'Angleterre voyant la gent qu'il ot envoyée avec Robert Canolle en France avoyent pou esploictié, et petit, où nulz en estoyent retournez, et mesmement moult appeticiez (4) ceuls qu'il avoit commis és garnisons des terres et forteresses qu'il tenoit en Guienne et par le royaume de France, et que moult avoit jà perdu seignouries et chasteauls par la force des François, ot conseil d'y envoyer plus grant effort (5) ; et adont, cuidant à celle foiz confondre le royaume de France, y envoya son filz le duc de Lancastre, à tout trente mille bons hommes d'armes ; et

---

(1) *Voisent* : marchent. — (2) *Sanz desrouter* : sans se rompre. — (3) *Empressées* : pressées. — (4) *Appeticiez* : diminués, réduits. — (5) *Plus grant effort* : de plus grandes forces.

passa celle armée en France l'an 1369. Ycelle gent en pluseurs lieux du royaume de France s'espendirent, en Guienne et autre part; et partout où ils passerent n'est mie doubte que moult dommagierent le pays, et plus l'eussent mal mené, se ne fust la résistance qu'ilz trouverent. Par quoy moult faillirent à leur entente; car maulgré eulx, et estans en France, fu conquis par nos gens ce qu'il s'ensuit; et plus, que pour briefté je laisse, c'est assavoir : en l'an 1372, prist Loys, duc d'Angou, en Gascongne, le chastel d'Aguillon, La Rioule, et pluseurs autres forteresses. En cel an fu messire Bertram et les Françoiz ou pays de Poitou, où fu mainte forteresse prise et conquestée par assault, et mesmement Sainte Sevare et autres, qu'on tenoit estre non prenables; et en cel an mesme se rendy la cité de Poitiers à Jehan, frere du Roy, duc de Berry, comme dit est; le chastel de Monstereul Bonni (1), à trois lieues de Poitiers, conquist le connestable par assault.

Item, en cel an dessusdit, arriva en France Yves de Gales, noble escuyer, lequel estoit, comme on disoit, droit héritier de la princée (2) de Gales; et pour la renommée susdicte du bon roy Charles, avoit relainqui (3) les Anglois, et s'estoit venu rendre au roy de France, avec luy un sien parent et compaignon, moult vaillant escuyer, qui jadis avoit esté de la bataille des trente, du costé des Angloiz, appellé Jehan de Vuin, dit le Poursuivant d'amours, avecques autres Galois moult beauls hommes; nonobstant fussent compaignons du prince de Gales, filz du roy d'Angle-

---

(1) *Monstereul-Bonni* : Montreuil-Bonnin. — (2) *Princée* : principauté. — (3) *Relainqui* : laissé.

terre, et eussent son colier, considérans euls estre par les Angloiz deshéritez de leur propre terre et seigneurie; par quoy naturellement les héent (1), relainquirent tout, et avecques autres Françoiz arriverent vers La Rochelle en l'isle de Marone (2), et monterent à terre sur le pays qui estoit au roy d'Angleterre pour prendre vivres, mais n'y furent mié granment (3), quant le captal les vint une nuit assaillir; et fu pris, de noz gens, Thibault Du Pont par les Anglois, qui l'alerent assaillir en un hostel où estoit logié; mais ainçoiz moult se deffendirent lui et sa gent, car moult ot en lui vaillant homme. Aprés alerent les Anglois, et le captal de Bue et sa gent, en une ville nommée Selles en Mareille, et assailly fort la maison et la porte où Yves de Gales étoit logiez avec sa gent, et estoit avec le captal, le seneschal d'Angoulesme et de Santonge nommé Thomas de Persi, le capitaine de Lisigen (4), Gautier Huet, et grant foison gent, qui à celle porte livroyent grant assault à ceuls de dens, qui moult estoyent bonnes gens, mais pou y en avoit, selon la quantité des assaillans, fort se deffendoyent; et en tendis que cel assault estoit, Morellet de Monmor et les Françoiz issyrent par un autre lez (5) de la ville, et en menant grant cris assaillirent et leur furent au doz; adont cuiderent Angloiz que grant foison de gent y eust, et partir se cuidierent : si furent desconfiz, et fu là pris le captal par un simple souldoyer nommé Pierre Douillier; aussi fu pris le seneschal de Exantonge (6) et mains autres gros prisoniers : les autres

---

(1) *Héent* : haïssant. — (2) *Marone* : peut-être Marennes. — (3) *Granment* : long-temps. — (4) *Lisigen* : Lusignan. — (5) *Lez* : côté. — (6) *Exantonge* : Saintonge.

s'enfuirent au chastel de Sobisse (1). Mais lendemain vint le connestable Bertram et les Françoiz, qui alerent à Sobisse, et fu prise par force, le captal mené à Paris au Roy, qui le fist emprisonner; et comme autrefoiz luy eust le roy Charles quicté sa rençon et le fest de son hostel, s'estoit retourné Angloiz. Ne le volt puis le Roy par rençon délivrer : ains mouru en la prison du Roy, en la tour de Corbueil.

CHAPITRE XXVII : *Ci dit comment le duc de Lancastre s'en retourna en son pays à pou d'esploit.*

Ainsi par pluseurs diverses parties du royaume furent combatus et desconfis les Anglois, et les fortresses qu'ilz tenoyent prises ; et à le faire brief, sanz plus longue narracion des fais qui furent en ce temps d'une part et d'autre, moult petit esploit ot fait et faisoit le duc de Lancastre en France, selon son entencion : pourquoy, quand vid que autrement ne povoit besongner, s'en retourna, à moult petit de sa gent, en Angleterre : car toute l'ot laissiée morte et prise en divers lieux de France, où cinq ans entiers ot demouré; si fu moult blasmez de son pere et à petite feste receus, pour ce que si mal ot esploictié; mais follie estoit l'en blasmer : car à luy n'avoit mie tenu, mais à ce que plus trouvoyent François aduis (2) aux armes par le long exercité que estre le souloyent.

Car si, comme dit le livre préalégué, par longue accoustumance aprent-on l'art; et pour ce enseigne

---

(1) *Sobisse* : Soubise. — (2) *Aduis* : habiles.

et dit que qui veult estre homme d'armes se doit acoustumer aux choses qui s'ensuivent, c'est assavoir à porter plus grant fardel (1) que les armes.

Item, souventefoiz à autres hommes soy essayer, si, comme dit Végéce, que soloyent anciennement les Rommains faire aux jeunes enfens, auxquels ils bailloyent à leur essais plus pesans armeures que celles de guerre; et en ce il les entroduissoyent.

Item, se doit exerciter en escremie (2), traire d'arc, lancier dars et lances, férir de mace (3) avant et arriere; et doit estre la lance avant brandelée de fort bras qu'elle soit lanciée, car elle perse mieuls et en donne plus grant coup; il se doit aprendre à traire pierres de fondes (4): et par ce fu fait David roy, qui conquist Golyas (5); et ceste maniere de combatre souloit estre en cours anciennement, et fu trouvée en une isle de mer (6), où les meres ne donnoyent nulles viandes à leur enfens, jusques à ce qu'ilz eussent asséné leur viande de la fonde; et ceste maniere de combatre est bonne à grever ses ennemis de loings, et en pluseurs pays encore en usent.

Il se doit apprendre à gicter plommées (7), qui a une chayenne sont attachiées à une mace. Se doit exerciter à saillir sur chevaulx tout armez et sanz mettre pié en l'estrief, et ainsi le faisoyent anciennement : parquoy il en estoyent si duis qu'à tous tours s'alloyent, armez sur leurs chevaulx, accoustumer aler

---

(1) *Fardel* : fardeau. — (2) *Escremie* : escrime. — (3) *Mace* : massue, masse d'armes. — (4) *Fondes* : frondes. — (5) *Golyas* : Goliath. — (6) Les îles *Baléares*, dans la Méditerranée, aujourd'hui Maïorque, Minorque et Yviça. — (7) *Gicter plommées* : jeter des boules de fer ou de plomb.

à pié courir tous armez, pour aprendre longue alaine. Aussi aprendre à nouer (1) leur est convenable, car par ce ont esté maint de mort respité (2).

Chapitre XXVIII : *Des chasteauls et villes qui furent pris en pluseurs pars du royaume par les Françoiz.*

Ainsi, comme oyr povez, fu la male fortune des François, qui jadis moult les ot grévez, tournée, par le bon sens du prince et la peine des ministres, en convalescence et bon êur, comme par exemple est déclairié le petit exploit que firent à si grant armée Anglois en France; et mesmement ladicte année le duc de Lancastre, parti qui fu l'an 1374, se rendy la ville et le chastel de La Rochelle, ainssi comme dit est.

Item, l'année ensuivant, se rendy la ville et le chastel de Cognac au connestable. *Item*, ledit an, la ville et le chastel de Saint Saulveur le Viconte en Contentin, qui par l'espace de vingt ans avoit esté Anglois, se rendy au bon admiral de France, qui assigié l'avoit; et n'est mie doubte que par especial, à trois si especiales villes et chasteaulx prendre en si pou de temps, avecques aultres fortresses qui aussi le furent, convint avec la force grant sens et soubtilletés d'armes en maintes manierés, qui cy ne sont mie devisées.

Et, à parler du sens qu'il convient en fait d'ar-

---

(1) *Nouer* : nager. —(2) *Respité*, participe du verbe *respiter* : avoir répit.

mez (1), dit Végéce : que, pour ce que le mestier de chevalerie est le plus perilleux, on n'y peut avoir trop grant sens; parquoy en toutes choses communément, se faultes y sont, on les peut amender, exepté en fait de chevalerie; car la male façon ne se peut réparer de ceuls qui sont mors : pour ce, est neccessaire savoir ce qui est convenable à faire.

Quant un ost a avisié place pour soi retraire, laquelle doit estre en hault lieu, qui peut la fortifier autour de bons fossez, de chasteauls, de fust (2) et de palis; et là doivent estre leur garnisons, de laquelle chose se doivent pener d'estre saisis. Se les ennemis sont prés l'ost, doit estre partie en pluseurs pars, pour garder que les ennemis ne destournent affaire les chasteauls et fossez; et les piétons, à tout engins convenables, doivent faire les fossez et bastides, et doit avoir commandeurs sur eulx, qui la chose ordonnent et leur facent faire. Et à faire chasteauls et garnisons, on doit garder que le lieu soit sur eaue, et que montaigne ne soit sur euls; et doit-on prendre espace convenable, si que ceuls de l'ost ne soyent trop serrez ne trop espandus, et, qui peut, doit estre en bon air et sain.

On doit faire l'édifice ou les fossez reons (3), ou en telle disposicion, comme est plus convenable; la porte du chastel doit estre au front des ennemis, et autres portes, se la place est grant, qui soyent regardans pays, par où leur puist venir vivres et ayde. On doit mectre ensegnes et banieres aux chasteauls; et se

(1) *D'armez :* d'armes. Souvent on mettoit un z au lieu d'un s à la fin des mots. — (2) *De fust :* de bois. — (3) *Reons :* ronds.

l'ost doit demourer grant piece (¹) ou lieu où il se loge, besoing n'est de faire si grant édifiement; et, dit Végéce, que se trop grant force d'ennemis n'appert, il souffit faire fossez larges neuf piez et perfons de sept piez; et se grant force d'ennemis on actent, on les doit faire de douze piez et neuf de perfont, ou de treize, se la terre des fossez est autour; et doivent estre les fossez roydes et drois du costé des ennemis; et y doit on mectre pieux agus, chauche-trapes et garnisons, encombrans à ceulx qui là se vouldroyent dévaler (²).

CHAPITRE XXIX : *Comment le roy Charles, nonobstant sa bonne fortune en ses guerres et sa grant poissance, se consenty à traictié de paix aux Angloiz.*

A retourner à nostre principal, c'est nostre bon sage roy Charles, lequel, comme trés vertueus, ne se surhaulsoit en arogance pour quelconques prospérité, ainssi comme il est escript de l'omme fort, comme dit saint Ambroise ou primier livre *des Offices*, « que la « vraye force de corage humain est celle qui n'est « onques brisiée en adversité, ne s'enorgueillist en « prospérité, qui n'est recreue (³) en labour, qui est « hardie en périlz, etc. »

Par ces signes, qui en homme fort doivent apparoir, povons tel nostre Roy approuver en tous ses fais, par espécial ou procés de ses guerres, ésquelles

---

(¹) *Grant piece* : long-temps. — (²) *Dévaler* : descendre. — (³) *Recreue* : lassée, rebutée.

n'est nulle doubte; et le contraire seroit impossible, que souventefoiz n'en oyst des nouvelles moult pésans et dures, selon l'entregect (1) de fortune, qui communément gouverne aventures de guerre, nonobstant la Dieu-grace, « au derrain (2) le meilleur, » estoit communément pour ledit Roy; avoit à la fois des desconfitures, son pays ars et mal mis; de ses gens, amis et familiers, qu'il amoit de grant amour, pris et occiz : dont luy, plain de toute pitié et compassion, avoit au cueur de grans pointures. Mais pourtant, quelque adversité qu'il eust, la commune semblance de sa chiere (3) ne fust jà muée, ne fléchissoit contre la constance de son juste afferme propoz, où qu'il n'estoit recreu (4) en labour, soing et despence de la deffense de son peuple; aussi, comme droit fort, ne s'enorgueillissoit pour quelconques prospérité : et, qu'il soit ainssi, appert par ce que en l'an 1375, ouquel an et devant de belles victoires ot eues sur ses ennemis; et jà soit ce que, par tous les lieux où il avoit guerre, par terre et par mer, fust le plus fort que les Anglois, par l'aide de Dieu et sa bonne diligence, et toutes choses à son avantage, et eust moult grant navire sur mer, tout bien garni de gens d'armes et d'arbalestriers, toutefois, par le moyen de notables plans de saincte Esglise, pour l'amour de Dieu, de bien de paix et compassion du peuple, se consenti à traictié de paix, laquelle fu pourparlée entre les deuz Rois; et consentoit nostre Roy, plain de doulceur, de laissier paisiblement au roy d'Angleterre les terres et seigneuries qu'il avoit en France;

---

(1) *L'entregect* : le jeu. — (2) *Derrain* : dernier. — (3) *Chiere* : physionomie. — (4) *Recreu* : fatigué.

réservé toutefoiz à luy son hommage, souvraineté et ressors des terres que le roy d'Angleterre avoit ou royaume de France, tant en celles qu'il tenoit comme en celle que nostre Roy, pour le bien de paix, luy vouloit encore bailler par ledit traictié, lequel Dieu ne volt que adont fust acomplis, ne paix faicte : et en ce mesme an mouru Edouart, roy d'Angleterre, qui longuement avoit vescu, et régné cinquante-deux ans.

CHAPITRE XXX : *De la force et poissance que le roy Charles avoit en pluseurs grans armées sus ses ennemis.*

DE la force et poissance des gens d'armes que le roy Charles lors avoit, par informacion de gens vivans et par escriptures, puis savoir ce qui s'ensuit : c'est assavoir que, ou mois de juillet l'an 1378, le duc d'Angou et le bon conestable alerent en Guienne, à grant compaignie de gens d'armes et d'arbalestriers.

Item, sus mer ot vingt-cinq galées et grant foison barges et autres vessiauls ; lequel navire estoit fourni de grant foison de gens d'armes et d'arbelestriers.

Item, en la frontiere de Picardie, contre les Anglois qui estoyent à Calais, à Ardre, à Guines et és autres fortresses anglesches, tenoit grant quantité de gens d'armes et d'arbalestriers.

Item, avoit fait le Roy mectre le siege devant deux

chasteaulx qui encore se tenoyent pour messire Jehan de Monfort, c'est assavoir Brest et Aulroy (1); et par tous les lieux dessus dicts les gens du Roy tenoyent les champs.

Item, le duc de Berry et celluy de Bourbon estoient au siége devant une fortresse en Auvergne, nommée *Carlat,* laquelle les gens de compaigne tenoyent, qui estoyent pour les Anglois.

Ainssi le roy de France avoit telle poissance en cinq parties où ses ennemis estoyent les plus foibles; et dient ceuls qui le scevent, et aussi les escrips, que de nulle mémoire d'omme n'avoit esté veu que roy de France eust mis sus si grant fait; et par icelles gens d'armes furent fais, en maintes parties, pluseurs notables fais que je laisse pour briefté, par l'industrie et bons sens des conduiseurs prudens; gardans les rigles de chevalerie, ainsi comme l'enseigne ledit livre, disant en tel maniere : « Les princes et les che-
« vetains meneurs de batailles, ains qu'ilz se com-
« batent, doivent regarder combien ilz ont de gent,
« et combien fors esprouvez, quelz, comment armez;
« et ainssi de leur ennemis. »

Item; aussi doit regarder lequel a l'avantage de la place, luy ou ses ennemis; lesquelz ont meilleurs chevaulx, plus d'archiers ou d'arbalestriers, plus de gens à pié, et de quel nacion, nobles et autres.

Doit regarder se ou lieu convient qu'il soit longuement, considérer quelz vivres il a, comme il en aura, et savoir, s'il peut aussi, de l'estat de son ennemi. Doit avisier s'il aura secours ou son ennemi; car,

---

(1) *Aulroy :* Aurai.

selon que l'en attent, on doit donner, ou tost ou tart, la bataille.

Des meilleurs doit le prince de la chevalerie faire ses chevetains, et des plus expers en bataille et en fait d'armes.

Chapitre XXXI : *Des principaux barons que le roy Charles tenoit continuelement, à grant ost, sur les champs, en pluseurs pars.*

Les barons principauls que le Roy continuelement tenoit sur les champs, à grant povoir de gens d'armes, estoyent ceuls dont les noms s'ensuivent.

Es parties de Pieregort fu, un temps, monseigneur le duc d'Anjou; le connestable en Champaigne; le duc de Bourbon, frere à la royne de France; le mareschal de Sancerre, le seigneur de Coucy, le seigneur de Monfort; le seigneur de Montauban, le seigneur de Roye, messire Guy de Rochefort, messire Olivier de Mauni, le sire d'Assé, le Begue-de-Villaines, Yves de Gales, le seigneur de Chasteaulgiron, le sire de Bueil, et autres bannieres (1), vaillans preux à grant foison, qui en Guienne en pluseurs pars estoyent espandus, en Picardie, Normandie, Bretaigne, Anjou et ailleurs, à moult grant ost de gens d'armes et foison arbalestriers, dont, quant ilz arrivoyent en une marche (2), devant leur venue se partoyent les Anglois des fortresses, et boutoyent le feu dedens. Le chastel de

---

(1) *Bannieres* : chevaliers bannerets. — (2) *Marche* : frontière, ligne de démarcation entre une contrée et une autre.

Condat se rendi, qui estoit assigié; aprés fu prise la ville de Bergerat : devant y ot bataille, et furent Anglois desconfiz, et y fu pris le seneschal de Bordeauls et pluseurs autres Anglois; la ville d'Aymet, la ville de Sauvetat, et pluseurs autres villes et chasteauls.

Et aussi par ces barons furent prises en diverses parties du royaume pluseurs fortes places, et fait mains beauls fais, dont je ne fais mie mencion; et n'estoit mie à merveiller se par si noble gent et tant esprouvez estoyent maintes belles besongnes achevées : car de quinze ou seize qu'ilz estoyent nobles barons, n'y avoit celluy qui souffisant ne fust de mener et conduire un grant ost, non mie centurions, comme on souloit jadis faire les chevetains de cent chevaliers, mais des batailles de Perces (1), qui chascune estoit de dix mille chevaliers, comme dient aucuns aucteurs : aussi n'est mie doubte que chascun de ceuls cy avoit soubz sa banière assez quantité de gens.

A ce propos dit Aristote, là où il parle de chevalerie, que « en chascune banniere des chevetains « doit avoir lettres ou enseignes, affin que un chascun « homme d'armes se sache retraire soubz qui il est « commis : » et anciennement faisoyent chevetains, qui soubz euls avoyent cent chevaliers, c'est assavoir hommes d'armes; et chascune disaine avoit aussi un chief; et puis tous ensemble se retrayoient soubz le centurion, lesquelz avoyent certaines cognoiscence : et dit que « ceuls qui portent les estandars « et banieres des princes et chevetains doivent estre « esleus preus, fors et de grant corage, et nobles

---

(1) *Batailles de Perces :* corps d'armée à la manière des Perses.

« hommes, pour cause que au regard de l'estandart se
« gouverne la bataille et l'ost : » et dit que « on doit
« regarder que celluy à qui on le baille à porter soit
« preudhomme; car se il estoit traitre, luy tout seul
« pourroit, par son signe, faire desconfire et destruire
« sa partie ; » si comme on treuve és escriptures que
autrefoiz ait esté fait. Aussi doivent estre les chevetains loyaulx, sages et preux, fiers et crennis (1) sur tous autres.

Dit encore le philozophe que « ainssi comme ceuls
« qui vont par mer et bien ne scevent les périlz et
« passages de mer, les se font paindre en une carte
« pour les eschever; ainssi faire doit le capitaine et
« conduiseur d'un ost savoir les voyes et passages,
« montaignes, eaues, rivieres, destroiz et autres passages par où il doit passer; et se il ne les scet, doit
« prendre garde et conduit; et doivent les conduiseurs
« estre bien gardez que ilz ne puissent avoir esperance
« de foyr, se aucunes mauvaistiez faisoyent; et leur
« doit-on promettre grans dons se ilz conduisent
« loyaulment, et menacier se ilz font le contraire : et
« doit le chevetaine prendre à son conseil les bons
« chevaliers expers des armes, anciens et sages, et
« ne doit pas soy fier en son opinion. »

Item, doit deffendre à ses conseillers que ne soit dit ne manifesté en quel point ne par quel chemin l'ost doit passer, ne quel propoz il a.

Item, le chevetaine doit avoir hommes sus chevauls igneauls (2) qui quierent çà et là, pour veoir et prendre garde que l'ost ne soit espiée.

---

(1) *Crennis* : craints, redoutables. — (2) *Igneauls* : éclaireurs.

Item, le prince de la bataille doit mectre ses meilleurs chevaliers là où le plus grant péril peut apperoir, et doit la plus foible partie estre subgecte à la plus forte.

Item, doit ordonner que ses batailles voisent serrées ensemble et tous aprestez : car il ne scet se ilz seront assaillis d'aucune part.

Le chevetaine doit regarder se il a plus gent à pié ou plus à cheval : car ceuls à cheval se deffendent mieulx en bois et en montaigne; et selon qu'il voit la faculté de ses gens, il doit prendre plains champs ou la montaigne, se le lieu y est convenable.

CHAPITRE XXXII : *Comment, pour le grand renom de la sagece et bonne fortune du roy Charles, encore pluseurs barons se vindrent rendre à luy.*

Ou temps dessusdit fu jà, Dieu mercis, la bonne fortune du roy Charles si avanciée, par le moyen de ses vertus et la peine et diligence de ses bons menistres cy devant nommez, et mains autres vaillans hommes du royaume de France, que partout aloyent les nouvelles de l'acroiscement de sa grant prospérité; parquoy, tout ainssi qu'il est escript d'Ector de Troye, le preux combatant, que, pour la grant bonté de luy, tant l'amerent pluseurs estrangiers, que ilz desirerent estre ses subgiez; et de fait à luy se rendirent, se vindrent pluseurs hauls barons, pour le grant bien du roy Charles, mectre en sa juridicion et hommage.

Ou temps que le duc d'Anjou estoit au siege devant

Bergerac, messire Perducat d'Alebreth vint en l'obédience du Roy, avecques toutes les fortresses qu'il tenoit.

Item, le seigneur de Bedoz, messire Ansel de Caumont, le seigneur du chastel d'Andorte, les enfens de Saint Aonys, euls, leur villes, leur chasteaulx et leur fortresses, dont il y avoit trés grant nombre; avec ce, pluseurs autres chevaliers et gentilzhommes, lesquelz le sage Roy receupt à grant honneur, et les retint familiers de sa noble court.

En ce tendis besongnoyent les susdis barons en pluseurs autres parties du royaume, comme dit est, qui mie n'estoyent aprentis de conduire leur gens et leur batailles, par lequel sens et vaillance ensuivy preu (1) et honneur au royaume de France. D'ordener bataille, dit Végéce, que se ceuls de l'ost ne vont ordonnéement, ilz ne pourroyent bien combatre; car quant ilz sont trop empressez, ilz empéchent l'un l'autre à férir sur les ennemis, et aucune foiz la grant foule d'euls mesmes les desconfit; donc ceuls à pié et ceuls à cheval doivent diligemment garder leur ordre; et doit le prince de l'ost, ains qu'il parte, pluseurs fois mener ses gens aux champs, et les mectre en ordonnance, et puis les faire mouvoir ainssi qu'il veut qu'ilz aillent, et bien les endoctriner comment il veult qu'ilz se maintiegnent, ceulx à pié et ceuls à cheval; doit partir ses batailles, et en chascune doit avoir bon chevetaine; doit ordonner ses communes devant, et puis qui ira aprés, et ainssi de renc, selons le fait qu'il a à faire et les gens qu'il a, et bien les doit endoctriner comment ilz feront, selon la disposicion

(1) *Preu* : profit, bénéfice.

de leur adversaires et des cas qui peuvent advenir, car il doit estre avisié de tous les baras (1) et soubtilleté d'armes parquoy ses ennemis le pourroyent gréver; si y doit rémédier, et par soubtilz poins les savoir surprendre, et rompre leur bataille : et de tout ce doit avisier ses gens.

Et se le prince de l'ost cognoist que ses adversaires soyent de si grande force qu'ilz ne les puissent vaincre, ains leur souffiroit de bien povoir fuir, lors dois ordonner ses batailles en reondesse (2), bien serrez ensemble, qu'ilz ne puissent estre perciez : et en celle bataille on doit mectre par dehors, ou primier front, les meilleurs, plus hardis et mieuls armez.

Autre maniere d'ordonner bataille, se les ennemis ne sont mie en grant quantité : ceuls de l'ost doivent estre ordonnez en guise de fer de cheval à demy ront, affin qu'ilz encloyent (3) leur ennemis; et se l'ost a affaire à forte partie de foison de gent, ilz doivent estre ordonnez en maniere d'une espée qui est ague devant, pour percier leur ennemis.

Et doit-on savoir que la meilleur maniere d'ordoner batailles communément est en reondece; et y doit avoir pluseurs batailles, et ou front devant; et où il a le plus grant péril, on doit mectre les meilleurs : y doit, autre si (4), avoir ordonnance de secourir les batailles par bonnes gens d'armes, se besoing en ont, ou que chanceler on les voye.

La maniere de férir en bataille est la plus convenable d'estoc, pour ce que plustost actaint en

---

(1) *Baras* : tromperies, stratagêmes. — (2) *Reondesse* : en forme ronde. — (3) *Affin qu'ilz encloyent* : afin d'environner. — (4) *Autre si* : de plus.

char (1), et moins couste à celluy qui fiert, et plus est de grant force férus (2) que celluy de tranche; et pour ce les bons haubers (3) doivent avoir les mailles empressiées l'une sur l'autre, afin que sitost on ne les puist percier; et aussi l'adversaire se peut mieulx couvrir du coup dont il voit lever le bras que il ne fait de l'estoc. Et dient aulcunes histoires que les Romains trouverent primiérement la maniere de férir : car anciennement souloyent és batailles férir d'espée à coup; et aussi, pour ce que le batailleur n'est mie si traveilliez de férir d'estoc comme seroit de taille, et ne se descueuvre mie tant, ne doit mie férir à l'estourdy, mais amésuréement, affin que plus longuement puist souffrir le travail.

Chapitre XXXIII : *Ci dit des gens d'armes que le Roy envoya en Bretaigne, et le bon esploit que ilz y firent.*

Encore de la bonne fortune du roy Charles : en celluy temps, n'ot pas moins de victoires en la duchié de Bretaigne; car, si comme assez de gens encore vivans le scevent et les croniques le tesmoignent, comment le duc Jehan de Bretaigne, nonobstant l'ommage que avoit fait au roy de France, soustenoit la partie au roy d'Angleterre, et de fait tint les Angloiz en pluseurs villes et fortresses de son pays de Bretaigne, contre la voulenté de ses barons, qui vou-

---

(1) *Char* : chair. — (2) *Férus* : frappés. — (3) *Haubers* : armures, sorte de chemises à mailles de fer.

loyent estre bons Françoiz; lesquelz Anglois moult dommagoyent mesmes ceuls du pays, et Françoiz; par quoy le Roy y envoya, à grant armée, le duc de Bourbon, le conte d'Alençon, et celluy du Perche, le connestable, et pluseurs autres; et quant le duc de Bretaigne vit que il ne pourroit contrester, il garni ses meilleurs chasteauls, c'est assavoir Aulvray, Brest, Darval et pluseurs autres; entra en mer et passa en Angleterre, où y ot par noz gens maintes villes et chasteauls pris, de ceuls que tenoyent les Angloiz pour le duc; mais y ot fait ainçois [1] maint fait d'armes et mainte bataille, ésquelles noz gens perdirent et gaignierent.

Et dit ledit livre *du Régime des Princes*, que, pour sept raisons, les ennemis de ceuls de l'ost peuent estre plus fors et plus poissans.

La primiere raison si est que se ilz sont les premiers assaillis, et ilz sont bien assemblez et en bel ordre, ilz ne sont pas de legier [2] vaincus.

Item, se ilz ont la riviere devant euls, ou la garde des montaignes où l'en ne puist monter, ou destroiz legiers à garder, ilz sont moult fors à vaincre.

Item, se ilz n'ont vent, pouldre ne souleil, et le dessus du champ, ce leur est grant avantage.

Item, se ilz sont avisez de ceuls de l'ost, et bien informez quans [3] ilz sont, par où ilz viennent et leur ordonnance, ilz se peuent pourveoir d'euls actendre.

Item, quant ilz ne sont travailliez, affamez ne defoulez [4], ilz peuent bien contrester [5].

---

(1) *Ainçois* : auparavant. — (2) *De legier* : aisément. — (3) *Quans* : combien. — (4) *Defoulez* : malheureux, exténués. — (5) *Contrester* : faire résistance.

Item, se ilz sont tous d'une mesme voulenté, loyaulx ensemble, et d'un accord de tenir place, ilz ne sont pas legiers à desconfire.

Item, quant ceuls de l'ost ne scévent mie l'entencion d'euls, qu'ilz béent (1) à faire, et de quelz tours ilz sont avisiez;

Par autres sept manieres peuent ceuls de l'ost vaincre les ennemis, c'est quant ilz les treuvent espars, non ensemble et sanz arroy (2).

Item, quant l'ost prent l'avantage de la place et vient au devant;

Item, l'ost doit mectre, se faire se peut, les ennemis le visaige au soleil et au vent.

Item, que l'ost puisse surprendre ses ennemis en prenant leur repast, ou de nuit en leur hébarges (3), ou aucunement despourveus.

Item, quant les ennemis sont las et travailliez pour le long chemin, ou chault (4), lors les doit l'ost assaillir.

Item, quant l'ost peut tant faire, par aucun moyen, qu'il seme descort et deffience, envie et mautalent (5) entre ses ennemis, et que ilz ne daignent obeyr à leur chevetains, lors les peut l'ost assaillir.

Item, doivent enquérir ceulx de l'ost quelles condicions (6) a le prince de l'ost; et le prendre, se ilz peuent, par la condicion dont ilz le sentent entechiez (7).

(1) *Béent* : hésitent; verbe dont nous avons encore le participe actif *béant* : bouche *béante*. — (2) *Arroy* : ordre, disposition régulière; on a conservé son composé *désarroi*, désordre. — (3) *Hébarges* : logemens. — (4) *Ou chault*, ou par la chaleur. — (5) *Mautalent* : dessein de nuire; l'action d'en vouloir à quelqu'un. — (6) *Condicions* : humeur, façon d'être, de penser. — (7) *Entechiez* : entiché, prévenu.

La maniere comment les batailles se doivent contenir en combatant est telle : Quant ilz veulent férir de loings et gecter dars ou sayetes (1), ilz doivent tenir le pié senestre avant, et le destre arriere : la cause est pour ce que le cueur (2) d'omme a plus grant vertu au costé destre que au senestre ; pour ce sont les membres destres plus fors et plus mouvables que les senestres : si meut plus fort l'air et donne plus grant coup ; mais quant les batailles doivent combatre des espées main à main, ilz doivent tenir le pié destre avant, et le senestre arriere.

Nous devons savoir que quant les ennemis sont pou (3), on ne les doit pas si enclorre que on ne leur lait (4) aucun lieu par où ilz puissent fuyr : car, en fuyant, les peut-on mieulx occirre ou prendre ; mais se ilz se véoyent si encloz que fuyr ne peussent, ilz vendroyent chiérement leur mort.

Nous dirons comment on se doit traire arriere de la bataille quant on n'a mie conseil de combatre, et doit estre secret, de paour que l'ost ne s'espouvante : par quoy s'enfuist ; si se doit le prince contenir en telle maniere qu'on ne cuide mie qu'il veuille partir pour fuyr, mais qu'il vueille appareillier son agait (5) en autre lieu ; et se doit retraire en telle maniere que les ennemis ne s'en apperçoivent, si, comme souvent avient, que l'ost se part plus par nuit que par jour, et se doit tousjours l'ost tenir serrée ensemble sanz espandre ; car mieulx se pourroyent deffendre contre embuches

---

(1) *Sayetes* ou *sagettes* : flèches. — (2) Ce mot *cueur* n'est point au manuscrit. Comme il n'y avoit place que pour une seule lettre à la fin de la ligne, on a figuré un cœur, au lieu de l'écrire. — (3) *Pou* : peu, en petit nombre. — (4) *Lait* : laisse. — (5) *Appareiller son agait* : prendre sa position.

et toutes manieres d'assauls, et doit ledit chief enquérir se ilz se pourroyent retraire quelque part, se quelque affaire leur survenoit.

CHAPITRE XXXIV : *Ci dit comment le roy Charles ot auques* (1) *toute recouvrée la duchié de Guienne.*

AINSSI ala tousjours, à l'aide de Dieu, croiscent la poissance du roy Charles, tant que auques toute ou la plus grant partie de la duchié de Guienne, avecques les terres, bonnes villes et citez que le roy d'Angleterre tenoit en France, comprises ou traictié de l'efforciée paix (2), si, comme est desclairié, furent rendues et conquises au roy de France, lesquelles avoyent esté gaigniées, aucunes par assault, autres par batailles et force, autres raimptes (3) par argent à cause d'escheyer (4) perdicion de gent, et en maintes diverses manieres, tant et quantes furent demourées soubz l'obéyssance du Roy.

Et ainssi dit le livre que on doit acquester (5) sur ses ennemis, et dit que quatre manieres sont de bataille : l'une si est quant les deux parties sont en plains champs et se combatent ; l'autre si est quant l'en assault aucun chastel ; l'autre si est quant ceulx du chastel se deffendent ; la quarte si est quant l'en se combat en eaue ou en mer.

Et au propoz de ce que tant avons parlé d'assaillir

(1) *Auques* : presque. — (2) *Traictié de l'efforciée paix* : traité de la paix forcée. Christine désigne ainsi le traité de Bretigny. — (3) *Raimptes* : rachetées. — (4) *Eschever* : éviter. — (5) *Acquester* : acquérir, conquérir.

et prendre villes et fortresses : l'une est par faulte d'eaue ; pour ce, l'ost se doit efforcier de tollir l'eaue. La seconde maniere est par faim ; pour ce, se doit bien prendre garde l'ost que à ceuls du chastel ne soit porté vivres ; et voit-on aucunes fois que se l'ost prent aucuns de ceuls du chastel il ne les tuent pas, mais les affollent (1) de membres, si que jamais ne se puissent aydier, et les renvoyent au chastel pour plustost aydier à devourer les vivres. Et la tierce est quant ceuls de dens et ceux de hors se combatent aux murs ; et de ceste maniere dirons après.

En temps d'esté, ains que on cueille les biens, doit on assigier les chasteaulx et citez, affin que ilz ne puissent faire leur cueilte (2) ; et aussi en celle saison sont les fossez plus vuis (3) qu'ou temps d'iver ; plus ont ceulx de dèdens souffraite (4) d'eaue, et moins griéve à ceulx qui sont au siege en temps d'esté qu'à la froidure.

L'ost qui veult assigier se doit logier comme à un trait d'arc loings du chastel, et entour soy faire fossez et palis, comme devant est dit, et faire aussi comme une fortrece, affin que ceulx dedens ne les puissent surprendre.

On doit commencier l'assault par trait et par drecier eschielles, par miner et faire voyes de soubz terre, par engins, mangoniaulx (5) et canons qui fort trayent ; par édifices et engins que l'on maine jusques aux murs ; et doivent commencier la mine ains qu'ilz mectent leur tentes, et doivent foyr soubz terre plus parfont que les fossez, et faire voye jusques aux murs ; et doit-on la

---

(1) *Affollent* : estropient. — (2) *Cueilte* : récolte. — (3) *Vuis* : vides. — (4) *Souffraite* : souffrance. — (5) *Engins, mangoniaulx* : machines, instrumens à battre les murailles. *Voy.* note 2, p. 146 du tome 1.

voye estayer de pieces de marrain et d'ais (1), affin que la mine ne chiée; la terre que on trait hors, on la doit si mucier (2) que ceulx du chastel ne l'apperçoivent : ainssi doit-on aler minant jusques aux maisons du chastel ; puis doit-on mectre du feurre (3) et du bois en la mine, et par nuit bouter le feu dedens. Et se le chastel est assis sur roche vive, ou par tel maniere que estre ne puist miné, il doit estre assaillis par fortes pierres d'engin, ou par autres instrumens que on meine jusques aux murs ; et se par nuit on trait, on doit lier tisons de feu ardens aux pierres qu'on trait : car par ce tisson pourra l'en savoir comment l'engin gecte, et combien pesant l'on y pourra mectre.

Chapitre XXXV : *Comme auques toute la duchié de Bretaigne demoura au roy Charles.*

Ou temps dessusdit, ceulx d'Aulroy (4) en Bretaigne, où messire Olivier de Clisson tenoit le siege, se rendirent au Roy ; et aussi firent les autres fortreces contraires : et par ainssi toute la duchiée de Bretaigne demoura au Roy, exepté Brest, où il avoit bastides qu'ilz ne povoyent saillir.

A ce propoz de prendre chasteaulx, dit encore ledit livre comment, par aucuns engins fais de merrien que l'en peut mener jusques aux murs, l'en peut prendre le lieu assailly : l'en fait un engin de merrien, que l'en appelle mouton, et est comme une maison faicte

---

(1) *De marrain et d'ais* : de mérain et de planches. — (2) *Si mucier* : tellement cacher. — (3) *Du feurre* : de la paille. — (4) *Aulroy* : Auray.

de merrien, qui est couverte de cuirs crus affin que feu n'y puisse prendre ; et devant celle maison a un grant tref (1), lequel a le bout couvert de fer, et le liéve l'en (2) à chayennes et à cordes, par quoy ceuls qui sont dedens la maison peuent ambatre le tref juques aux murs, et le retrait-on arriere quant on veult, en maniere d'un mouton qui se recule quant il veult férir : et pour ce est-il appellez mouton.

Item, un autre engin on fait, qui est appellé *vigne*; et cel engin fait-on de bons ays et de merrien fort, affin que pierre d'engin ne le puisse brisier, et le cueuvre l'en de cuir cru que feu n'i puist prendre ; et est cel engin de huit piez de lé et seize de long, et de tel hautece que pluseurs hommes y puist entrer, et le doit l'en garder et mener jusques aux murs, et ceuls qui sont dedens foyssent (3) les murs du chastel ; et est moult prouffitable quant on le peut approchier des murs.

Quant l'en ne peut prendre le chastel par vigne ne par mouton, l'en doit considérer la mesure des murs, et doit-on faire chasteaulx et tours de fust, et pareillement couvrir de cuir et mener au plus prés des murs qu'on peut ; et par tel chastel de fust, on peut assaillir en deux manieres : c'est par pierres lancier à ceulx qui sont ou chastel, et aussi par pons leveys (4) qu'on fait, qui vont jusques aux murs du chastel assigié ; l'ens fait uns petit édifices de fust, parquoy l'en meine ces chasteaulx et tours de fust prés des murs ; ceuls qui sont au plus hault du chastel doivent gecter pierres à ceulx qui sont sus les murs, et

---

(1) *Tref :* poutre. — (2) *Et le lieve l'en :* et on le lève. — (3) *Foyssent :* creuscnt. — (4) *Pons leveys :* ponts-levis.

ceulx qui sont ou moyen estage doivent avaler (1) les pons leveys et envayr (2) les murs; et ceuls qui sont en l'estage de desoubz, se ilz peuent approchier les murs, ilz les doivent foyr et miner.

Et doivent les assaillans de tous ses engins ensemble assaillir, et de tant esbahiront-ilz plus les deffendeurs.

Chapitre XXXVI : *Les chasteaulx et villes que le duc de Bourgongne prist en une saison de peu de temps.*

Au temps dessus dit, envoya le roy Charles le duc de Bourgongne son frère, et le signeur de Clisson, à grant compaignie, à la fortrece de Calais; et avec ceuls qui devant y estoyent ala ledit duc et sa compaignie, le troisieme jour de septembre, devant la ville d'Ardres, qui, le septiesme dudit mois, fu rendue au Roy; et ledit jour fu pris d'assault le chastel de Bauliguen, et la fortresse de Planque rendue; et depuis fu pris le chastel de Bondiroit : puis se parti le duc de Bourgongne, pour la saison d'iver qui approchoit; mais il laissa grans garnisons de gens d'armes, vivres, et toutes choses convenables és chasteaulx et fortresses qu'ot conquestez.

Et à ce propoz dirons comment ceuls dedens se doivent deffendre et fortiffier leur fors. Et primierement quant on veult édifier chasteaulx et citez, on y doit regarder cinq choses : car on doit considérer que se ledit édifice est sus roche ou sus montaigne, en hault lieu, ou avironné d'eaue ou de mer, il est fort

---

(1) *Avaler :* baisser; du mot *aval*, en bas. — (2) *Envayr :* envahir.

à prendre : parquoy, quant l'en édifie, on y doit prendre garde.

Secondement, les murs doivent estre faiz à pluseurs angles, pour cause que ceulx qui se deffendent peuent, par plus de pars, gréver leur ennemis.

Tiercement, on doit mectre, en l'espace qui est entre les deux murs qui sont environ le chastel, terre haulte comme ung gros mur pour recepvoir les coups de pierres et des engins.

Quartement, on doit mectre és portes des chasteaulx et villes, portes colices (1) et anneauls de fer ; et par là peut on gecter eaue, ou pour feu estaindre ; pierres et chaulx pour deffendre l'entrée.

Quintement, doivent avoir larges fossez, roides et perfons.

On doit garnir les citez et fors, primiérement de bonnes gens d'armes, fors et deffensables à telle quantité comme au lieu est convenable, selon l'affaire que on peut avoir.

Aprés, des vivres, comme orge, froment, aveine, chars salées, et autres neccessaires à vie humaine ; et ce que on ne peut porter en garnison des villes prochaines, se la guerre est prochaine, on le doit destruire des villes d'environ, affin que les ennemis n'en ayent l'aise. La vitaille doit estre dispersée et distribuée par sages gens, affin que, par bon ordre, elle puisse durer plus longuement.

Item, les foibles et non puissans on doit envoyer és autres villes, affin que les vivres n'appetissent.

Si on a paour que les eaues, rivieres ou fontaines

---

(1) *Portes colices* : herses.

venans par conduit ou chastel puissent estre tollues [1], on doit faire cisternes pour garder eaue, se c'est si prés de la mer que les puis y soyent salez : et dit Aristote, ou livre *de Métheores*, que l'eau salée, passée parmi cire, pert son amertume et devient doulce ; et doivent estre garnis de vinaigre, affin que, ce vin failloit, avec eaue il donne aucune force à boire.

Le chastel doit estre garni de quantité d'oyle [2], de pois et de souffre, pour ardoir les engins de leur adversaires ; doivent garnir de fer et merrien lances, dardes, ars, arbastes [3] de tout trait et de toute artillerie, et toutes armeures deffensables.

On se doit garnir de grant foison de dures pierres et cailloux, et mectre sur les murs et sur tours à grant quantité, et emplir pluseurs grans vaisseaulx de chaulx ; et quant les ennemis approchent, ceuls vaisseauls doivent estre lanciez jus [4] des murs, et respendue celle chaulz, laquelle entre és yeulz des assaillans, et les rent comme aveugles.

Doivent estre garnis de nerfz à corde, pour ars et arbalestres ; et se telz cordes faillent, on doit prendre crins des chevaulx, ou les cheveuls des femmes, et en faire cordes, si comme dit Végéce, que jadis firent les dames à Romme, qui coperent leur cheveulx lorsqu'il avoyent faulte de trait à Romme, et par ce furent recouvrez ; et doivent estre garnis de foison cornes de bestes pour rappareillier leurs arbastres, et aussi de cuirs crus pour couvrir leur engeins et autres édifices, affin que feu ne s'i boute.

---

(1) *Tollues* : enlevées, détournées. — (2) *Oyle* : huile. — (3) *Arbastes* : arbalètes. — (4) *Jus* : en bas.

Chapitre XXXVII : *Comment le roy Charles estoit sage, et és conquestes faire, et en gardant les choses conquises.*

Ainssi, comme oyr povez, par grace de Dieu et desserte du roy Charles, aloit tous les jours croiscent l'augmentacion de sa bonne fortune, qui, au feur [1] de l'accroiscement, plus reluisoyent en luy à double vertu en ses graces et bonnes meurs, et plus en plus abondoit son bon sens qui le rendoit expert en toutes choses convenables; dont nous povons sçavoir que, comme en toutes besoignes il fust trés circonspect ou fait de ses guerres, où jà par longtemps avoit procédé, n'estoit mie ignorant de ce que en telle continuacion convenoit faire, tant en soustenir par finance et savoir honorer les capitaines et gens d'armes par qui avoit les nobles victoires, comme en ordonnance que bien fussent gardées les choses conquises; auxquelles choses si sagement pourvey, que je ne treuve en croniques, n'escrips, ne personne qui le me die, que chose conquise, fust cité, terre, fortresse, ou autre besoingne, onques puis en son temps fust perdue par rebellacion, ne autrément; qui est chose merveilleuse et hors le commun cours des choses conquises à l'espée, qui souvent se seulent [2] rebeller et entregecter en diverses mains; mais si bonnes garnisons, si loyales et si propres furent mises és terres et fortreces, que, Dieu merci, furent tenues et demourerent en leur estat.

Et à propoz, comment fortresses se doivent garder

---

[1] *Au feur :* à proportion. — [2] *Seulent :* ont coutume.

et deffendre contre ennemis, dit ledit livre que, affin que estre ne puist le chastel pris par mine, par pierres, ne autres engins, l'en doit si aperfondir les fossez que nulle mine ne puist par dessoubz passer; mais s'il est sus forte roche, ou avironné de riviere, de ce n'ara-il garde; ceuls du chastel doivent monter hault, et regarder se ilz verront point porter terre, ne aucun signe par quoy doivent avoir souspeçcon de miner, et doivent escouter prés des murs se ilz orront point marteller; et se ilz s'en appercoivent, doivent contreminer et tant faire qu'ilz viennent jusques à la mine de leur ennemis; et là se doivent fort combatre pour leur tollir à miner (1) : et doivent avoir à l'entrée grans cuves plaines d'eaue et d'orine, et quant ilz se combatent doivent faindre que ilz s'enfuyent, et saillent hors de celle foule; et quant hors sont, doivent gecter à coup, jus bas (2), en la mine, celle eaue et celle orine, et ainssi les mineurs sont pris et noyez; et par cest maniere, maintefoiz en tel cas on a usé; et maintefoiz aussi a-l'en veu que ceulx du chastel, qui bien s'estoyent pris garde que ceulx du dehors quelque heure ne fussent mie sur leur garde, puis en tel arroy sailloyent hors (3), et grant force ardoyent les engins de leur ennemis; mais se ilz n'osent dehors saillir, ilz doivent avaler par nuit hommes à cordes, et ces hommes, à tout oeile et esche (4), mectent le feu dedens, et puis sont retrais dedens. Et aussy peut-on faire sayetes cavées (5)

(1) *Pour leur tollir à miner* : pour les empêcher de continuer leur mine. — (2) *Jus bas* : du haut en bas. — (3) *Sailloyent hors* : faisoient une sortie. — (4) *Oeile et esche* : huile et amorce ou mèche. — (5) *Sayetes cavées* : flèches creusées.

dedens, et y met-on feu fort d'oeile, souffre et poiz noire, et poix résine, et ce feu est enveloppé en estouppes; et les peut-on gecter par arbalestes en ces engins: et se loisir on peut avoir de foison en gecter, merveilles sera se ilz ne s'esprennent.

Aussi peut-on destruire les engins de dehors par un engin gectant une fonde (1) de fer à anneaulx; et delez (2) cel engin on doit faire une forge, en laquelle soit un grant fer bien rouge et bien embrasé, et soit ce fer ardent gecté és engins de dehors; et contre ce fer, nul cuir cru ne peut deffendre que le feu ne se fiche en l'engin.

Assez d'autres manieres sont pour gréver ceuls de dehors; mais contre l'engin que on appelle *mouton*, on fait un autre que on appelle *loup* : ceulx du chastel font un fer courbe, à trés fors dens agus, et le lie-l'en à cordes, par quoy ilz prennent le tref, qui est appellé *mouton*; adont, quant il est pris, ou ilz le trayent du tout amont, ou ilz le lient si hault que il ne peut plus nuire aux murs du chastel. Et encontre les chasteaulx de fust, valent moult pour ceuls dedens les fers alumez, si comme devant est dit : ceulx du chastel assigié doivent privéement faire une voye soubz terre, et foyr par où ceulx de l'ost doivent mener leur chasteaulx, affin que elle fonde (3) soubz la pesanteur du merrien.

Et ceulx de l'ost faignent aucunes foiz qu'ilz fuyent, et puis assaillent le chastel quant ilz scevent par leur espies que ilz se sont partis de dessus les murs; et pour ce ne s'en doivent mie partir, mais

(1) *Fonde* : fronde. — (2) *Delez* : à côté, auprès. — (3) *Fonde* : s'écroule.

faire meilleur gait, et par aucune espie faire enquérir de la voye de leur ennemis.

Chapitre XXXVIII : *Ci dit le navire que le roy Charles tenoit sur mer.*

Le navire que le roy Charles tenoit sur mer, comme dit est par maintesfoiz, dommagia moult les Angloiz, et gaigna sur eulx nefz et berges (1) et autres vaisseaulx qui leur portoyent vivres et marchandises, gaignerent prisons (2) et maintes richeces, en ardirent partie; et aussi aucunes foiz couroyent jusques en Angleterre, boutoyent feu és villes, prenoyent prisons, ainssi que coustume est de faire en tel cas : une grosse ville, nommée Larre, prisdrent et ardirent et toute pillierent, où avoit grant richeces. Et aussi souvent, par mer et par terre, s'entrebatoyent Françoiz et Angloiz, où avenoit de diverses aventures.

A ce propoz, de combatre en mer et eaue, parle Végéce, et dit primierement comment on doit faire nefz et galées (3); que ou mois de mars et d'avril, que les arbres commencent avoir abondance d'umeurs, on ne doit mie tailler les arbres dont les nefz doivent estre faictes; ains les doit-on tailler ou mois d'aoust ou de juillet, quant l'umeur des arbres commence à séchier; de ces arbres on doit faire ais, et laissier séchier, affin qu'ilz ne se retrayent.

Ceuls qui se combatent és nefz et és galées doi-

---

(1) *Berges :* barques. — (2) *Prisons :* prisonniers. — (3) *Galées :* gros vaisseaux.

vent estre mieulx armez que ceulx qui se combatent aux champs; car ilz ne se meuvent pas tant, et si reçoipvent grans coups de trait. Ilz doivent estre bien garnis de vaisseauls plains de poix noire, roisine, souffre et oile, tout ce confit et enveloppé en estouppes; et ces vaisseaulx on doit allumer et embraser, et gecter és nefz et galées des ennemis, et puis les doit-on fort assaillir, affin qu'il n'ayent loisir d'estaindre le feu.

Item, on doit avoir espies quant les ennemis sont despourveus.

Item, ceuls qui se combatent doivent tousjours tachier à mettre leur ennemis vers terre, et euls tenir en la perfonde mer.

Item, au mast de la nef on doit lier un tref qui est ferré de tous les deux costez, et par ce tref on peut férir la nef par certain engin, parquoy on le retire et le reboute l'en de grant force : par quoy il va hurter la nef et la rompt, ainssi comme il est dit.

Item, on doit avoir grant foison de larges sayettes pour férir ou voile, et le despecier, affin qu'ilz ne puissent retenir le vent, et que fuyr ne s'en puissent.

Item, avoir un fer courbe aussi comme une faussille, et soit attachié à une longue hante (1), et de ce fer bien trenchant copper les cordes des voiles; par ce, ne sera la nef si convenable à combatre.

Item, à arches de fer et crampons actachier la nef de leur ennemis à la leur, affin que ilz ne puissent eschapper quant on a la force sur eulx.

Item, on doit avoir pluseurs vaisseaulx légiers à rompre, comme poz plains de chauls ou pouldre, et

---

(1) *Hante :* perche.

gecter dedens; et par ce seront comme avuglez, au brisier des poz.

Item, on doit avoir autres poz de mol savon, et gecter és nefz des adversaires; et quant les vaisseaulx (1) brisent, le savon est glissant, si ne se peuent en piez soustenir, et chiéent en l'eaue.

Item, doivent estre garnis de mariniers qui longuement sachent nouer (2) soubz eaue; yceulx ayent perçoyeurs bien agus et trenchans, par quoy ilz percent les nefz en pluseurs lieux, si que l'eaue y puist entrer; et du costé dont ilz voient la nef plus penchiée ou plus penchier, on doit gecter grosses pierres à faiz (3) et bastons de fer bien agus pour percier et rompre la nef.

CHAPITRE XXXIX, *le derrenier de ceste partie, qui conclut, par ce que dit est, le roy Charles estre vray chevalereux.*

OR fu aucques au dessus de ses besongnes le sage roy Charles, tant que, à l'ayde de Dieu, son bons (4) et pourvéance, son royaume fu comme tout despéchié (5) de ses ennemis, qui en telle maniere y furent subjuguez, que plus n'i firent leur chevauchées, si comme autrefoiz orent faict. Les frontieres en toutes pars bien garnies de bonnes gens et de quanqu'il convient; dònt les Angloiz, véant la prudence et valeur du souverain prince, garde de son pays comme bon pasteur de ses ouailles, par lequel leur bonne fortune estoit male-

---

(1) *Vaisseaulx* : vases. — (2) *Nouer* : nager. — (3) *A faiz* : en quantité. — (4) *Bons* : omission du mot *sens* au manuscrit. — (5) *Despéchié* : débarrassé.

ment adnichilée (1), et aussi que les seigneurs et chevaliers de France estoyent trés expers et esveilliez aux armes, se besoing fust, ainsi que dit le proverbe : « Selon seigneur, mesgniée duite, » vigueureux deffendeurs de leur terre, n'oserent plus mectre pié en France, se tindrent en leur pays ; là guerroyerent entr'eulx, s'ilz voldrent ; car par deçà, depuis le temps du sage roy Charles, moult y orent perdu et riens gaigné, tout y eussent-ilz devant si grant prérogative, qu'il sembloit que devant eulx nul n'osast l'œil lever, comme il appert par les croniques et la relacion des anciens de ce temps ; mais, Dieux mercis, or fu faillie en telle maniere que, jusques à la journée d'uy, n'ont pas depuis Angloiz moult nuit, et plus a l'en gaigné sur eulx.

Ainssi continua cellui sage Roy, en son vivant, tous diz conquestant villes et chasteauls, et tant que la duchiée de Guienne, les autres contez, villes et citez devant nommée, comprises en ladicte contrainte paix, ot recouvrées à la couronne. Dont, toutes ces choses considérées, soyent receues mes raisons pour vrayes ot preuves, notre sage Roy estre vray chevalereus, ayant les condicions devant dictes neccessaires au hault tiltre de chevalerie, c'est assavoir bonne fortune, sens, diligence et force ; et à tant souffise la deuxiéme partie de ce livre, laquelle traitte de chevalerie.

(1) *Adnichilée* : réduite à rien.

FIN DE LA SECONDE PARTIE DU LIVRE DES FAIS.

TABLE DES MATIÈRES

CONTENUES

DANS LE CINQUIÈME VOLUME.

Anciens Mémoires sur Du Guesclin.
Chapitre XXVII. *De la rançon que paya Bertrand au prince de Galles, et du voyage qu'il fit en Espagne avec tout son monde.* Page 1

Chap. XXVIII. *De la grande bataille que Bertrand gagna sur le roy Pierre, qui, chez les sarrazins, tomba entre les mains d'un juif.* 15

Chap. XXIX. *De la derniere bataille que gagna Bertrand sur le roy Pierre, qui fut ensuite assiegé dans le château de Montiel, où il se retira.* 31

Chap. XXX. *De la prise du roy Pierre par le Besque de Vilaines.* 44

Chap. XXXI. *De la ceremonie qui se fit en l'hôtel de Saint Paul, à Paris, par Charles le Sage, en donnant l'épée de connétable à Bertrand, qui, sous cette qualité, donna le rendez-vous à touttes ses troupes dans la ville de Caën pour combattre les Anglois.* 68

Chap. XXXII. *De la prise du fort de Baux et de la ville de Bressiere, et de la sortie que les Anglois firent de Saint Maur sur Loire, après y avoir mis le feu, mais qui furent*

ensuite battus par Bertrand devant Bressiere. Page 90

Chap. XXXIII. *De la défaite et de la prise du comte de Pembroc devant La Rochelle, par les flotes de France et d'Espagne.* 110

Chap. XXXIV. *De plusieurs places conquises par Bertrand sur les Anglois, et de la reddition de celle de Randan, devant laquelle il mourut aprés qu'on luy en eut porté les clefs.* 124

Observations relatives aux Mémoires sur Du Guesclin. 141

Pièces justificatives. 177

I. *Lettre de Du Guesclin à Felleton.* 177

II. *Acte signé par Jean de Grailly, captal de Buch, pendant sa captivité.* 179

III. *Exemple des cantiques latins qu'on chantoit en France du temps des ravages arrivés depuis la prise du roy Jean, etc.* 181

IV. *Alliance entre Bertrand Du Guesclin et Olivier de Clisson.* 182

V. *Extrait d'un registre de la chambre des comptes de Paris.* Signatum D. Incipit 1359. Finit 1381. 185

VI. *Testament de Du Guesclin.* 185

Codicille du testament de Du Guesclin. 190

VII. *Détails de la cérémonie célébrée en 1389 à Saint-Denis, en l'honneur de Du Guesclin.* 192

VIII. *Acte par lequel Du Guesclin donne la terre de Cachamp au duc d'Anjou.* 197

IX. *Lettre de Bertrand Du Guesclin au duc d'Anjou.* 198

Avertissement sur le Livre des Fais. Page	200
Le Livre des Fais et bonnes Meurs du sage roy Charles V, par Christine de Pizan.	201
Notice sur la Vie et sur les Ouvrages de Christine de Pisan.	203
Ouvrages de Christine de Pisan.	
Vers : *Ballades, Rondeaux, Lays, Virelays et autres Poésies mêlées.*	226
Prose.	236
Ci commence la primiere partie du Livre des Fais et bonnes Meurs du sage roy Charles.	245
Chapitre I. *Prologue.*	245
Chap. II. *Quel fu la cause, et par quel commandement ce livre fu fait.*	247
Chap. III. *Ci dit la cause pourquoy ce présent volume sera traictié en distinction de trois parties.*	248
Chap. IV. *Quel chose est noblece de courage.*	249
Chap. V. *Dont vint, et de quelz gens, et en quel temps la primiere naiscence et racine des rois de France et des Françoiz.*	251
Chap. VI. *Nativité du roy Charles.*	253
Chap. VII. *De la jeunece du roy Charles, et comment c'est grant péril quant administracion de bonne doctrine n'est donnée aux enfens des princes.*	255
Chap. VIII. *Couronnement du roy Charles, et comment, tost aprés, prist à suivre la rigle de vertu.*	257
Chap. IX. *Cy parle de jeunece, et de ses condicions.*	259
Chap. X. *Ci dit encore de ce mesmes.*	261

Chap. XI. *Ci dit encore de jeunece.* Page 263

Chap. XII. *Du temps de discrécion et d'aage parfaict.* 266

Chap. XIII. *Ci dit encore de l'aage de meureté.* 268

Chap. XIV. *Preuves, par raison et exemples, de la noblece du corage du sage roy Charles.* 271

Chap. XV. *Comment le roy Charles estably l'Etat, de son vivant, en belle ordonnance.* 273

Chap. XVI. *Exemples de princes vertueux et de vie bien ordonnée, ramenant, à propoz du roy Charles, comment en toutes choses estoit bien riglé.* 275

Chap. XVII. *Phisonomie et corpulance du roy Charles.* 280

Chap. XVIII. *Comment le roy Charles se contenoit en ses chasteaulx, et l'ordre de son chevauchier.* 281

Chap. XIX. *Ordonnance que le roy Charles tenoit en la distribucion des revenus de son royaume.* 283

Chap. XX. *Rigle que le roy Charles tenoit en l'estat de la Royne.* 284

Chap. XXI. *Ci dit l'ordre que le roy Charles mist en la nourriture et discipline de ses enfans.* 287

Chap. XXII. *Ci commence à parler des vertus du roy Charles, et primierement de sa prudence et sagece.* 288

Chap. XXIII. *De la vertu de justice ou roy Charles.* 289

Chap. XXIV. *De la benignité et clémence du roy Charles.* 291

Chap. XXV. *Ci dit encore de ce mesmes, et d'autres ystoires approvées.* Page 294

Chap. XXVI. *Comment humilité est convenable, et fait à loer en hault prince.* 298

Chap. XXVII. *Du vitupere (mépris) aux orguilleux, et mains exemples.* 299

Chap. XXVIII. *De la libéralité et sage largece du roy Charles.* 304

Chap. XXIX. *De la vertu de chasteté en la personne du roy Charles.* 306

Chap. XXX. *Ci dit de sobriété, louée en la personne du roy Charles.* 308

Chap. XXXI. *De la vertu de vérité en la personne du roy Charles.* 309

Chap. XXXII. *De la vertu de charité en la personne du roy Charles.* 312

Chap. XXXIII. *De la dévocion du roy Charles.* 316

Chap. XXXIV. *Encore de la dévocion du roy Charles, et autres exemples.* 319

Chap. XXXV. *Comment en donner dons doit avoir mesure, et comment folle largece si est vice.* 320

Chap. XXXVI. *Ci est la conclusion de la primiere partie.* 324

Ci commence la deuxieme partie de ce présent volume, laquelle parle de chevalerie, en repliquant (l'appliquant) a la personne du roy Charles. 325

Chapitre I. *Prologue.* 325

Chap. II. *Comment seigneuries temporelles furent au monde primierement establies, et comment ordre de chevalerie fu trouvé.* 328

Chap. III. *Ci dit quatre graces neccessaires à chevalerie, que ot le roy Charles.* Page 333

Chap. IV. *Quel similitude peut estre bailliée à chevalerie.* 334

Chap. V. *Preuves comment le roy Charles pot estre dit vray chevalereux.* 337

Chap. VI. *Comment le roy Charles avisa, par bon sens, d'en faire aler les* GRANS COMPAI-GNES *de France.* 338

Chap. VII. *Comment, pour le sens et bel gouvernement du roy Charles, aucuns barons se vindrent rendre à luy.* 340

Chap. VIII. *Comment le roy Charles envoya deffier le roy d'Angleterre.* 341

Chap. IX. *Comment le roy Charles se pourvey sus le fait de la guerre, et des conquestes que tantost il fist.* 343

Chap. X. *Comment le Roy, par son sens, moult conquestoit en ses guerres, nonobstant n'y alast; et la cause pourquoy n'y aloit.* 345

Chap. XI. *Ci commence à parler des freres du roy Charles, et primierement du duc d'Anjou.* 347

Chap. XII. *Du duc de Berry.* 351

Chap. XIII. *Du duc de Bourgongne.* 352

Chap. XIV. *Du duc de Bourbon.* 358

Chap. XV. *Des filz du roy Charles, et primierement du roy Charles.* 363

Chap. XVI. *Du duc d'Orliens.* 369

Chap. XVII. *Ci dit d'aucuns du sang royal, et de tous en général, et des nobles de France.* 375

Chap. XVIII. *Cy respont Cristine à aulcuns redargus* (critiques) *que on luy pourroit faire.* Page 377

Chap. XIX. *Comment le roy Charles fist messire Bertram Du Clequin connestable.* 380

Chap. XX. *Comment les chevalereux firent grant feste de ce que messire Bertram fu fait connestable.* 383

Chap. XXI. *Ci dit que il est expédient réciter ce que les aucteurs traictent en leur livres, de chevalerie.* 384

Chap. XXII. *La cause pourquoy les François sont bonnes gens d'armes.* 387

Chap. XXIII. *Ci dit des loanges dudit connestable.* 388

Chap. XXIV. *Comment messire Bertram ala aprés les Anglois, qu'il desconfit.* 389

Chap. XXV. *Ci dit d'aucunes fortreces que messire Bertram assigia et prist.* 391

Chap. XXVI. *Comment le roy Edoart envoya son filz le duc de Lancastre en France, à tout grant ost, qui gaires n'y fist.* 394

Chap. XXVII. *Comment le duc de Lancastre s'en retourna en son pays à pou d'esploit.* 397

Chap. XXVIII. *Des chasteauls et villes qui furent pris en pluseurs pars du royaume par les Françoiz.* 399

Chap. XXIX. *Comment le roy Charles, nonobstant sa bonne fortune en ses guerres et sa grant poissance, se consenty à traictié de paix aux Angloiz.* 401

Chap. XXX. *De la force et poissance que le roy Charles avoit en pluseurs grans armées sus ses ennemis.* Page 403

Chap. XXXI. *Des principaulx barons que le roy Charles tenoit continuelement, à grant ost, sur les champs, en pluseurs pars.* 405

Chap. XXXII. *Comment, pour le grand renom de la sagece et bonne fortune du roy Charles, encore pluseurs barons se vindrent rendre à luy.* 408

Chap. XXXIII. *Des gens d'armes que le Roy envoya en Bretaigne, et le bon esploit que ilz y firent.* 411

Chap. XXXIV. *Comment le roy Charles ot auques* (presque) *toute recouvrée la duchié de Guienne.* 415

Chap. XXXV. *Comme auques toute la duchié de Bretaigne demoura au roy Charles.* 417

Chap. XXXVI. *Les chasteaulx et villes que le duc de Bourgongne prist en une saison de peu de temps.* 419

Chap. XXXVII. *Comment le roy Charles estoit sage, et és conquestes faire, et en gardant les choses conquises.* 422

Chap. XXXVIII. *Ci dit le navire que le roy Charles tenoit sur mer.* 425

Chap. XXXIX, *le derrenier de ceste partie, qui conclut par ce que dit est, le roy Charles estre vray chevalereux.* 427

FIN DU CINQUIÈME VOLUME.

IMPRIMERIE DE RIGNOUX, RUE DES FRANCS-BOURGEOIS-S.-MICHEL, N° 8.

www.ingramcontent.com/pod-product-compliance
Lightning Source LLC
Chambersburg PA
CBHW071114230426
43666CB00009B/1962